図説 日本の城郭シリーズ⑬

明智光秀の城郭と合戦

高橋成計

戎光祥出版

はしがき

明智光秀《あけちみつひで》が構築した城郭といえば、坂本城《さかもと》（大津市）、亀山城《かめやま》（京都府亀岡市）、福知山城《ふくちやま》（同福知山市）などが有名である。

このうち亀山城は、天正四年（一五七六）もしくは五年に構築が始まり、丹波の国人《こくじん》や土豪《どごう》を中心に組織的な動員体制のもとで進められ、同九年頃まで築城作業が続けられた。これらの城郭は、近世城郭として改修・破壊されており、当時の縄張《なわば》りが現代に残っていない。また、光秀が構築した城郭であっても、光秀は織田氏の一部将であるため、織田氏の縄張りに基づいた構築方法だったとも考えられる。ちなみに羽柴秀吉《はしばひでよし》の場合、播磨国三木城《みき》（兵庫県三木市）包囲の陣城《じんじろ》の一部は、織田軍のほかの部将が構築したもので、秀吉独自の構造ではないという。

そこで本書では、織田氏の部将として光秀が最も活躍したとされる丹波攻略をメインテーマとして取り上げ、光秀が担当した丹波地域の城郭構造を合戦別に調査し、合戦における築城の実態や、支配のための城郭の特徴・構造を考えてみたい。

また、本書は『明智光秀の城郭と合戦』というタイトルのため、攻略側からみた縄張り・遺構だけでなく、攻略される側の城郭遺構も踏査し、攻略側の陣城に対して、守備のための縄張りがどのようなものであるのか考察を試みた。

ちなみに、当該期を代表する織豊《しょくほうけい》系陣城の縄張りで進化したものとして、枡形虎口《ますがたこぐち》や食い違い虎口等が強調されている。しかし、これは三木城包囲の陣城や鳥取城《とっとり》（鳥取市）包囲の陣城、賤ヶ岳合戦《しずがたけかっせん》の本陣の特徴であり、その他の陣城は削平地のみの遺構が多い。

さらに、守備側の城郭遺構は曲輪の削平状態が良好で、切岸《きりぎし》や土塁《どるい》による遮断も見られ、切岸も二m以上確保されている。一方、攻略側の城郭遺構は、丘陵部や尾根先に自然地形を利用した曲輪《くるわ》を造成し、斜面には帯状曲輪を敷設する程度である。削平状態も悪く、部分的な加工も多い。この加工具合を判断し、陣城としての縄張りを成立させているので、このあたりに注意しながら、光秀の城郭の特徴をみていきたい。

二〇一九年六月

高橋成計

【目次】

カラー口絵　明智光秀の城郭と合戦
はしがき　2／凡例　7
総説　明智光秀の生涯と城郭の特徴　8

【第一部】一筋縄にはいかなかった丹波攻略戦

1、赤井氏を降した黒井城合戦……26
1 黒井城（兵庫県丹波市）……32
2 曽根城（京都府京丹波町）……42
3 西の古城南砦（京都府福知山市）……44
4 西の古城（京都府福知山市）……46
5 小富士山城（兵庫県丹波市）……48
6 野上野城（兵庫県丹波市）……50
7 桂谷寺裏城（兵庫県丹波市）……52
8 尉ヶ腰城（兵庫県丹波市）……54
9 岩戸神社城（兵庫県丹波市）……56
10 惣山城（兵庫県丹波市）……58
11 茶臼山城（兵庫県丹波市）……60
12 火山城（兵庫県丹波市）……62
13 棚原城（兵庫県丹波市）……63
14 朝日城（兵庫県丹波市）……64
15 平松砦（兵庫県丹波市）……66
16 愛宕山砦（兵庫県丹波市）……68
17 新才城（兵庫県丹波市）……69
18 山田城（兵庫県丹波市）……70
19 東白毫寺城（兵庫県丹波市）……71
20 美和砦・稲荷神社曲輪（兵庫県丹波市）……72
21 留堀城（兵庫県丹波市）……74

2、波多野氏を攻略した八上城合戦……76
22 天引高山城（兵庫県丹波篠山市・京都府南丹市）……85
23 籾井城（兵庫県丹波篠山市）……86
24 安口城（兵庫県丹波篠山市）……88
25 吹城（兵庫県丹波篠山市）……90
26 東城山砦（兵庫県丹波篠山市）……92
27 網掛城（兵庫県丹波篠山市）……94
28 宇土砦（兵庫県丹波篠山市）……95
29 荒木城（兵庫県丹波篠山市）……96
30 細工所砦（兵庫県丹波篠山市）……98

31　鉄砲丸（兵庫県丹波篠山市）……………… 99
32　清滝山城（兵庫県丹波篠山市）……………… 100
33　八上城（兵庫県丹波篠山市）……………… 102
34　上宿城（兵庫県丹波篠山市）……………… 110
35　西ヶ辻砦（兵庫県丹波篠山市）……………… 113
36　八ヶ尾山城（兵庫県丹波篠山市）……………… 114
37　ふの木山砦（兵庫県丹波篠山市）……………… 115
38　洞中砦（兵庫県丹波篠山市）……………… 116
39　般若寺城（兵庫県丹波篠山市）……………… 117
40　天通寺城（兵庫県丹波篠山市）……………… 118
41　大上西ノ山城（兵庫県丹波篠山市）……………… 120
42　法光寺城（兵庫県丹波篠山市）……………… 122
43　小谷城（兵庫県丹波篠山市）……………… 124
44　勝山砦（兵庫県丹波篠山市）……………… 125
45　塚ノ山砦（兵庫県丹波篠山市）……………… 126
46　野間砦（兵庫県丹波篠山市）……………… 128
47　曽地奥砦（兵庫県丹波篠山市）……………… 130
48　曽地砦（A）（兵庫県丹波篠山市）……………… 132
49　曽地城（兵庫県丹波篠山市）……………… 133
50　堂山砦（兵庫県丹波篠山市）……………… 134
51　鉄砲山砦（兵庫県丹波篠山市）……………… 135
52　井上城（兵庫県丹波篠山市）……………… 136
53　宮山砦（兵庫県丹波篠山市）……………… 138
54　藤岡山砦（兵庫県丹波篠山市）……………… 139
55　胡麻塩砦（兵庫県丹波篠山市）……………… 140
56　小谷山砦（兵庫県丹波篠山市）……………… 141
57　八上城南砦（兵庫県丹波篠山市）……………… 142
58　八上城南東砦（兵庫県丹波篠山市）……………… 143
3、丹波平定の総仕上げ……………… 144
59　宇津城（京都市右京区）……………… 148
60　縄野坂砦（京都市右京区）……………… 150
61　鬼ヶ城（京都府福知山市）……………… 152
62　鬼ヶ城南東遺構（京都府福知山市）……………… 154
63　烏ヶ岳城（京都府福知山市）……………… 155
64　高見城（兵庫県丹波市）……………… 156
65　茶臼山砦（兵庫県丹波市）……………… 161
66　小南山城（兵庫県丹波市）……………… 162
67　横田城（兵庫県丹波市）……………… 164

【第二部】合戦で築かれた間接的な陣城

4、分断・つなぎを目的に築かれた陣城たち……166
68 三尾山城（兵庫県丹波市）……170
69 金山城（兵庫県丹波篠山市・丹波市）……173
70 夏栗山城（兵庫県丹波篠山市）……176
71 譲葉山城（兵庫県丹波市）……178
72 栗柄砦（兵庫県丹波篠山市）……180
73 中尾城（兵庫県三田市）……181
5、丹波以外に構築された陣城群……184
74 猿喰ノ城（兵庫県佐用郡佐用町）……189
75 双子山城（兵庫県佐用郡佐用町）……190
76 長田山城（兵庫県佐用郡佐用町）……192
77 広山城（兵庫県佐用郡佐用町）……193
78 三田城（兵庫県三田市）……194
79 釜屋城（兵庫県三田市）……196
80 五良谷城（兵庫県三田市）……198
81 中西山城（兵庫県三田市）……200
82 平方城（兵庫県三田市）……201

【第三部】支配拠点と在地への影響

6、丹波支配の拠点と織豊系城郭……204
83 坂本城（滋賀県大津市）……207
84 亀山城（京都府亀岡市）……210
85 福知山城（京都府福知山市）……212
86 周山城（京都市右京区）……214
87 黒井城（兵庫県丹波市）……218
88 山家城（京都府綾部市）……222
89 須知城（京都府京丹波町）……224
90 宍人館（京都府南丹市）……227
91 笑路城（京都府亀岡市）……230
92 埴生城（京都府南丹市）……232

〈コラム〉
光秀を悩ませた荻野直正……75
光秀に焼かれた摂津の寺院……202

明智光秀の城郭と合戦関連略年表 235
主要参考文献 239／あとがき 241

凡例

一、本書では、明智光秀が行った合戦のうち、長期間にわたって戦闘が続いた丹波攻めで使用された城郭（明智方・敵方を含む）を中心に、九十二城を取り上げた。

一、本書は各合戦ごとに分類し、合戦の概要を記したのち、個別の城郭については詳述した。掲載順は発生した合戦の順番としたが、事例によってその限りではない。

一、本書で取り扱った「城名」は、各自治体史や出版物に掲載の名称を基本とした。

一、城名下の項目は、所在地、城主、遺構、規模、標高・比高、について可能な範囲で示した。

一、各城郭の項目には、**【選地】【歴史】【遺構】【評価】**を取り上げた。

一、縄張りの記号は、曲輪をアラビア数字、虎口をアルファベットの小文字、櫓台・堀切をイ・ロ・ハで表記した。

一、人名や歴史用語には適宜ルビを振った。読み方については各種辞典類を参照したが、歴史上の用語、とりわけ人名の読み方は定まっていない場合も多く、ルビで示した読み方が確定的なものというわけではない。

一、提供者の氏名が記載されている写真以外は、著者あるいは当社提供の写真である。

総説

明智光秀の生涯と城郭の特徴

一、波瀾万丈な生涯と丹波攻め

伝承の中の光秀

明智光秀は、美濃国の名門・土岐《とき》氏一門の出身で、斎藤義龍《さいとうよしたつ》に明智城（岐阜県可児市）を攻められて没落したといわれるが、明智城は岐阜県恵那市明智町にもあり、どちらで光秀が出生したのか、それを裏づける史料はない。またその後、越前国の朝倉《あさくら》氏を頼ったとする『明智軍記《あけちぐんき》』の説が一般的であるが、辻褄の合わないことが多い。

『多聞院日記《たもんいんにっき》』の天正十年（一五八二）六月十七日条に、「細川ノ兵部太夫カ中間ニテアリシヲ引立之」とあり、細川藤孝《ほそかわふじたか》の「中間《ちゅうげん》」であったとされる。また、京都にいた光秀はゆえあって越前国の朝倉氏に召し抱えられ、一乗谷上城戸《いちじょうだにかみきど》の南西にある東大味《ひがしおおみ》（福井市）の屋敷に住居したという。現在、東大味の一角に明智神社が鎮座し、当地では「あけっつぁま」と呼ばれて信仰されている。その後、永禄九年（一五六六）に朝倉氏を頼って越前国一乗谷に来た足利義昭《あしかがよしあき》と出会い、側近として仕えたという。

さらに、天正三年の織田信長による越前一向一揆《いっこういっき》攻めの際、光秀は東大味の住民の安否を気遣

明智神社　福井市

い、柴田《しばた》勝家《かついえ》に助命を働きかけたとの伝承もある。

信長との出会い

永禄十一年（一五六八）七月、織田信長は美濃国立政寺《りゅうしょうじ》（岐阜市）に足利義昭を迎えた。このとき、義昭の供の中に明智光秀や細川藤孝がいた。その後、同年九月の義昭・信長の上洛に従軍し、同十二年には織田家の村井貞勝《むらいさだかつ》・木下《きのした》秀吉・中川重政《なかがわしげまさ》・丹羽長秀《にわながひで》らとともに活動している。さらに同年四月十八日には、禁裏御料所《きんりごりょうしょ》山城国山国荘《やまぐにのしょう》（京都市右京区）を違乱する宇津長成《うつながなり》に対し、違乱停止を木下秀吉・中川重政・丹羽長秀と連署で申し渡している。

元亀元年（一五七〇）四月二十日、信長は越前国の朝倉氏を攻めるために出陣し、光秀も先陣として従軍した。しかし、手筒山《てづつやま》城と金ケ崎《かねがさき》城（ともに福井県敦賀市）を落城させ、木の芽峠を越えて一乗谷に進撃しようとしたとき、信長の妹婿・浅井長政《あざいながまさ》が離反し、四月二十八日に退却した。これを「金ケ崎の退《の》き口《ぐち》」という。退却後、光秀は今回の出陣を拒否した若狭西部の武藤友《むとうとも》益《ます》を攻めるため丹羽長秀とともに出陣し、武藤氏が降参すると人質をとり、城郭を破壊させた。

同年九月から十二月には信長が浅井長政・朝倉義景《よしかげ》・比叡山と争った志賀《しが》の陣に出陣、十一月

（土岐）光定―頼貞―頼清（以降、美濃守護家）
頼貞―頼基―（明智）頼重―（以下、六代略）―頼尚―頼典―光隆―光秀
頼尚―頼明―定明―（土岐）定政
頼基―頼高
頼基―頼助

土岐・明智氏略系図（『続群書類従』所収「明智系図」をもとに作成）

朝倉氏の本拠・一乗谷館跡　福井市

明智光秀坐像　京都市右京区・慈眼寺蔵

には京都の将軍山《しょうぐんやま》城（京都市左京区）に在城し、比叡山に拠る浅井・朝倉軍を京都側から牽制している。そして、九月に討ち死にした森可成《もりよしなり》の後任として宇佐山《うさやま》城（大津市）に入り、比叡山攻撃の準備に着手し、雄琴《おごと》城（大津市）の和田《わだ》氏・八木《やぎ》氏を味方に引き入れた。

元亀二年九月十二日、信長はついに比叡山焼き討ちを実施し、功績のあった光秀は恩賞として近江国志賀郡を預かり、坂本（大津市）に城を構築する。これが、光秀の居城として最初に築かれた坂本城である。なお、同二年十二月頃の光秀の書状に「就其我等進退之儀、御暇申上候処」とあり、この頃に義昭の家臣から離れて、信長の家臣となったようである。

元亀四年二月二十日には、石山《いしやま》城（大津市）の山岡景友《やまおかかげとも》に呼応した今堅田《いまかたた》城の磯谷久次《いそがいひさつぐ》を、光秀は琵琶湖側から船で攻撃し、丹羽長秀・蜂屋頼隆《はちやよりたか》は陸地側から攻撃して落城させた。光秀はこの合戦で十八人の犠牲者を出し、命日の霊供《りょうぐ》のため、坂本西教寺《さいきょうじ》（大津市）に各一斗二升の寄進をしている。

同年七月十六日、反信長を掲げた足利義昭が槇島《まきしま》城（京都府宇治市）に挙兵するとこれを攻め、開城させて嫡男を人質にとり、義昭は河内国の若江《わかえ》城（大阪府東大阪市）に移された。

信長は、天正元年八月八日に浅井氏の本拠・小谷《おだに》城（滋賀県長浜市）を攻めるために出陣し、浅井氏の援軍に来た朝倉軍を越前方面に追い詰め、二十五日に朝倉氏を滅ぼすと、二十七日に小谷城を落城させる。光秀はそれに関わり、越前国の寺社や領主の旧領を安堵したり、商人の統制を指示するなど、九月まで戦後処置に追われた。

越前国より帰陣すると、村井貞勝とともに専任の京都代官を務め、天正三年まで担当している。[*1]同元年十月に京都静原《しずはら》城に籠城していた山本対馬守を調略し、自害させた。同二年七月には、幕府奉行衆の佐竹宗実《さたけむねざね》が光秀の家臣となり、雄琴城の和田氏や山城の河島《かわしま》氏等が家臣に加わるなど、京都周辺を本貫地とする家臣が多くなっていった。

苦難に満ちた第一次丹波攻略戦

天正三年（一五七五）六月、信長は丹波国の川勝継氏《かわかつつぐうじ》・小畠永明・小畠常好らに、内藤《ないとう》氏と宇津氏の両名が出仕しないため、光秀を攻略に遣わすので、馳走・忠節を尽くすように指令している。

信長の推挙により、光秀は七月三日に惟任《これとう》に改姓し、日向守に任官すると、同月二十六日には宇津長成[*2]を攻略するため、小畠氏に桐野河内（京都府南丹市）に着陣するように指示している。このとき出された光秀の書状には、「鋤、鍬其外普請道具有用意、至彼表可有着候、人数之事、不寄土民、侍男之類、可被召具候、杣在次第、まさかりを持可相連候」[*3]とあり、攻略と土木工事の両方を同時に進行するつもりだったようだ。

しかし、光秀は宇津氏攻略中の八月十二日（もしくは十四日）に越前国の一向一揆攻めに出陣したため、攻略は小畠氏等の丹波衆が任されたようである。光秀は、小畠氏等の丹波衆と宇津氏の合戦を「今度御出張、殊御働之恩賞存寄ほとハ有間敷候へ共、なにとそ志を可露候、馬路、余部在城之衆へ、其元無油断馳走候へ之申、申送度候、（中略）従彼国直宇津処へ可押入候」[*4]と伝えている。なお、小畠永明はこの戦いで負傷したため、傷を心配して養生に専念するよう念を押

---

*1　久野雅司「織田政権の京都支配における奉行人についての基礎的考察」（『いわき明星大学人文学部研究紀要』二八、二〇一五年）。

*2　宇津長成書状（榎原雅治・末柄豊・村井祐樹編「丹波大谷村佐々木文書」所収三三号（『東京大学史料編纂所研究成果報告』）、二〇一三年）。宇津右近大夫は宇津頼重といわれていたが、この書状で長成と判明した。

*3　明智光秀書状（藤田達生・福島克彦編『明智光秀　史料で読む戦国史』（八木書店、二〇一五年）掲載の「明智光秀文書集成」の番号59）。以下、史料名（『明智光秀』〇〇〈番号〉）と表記する。

*4　明智光秀書状（『明智光秀』60）。

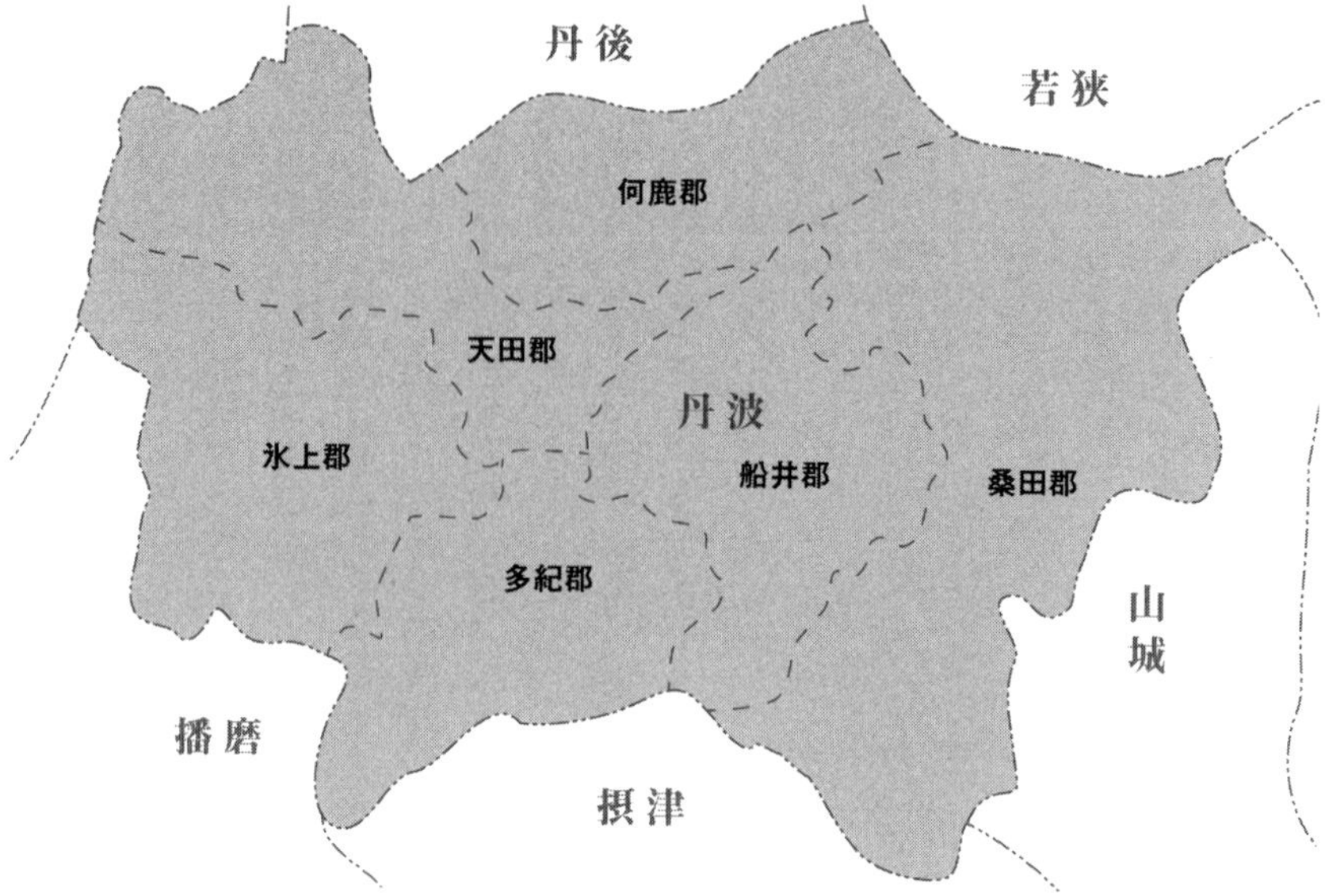

図1　丹波国郡図

している。

十月四日、光秀は「丹州へ指急候条」[*5]と、丹波国黒井《くろい》城（兵庫県丹波市）に拠る荻野直正攻めが控えており、連歌師《れんがし》の里村《さとむら》紹巴《じょうは》に対して聖護院道澄《しょうごいんどうちょう》へ参上できない旨の取り成しを依頼している。荻野直正は、元亀元年（一五七〇）三月に信長に復命して、丹波奥三郡（氷上《ひかみ》郡・天《あま》田《た》郡・何鹿《いかるが》郡）の所領を安堵されていた。

ところが、同二年十一月に山名祐豊《やまなすけとよ》の家臣山名（磯部）豊直《とよなお》が氷上郡山垣《やまがい》城（兵庫県丹波市）の足立《あだち》氏を攻撃したため、ただちに直正と赤井忠家《ただいえ》が急援して山名勢を退散させ、但馬国へ侵攻して竹田《たけだ》城（同朝来市）を攻略し、山名氏の本拠・此隅山《このすみやま》城（同豊岡市）に迫った。

この事態に窮した山名祐豊は、信長に救援を求めた。信長の命をうけた光秀は、同三年十月に黒井城の周囲に十二、三ヵ所の陣城を構築して包囲する。このとき、

＊5　明智光秀書状（『明智光秀』65）。

八木豊信《とよのぶ》は吉川元春《きっかわもとはる》に、兵糧も長くはもたず、黒井城は落城間近で、丹波国はなかば光秀の一味であると伝えている。*6 また、光秀は丹波の百姓たちの民心を掴むべく、徳政令《とくせいれい》を発布した。

しかし、同四年正月十五日、丹波国人の波多野秀治《はたのひではる》が突如裏切り、光秀は退却を余儀なくされた。敗戦後、坂本城で論功行賞《ろんこうこうしょう》を行い、荒木藤内《あらきとうない》の働きに対しての戦功を賞し、船井《ふない》郡曽根《そね》村惣中《そうちゅう》（京都府京丹波町）には、諸役・万雑公事《まんぞうくじ》の納入を免除している。

その後の石山本願寺《いしやまほんがんじ》合戦では、四月十四日に信長から、細川藤孝とともに森口（大阪府守口市）と森河内（同東大阪市）に砦を構築するよう申しつけられた。だが、五月二十三日に所労のために帰京し、医師曲直瀬正盛《まなせまさもり》宅で静養し、その後坂本城に戻って療養している。また、十月には妻の熙子《ひろこ》の病気のため上京している。

平定を成し遂げた第二次丹波攻略

いったんは丹波からの退却を余儀なくされた光秀だったが、天正五年（一五七七）正月晦日には小畠永明・長沢又五郎・森安（森安芸守か）に、亀山城の惣堀工事を命じており、丹波の拠点として亀山城の普請が開始された。

二月二十二日には紀州雑賀《さいか》攻めに出陣し、和泉国淡輪《たんのわ》（大阪府泉南郡岬町）より三手に分かれて紀州に乱入し、鈴木孫一《すずきまごいち》の居城（和歌山市）を包囲する。十月になると、松永久秀《まつながひさひで》が信長に反旗を翻し、一日に松永一味の片岡《かたおか》城（奈良県葛城郡上牧町）に攻めかかり、「突竟の者二十余人うたせ、粉骨の働き名誉の事なり」と、光秀と細川藤孝勢が手柄を挙げた。十日に信貴山《しぎさん》城（生駒郡平群町）の久秀を夜攻めにし、落城させている。*7

その後、光秀は丹波に転戦し、十月二十九日に多紀《たき》郡の籾井《もみい》両城（籾井城と安口《はだかす》城か。兵庫県丹

---

*6　年末詳十一月二十四日付け八木豊信書状（『史跡　黒井城跡　保存管理計画策定報告書』、兵庫県春日町、一九九三年）。

*7　『信長公記』（奥野高広・岩沢愿彦校注、角川書店、一九六九年）。以下、『信長公記』は同書に拠る。

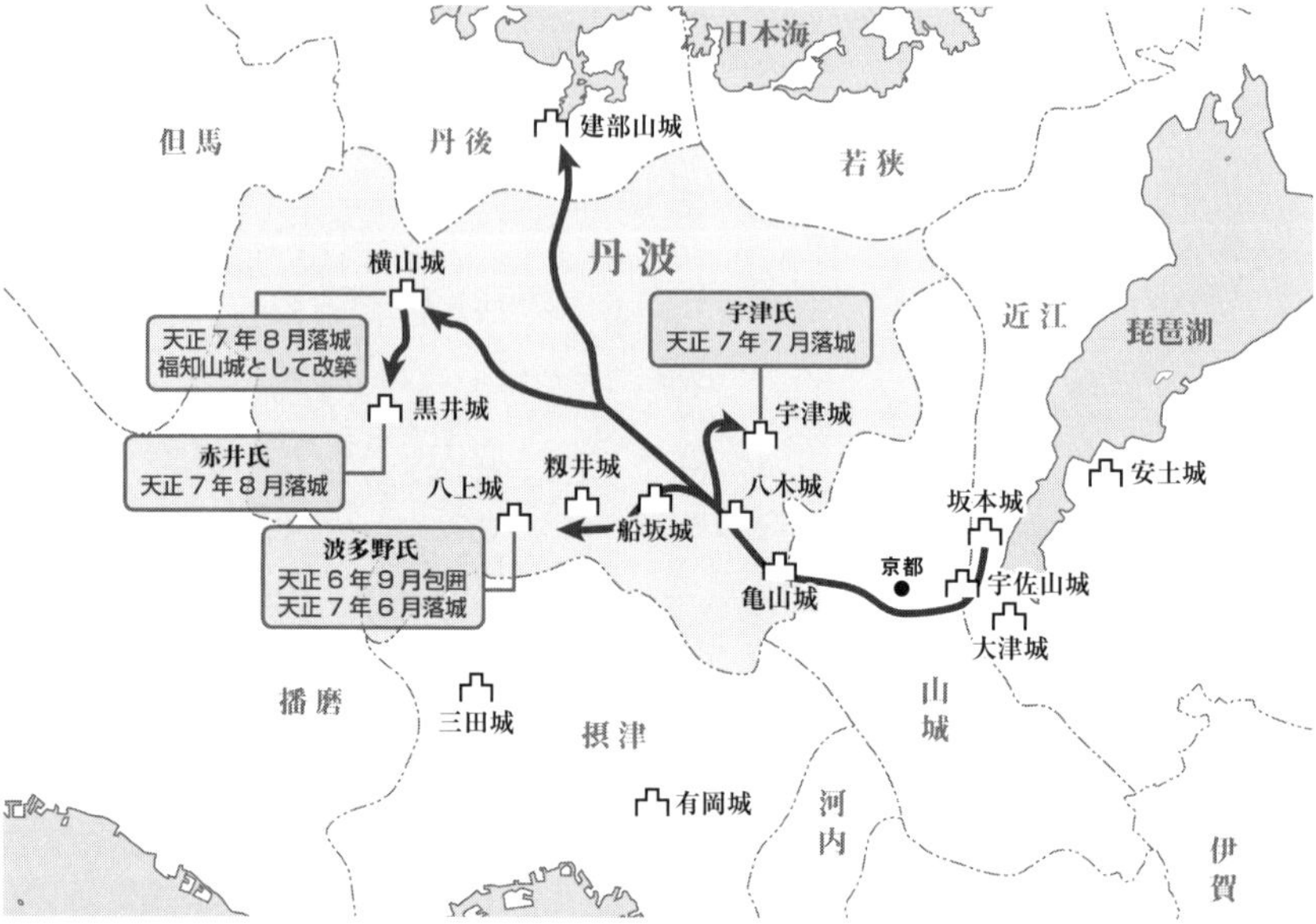

図２　丹波攻め関係図　地形は現在の地形。以下同

波篠山市）を乗っ取り、同郡内の波多野方の城十一ヵ所を落城させ、残るは波多野氏の八上《やかみ》城（同市）と荒木氏の荒木城（同市）の二城だけとなった。

これに対し十一月三日、播磨三木城主の別所長治《べっしょながはる》は波多野氏に加担するため、多紀郡に援軍を派遣する。これを阻止するために光秀からは石田長保《いしだながやす》らが派遣され、多紀郡の小野原《おのはら》・不来《この》坂《さか》・高仙寺《こうせんじ》で合戦が行われ、信長から感状《かんじょう》が与えられたほか、多紀郡で領地を宛て行われている。＊8

なお、同六年三月四日付けの信長朱《しゅ》印状《いんじょう》案によると、信長から細川藤孝に対して、丹波奥郡、多紀郡への街道を、「二筋、三筋」も人馬の往来に支障のないように整備するよう命じられている。＊9 三月十日に黒井城主の荻野直正が病死すると、四月十日には滝川一益・明智光秀・丹羽長秀が荒木氏綱《うじつな》の

＊8　横河ふみ家文書（『丹波笑路城発掘調査報告書』、亀岡市教育委員会、一九七八年）。

＊9　『新修亀岡市史』資料編第二巻、三五（亀岡市史編さん委員会、二〇〇二年）。以下、（『亀岡』〇〇〈番号〉と表記する。

城（兵庫県丹波篠山市）を包囲し、水の手を止めて落城させ、光秀の手勢を入れ置いた。
播磨国上月《こうづき》城（兵庫県佐用町）救援のため出陣した羽柴秀吉と荒木村重《むらしげ》が苦境のため撤退すると、六月二十六日に滝川一益・明智光秀・丹羽長秀の手勢が、高倉山城の東にある三日月山《みかづきやま》（佐用町）に陣を置いて撤退を助け、その後、神吉《かんき》城（兵庫県加古川市）を攻撃して落城させた。八月二十二日には、筒井《つつい》順慶《じゅんけい》が播磨からの帰路、丹波八上城に立ち寄り光秀に面会し、河原毛《かわらげ》の馬を拝領している。

ところで、この年二月に播磨の別所長治が信長に背くと、これに同調するかのように、波多野氏と赤井氏が決起した。九月十三日の光秀書状によると、十八日に八上城の背後の山へ上り十日間ほど逗留するので、人数の件があれば連絡するようにと指示するとともに、*10 氷上郡の円通寺《えんつうじ》（兵

丹波八上高城山合戦図　兵庫県丹波篠山市・誓願寺蔵
画像提供：亀岡市文化資料館

＊10　明智光秀書状（『明智光秀』77）。

庫県丹波市）に禁制を発給しており、[*11]このころには丹波攻略を再度進めていた。

また、十一月になると、八上城と対峙する陣城を堅固に守備するよう小畠永明に指示し、三田城主の荒木重堅《しげかた》軍が波多野氏の援軍に来る可能性があり、「何之取出成供、取詰候ハ、一騎きかせ候」と、明智秀満軍を先に亀山へ派遣し、われわれも一両日中に亀山へ到着すると述べている。[*12]ここからは、光秀は十月に織田を離れた荒木村重と波多野氏が連携することを警戒していることがわかる。なお、光秀自身も村重の居城・有岡《ありおか》城（兵庫県伊丹市）攻めに参陣している。十一月三日の光秀書状によると、亀山城の普請を延期して、森河内（大阪府東大阪市）へ着陣するよう佐竹秀慶に指示し、十一日に光秀も着陣するとしている。[*13]

ところで、このころ石山本願寺に味方した毛利氏と織田家との間で、第二次木津川口《きづがわぐち》合戦が勃発していた。それに関連して、十四日に八上城の波多野軍に動きがあり、明智軍に攻撃を仕掛けたようで、これは光秀の留守を狙っての軍事行動であると思われる。光秀はこれに対して、もし兵が必要な場合、諸勢が亀山近辺にいると、八上城を包囲していた小畠氏らに連絡している。[*14]

十一月十九日には、小畠永明が金山《かなやま》城と三尾山《みつおさん》城（国領城）を視察したことを光秀が賞し、あわせて普請道具の用意を命じている。[*15]十二月になると、摂津国伊丹《いたみ》（兵庫県伊丹市）の荒木氏の陣から八上城に向かった。このときの様子を、『信長公記』は「四方三里がまはりを惟任一身の手勢を以て取巻き、堀をほり、塀、柵幾重も付けさせ、透間もなく塀際に諸卒町屋作に小屋を懸けさせ、其上、廻番を丈夫に警固を申付け、誠に獣の通ひもなく在陣候なり」と記している。また、三田城に陣城四ヵ所の構築を申し付けられ、築造した旨を奥村源内《おくむらげんない》に伝え、[*16]三木城と八上城の間につなぎの城を構築することも明言している。[*17]

同七年正月末の八上城包囲では、波多野勢が「籠山」に攻撃をかけ、小畠永明が討ち死にした。

＊11　明智光秀書状（『明智光秀』78）。
＊12　明智光秀書状（『明智光秀』79）。
＊13　明智光秀書状（『明智光秀』80）。
＊14　明智光秀書状（『明智光秀』81）。
＊15　明智光秀書状（『亀岡』四八）。
＊16　明智光秀書状（『亀岡』五〇）。
＊17　明智光秀書状（『明智光秀』83）。

このとき、光秀は荒木藤内の活躍を賞している。また、八上城出陣中の光秀が関内蔵助に対して、「八上城の周囲に付城をめぐらし、通路を止めて包囲中であり、近々落城するだろう」と述べている。[*18] なお、二月中旬には、八上城近郊の宮田村と矢代村の鍛冶《かじ》に諸役の納入を免除しており、[*19] ここからは合戦中に鍛冶職人が必要だったことが考えられるだろう。

多紀郡の大芋《おぐも》氏の戦功を賞した和田弥十郎宛ての書状の中では、「四月には八上籠城の衆が命乞いをして、退城を願う者が多く、餓死者が四、五百人もあり、退城する者の顔は青く、人間界の体ではない。五日、十日の間に討ち果たし、一人も洩らさないように固く包囲する」と述べ、[*20] 五月には小畠氏をはじめとする包囲衆に落城時の心得を指示している。[*21]

六月一日、ついに波多野氏の居城・八上城が落城した。『信長公記』によると、「籠城の者既に餓死に及び、はじめは草木の葉を食し、後は牛馬を食し、了簡尽果、無体に罷出候を悉く切捨、波多野兄弟三人の者調略を以て召捕り」とあり、六月四日には近江国安土慈恩寺町末（滋賀県近江八幡市）で、三人を磔にしたという。

だが、これで丹波平定が完了したわけではない。七月十九日には山城北方を地盤とする宇津氏を攻めて数多討ち取り、頸を安土へ送った。このとき信長は、丹羽長秀に若狭方面への逃亡者を捜し出すように指示している。[*22] さらに光秀は鬼ケ《おにが》城（京都府福知山市）に出陣し、近辺に放火して陣城を構えた。その後、黒井城を落城させ、高見《たかみ》城と三尾山城（国領城）も陥落させると、十月十二日に吉田兼見《よしだかねみ》は、光秀の「加伊原（柏原）新城」築城を祝うために丹波を訪れ、佐竹氏の小屋に宿泊している。[*23] だが、「加伊原（柏原）新城」とは、どの城を指すのか不明である。

赤井氏の黒井城を陥落させたことで、苦難に満ちた丹波平定がようやく成った。十月二十四日には丹波平定を信長に報告し、光秀は丹波の領地支配を任されることとなった。[*24]

---

*18　明智光秀書状（『亀岡』五二）。

*19　明智光秀判物（『亀岡』五三）。

*20　明智光秀感状写（『亀岡』五六）。

*21　明智光秀書状（『亀岡』五八・五九）、『兼見卿記』天正七年六月一日条。

*22　織田信長朱印状（『亀岡』六七）、『信長公記』。

*23　『兼見卿記』天正七年十月十二日条。

*24　『信長公記』。

丹波支配を確立するも、本能寺で没落

信長から丹波の支配を認められた光秀は、領国の整備を始めた。天正八年（一五八〇）二月には天田郡の天寧寺《てんねいじ》（京都府福知山市）に禁制を出し、七月には氷上郡の白毫寺《びゃくごうじ》（兵庫県丹波市）に対して家臣の斎藤氏が人足役《にんそく》を免除し、多紀郡の宮田市場《みやたいちば》（同丹波篠山市）に市日《いちび》を定めるように命じている。さらに、丹後国江尻《えじり》村（京都府宮津市）に禁制を発給し、与力《よりき》の細川藤孝への合力を指示した。[*25]

ちなみにこの時期、光秀は大和国でも活動している。たとえば、信長の命をうけ、滝川一益とともに上使《じょうし》として大和国に入国し、八月二十六日に大和一国の寺社・本所《ほんじょ》・国衆に対して、検《けん》地指出《ちさしだし》を厳命している。[*26] また、城《しろ》わり（城郭の破壊）を進行し、国衆・寺社等の陣取りを禁止した。[*27] つまり、天正八年は大和国の支配体制の確立事務に追われる一年でもあったのだ。

光秀の領国支配は、亀山城と坂本城を中心に進められ、福知山城に明智秀満《ひでみつ》、黒井城に斎藤利三《とし みつ》を城代として置いていた。天正八年九月、丹波国船井郡の井尻《いじり》氏に領地を与え、[*28] 翌年四月には、亀山周山《しゅうざん》城構築のため、井戸を掘る河原者《かわらもの》を派遣するように吉田兼見に依頼している。[*29] また、亀山城築城のために動員した百姓たちに、飯米を支給するように命じた。[*30] さらに、丹波国の検地として和知《わち》（京丹波町）の片山《かたやま》兵内（康元《やすもと》か）・出野康勝《やすかつ》・粟野久二が、光秀に知行高や侍・百姓の人数を報告している。[*31]

丹波国の城わりについては、天正八年に山家《やまが》（京都府綾部市）の和久《わく》左衛門大夫に城の破却を申しつけたところ、城の一部を寺と偽り残し置いたため、成敗を加えたことを伝えている。[*32] また、光秀は家中《かちゅう》に対する軍法を定め、武者・足軽等の戦闘方法を管理し、家中法度《はっと》では、家中の京

*25 明智光秀判物（『亀岡』七三）、斎藤利三判物（『亀岡』七四）、明智光秀掟書写（『亀岡』七五）、明智光秀等連署禁制（『亀岡』七六）。

*26 明智光秀書状（『明智光秀』102）、明智光秀・滝川一益連署状（『明智光秀』103）。

*27 明智光秀書状写（『明智光秀』110）。

*28 明智光秀判物（『明智光秀』78）。

*29 『兼見卿記』天正九年四月七日条。なお、宇津とは宇津城ではなく、旧宇津氏の支配地の意味である。

*30 明智光秀判物写（『亀岡』八一）。

*31 和知衆当知行分指出（『和知町誌 史料集（一）』一四二）、和知衆侍百姓人数書出（『和知町誌 史料集（一）』一三八）。

*32 明智光秀書状（『亀岡』八五）。

都における行動を規定している。＊33

ところで、『多聞院日記』によると、同九年八月二十一日の記事に「去七日・八日ノ比歟、惟任ノ妹ノ御ツマキ死了、信長一段ノキヨシ也、向州無比類力落也」とあり、光秀の妹の死去を伝えている。彼女は信長のお気に入りの女房であったため、信長との関係を考えると、光秀にとって痛手であった。

その後はよく知られているとおり、天正十年六月二日、光秀は亀山城より出陣して、京都本能寺《ほんのうじ》（京都市中京区）で信長を討ち取ると、その後、近江国坂本城に向かい、五日に近江国を制圧して安土城に入城した。八日には上洛し、九日に京都南方に出陣したところ、羽柴秀吉の先方が山崎《やまさき》（京都府大山崎町）に迫っているとの情報があり、十三日に秀吉軍と激戦をくり広げる（山崎の合戦）も、これに敗れて坂本城へ逃亡する途中、山科で討ち死にしてしまった。苦労して手に入れた丹波支配も、わずか数年で終わってしまったのである。

二、城郭研究に見る光秀の城の特徴

進展する城郭研究

次に、光秀の城の特徴を見ていこう。明智氏に関する城郭研究で嚆矢となったのが、竹岡林氏である。竹岡氏は、たとえば猪倉城《いのくら》（京都府亀岡市）の縄張りを、「本丸を中心として梯郭式となっており、その前面には蜒々と続く空堀がめぐらされており（図3）、口丹波の城郭には他に類例をみない構築法が採られているが、鉄砲による戦いに備えた特殊な陣形とみられる。（中略）谷

＊33　明智家中軍法（『明智光秀』107）、明智光秀家中法度写（『明智光秀』112）。

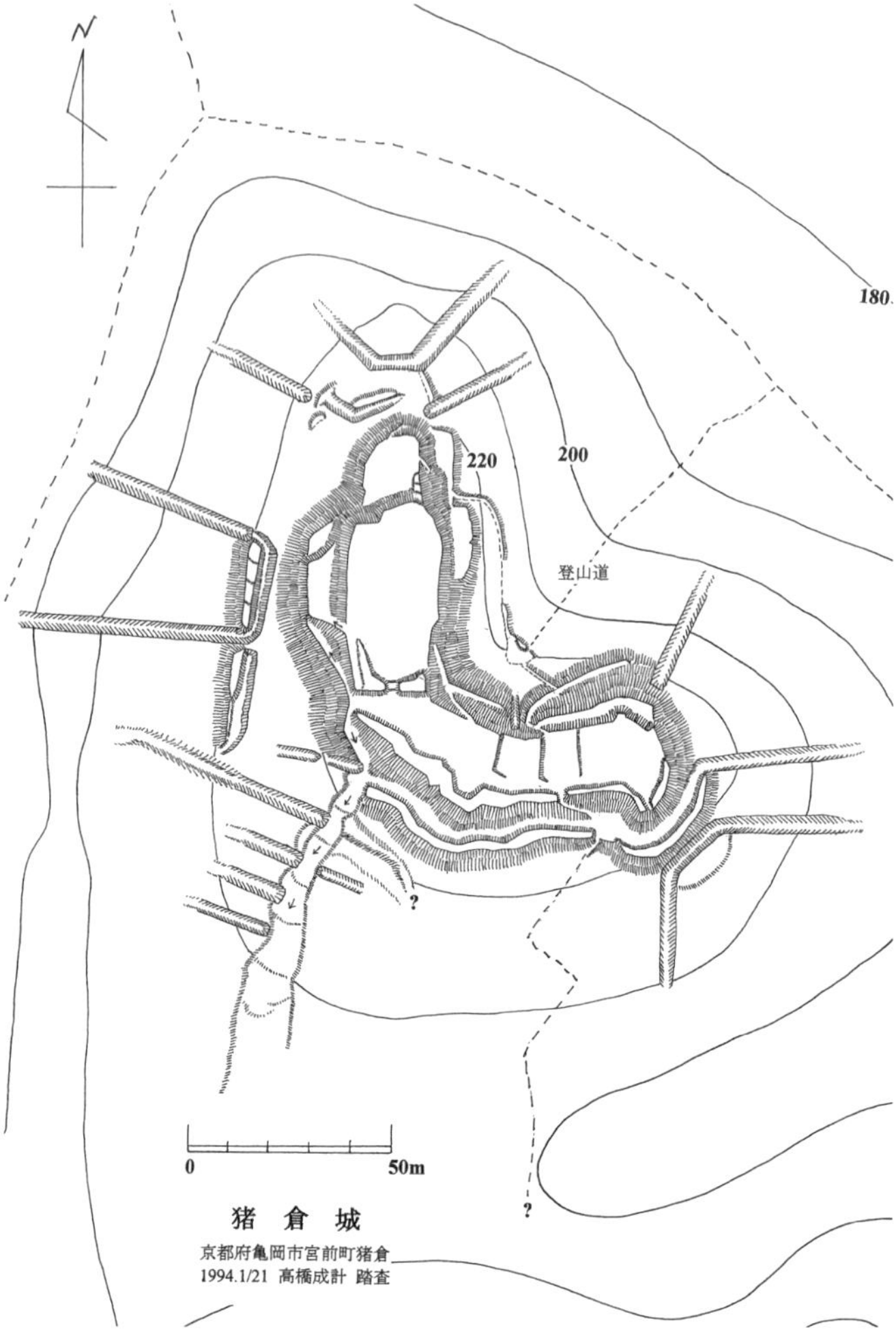

図3　猪倉城縄張り図

性寺（亀岡市）には明智光秀の「首塚」があり、この猪倉城こそ中丹、摂丹地域に対する光秀式築城法が加味されたものとみられ、今後の考証が期待される」と述べている。*34

福島克彦氏も竹岡説を継承し、光秀が亀岡の長沢家綱《ながさわいえつな》を攻めたとき、法貴山《ほうきやま》城を構築・改修したとし、法貴山城の縄張りにつき、横堀による城域の画定や枡形状虎口は、当時の織豊系城郭

猪倉城

*34『日本城郭大系』第十一巻「京都・滋賀・福井」（新人物往来社、一九八〇年）。

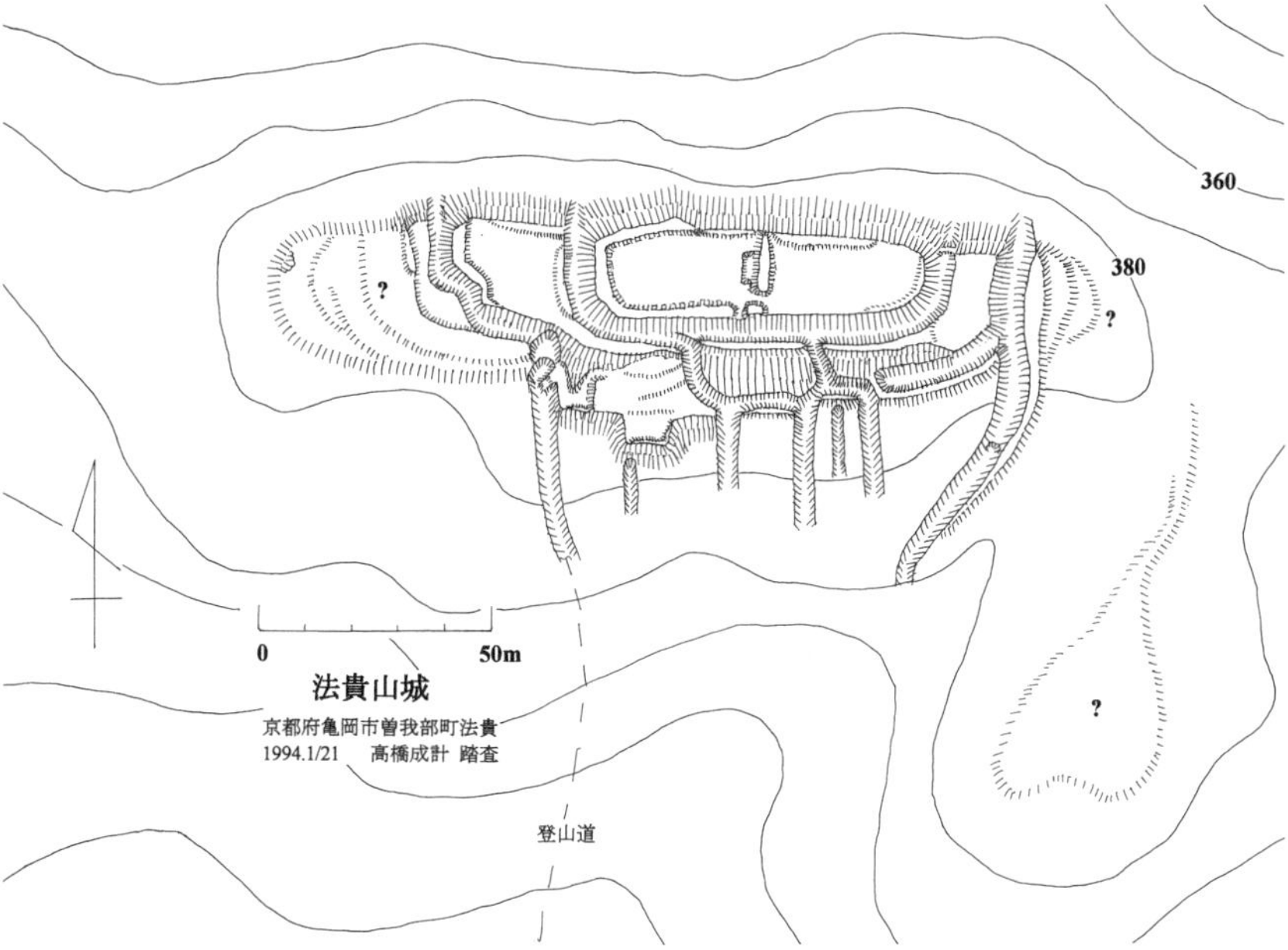

図4　法貴山城縄張り図

のプランを継承した、織豊系陣城として想定できるとしている（図4）。また、これと酷似した猪倉城も横堀を一方的に廻すプランで、これが屈曲して、さらに竪堀で掘り込んでいる点も法貴山城と類似しており、両城とも亀山城（京都府亀岡市）を防御するように構築されていると述べられている。[*35]

　さらに福島氏は、織田氏が在地に及ぼした城郭構造について、須《しゅう》知《ち》城（京都府京丹波町）は全体的には中世的な遺構だが、主郭である曲輪Ⅰ・曲輪Ⅱ周辺は石垣や枡形状虎口が集中しており、天正元年（一五七三）～十年の明智光秀権力を背景にした改修がうかがえるとしている（図5）。

　笑路《わろうじ》城（同亀岡市）は、東方の尾根線を巨大な堀切で遮断し、これよ

＊35　福島克彦「織田政権期の城館構成—丹波を例として—」（石井進・萩原三雄編『中世の城と考古学』新人物往来社、一九九一年）。

法貴山城

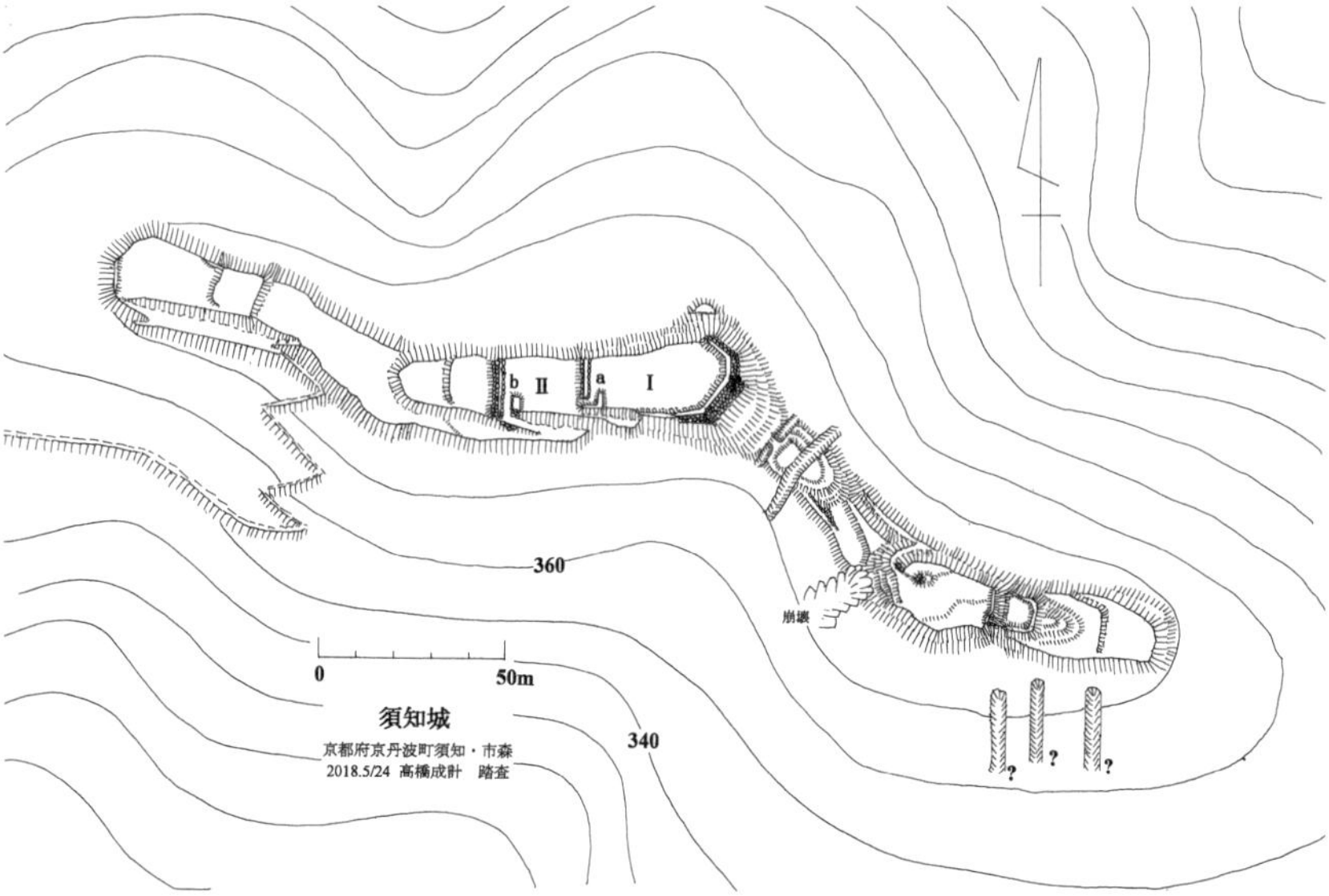

図５　須知城縄張り図

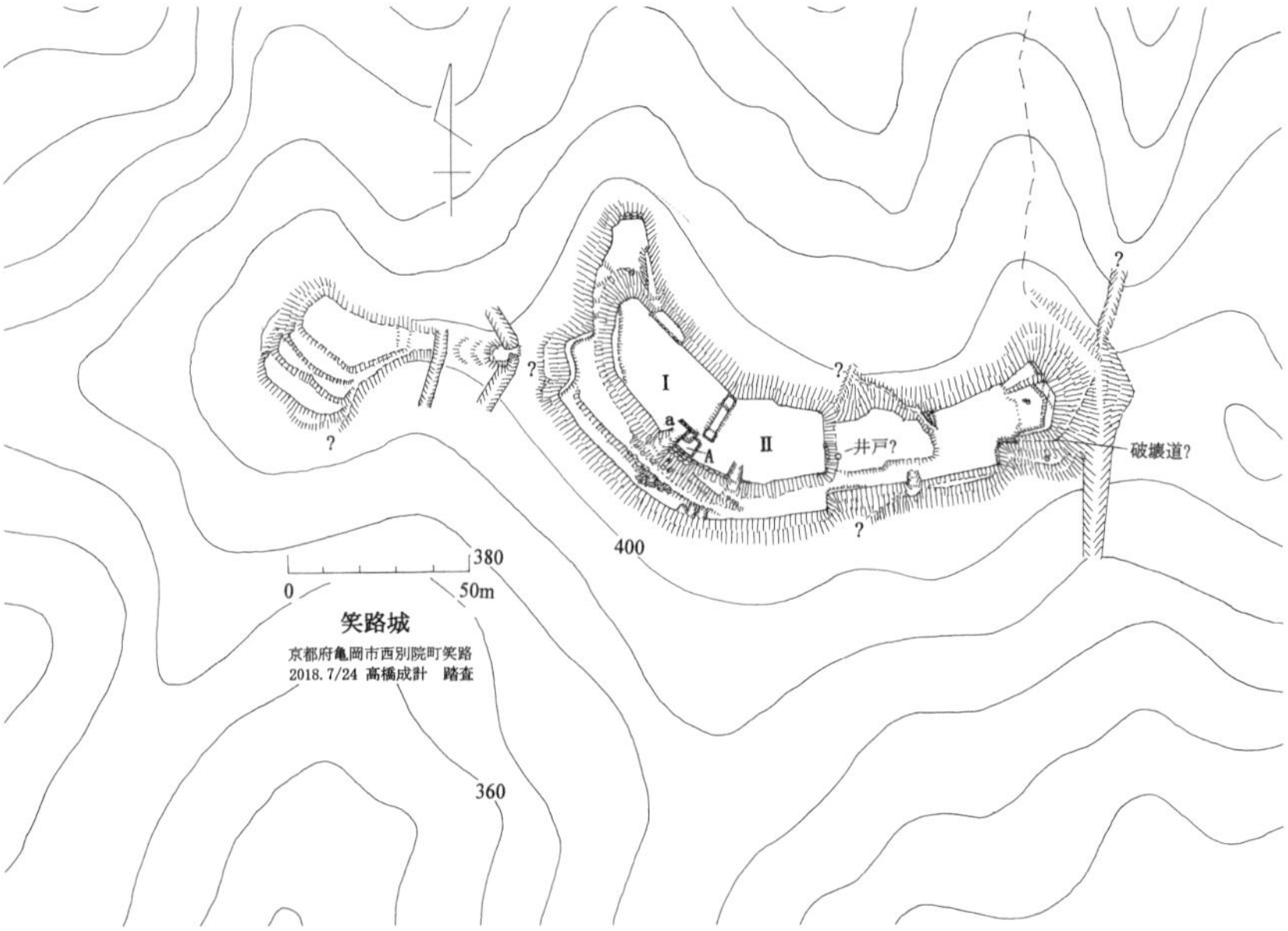

図６　笑路城縄張り図

り西方を城域としている。主郭は曲輪Ⅰと考えられるが、石塁を挟んだ東側の曲輪Ⅱと比高差がほとんどなく、どちらが中心部分か判断しにくい。曲輪Ⅰの南面には石垣で構築した枡形状虎口aが残り、織豊系城郭のプランを継承している（図6）。ただし、天正五年以降、各所に展開した織豊系城郭の虎口空間は使用されていないことは、押えておく必要がある。

また、この虎口からスロープ状の虎口受けを下りて下位の帯曲輪と接続している点は、ほかの丹波の織豊系城郭にもみられる。この虎口プランの利点は、現状をあまり変更せず、新しい虎口形式を導入できることだろう。つまり、戦国期からの連郭式山城だった形態に、織豊系城郭の虎口プランが享受された様相が理解できる。

丹波の城郭では、天正五年頃から織豊系城郭に採用されつつあった虎口空間は使用されず、なおかつ、改修部分も限定的に行われている。これらはともに、織田政権下に組み込まれた在地領主の城郭であることから、権力の浸透度によるもので、織豊系城郭の発展過程からは、一段階遅れたプランを有すると福島氏は述べている。[*36] 福島氏の指摘されるように、在地城郭の虎口部分を改修して、織豊系城郭に近づけようとしていることが考えられる。これが一段階遅れたプランということであろう。

どこまでが光秀の影響なのか

ところで、筆者はかつて、文献の記述から、地形的環境、布陣の状態などを考察し、八上城周辺の小山や丘陵先端にある城郭遺構を踏査して図面化し、縄張りの構造を明確にした。[*37] 本城周辺の城郭遺構を、支城網や支城形態としたこれまでの概念から脱却し、支城と付城（陣城）の区別を試み、単純な縄張りから読み取りにくい部分を、史料・地名・伝承などでカバーしたものであ

＊36　福島克彦「織豊期における城郭・城下町の地域的展開―丹波国を中心に―」（『ヒストリア』一四二、一九九四年）、同「織田政権期の城館構成―丹波を例として―」（『中世の城と考古学』新人物往来社、一九九一年）。

＊37　高橋成計「八上城包囲の付城群について」（『戦国・織豊期城郭論―丹波国八上城遺跡群に関する総合研究―』八上城研究会、二〇〇〇年）。

る。縄張りは削平地だけのものが多く、どの範囲までが城郭遺構か区別がつかない。丹波の城郭の場合、織豊系城郭としての縄張りを追求できるような陣城は皆無であった。そのため、黒井城や八上城包囲の陣城の縄張りが在地系で、織豊系でない原因は、包囲を担当した勢力が丹波や山城近郊の者であったことに起因するのではないかと推測した。

また、その後の別の論文では、黒井城周辺の城郭を文献の記述や伝承をもとに踏査し、八上城包囲の陣城事例も含めて考察した。*38 黒井城周辺の陣城遺構の縄張りは、削平地のみの遺構が多く、周辺にあった在地の城郭を利用したケースもあり、織豊系城郭としての縄張りと判断できる城郭はなかった。

黒井城と八上城の連携を分断する陣城群の縄張りを見ると、多紀・氷上連山の西にあたる栗柄《くりから》砦（兵庫県丹波篠山市）は、平入《ひらいり》虎口の西側に張り出しがあり、横矢攻撃が可能となり、塁線は地形に合わせた構造でなく、直線・直角を意識した構造である。さらに、多紀・氷上連山中央部の夏栗山《なつぐりやま》城（丹波篠山市）は、中央部の曲輪に食い違い虎口があり、南を除く三方向を低土塁が巡り、西側には枡形虎口がある。多紀・氷上連山西側の譲葉山《ゆずはやま》城（兵庫県丹波市）の東郭には、低土塁が囲繞《いにょう》した一辺三〇mほどの方形の陣城があり、西郭は南を除く三方向に低土塁が巡り、塁線には折れが見られる。

このように、以上の三城は織豊系城郭の縄張りである。これらは黒井城や八上城包囲のための陣城には見られなかった縄張りであるため、もしかしたら細川藤孝や滝川一益、丹羽長秀や筒井順慶等、光秀以外の織田家の武将の影響も考えられる。

以上のことを念頭に置きながら、いよいよ本編で個別城郭の特徴を見ていくことにしよう。

＊38　高橋成計「丹波黒井城攻略期の陣城考察─織田氏の丹波攻略期から─」（『中世城郭研究』二三、二〇〇九年）。

【第一部】

一筋縄にはいかなかった丹波攻略戦

1、赤井氏を降した黒井城合戦

織田氏が中国方面に勢力を拡大し始めると、山陰への玄関口にあたる但馬国への足がかりとして、手前に位置する丹波国奥郡を手に入れる必要が生じた。丹波攻略を命じられた明智光秀の前に立ちふさがったのが、丹波国黒井城（兵庫県丹波市）を居城とする有力国人・赤井氏であった。本節では光秀による赤井氏攻め時に築かれた城郭の特徴を見ていくが、まずは二度にわたって行われた黒井城合戦の概要を押さえておこう。

第一次黒井城合戦（天正三年〈一五七五〉十月〜同四年正月）

永禄十三年（一五七〇）三月、赤井氏は上洛して織田信長に服命し、丹波奥郡（氷上郡・天田郡・何鹿郡）の所領を安堵された。

ところが、元亀二年（一五七一）十一月に、但馬国磯部《いそべ》城主（兵庫県朝来市）の山名（磯部）豊直が氷上郡に侵攻し、山垣城（同丹波市）の足立氏を攻めると、黒井城主の荻野直正と赤井忠家が急援して山名勢を退散させ、その勢いで但馬国へ侵攻し、竹田城（同朝来市）を攻略して、山名氏の本拠・此隅山城（同豊岡市）へと迫った。

この事態に窮した山名氏の当主祐豊は、信長に援助を求めた。しかし、このとき信長は石山本願寺・三好三人衆・浅井・朝倉等と戦闘をくり広げており、但馬国へ援軍を送る余裕はなかった。天正元年（一五七三）八月に雀部《ささきべの》荘（京都府福知山市）を押領《おうりょう》するなどの事態が発生している。

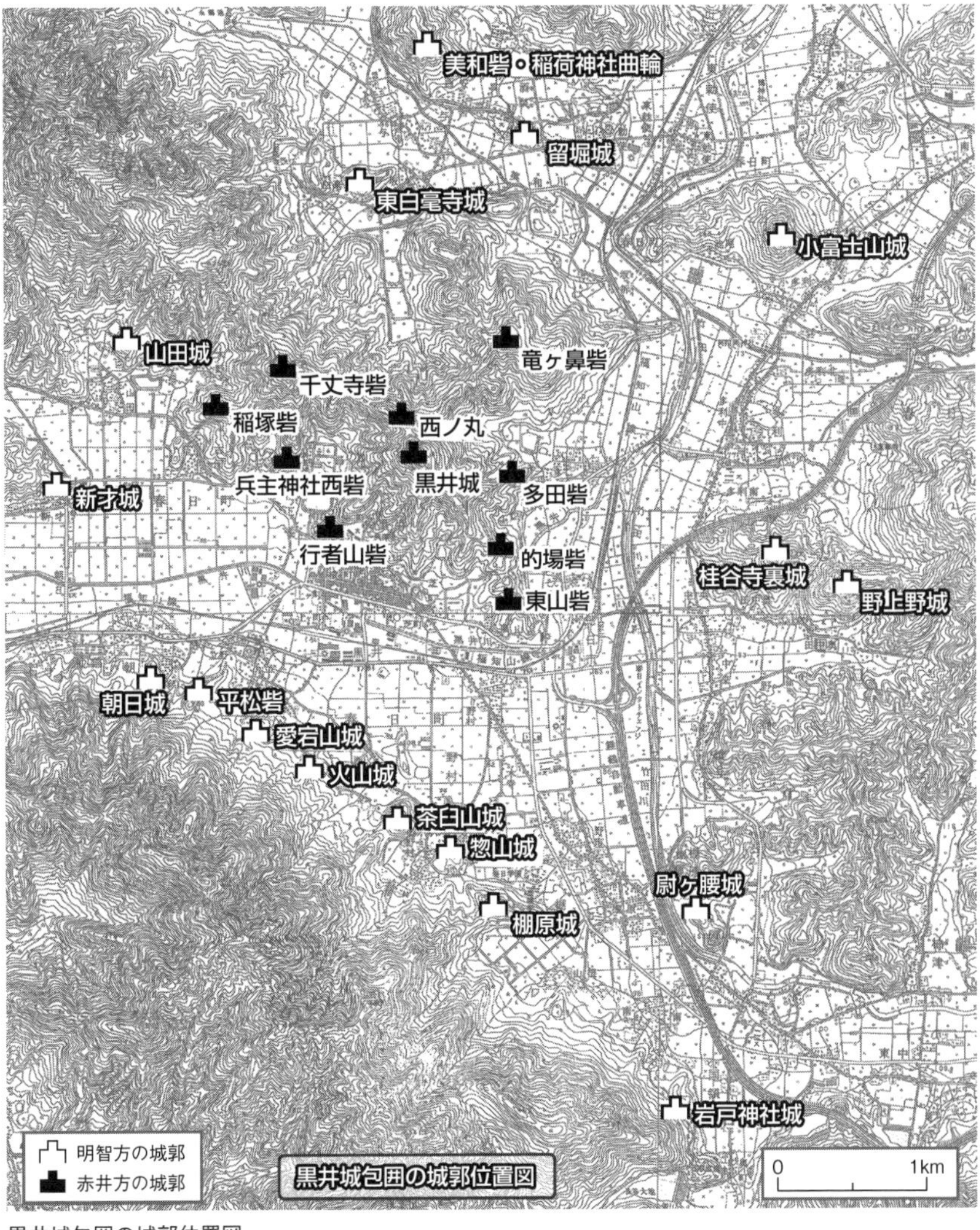

黒井城包囲の城郭位置図

天正三年十月、光秀は丹波口郡衆（小畠・川勝・須知・波多野等）を率い、黒井城の周辺に十二、三ヵ所の陣城を構築して包囲した。

「赤井先祖細記」や「赤井伝記」によると、小多利村の小富士山に陣を置き、野上野村の野上野《のこの》城・桂谷寺裏《けいこくじうら》城・尉ヶ腰《じょうがこし》城に陣を構え、長谷村を攻略して岩戸神社《いわとじんじゃ》城を確保し、棚原村には棚原《たなはら》城・惣山《そうやま》城・茶臼山《ちゃうすやま》城・火山《ひやま》城を設け、愛宕山《あたごやま》砦や平松《ひらまつ》砦、朝日村の朝日《あさひ》城を攻略し、山田村に山田《やまだ》城、新才村に新才《しんさい》城を構築、美和《みわ》村には美和砦・美和砦稲荷神社曲輪・留堀《とんぼり》城等に拠点を構えて、四面から黒井城へ押し寄せたとされている。*1

そのため、竹田城に拠っていた荻野直正は急遽黒井城に帰り、戦闘態勢を整えた。しかし、黒井城の兵糧は乏しく落城間近で、このとき丹波国は半ばが光秀に味方している状況であった。そのような状況で黒井城攻城戦は二ヵ月余り続くが、翌年正月十五日に突然、波多野秀治が明智軍を背後から襲ったため、光秀は退却を余儀なくされる。

明智勢は栗柄《くりから》峠（兵庫県丹波市と同丹波篠山市の境）を目指して逃亡中に、栗柄峠から二kmほど東に位置する鼓《つつみ》峠で、波多野方の細見将監・畑牛之亟等に追いつかれてしまい戦闘となり、光秀の家臣堀部兵太夫が影武者となって討ち取られた。兵太夫は鼓峠に「兵太塚」として祀られている。*2 光秀が逃亡した道筋を検証すると、栗柄峠から本郷（兵庫県丹波篠山市）を北に向かい、遠方《おちがた》から三郡《みくに》峠を越えて下大久保（京都府京丹波町）に至り、井尻を経て曽根（いずれも同町）を経由し、亀山（京都府亀岡市）に至るコースが推測される（地図参照）。

「赤井先祖細記」や「赤井伝記」にも「須知あたり」、「須知」との記述がある。明智方の城郭としては、栗柄峠に栗柄砦、遠方の北の友渕には西の古城南砦（京都府福知山市）、曽根には曽根城（同京丹波町）があり、光秀の丹波侵攻に協力したのが曽根の百姓たちであった。

鼓峠

*1　『史跡 黒井城跡 保存管理計画策定報告書』、一九九三年。以下、『黒井城跡』と表記する。

*2　永戸貞著『丹波志』上（杉本清一、一九七三年）。

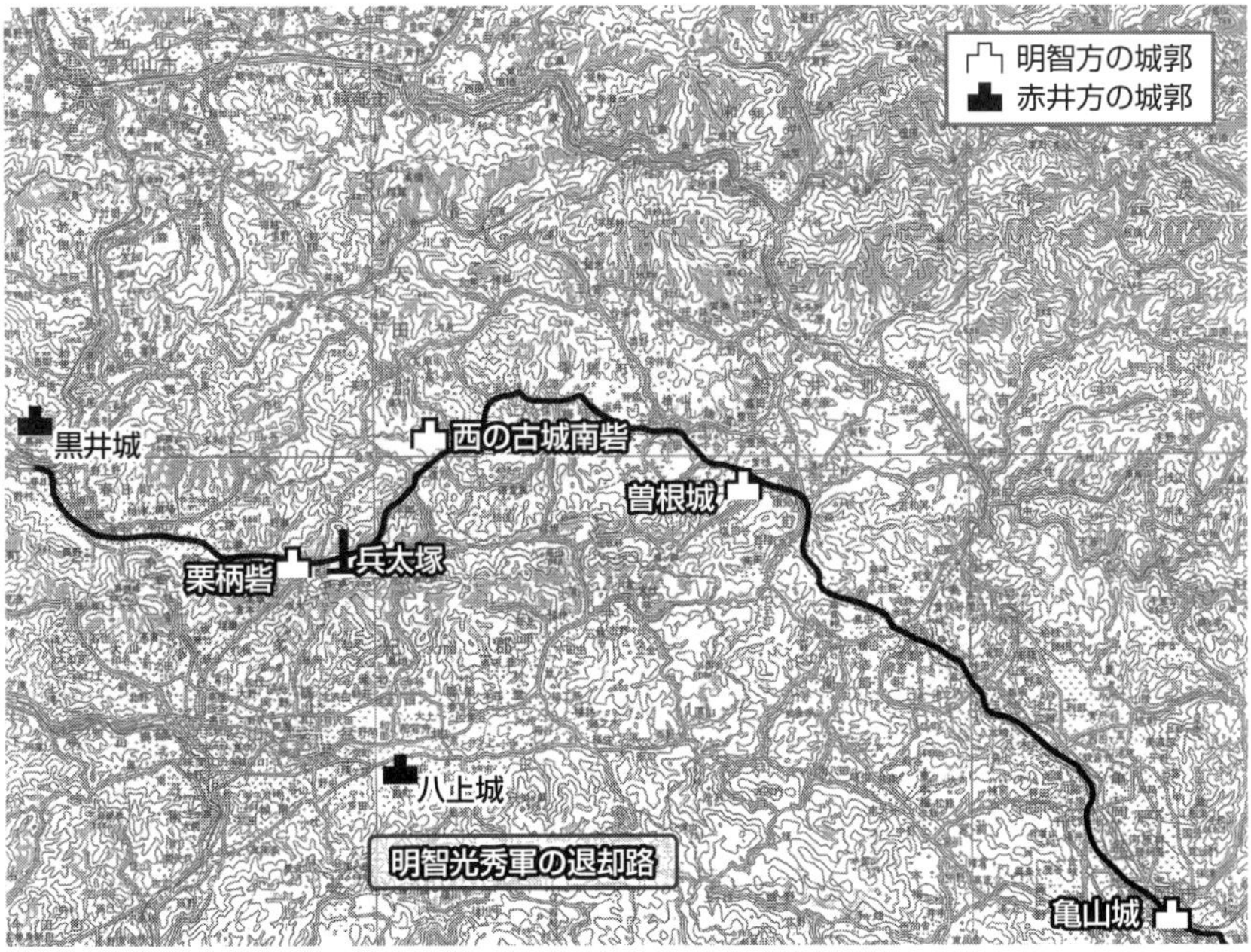

明智光秀の退却路

波多野氏の裏切りにより敗れた光秀は、三日後の十八日に、小畠左馬助に対して林某との軍事的連携や本拠の維持を命じ、[*3]信長は川勝兵衛大輔に不利な状況下での忠節を賞している。[*4]二月には、光秀の侵攻に協力した曽根の百姓に万雑公事等の納入を免除するとともに、論功行賞を行い、家臣の荒木藤内の戦功を賞している。[*5]荒木藤内についての詳細は不明だが、ここからは敗戦の半月後にはすでに丹波攻めの現状復帰に取り組んでいたことがわかる。

ところで、黒井城と亀山城の直線距離は五〇kmほどあり、黒井城攻略時には「つなぎの城」を構築する必要があった。「つなぎの城」として把握できるのが、亀山城から二四kmほどにある曽根城と、

＊3　明智光秀書状（『亀岡』二五）。
＊4　織田信長朱印状写（『亀岡』二六）。
＊5　明智光秀感状（『明智光秀』68）、明智光秀判物（『明智光秀』69）。

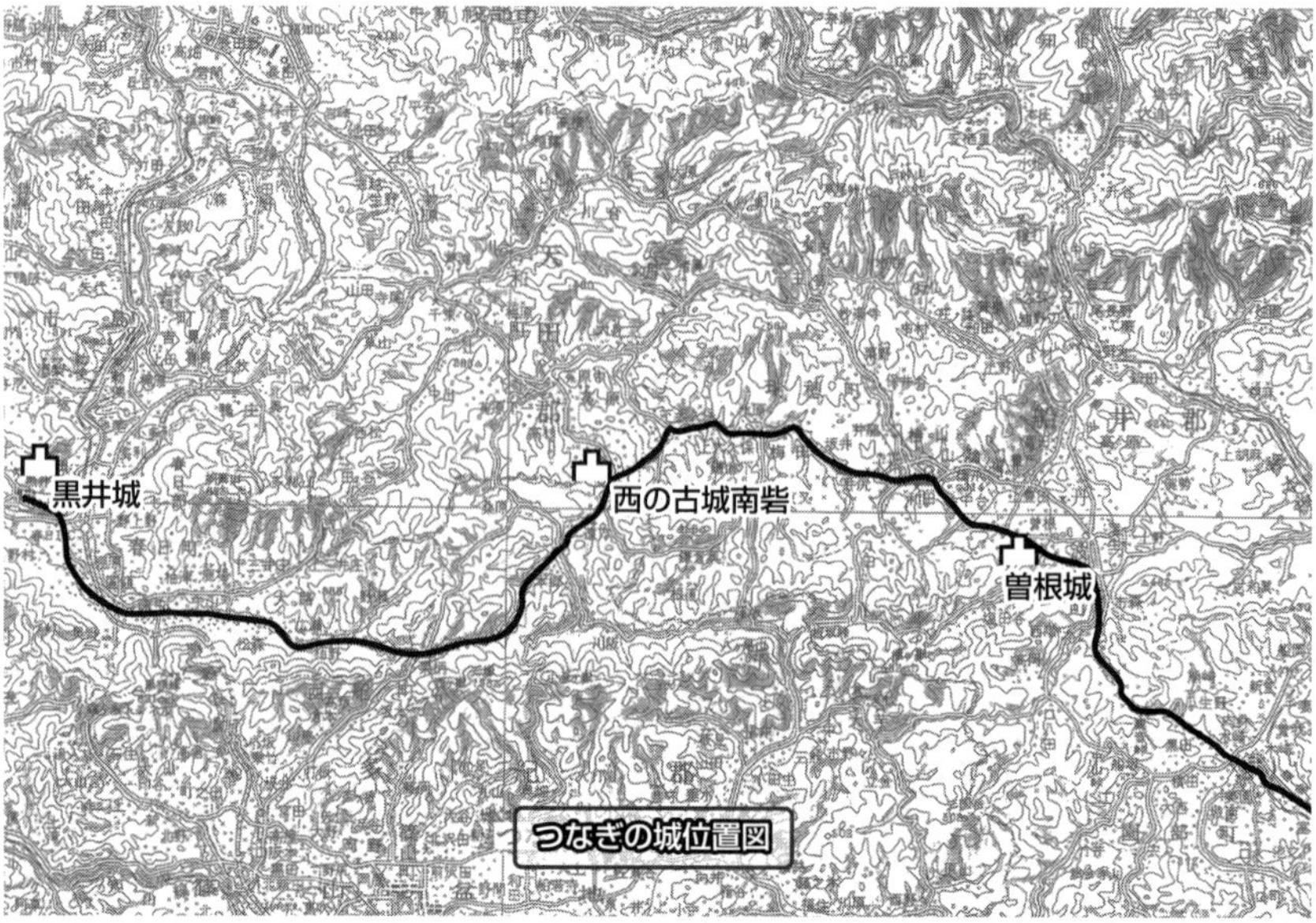

つなぎの城位置図

一〇kmの距離をおいて西の古城南砦である。

ちなみに、「つなぎの城」の役割は、前線との通信や兵士交替時の休憩、兵糧の備蓄、兵士の駐留などさまざまなものがあり、前線をサポートする施設であった。

第二次黒井城合戦（天正七年〈一五七九〉八月）

信長が四月十日に発給した矢野弥三郎への朱印状によると、[*6]信長は荻野直正・赤井忠家の詫び言受け入れたとし、知行地の保証を約束している。このように、信長は荻野氏と和議を成立させたことで、織田方の矢野氏の所領も影響を受ける可能性があったため、信長が現状維持を保証している。

しかし、十月朔日の片岡藤五郎に対する信長朱印状[*7]によると、直正と和議

＊6　年未詳四月十三日付け織田信長朱印状（『黒井城跡』）。

＊7　奥野高広『増訂　織田信長文書の研究』（吉川弘文館）五五七号。

を成立させたが、いまだに出頭しないため、退治するために光秀を出陣させるので、協力して戦ってほしいと要請し、当知行分は保証するとともに、手柄には恩賞を充て行うという。

荻野直正は、足利義昭・武田《たけだ》勝頼《かつより》・石山本願寺等と連絡をとり、反織田連合の一翼を担い、毛利氏の援軍を期待し、上洛のときはその先兵となることを約束している。[*8] しかし、天正六年（一五七八）三月十日に直正が病死すると、翌年八月九日に明智軍は黒井城を包囲し、落城させた。このときの様子を、『信長公記』は「瞳（ドッ）と付入に外くるはまで込入り、随分の者十余人討取る処、種々降参候て退出」したと伝えている。なお、五月中旬に摂津国人の塩川《しおかわ》氏の軍勢四〇〇余人が、信長の命令で参戦したと『高代《こうだい》寺《じ》日記《にっき》』に見えている。[*9]

これにより、丹波の雄・赤井氏は滅亡した。ここでは、光秀による赤井氏攻めと二度の黒井城合戦を取り上げ、合戦に際して築かれた陣城を中心にその特徴を見ていきたい。

＊8　年未詳正月二十八日付け荻野直正書状（『黒井城跡』）。

＊9　『高代寺日記』天正七年五月中旬条。同記は大阪府豊能郡豊能町にある高代寺の日記で、作者や制作年代は不明である。

山岳に展開する広域な山城

1 黒《くろ》井《い》城《じょう》

所在地：兵庫県丹波市春日町黒井
城　主：荻野直正
遺　構：曲輪・石垣・土塁・横堀・堀切・虎口・竪堀
規　模：一六〇〇×二〇〇〇m
標高／比高：三五六・八m／二六〇m

【選地】ＪＲ福知山線黒井駅の北一kmほど、標高三五六・八mの「城山」を中心に広域に構成される山城である。北西の千丈寺砦や西ノ丸のある尾根が一kmほどの距離にあり、北東の龍ヶ鼻砦や百間馬場までも一kmほど、また、南東に延びる尾根上の東山砦までは一・二kmほどの距離である。このような、尾根上に点在する曲輪群を「出城《でじろ》の集合体」と称している。*1 三六〇度の展望はあるが、岩盤の露出した山のため、曲輪群の近くには水場がなく、籠城には適さない。

黒井城遠景（中央が黒井城主郭部で西は千丈寺砦）

【歴史】南北朝期の建武年間（一三三四〜三七）に赤松貞《あかまつさだ》範《のり》によって築城されたとされる。戦国期になると荻野氏・赤井氏が台頭し、天文二十三年（一五五四）に荻野直正が荻野秋清《あききよ》を殺害し、城主となった。天正三年（一五七五）には明智光秀の攻撃を受け、同七年に落城、その後、光秀の家臣斎藤利三が入城した。明智氏の滅亡後は堀尾吉晴が一時入城したが、その後廃城となった。*2

【遺構】「城山」を中心に二km圏内に遺構が広がる。北西

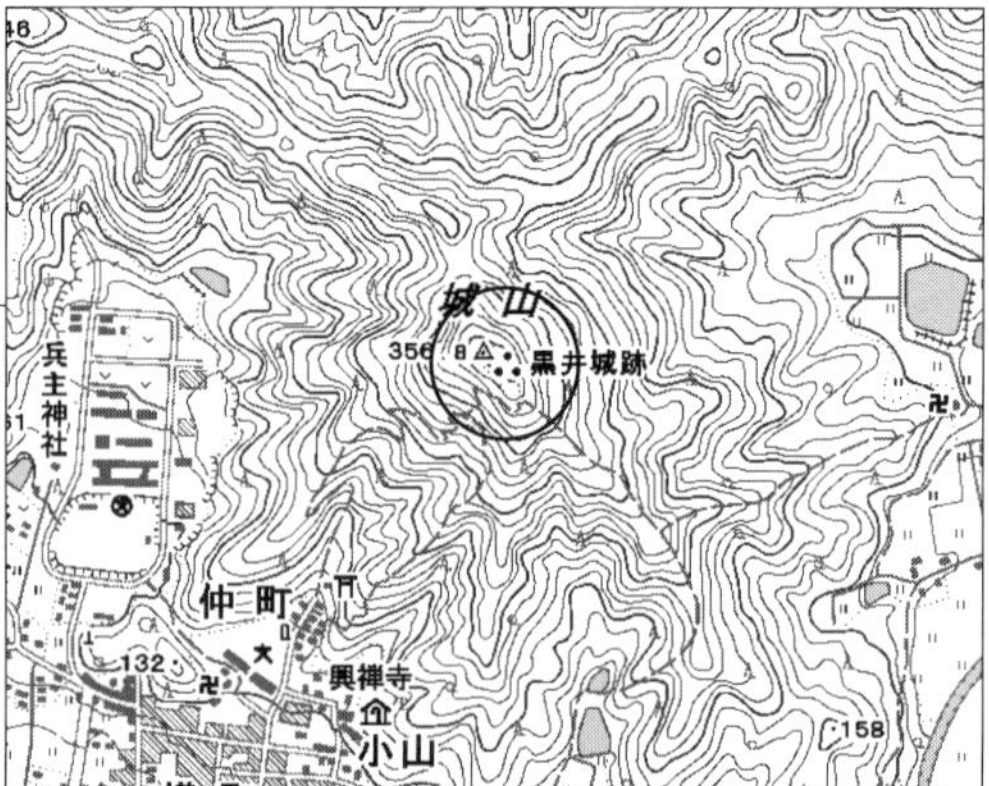

*1『黒井城跡』。
*2『黒井城跡』。

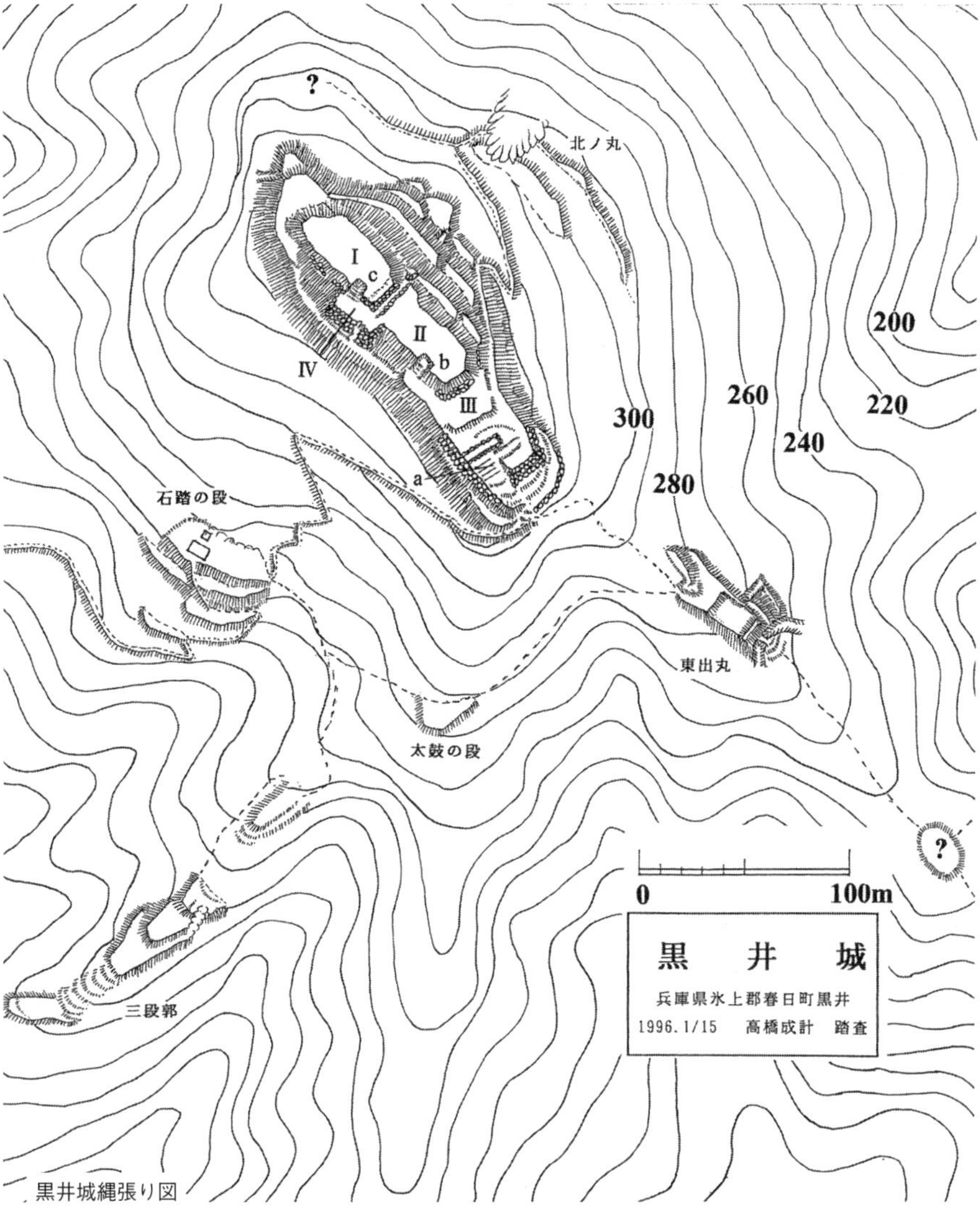

黒井城縄張り図

黒井城の遠景（南から）

の尾根上には西ノ丸《にしのまる》、千丈寺《せんじょうじ》砦、北東尾根上には龍《りゅう》ヶ《が》鼻《はな》砦があり、南東の尾根上には東出丸《ひがしでまる》、的場《まとば》砦（自然地形）、東山《ひがしやま》砦が続く。東出丸の南東一〇〇mから東に延びる尾根先には多田《ただ》砦がある。「城山」の南西斜面には石踏の段、南斜面には太鼓の段があり、南西に下る尾根上の三段曲輪を経て、興禅寺《こうぜんじ》（居館）に下る。興禅寺から西に二〇〇mに行者山《ぎょうじゃやま》砦があり、千丈寺砦の南尾根先に兵主神社西砦がある。また、千丈寺砦の南西尾根先には稲塚《いなつか》砦がある。

主郭部分は南北二〇〇m、東西七五mの規模である。南の城下町方向に石垣の使用がみられ、この部分は明智時代以降に改修されたものである。南端の虎口aは食い違い虎口となり、織豊系の虎口として評価できる。曲輪Ⅰが中心となる曲輪で、規模は南北五〇m、東西二〇mほどで、南東端は幅二mの堀切で遮断し、南端に虎口cがあり、前面には石垣で拡張された虎口前曲輪Ⅳがある。

南東に南北四五m、東西一七m規模の曲輪Ⅱがあり、南東の虎口bを出ると、南北四〇m、東西三〇mほどで、内部が二段に分かれた曲輪Ⅲがある。南端は高さ三mほどの石垣で固め、南西側には通路の石段があり、石段を上った所の仕切りは石列で遮断し、食い違い虎口aがある。曲輪Ⅰ、Ⅱの北斜面には三段ほどの小規模曲輪があり、北へ通路を下ると北ノ丸に到り、西尾根の西ノ丸や南東の東出丸へとつながる。

西ノ丸は、主郭部から北西へ一五〇mほどの距離にあり、比高は五〇mほど主郭部より低く、細尾根ではあるが、主郭部よりも生活空間に適した場所である。西ノ丸は赤井氏の縄張りが残っており、規模は東西二三〇m、南北三〇mほどである。曲輪は三つに区分できる。まず、東の曲輪Ⅰの規模は東西九〇m、南北三〇mほどである。縄張りは地形に合わせたもので、南側には低土塁があり、中心部分より少し西寄りの斜面に通路がある。北東方向の尾根筋を掘切で遮断し、

居館といわれる興禅寺

北東からの遠景

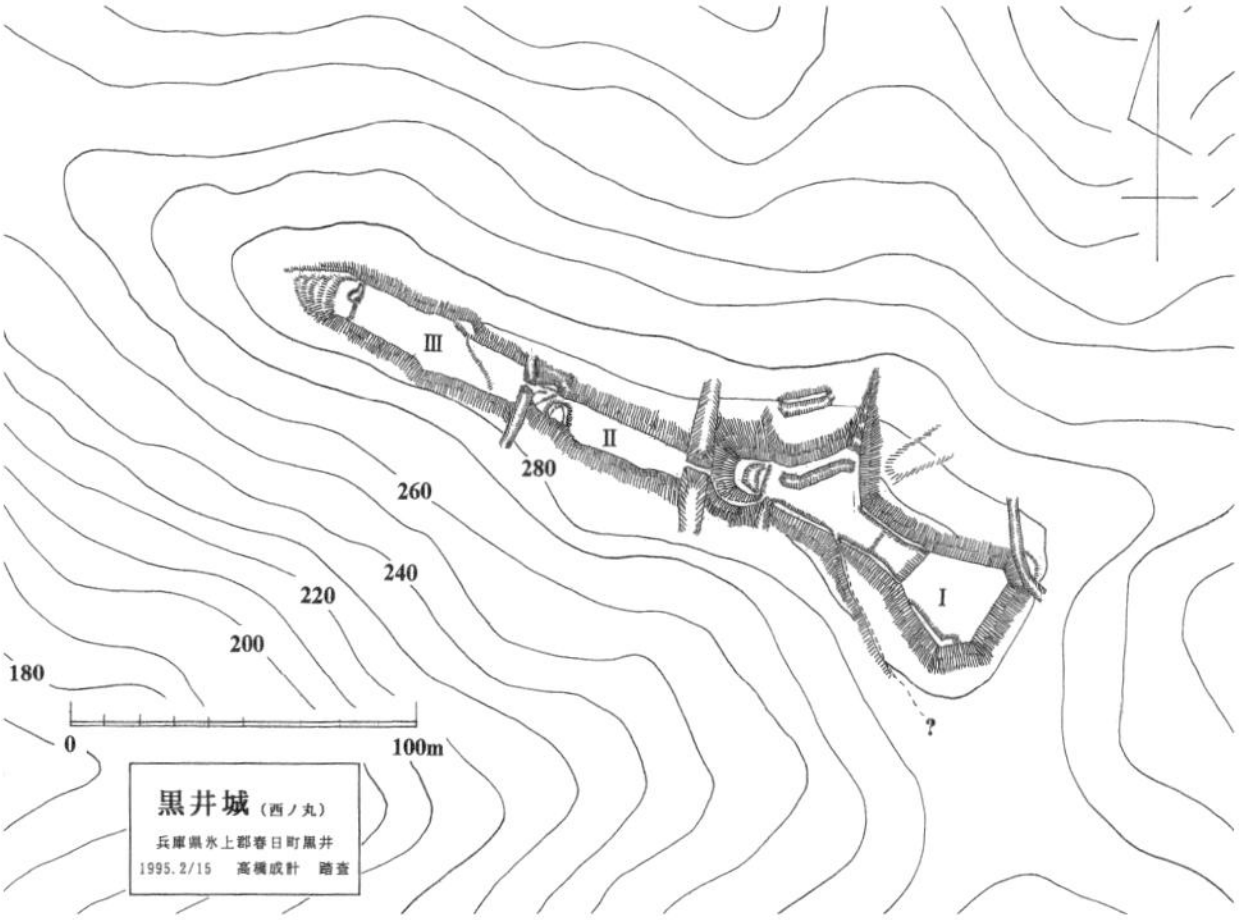

黒井城縄張り図（西ノ丸）

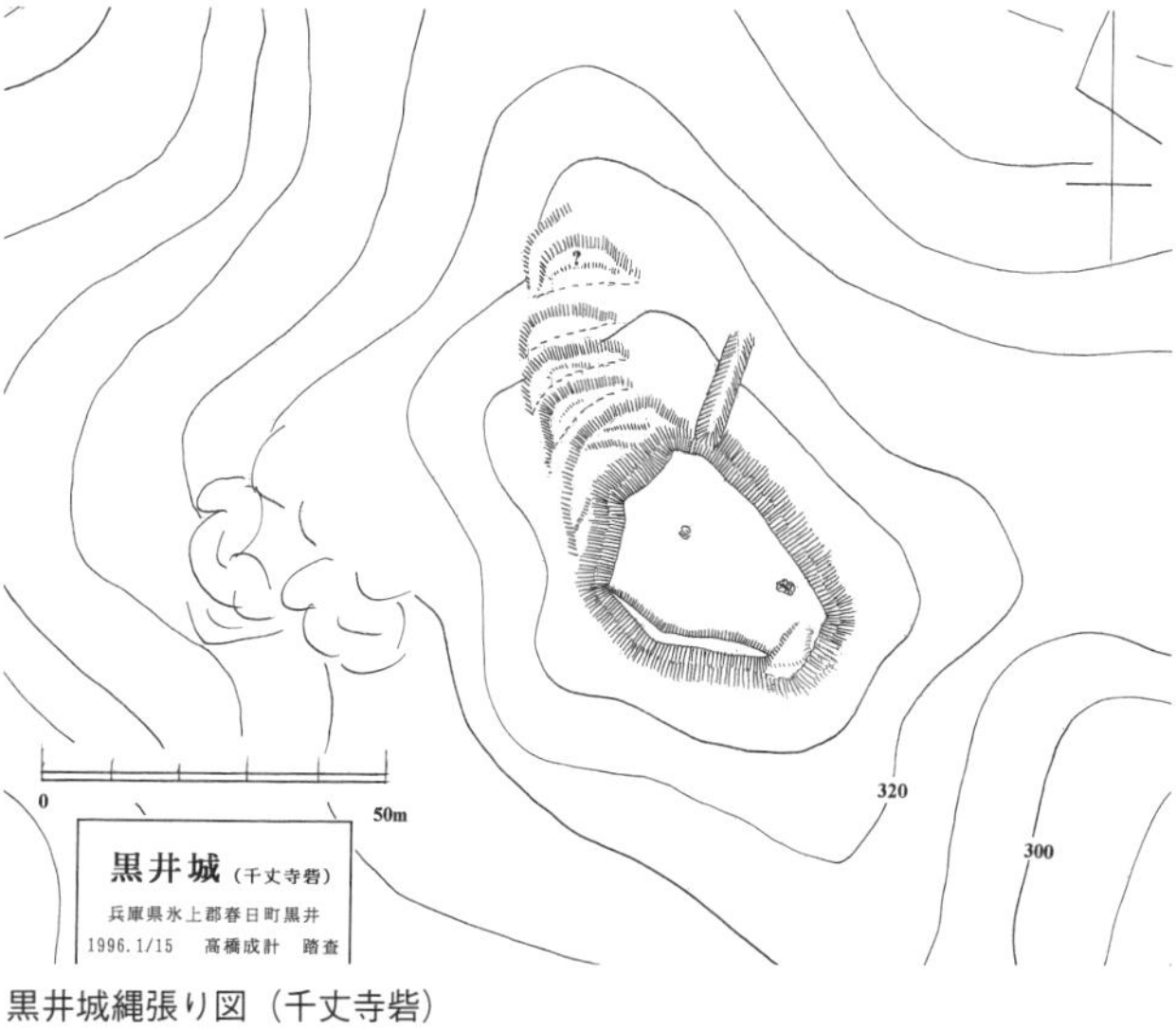

黒井城縄張り図（千丈寺砦）

西尾根には櫓台があり、北斜面には塹壕としての横堀を設けている。西の土橋付きの堀切を越えると、東西五〇m、南北一〇mほどの曲輪Ⅱがあり、西側に櫓台のような土壇がある。堀切の土橋を西にわたると東西六〇m、南北一五mほどの曲輪Ⅲがあり、西尾根は土壇となっている。

千丈寺砦は富士山型の急峻な地形で、黒井城の西側の見張り場所的機能をもつ砦である。規模は南北四〇m、東西二三mほどで、南側に土塁が巡り、北へ下る尾根上には五段の曲輪の痕跡が

黒井城主郭部から（西ノ丸）

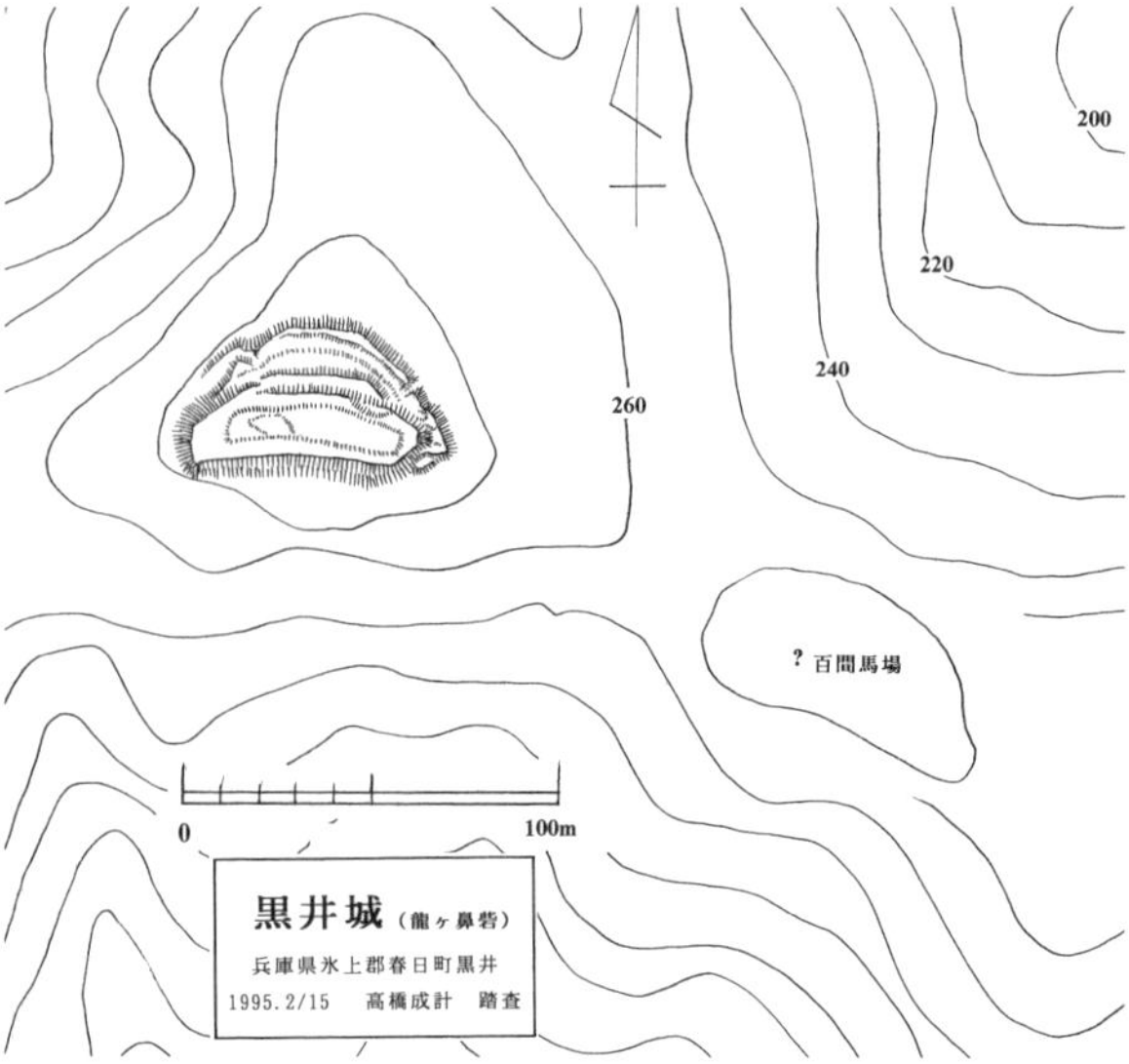

黒井城縄張り図（龍ヶ鼻砦）

残る。また、竪堀が一条敷設されている。南東が虎口のようで、少し低くなっているように感じる。

龍ヶ鼻砦は、主郭部から北東に一㎞ほどの距離にあり、独立した曲輪となっている。東西七〇m、南北三五mほどの規模を有し、北に向かって三段ほどの削平地が明確である。内部の削平状態は悪く、傾斜を伴っており、北方からの攻撃に対して急造された砦なのではないか。北東部の虎口から、東尾根の自然地形の通称「百間馬場」につながる。

東出丸は、主郭部から東へ八〇mほど下った所にあり、東西七〇m、南北三〇mほどの規模で、南東の尾根上を堀切で遮断し、曲輪は二段構成となっている。堀切側には土塁を設け、下りの尾根方向には通路が確保されている。現在、土塁の一部が破壊され通路となっている。当出丸は赤井氏が構築した遺構である。

石踏の段は、主郭部の南西斜面にある五段の曲輪群で、居館とされる興禅寺の西尾根からの道と、興禅寺背後の尾根筋からの道が合流する場所に所在し、大手道の要となる。太鼓の段は、主郭部の南の尾根筋の上部にあり、石踏の段と東出丸の連絡曲輪および南尾根筋の防御を担う。三

曲輪と土塁（西ノ丸）

堀切（西ノ丸）

段郭は、興禅寺の背後尾根と主郭部の中間にある曲輪群で、主郭部と居館の興禅寺間の守備が目的である。的場砦は、主郭部から延びる南東尾根の中間に位置する標高一五八mのピークを中心に、南に延びる尾根の部分を称する。しかし、自然地形の平坦地で、加工された地形は見当たらない。

東山砦は、主郭部から南東に一・二kmほどの、標高一四〇mに位置する。北の水道タンクがある場所の遺構はよくわからないが、南へ下ると東山砦の間は鞍部となり、六〇mほど上ると南北一五m、東西一一mの曲輪Ⅰがあり、削平状態は良好である。曲輪Ⅰから北へ一〇mほど下ると、幅四m、長さ二〇mの曲輪Ⅶがある。南へ四mの切岸下には、南北一七m、東西八mの曲輪Ⅱがあり、曲輪Ⅰからの通路は東側につながる。

幅八mの空堀状地形を南へ越えると、南北一七m、東西七mの曲輪Ⅲがあり、内部は自然地形である。

そこから五mほどの切岸を南へ下ると、南北一七m、

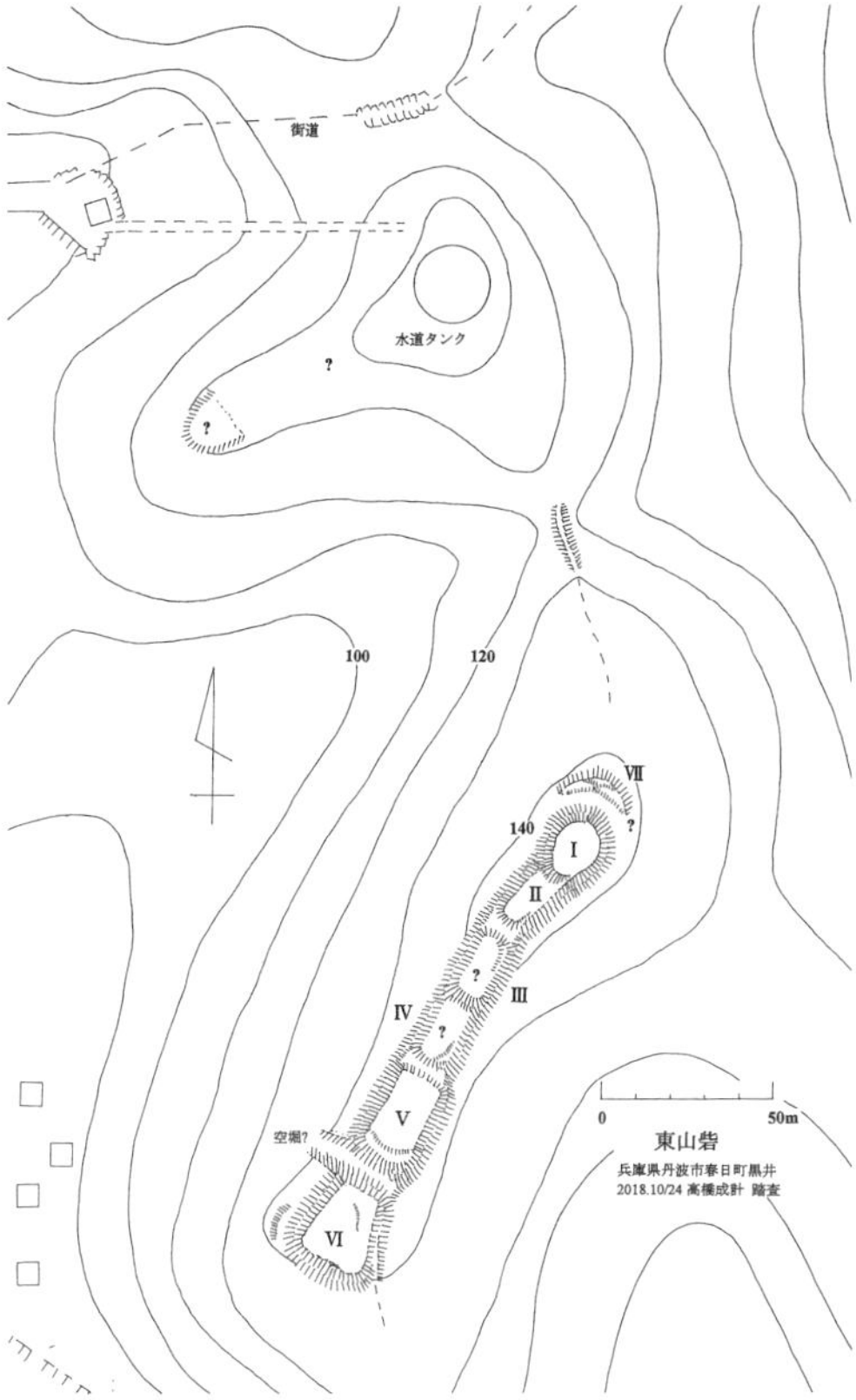

東山砦縄張り図

黒井城主郭部から（千丈寺砦）

東山砦（東からの遠景）

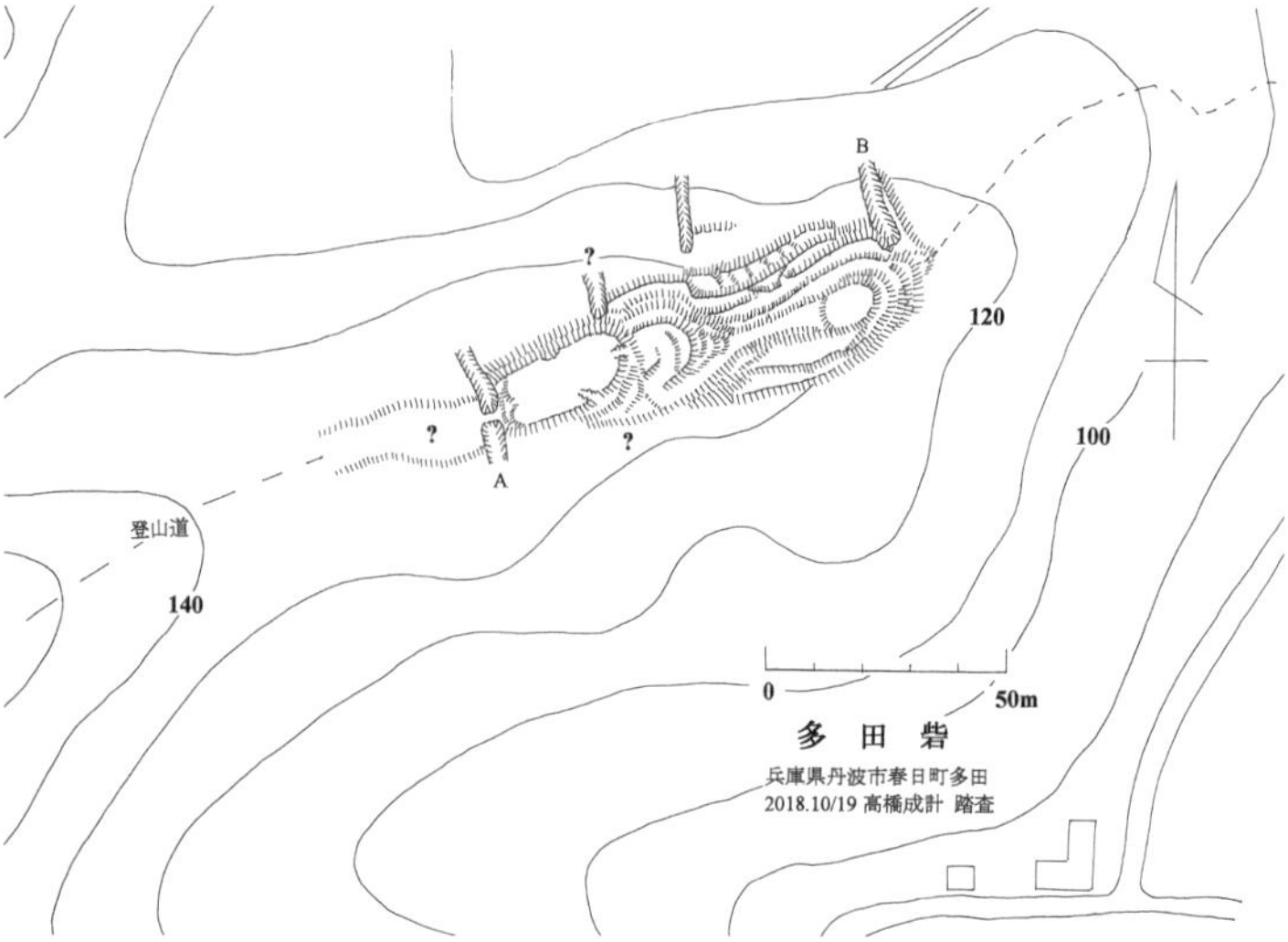

多田砦縄張り図

東西九ｍの自然地形の曲輪Ⅳに到る。幅七ｍの空堀状地形を南へ越えると、南北二五ｍ、東西一三ｍの曲輪Ⅴがあり、削平状態は良好だが、南の堀切方向が傾斜している。幅一四ｍの空堀を越えると、南北二二ｍ、東西二〇ｍの曲輪Ⅵとなり、北側の空堀は深く、幅も広い。曲輪群の中で最も完成度の高い曲輪である。黒井城の支城では最も前線にあり、孤立するリスクも大きい砦であった。

　多田砦は、主郭部から東へ六〇〇ｍほどの、標高一三〇ｍの尾根先に位置する。規模は東西一〇〇ｍ、南北四五ｍほどで、西を土橋付の堀切Ａで遮断し、東尾根先は片堀切Ｂとなっている。曲輪は東西三ヵ所の自然地形を利用したもので、黒井城の緊張度が高くなった時期、つまり明智氏が包囲した時期の遺構と考えられる。

　北の斜面に高さ一・五ｍほどの切岸を設け、中間に三ｍほどの折れと、斜面に竪堀が敷設されている。この部分は曲輪から谷筋までの距離が短く、敵の攻撃を受けやすい。このような構造は西ノ丸の北側斜面にもあり、赤井氏が緩斜面に設けた特徴的な防御方法である。以上のように、

多田砦（南からの遠景）

赤井氏は黒井城の主郭部につながる尾根筋に砦を急造したことがわかる。

行者山砦は、興禅寺の西二〇〇mにある標高一三二mの小山で、全山が墓地となっている。規模は東西一三〇m、南北三〇mほどで、東の山頂部が主郭Ⅰと考える。現在、主郭部には社があり、東側には二段の曲輪が完存している。西側には六段ほどの曲輪が考えられるが、墓地のために地形が変化しており、現状での曲輪は確認できない。機能として、東の興禅寺（居館）を守備する砦と考える。

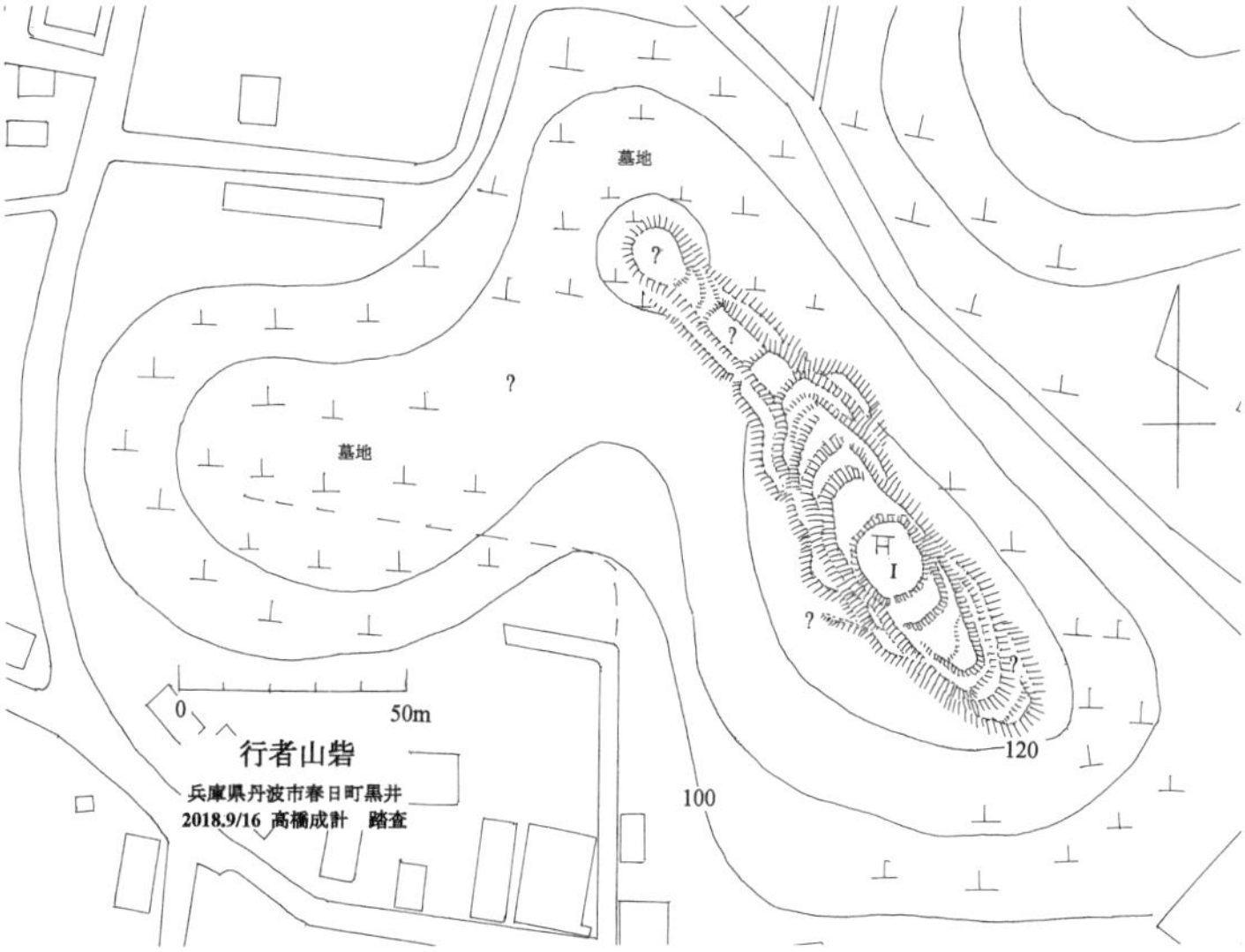

行者山砦縄張り図

兵主神社西砦は、北の千丈寺砦から南に延びた尾根上に位置する。標高一九〇m地点の北側に平坦部があり、南北三五m、東西二五mの曲輪Ⅰがあり、東側の一部が氷上高校から上ってきた林道で破壊されている。曲輪Ⅰは公園化により拡張されたものではなく、遺構として評価できる。

現在、氷上高校のある地区の入口には、西に兵主神社西砦、東に行者山砦があり、標高二〇〇m以下のため、水場が確保できる環境にあり、籠城する際、足弱衆《あしよわしゅう》（老人・女性・子供）が籠もる曲輪と考える。尾根

行者山砦（南からの遠景）

を南に三五mほど上ると東西一五m、南北一〇m曲輪Ⅱがあり、削平の痕跡が残っている。南へ二〇〇mほど下ると、堀切なのかよくわからない遺構Aと土橋付きの堀切Bがある。二五mほど上ると先端に南北一三m、東西一一mの曲輪Ⅲがあり、北側に低土塁が設けられている。

稲塚砦は、千丈寺砦から南西方向に延びる尾根先の、標高二一〇mに位置する。規模は東西四五m、南北二〇mほどで、中央部の削平は悪く、南北に帯状曲輪が二段あるだけの遺構である。西の山田、牛河内《うしがわら》方面への展望が良好で、見張り機能を有していたと考える。

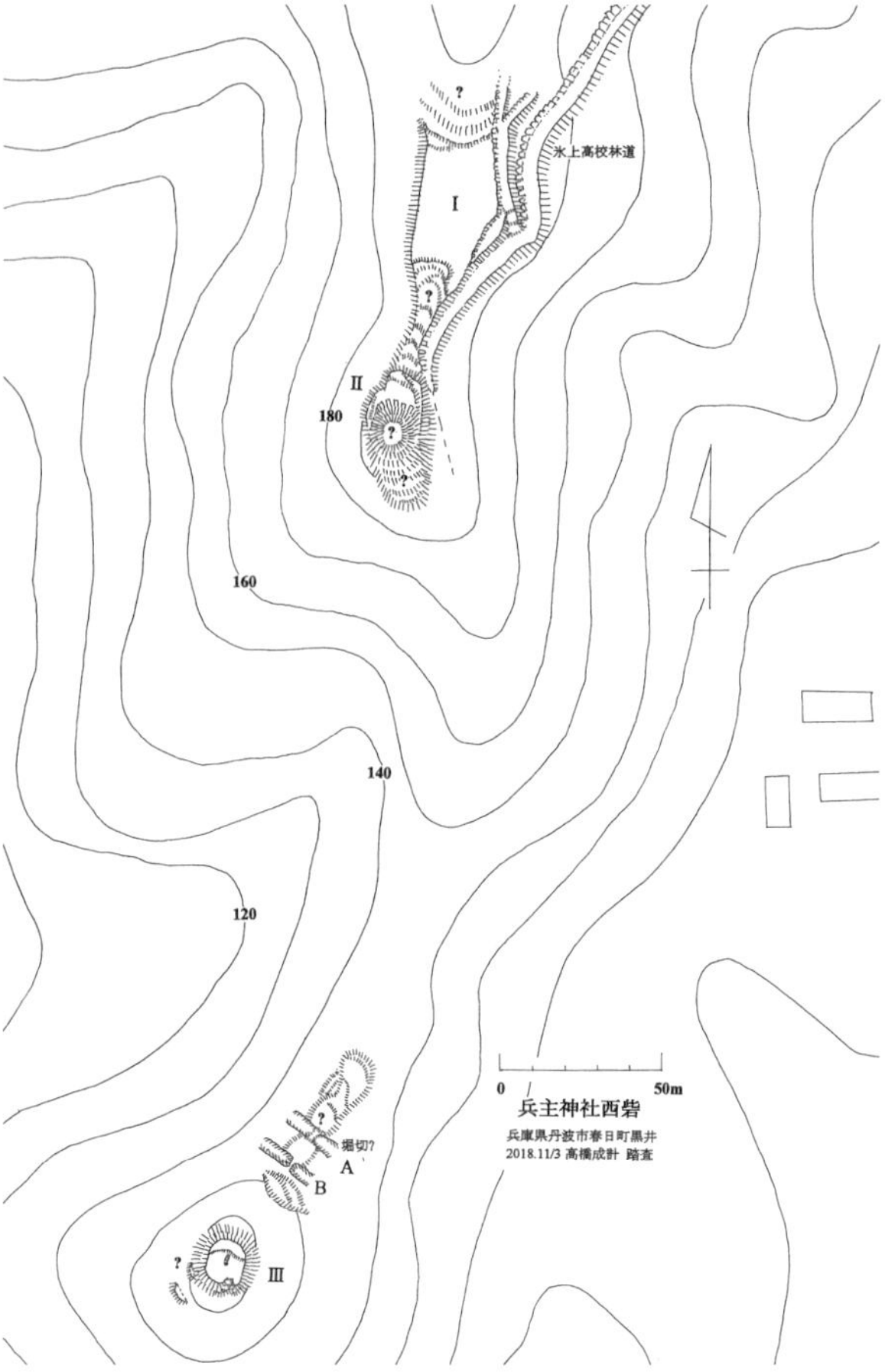

兵主神社西砦縄張り図

兵主神社西砦（南からの遠景）

【評価】黒井城の主郭南部には石垣が残り、赤井氏の城郭とは異なる縄張りとなっている。赤井氏の縄張りは、主郭部を除く西ノ丸や東出丸およびその他の曲輪に残っており、明智氏の攻撃を受けた当時の主郭部は、一部に石積みが見られたが、大部分は土の城であったと考える。

　また、四方に延びる尾根上に出城を構えた「出城の集合体」である。出城は尾根上に散らばっているが、主郭部から出城はすべて把握できる地理的環境にある。主郭部から一番距離のある出城は「東山砦」で、一・二kmほどである。ほかは一kmほどの距離で、すべての出城が主郭部から見える範囲内にある。

　さて、籠城に際して困るのが水場の施設である。岩盤上にある黒井城は、水のある谷筋が標高二〇〇m以下の位置にあり、尾根上にある出城では、水の確保に苦労したと考えられる。なお、八上城の場合は朝路池があり、籠城時の飲料水の苦労は少なかったと考える。また、朝路池周辺には広大な曲輪群があり、足弱衆を収容した場所であると考える。黒井城の場合は、兵主神社西砦の北尾根に広い曲輪があり、東の谷に水場があったと考えられる。その他の曲輪群には見当たらない。

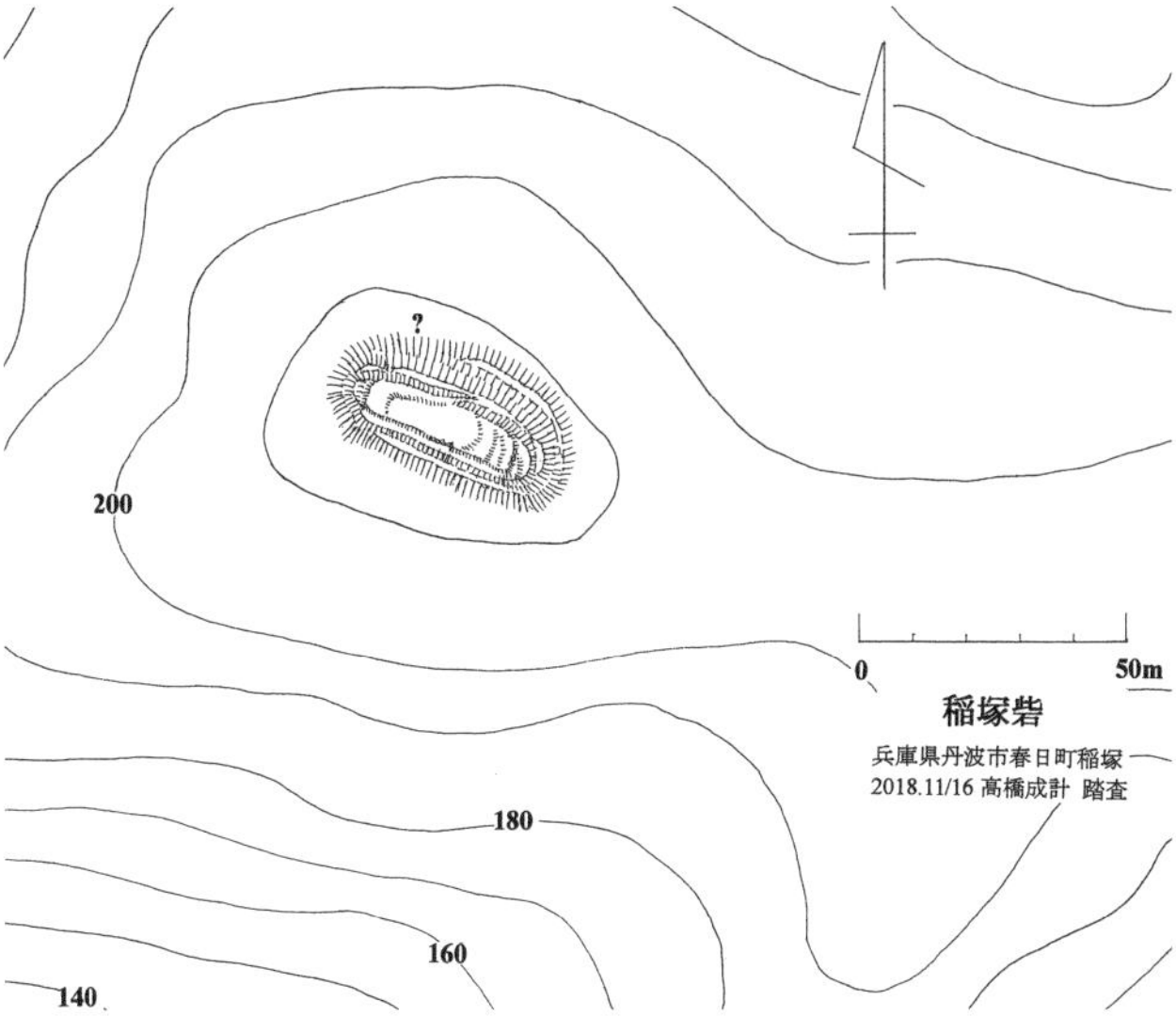

稲塚砦縄張り図

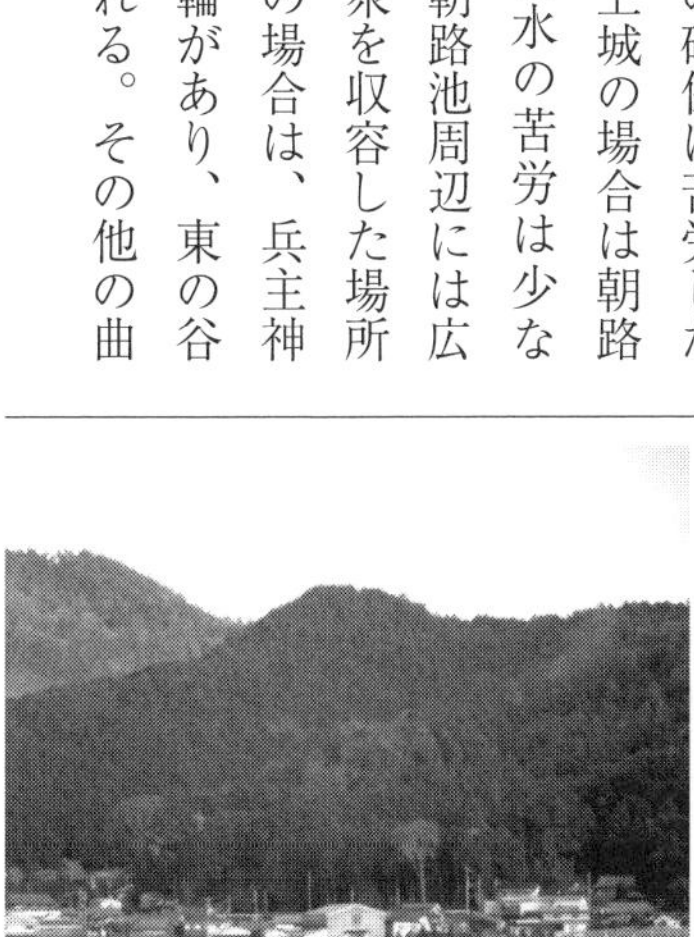
稲塚砦（南からの遠景）

亀山城と古城南砦のつなぎの城

2　曽《そ》根《ね》城《じょう》

所在地：京都府京丹波町曽根
城　主：不明
遺　構：曲輪・土塁・竪堀
規　模：一〇〇×五〇m
標高／比高：二八〇m／一〇〇m

【選地】南から延びる尾根が先端で二股となる東側の尾根先の、標高二八〇mに位置する。北山麓には東西に山陰道が通じる、交通の要衝である。展望は西・北・東の三方向に良好で、比高も一〇〇mほどあり、南の尾根続き以外は急傾斜となっている。

【歴史】不明である。

城跡遠景

【遺構】中央部を両側に折れのある土塁で遮断し、両端の斜面には竪堀を設けている。先端の曲輪Ⅰの北側に段築があり、東側にも同様に段築を設けている。西側には土塁と竪堀の間に通路用の隙間があり、南の曲輪Ⅱにつながる。曲輪Ⅱは自然地形が中心の平坦地で、南西側の一部に低土塁が残っている。

【評価】曲輪の中心部分を折れのある土塁で遮断する縄張りは珍しく、丹波にはほかに見当たらない。また、天正四年（一五七六）正月に黒井城で敗戦した明智氏を曽根村惣中が助けたため、諸役・万雑公事の納入を免除されていることから考えると、明智氏のつなぎの城であった可能性が高い。

43　曽根城

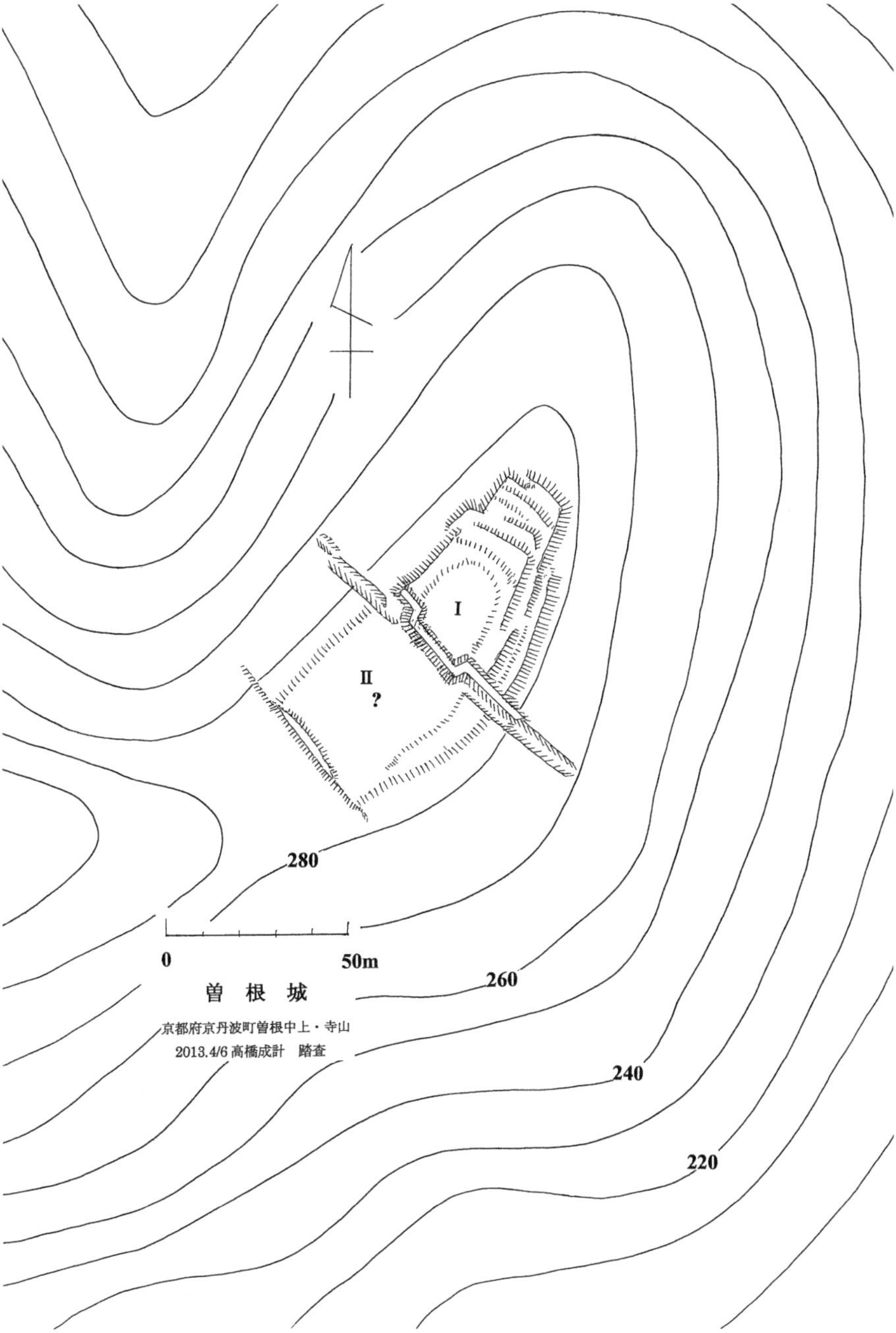

曽根城縄張り図

黒井城攻撃口の遠見の城

3 西《にし》の古《こ》城《じょう》南砦《みなみとりで》

所在地：京都府福知山市三和町友渕
城　主：不明
遺　構：曲輪
規　模：二〇〇×五〇m
標高／比高：三〇〇m／一五〇m

【選地】南側が丹波篠山市、北側が福知山市となる境に位置する標高三〇〇mにあり、南の友渕川《ともぶちがわ》上流には細見《ほそみ》氏の草山《くさやま》城（兵庫県丹波篠山市）があり、距離は三kmほどである。また、西の黒井や南の篠山方面に通じる街道が南に延びている。

【歴史】『丹波志』によると、「陣所の跡、明智氏歟（中略）西ノ山ニ遠見ノ場上ルコト五町半」とある。遺構から考えて、明智氏の南方面への遠見の城である。

南からの遠景

【遺構】南西の曲輪群Ⅰの削平状態は良好で、主郭部の曲輪Ⅰの規模は南北三〇m、東西一五mほどで、北西に三段の小規模曲輪がある。北東へ延びる尾根上の曲輪群Ⅱは南北八〇m、東西二〇mほどで削平状態は悪く、自然地形の部分が多い。北の曲輪群Ⅲは南北四〇m、東西二〇mの規模で、曲輪の大部分が自然地形である。

【評価】『丹波志』によると、明智氏が福知山城攻めの陣城として構築したというが、距離や地理的環境から、黒井城攻めのときの、南の草山《くさやま》城（丹波篠山市）方面への遠見の城や、攻略時のつなぎの城と考える。

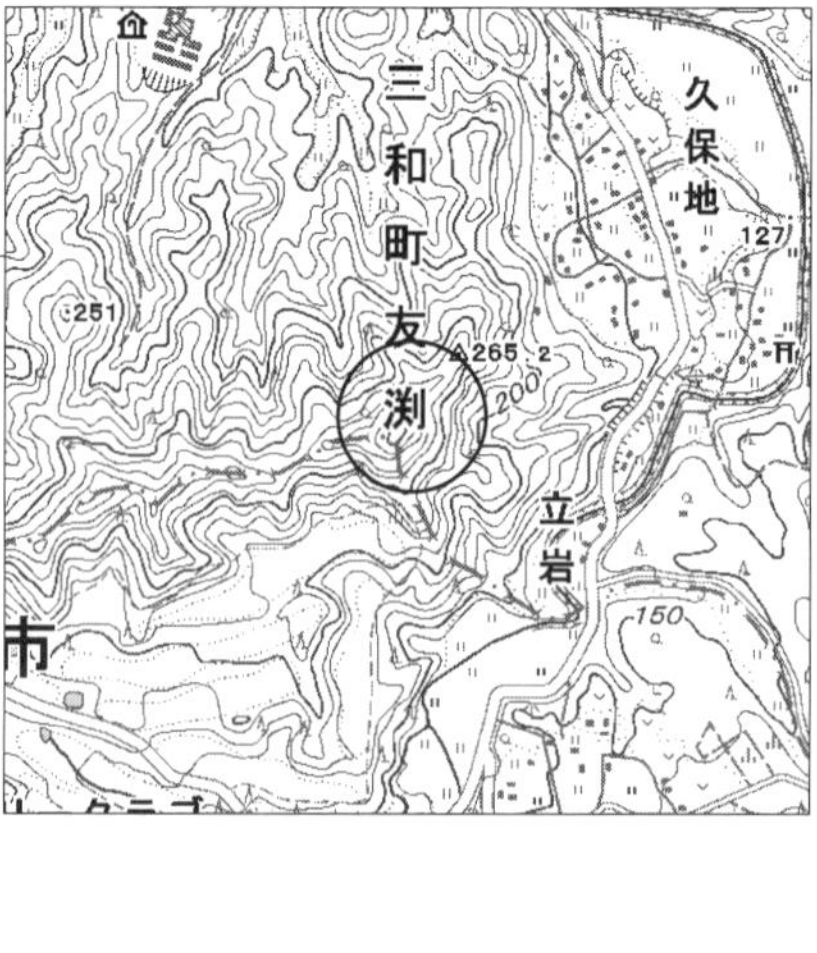

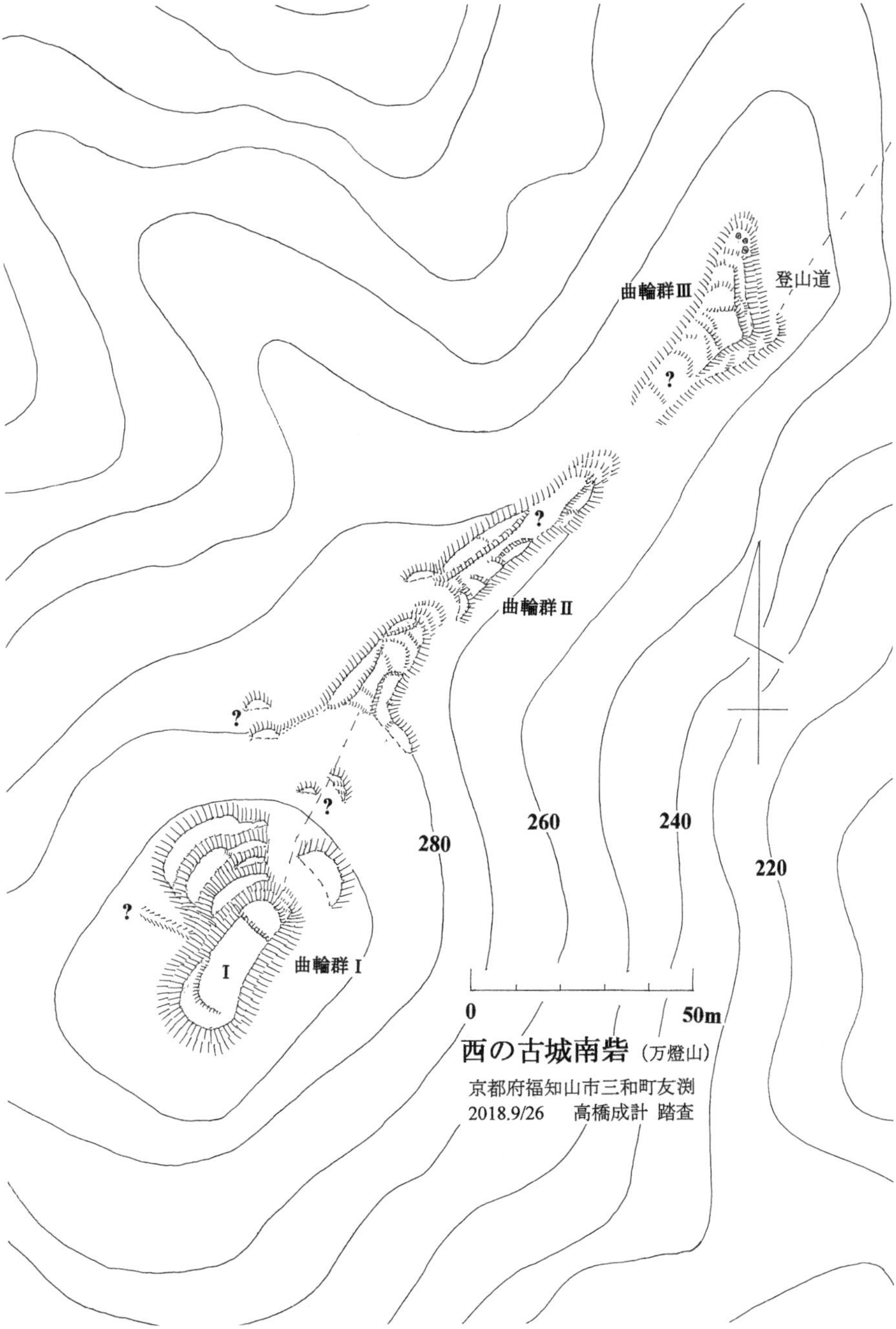

西の古城南砦縄張り図（万燈山）

黒井城攻撃口のつなぎの城

4 西《にし》の古《こ》城《じょう》

所在地：京都府福知山市三和町友渕
城　主：不明
遺　構：曲輪・竪堀・堀切
規　模：八五×四〇m
標高／比高：二一〇m／六〇m

【選地】友渕集落の西の標高二一〇mに位置する。城跡には金毘羅社《こんぴらしゃ》・天満宮《てんまんぐう》・秋葉《あきば》社の社があり、友渕集落の神域となっている。西側以外の展望は良好である。

【歴史】『丹波志』には「陣所の跡、明智氏歟……」とあり、明智光秀が黒井城攻撃時に、つなぎの城として使用したものである。

南からの遠景

【遺構】北の曲輪Ⅰが主郭である。南へ傾斜した尾根上に曲輪Ⅱがあり、南の曲輪端の東斜面に竪堀を設け、南尾根を土橋付きの堀切で遮断している。また、南の砦につながる道が延びている。東側の集落側にあるつづら折れの道が登城道で、斜面の左右に小規模の曲輪がある。

【評価】南から北へ流れる友渕川流域への展望が良好で、黒井城攻撃時のつなぎの城として、友渕集落全体の段丘を使用したもので、段丘と友渕川があり、南からの攻撃を防ぐのに有利だったと考える。

土橋と堀切

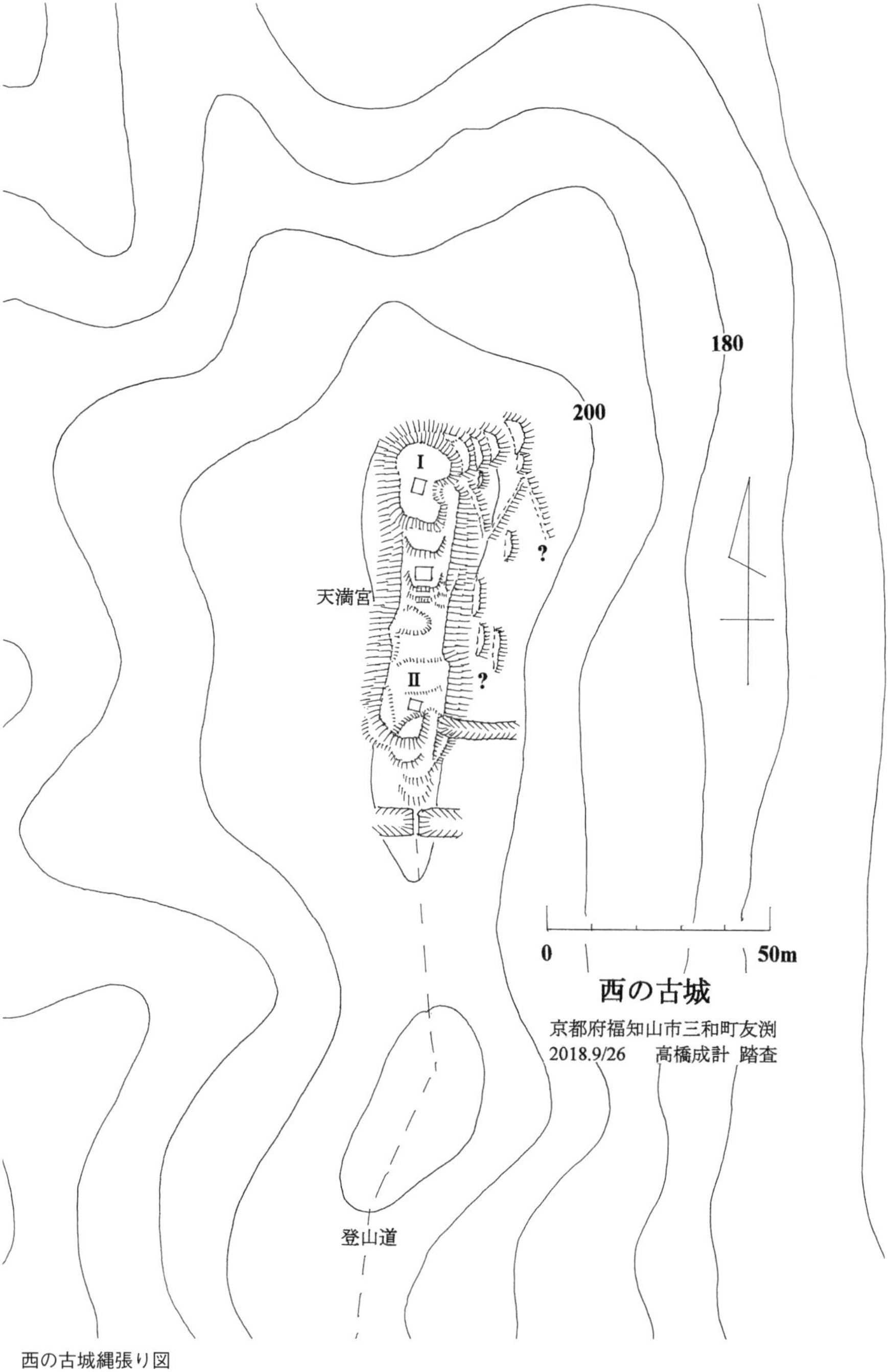

西の古城縄張り図

光秀が置いた最初の本陣

5 小富士山城《こふじやまじょう》

所在地：兵庫県丹波市春日町小多利
城　主：明智氏
遺　構：曲輪・土塁・竪堀
規　模：九〇×三五m
標高／比高：二三一m／一六〇m

【選地】黒井城から竹田川を隔てて、北東へ二・九kmに位置する標高二三一mの山頂にある。小富士山城の山麓周辺には三ヵ所の曲輪跡があるが、陣城として関係があるかはわからない

【歴史】光秀が黒井城攻めで最初に本陣とした城で、『丹波志』によると、「明智光秀陣場民家の北の西に山高あり、頂き掘形あり、此山を丹波小富士という」とある。また、「赤井伝記」に「明智日向守小多利村の高山の峰を切ならし、近所の堂宮をこぼちて陣小屋となし」とある。*1

南からの遠景

【遺構】南西方向の黒井城に向かって延びる尾根を意識してか、北西に土塁を設けている。曲輪の削平状態は自然地形が多く、加工地形は北西から東方向に多く見られる。登城道は東に取り付いており、斜面には竪堀が一条設けられている。

【評価】小富士山城から黒井城を攻撃するには、中間地点に山があることや、黒井城全体への展望がないことなどから問題がある。そのため、南の茶臼山《ちゃうすやま》城に本陣を変更したと考える。

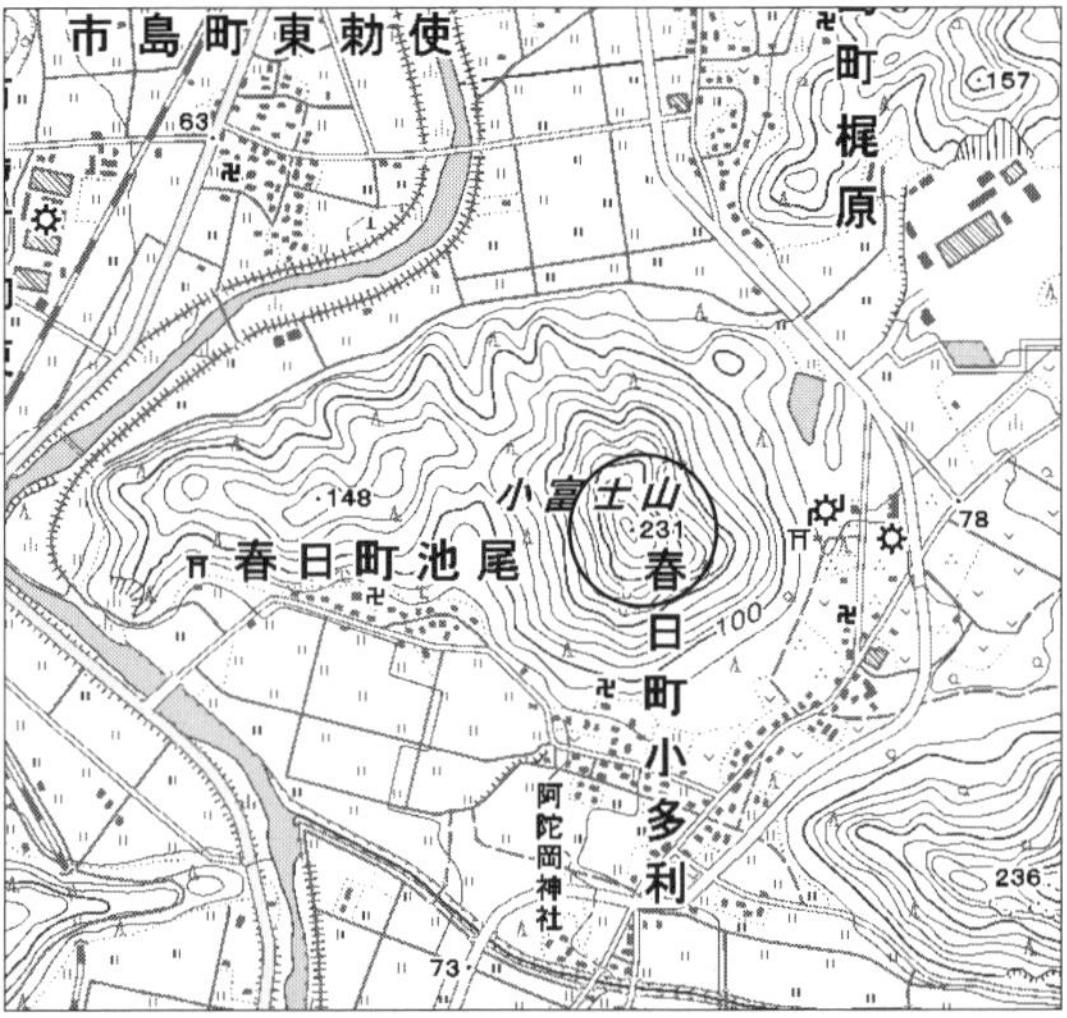

*1 「黒井城跡」

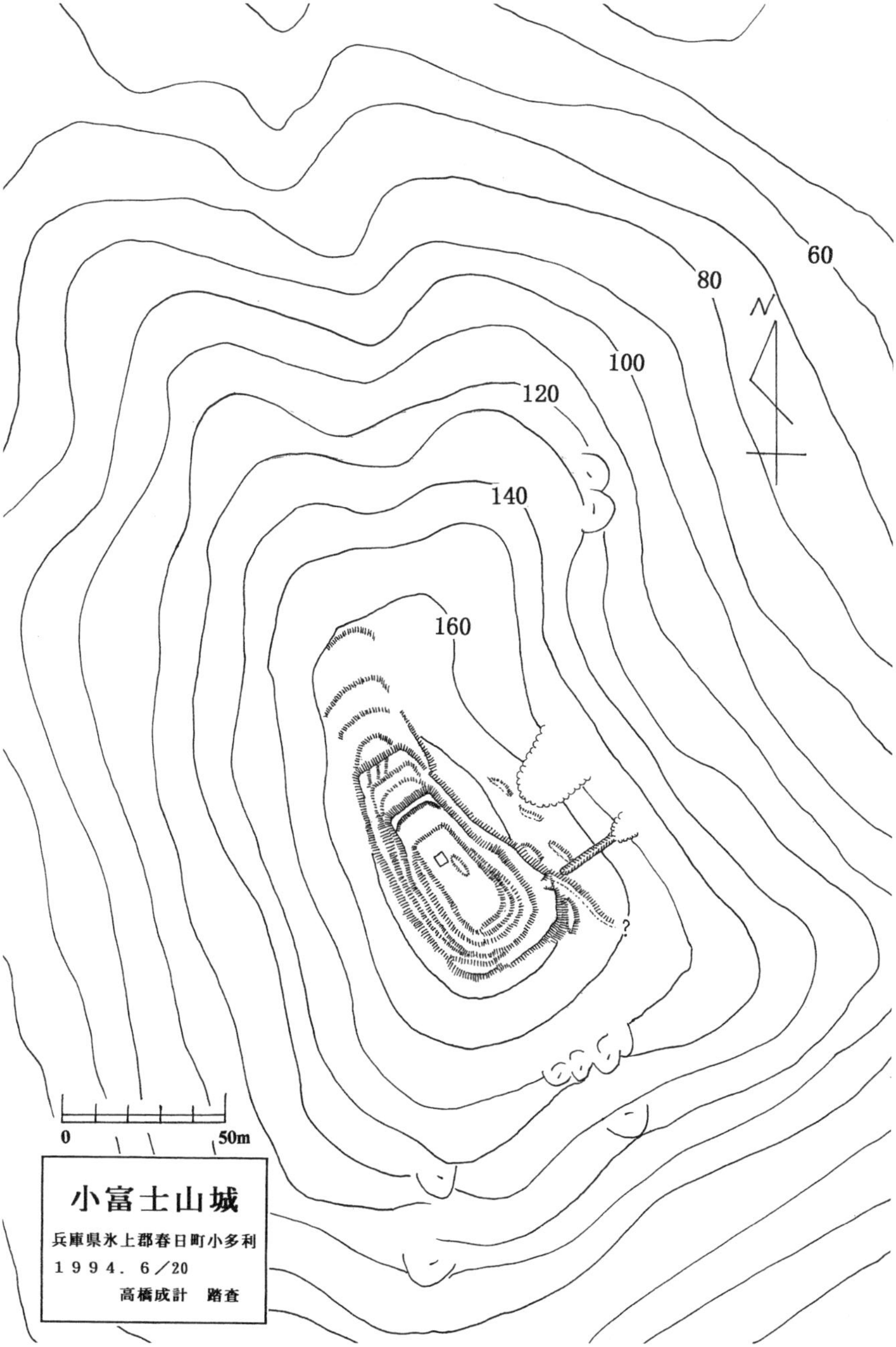
60
80
100
120
140
160
N
?
0
50m
小富士山城
兵庫県氷上郡春日町小多利
1994．6／20
高橋成計　踏査

小富士山城縄張り図

在地の城郭を陣城として利用

6　野上野城《のこののじょう》

所在地：兵庫県丹波市春日町野上野
城　主：吉住卯之介
遺　構：曲輪・竪堀・土塁
規　模：八〇×六〇m
標高／比高：二六〇m／一五〇m

【選地】黒井城から東へ三kmほどの距離にある、標高二六〇mに位置する。西へ五〇〇mの位置には桂谷寺裏《けいこくじうら》城があり、当城より四〇mほど高く、中間には峠道が北の多利《たり》と南の野上野を結んでいる。

【歴史】『丹波志』によると、城主は吉住卯之介《よしずみうのすけ》で、天正六年（一五七八）に荻野直正に攻められ落城したという。

南からの遠景

【遺構】中央部に三角形を呈する東西二二m、南北一五mの曲輪Ⅰがあり、南西の一部に低土塁が残る。西に東西三〇m、南北一五mの曲輪Ⅱがあり、北西に小規模の二段の曲輪が続き、城への道は西尾根の細道を上ってくる。曲輪Ⅰの北尾根にも小規模の三段の曲輪が見られ、尾根の両側には竪堀が敷設されている。南に延びる尾根には、二段の曲輪を隔てて南北二三m、東西一〇mの曲輪Ⅲがあり、南は岩盤の露出した崖となっている。

【評価】明智氏が黒井城を包囲した際に、在地の城郭を陣城として利用したものである。

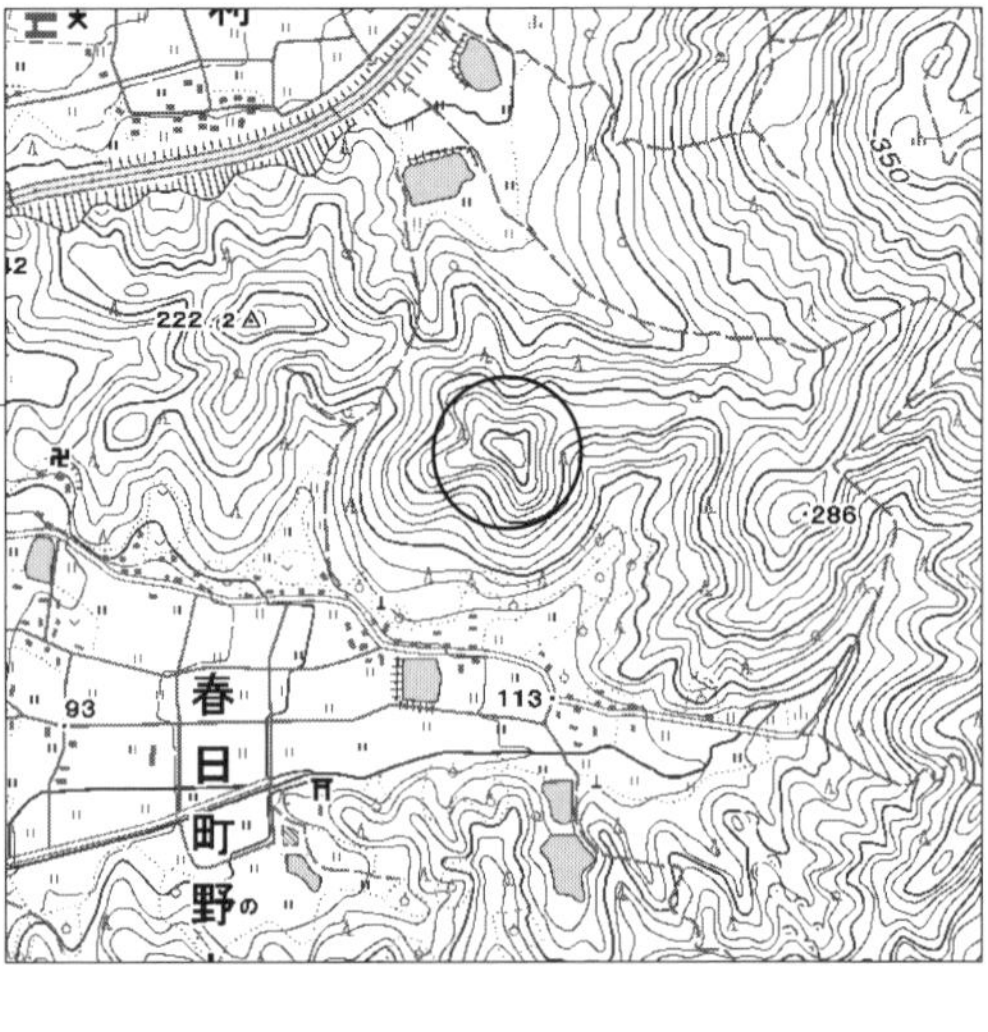

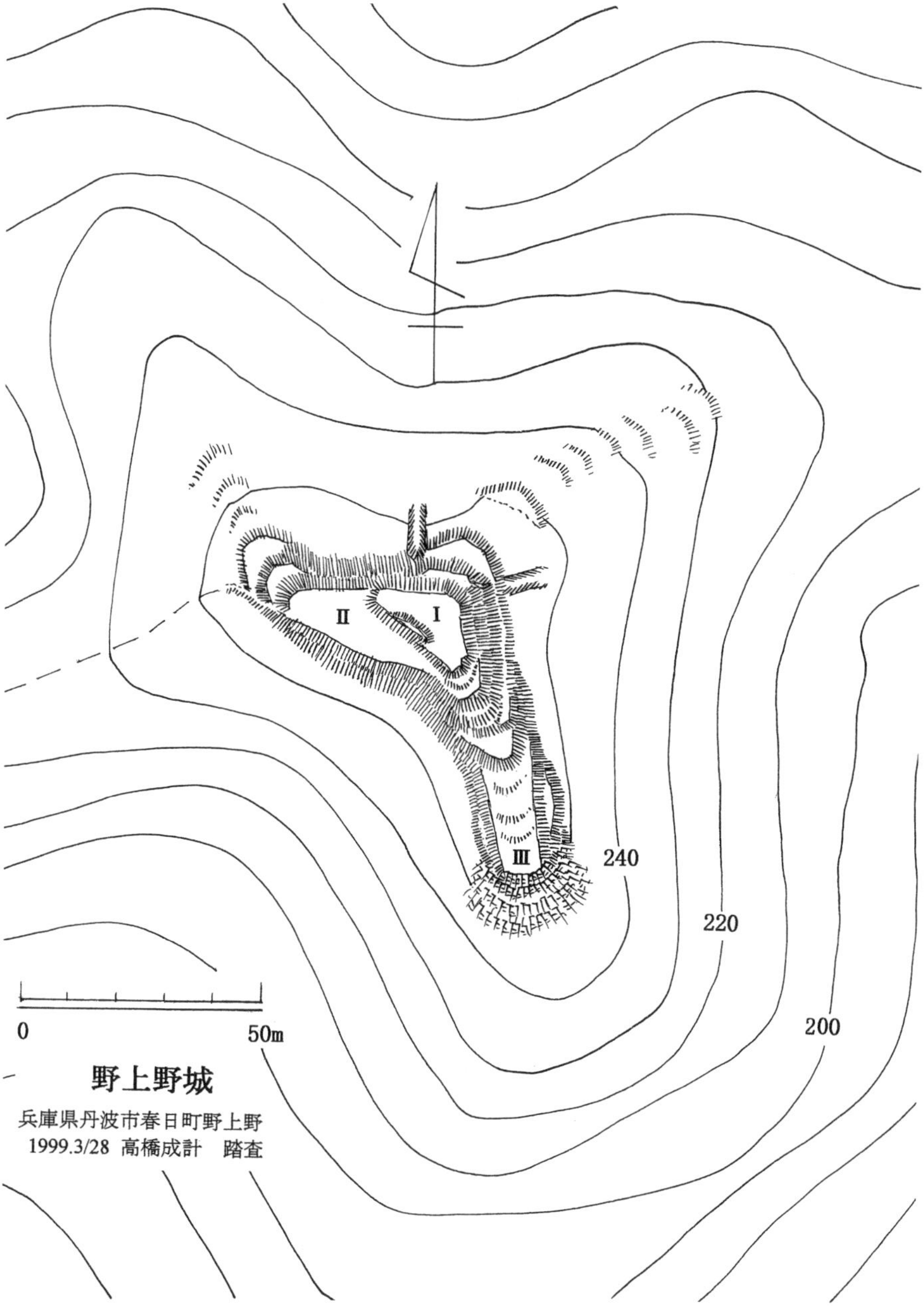
Ⅰ
Ⅱ
Ⅲ
240
220
200
0
50m
野上野城
兵庫県丹波市春日町野上野
1999.3/28 高橋成計　踏査

野上野城縄張り図

野上野城をサポートする陣城

7 桂《けい》谷《こく》寺《じ》裏《うら》城《じょう》

所在地：兵庫県丹波市春日町野上野
城　主：不明
遺　構：曲輪・竪堀？
規　模：二〇〇×三〇m
標高／比高：二二二・一m／一二〇m

南からの遠景

【選地】黒井城から東へ二・五kmの距離にある、標高二二二・一mに所在する。黒井城に対する展望は良好である。東の標高一六〇mの鞍部《あんぶ》を南北に街道が通り、北の多利と南の野上野を結んでいた。

【歴史】「赤井先祖細記」や「赤井伝記」によると、明智勢が野上野村に陣を構えたとあり、当城がそれに該当すると考える。

【遺構】標高二二二・一mの位置には東西二五m、南北一五m規模の曲輪Ⅰがあり、削平されたような平坦な地形がある。西へ一五mほど下ると二ヵ所の小規模曲輪Ⅱがあり、北西に一〇〇mほど下ると、尾根の北側を削り落とし、斜面には竪堀を敷設している。

西側には小規模な曲輪Ⅲがある。また、西に七〇mほど尾根を上ると、東西三〇m、南北一〇mほどの平坦地Ⅳがあり、削平が実施された可能性がある。

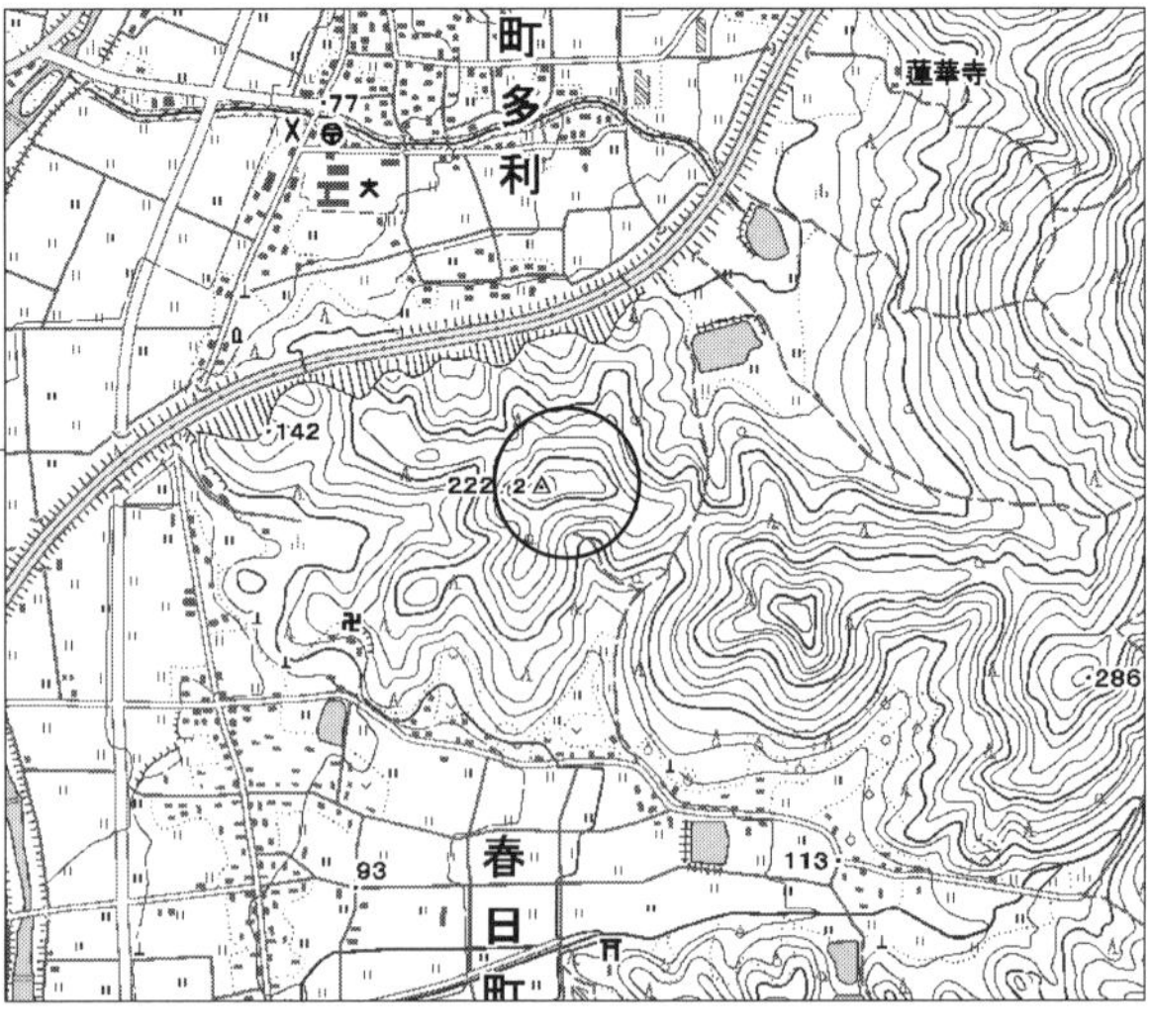

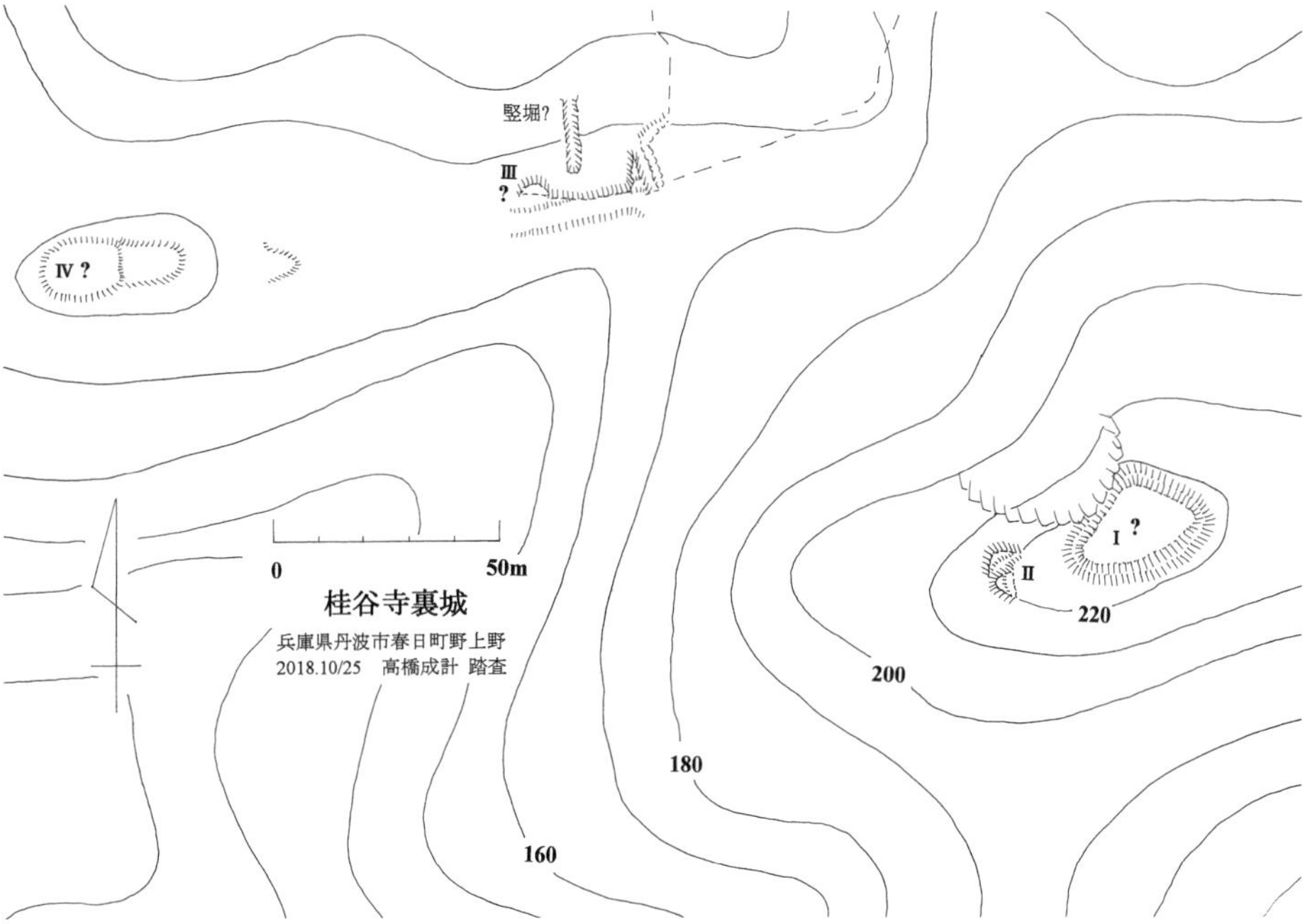

桂谷寺裏城縄張り図

【評価】全体の曲輪構成は東西に離れており、城郭遺構としてはまとまりに欠ける。また、削平状態も悪く、自然地形中心の遺構であり、陣城としての評価は検討する余地がある。

独立丘に築かれた広域の陣城

8　尉《じょう》ヶ《が》腰《こし》城《じょう》

所在地：兵庫県丹波市春日町野上野・国領
城　主：不明
遺　構：曲輪・空堀
規　模：五〇〇×七〇m
標高／比高：一七〇m／七〇m

【選地】城跡は、黒井城から南東へ三・五㎞ほど離れた、標高一五〇〜一七〇mの南北五〇〇mの丘陵上に位置する。丘陵の南から北にかけて竹田川が流れる要害の地で、南北に丹後と摂津方面の街道と、東は京街道が交差する要衝にある。

【歴史】不明である。

【遺構】北の標高一七〇mの山頂は、幅七mの空堀で分離し、自然地形の曲輪Ⅰ・Ⅱが南北に位置する。南へ六〇mほど下ると、幅五mの空堀状の窪みがあり、先端二〇mほどの自然地形Ⅲが曲輪として確保されている。西へ七〇mほど下ると、南北一〇m、東西六mの曲輪Ⅳ、南三〇mほどには南北二〇m、東西一五mの南に傾斜した自然地形Ⅴがあり、西側に小規模の三段ほどの曲輪が造成されている。

　南へ五〇mほど下ると南西に道が通る鞍部があり、これは南北の曲輪群は道の防御に備えたものである。そこから南へ五〇mほど上ると南北一五m、東西八mの自然地形Ⅵがあり、その上部に小規模の曲輪がある。二五mほど南上部に南北五五m、東西六mほどの自然地形Ⅶがあり、中央部は幅五mの空堀状となっている。南へ鞍部を隔てた標高一五三mの山頂にも、南北一五m、東西六mの自然地形Ⅷがあり、北側に帯状曲輪Ⅸが三〇mほど敷設されている。

【評価】丘陵の山頂部の四ヵ所と、中央部の鞍部の南北の傾斜地を曲輪として利用した遺構である。人工的に加工された部分が少なく、黒井城包囲網の遺構として評価できる。

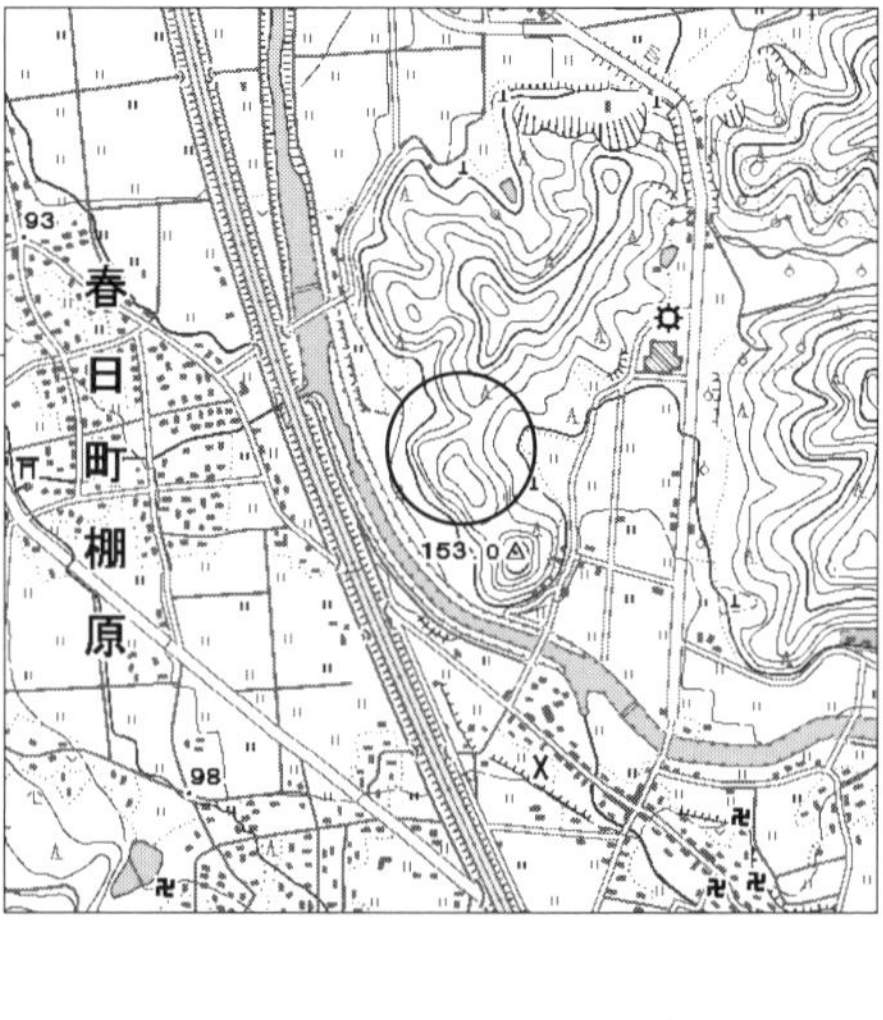

城跡遠景

55　尉ヶ腰城

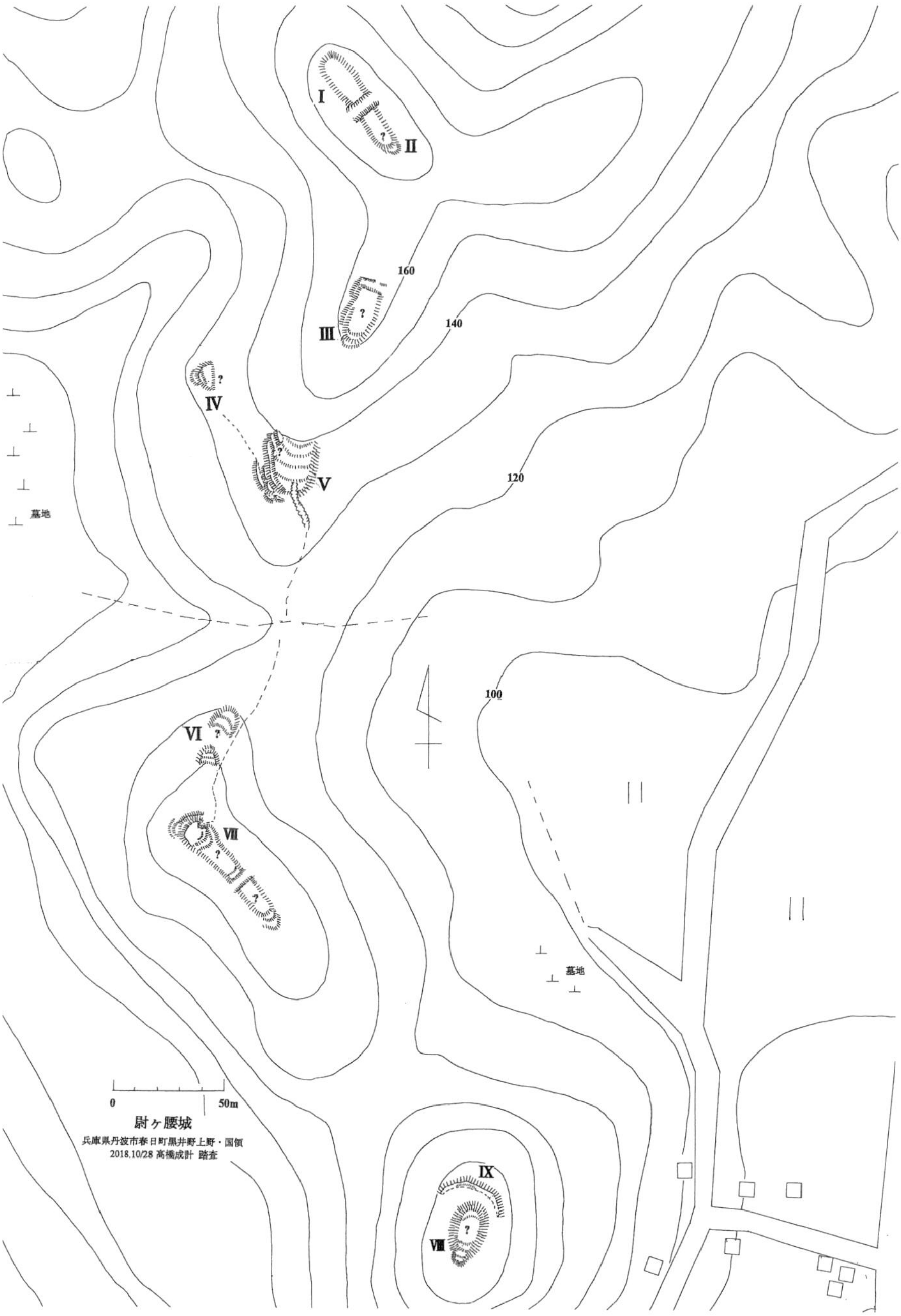

尉ヶ腰城縄張り図

東の街道口を守る陣城

9　岩《いわ》戸《と》神《じん》社《じゃ》城《じょう》

所在地：兵庫県丹波市春日町国領
城　主：長谷刑部
遺　構：曲輪・竪堀・堀切
規　模：八〇×六〇ｍ
標高／比高：一六〇ｍ／七〇ｍ

【選地】黒井城から南東に五㎞ほど、岩戸神社上の標高一六〇ｍに位置する。東の竹田川流域の京街道や、南の篠山方面への展望が良好である。

【歴史】「赤井先祖細記」では「明智軍が野上野村より長谷村へ押渡り、長谷刑部を追い落し」とあり、「赤井伝記」にも同様の記述がある。

【遺構】遺構は南西の尾根を堀切で遮断し、中央部に一五ｍほどの円形の曲輪Ⅰがある。北東に東西一〇ｍ、南東五ｍほどの曲輪Ⅱが位置する。北東の尾根先方向に二段の腰曲輪ⅢとⅣをめぐらし、北を堀切で遮断して斜面の重要な部分に竪堀を配置した、全長八〇ｍほどの城郭である。

【評価】小規模な城郭だが、主郭部を中心に北、東の腰曲輪の造成と斜面防御の竪堀が堅固である。しかし、黒井城から五㎞の距離にあり、包囲網の陣城としては効果が薄いと考える。

城跡遠景　東より

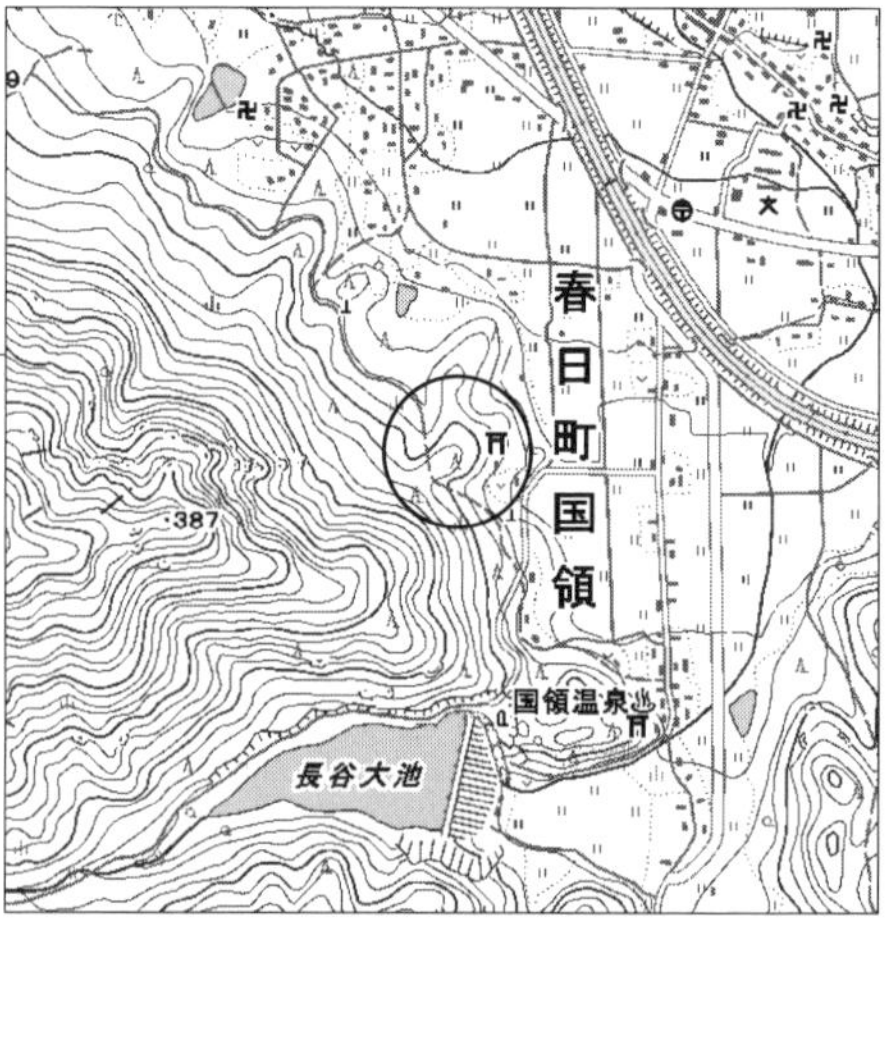

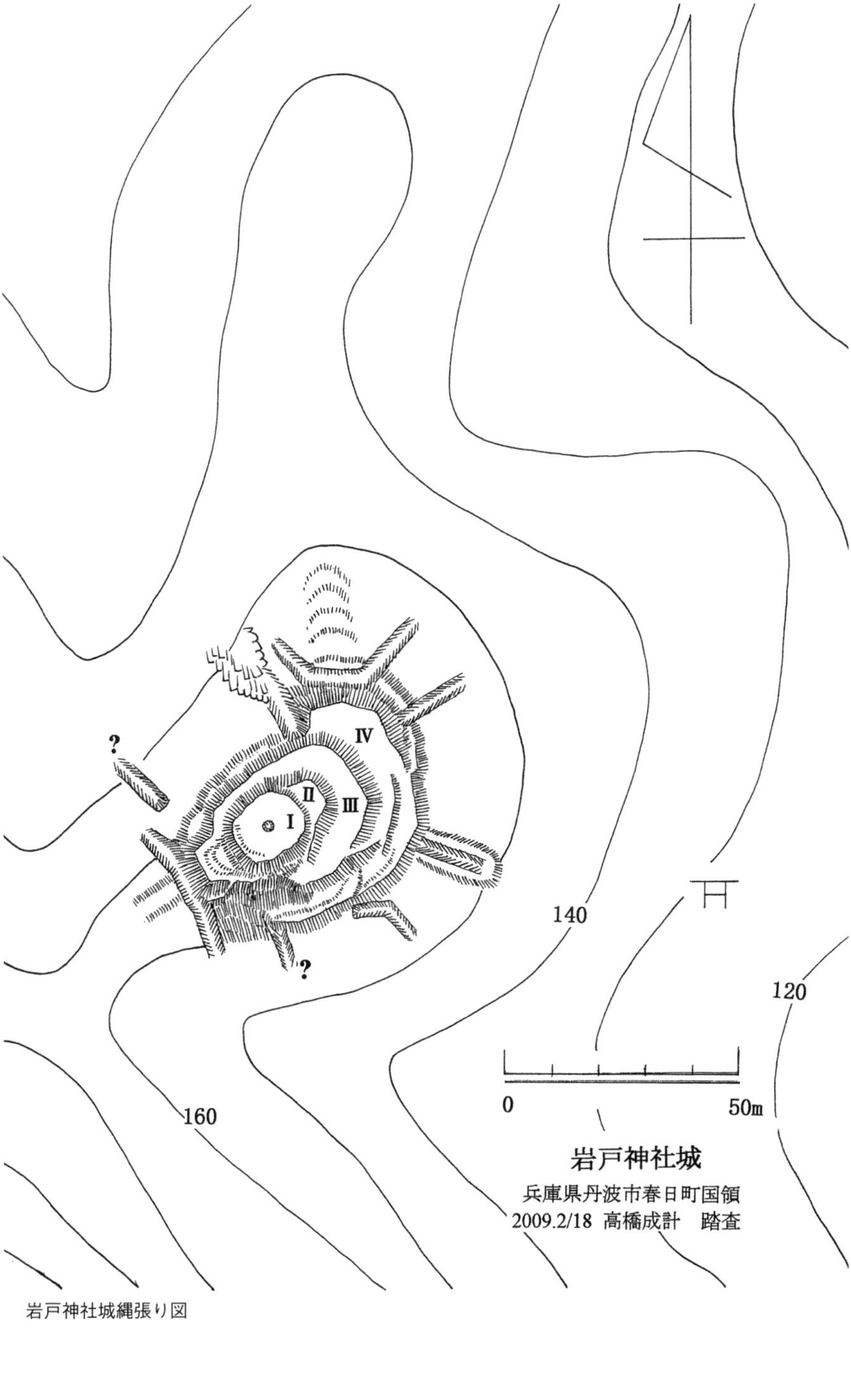
?
IV
II
III
I
?
140
120
160
0
50m
岩戸神社城
兵庫県丹波市春日町国領
2009.2/18 高橋成計　踏査

岩戸神社城縄張り図

本陣の東側を支える陣城

10 惣《そう》山《やま》城《じょう》

所在地：兵庫県丹波市春日町野村
城　主：不明
遺　構：曲輪・竪堀・畝状空堀群
規　模：ー
標高／比高：一四〇m／五〇m

【選地】黒井城の南三kmにある、標高一四〇mの岩盤の丘陵地に位置する。東に棚原《たなはら》城、西には茶臼山《ちゃうすやま》城がある。南東の山麓には春日神社が鎮座する。

【歴史】黒井城攻めのとき、明智氏が春日神社を破壊し、陣所の一部に使用したという口碑がある。

城跡遠景

【遺構】遺構は岩盤上にあり、東側の斜面には竪堀を敷設し、西側の緩斜面には五条で構成された畝状空堀群がある。曲輪Ⅰは南北五五m、東西一五mほどで、北東に小規模な曲輪Ⅱがある。

【評価】西には火山《ひやま》城・茶臼山城があり、東には棚原城と、一列に黒井城包囲の陣城のラインを形成している。

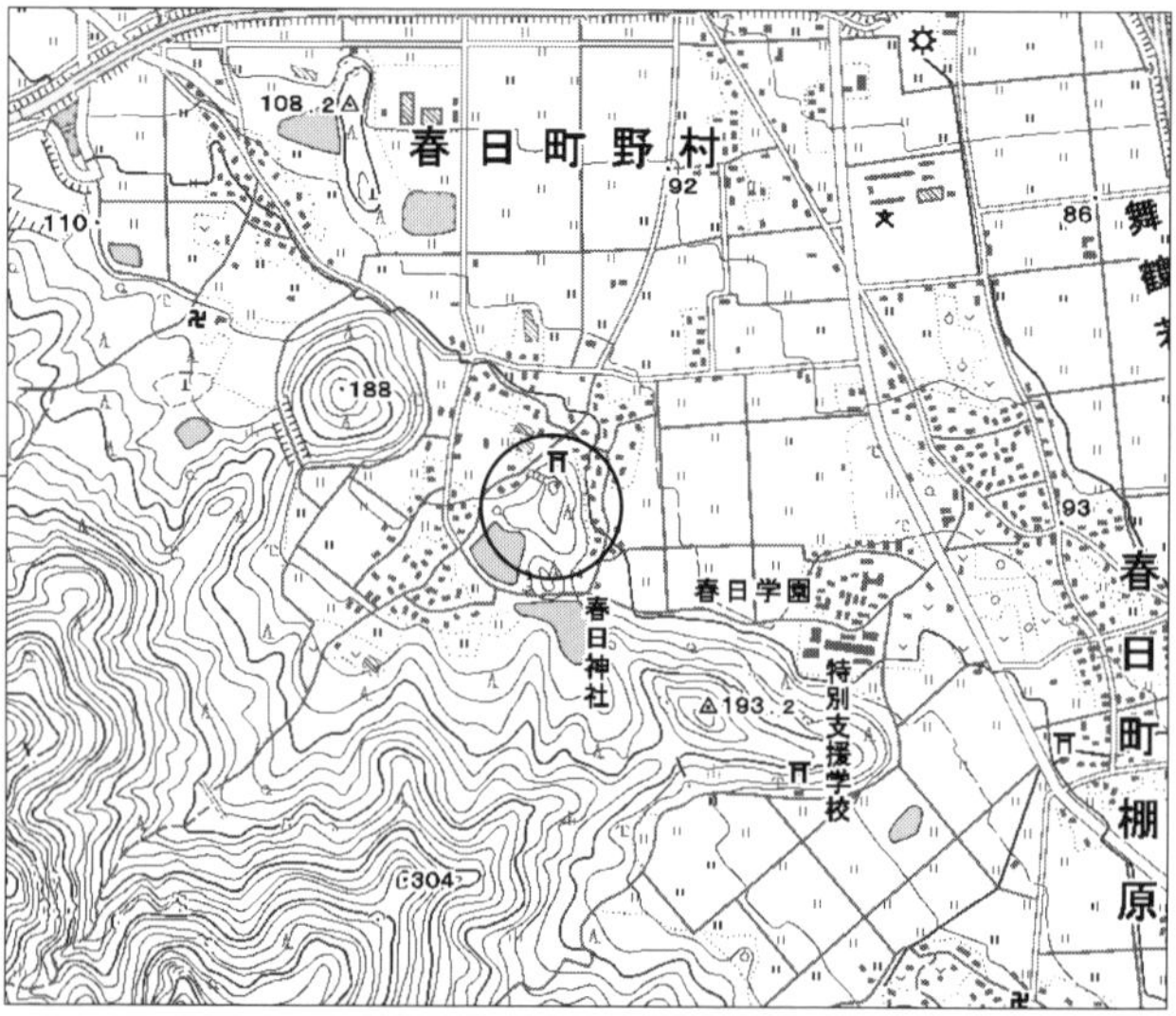

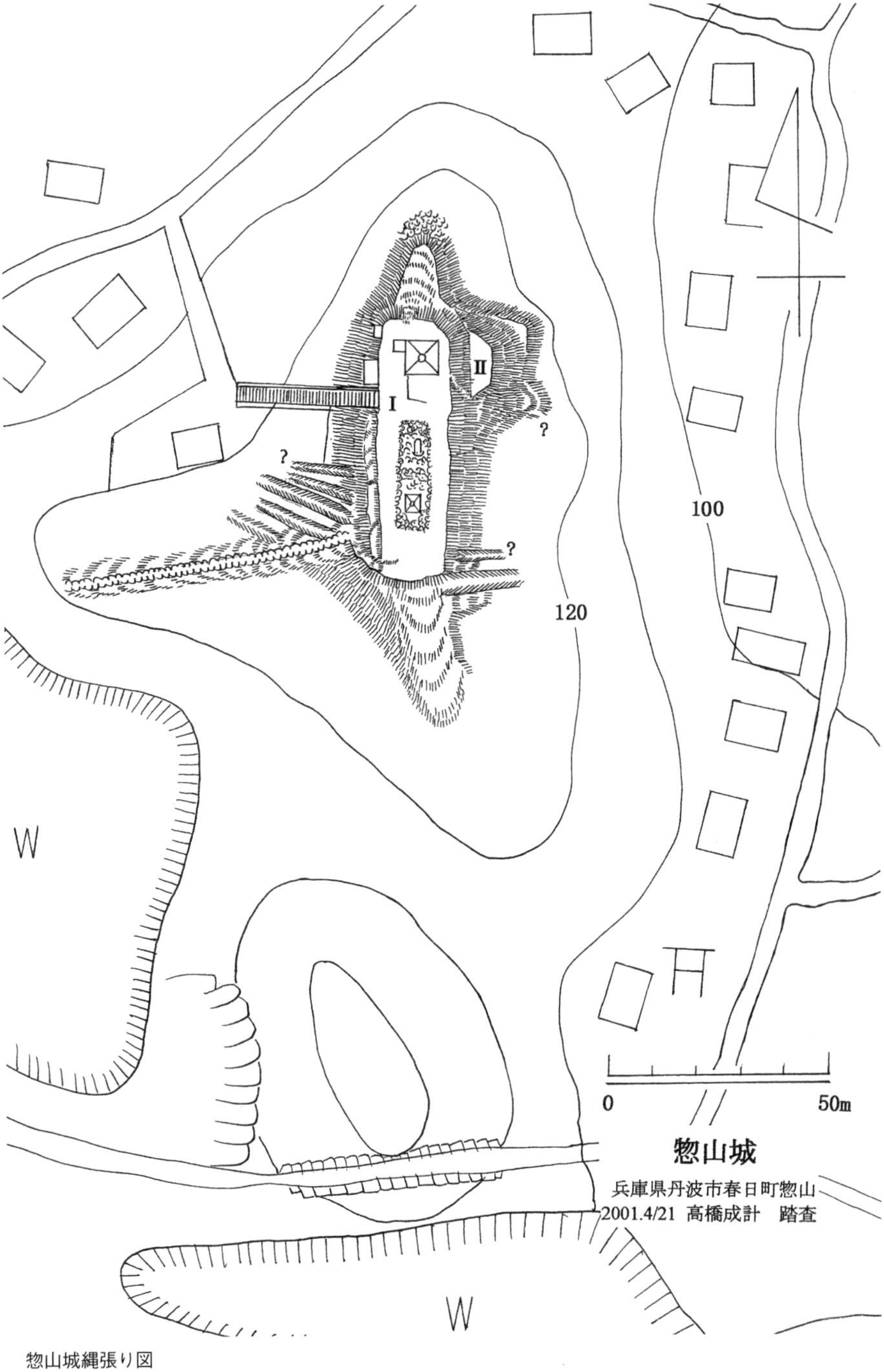

惣山城縄張り図

移された第二の本陣

11 茶臼山城《ちゃうすやまじょう》

所在地：兵庫県丹波市春日町野村
城　主：明智氏
遺　構：曲輪
規　模：七〇×四五m
標高／比高：一八八m／八八m

【選地】南の氷上連山から北東に延びた支尾根の先端に、標高一八八mの円錐形の小山があり、そこが城跡である。四面が傾斜地となり、北方二・四kmに黒井城を望む位置にある。

【歴史】明智光秀の本陣であったとの伝承がある。

北からの遠景

【遺構】頂上には東西二五m、南北一五mほどの曲輪Ⅰがある。北側にはスロープ状の張り出しがあり、通路として利用したのだろう。周囲に腰曲輪Ⅱを設け、西から北西方向が二段になっている。南側に東西三〇m、南北一五mほどの曲輪Ⅲがあり、中心となる曲輪である。全体の規模は東西七〇m、南北四五mほどで楕円形を呈している。

【評価】明智軍の本陣としては小規模で、北の黒井城からは見下ろされる環境にある。曲輪Ⅲは黒井城から見えにくいと思われ、注目できる縄張りである。

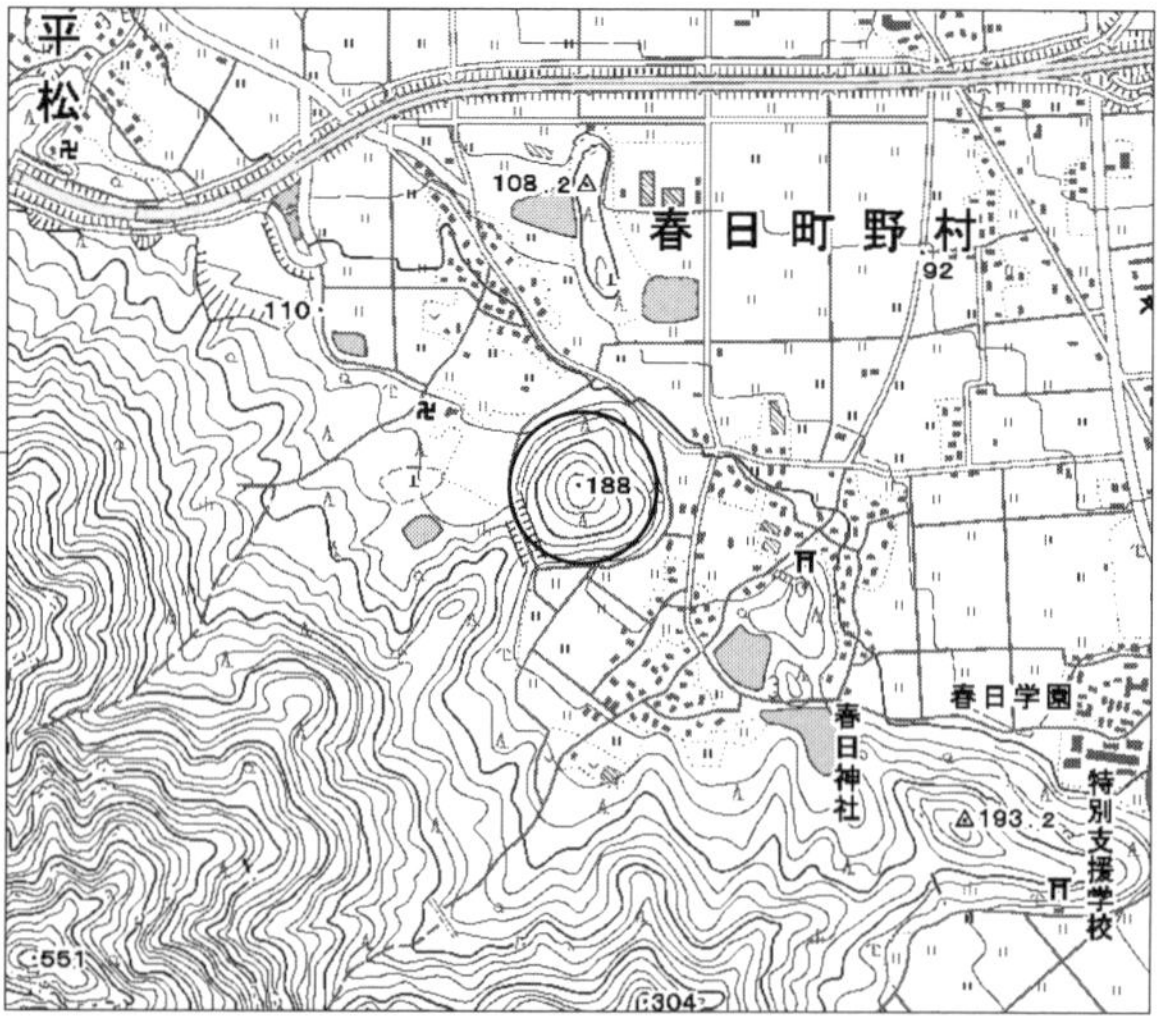

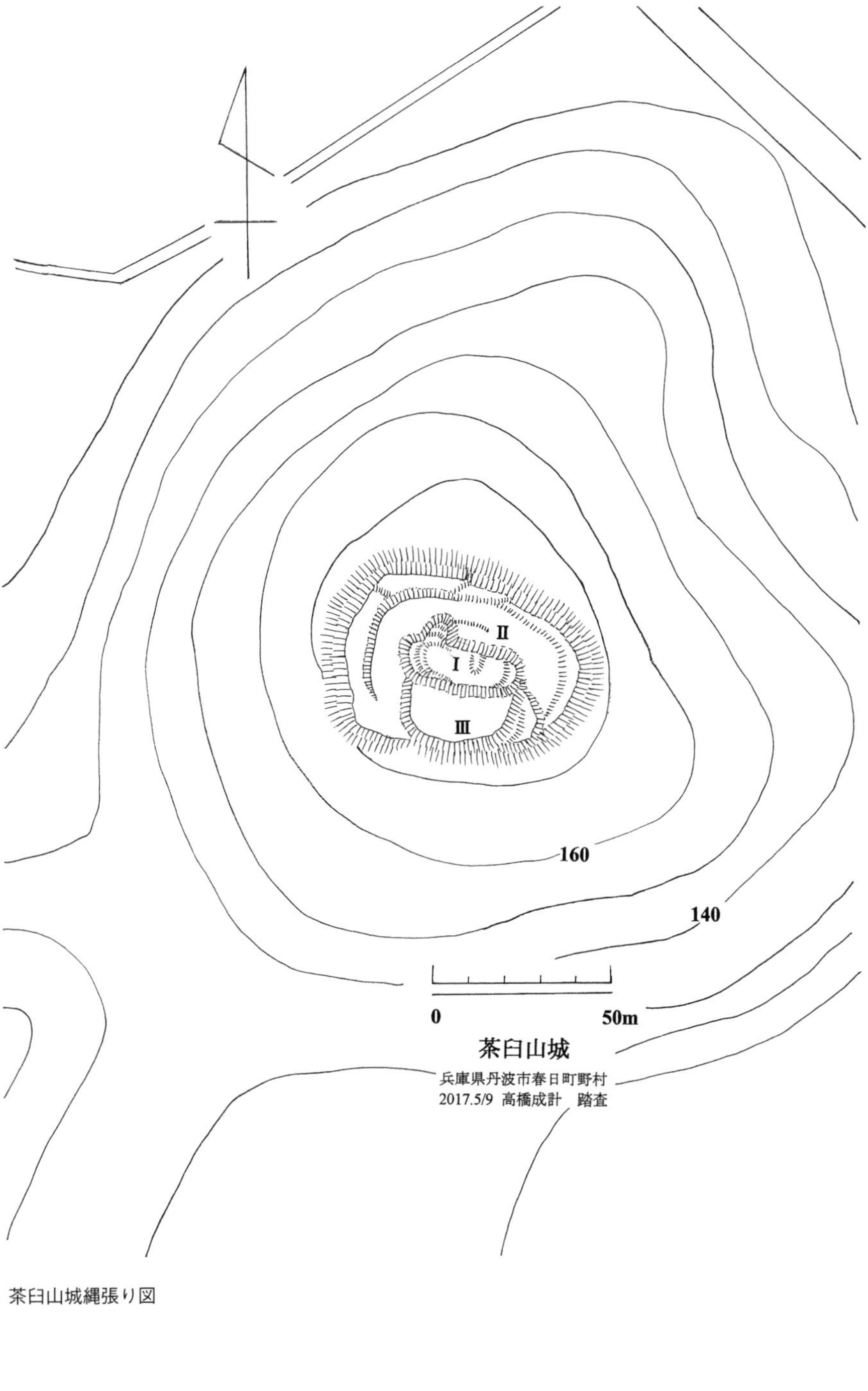

茶臼山城縄張り図

土砂採取で消滅した陣城

12 火山城《ひやまじょう》

所在地：兵庫県丹波市春日町野村
城　主：不明
遺　構：曲輪
規　模：五〇×二五m
標高／比高：一五〇m／五〇m

【選地】黒井城の南二kmに位置し、城の背後には「向山」等の標高六〇〇mの山々が屏風のようにそそり立っている。

【歴史】不明である。

【遺構】南北五〇m、東西二五mほどと小規模で、山頂部には南北一〇m、東西八mの長方形の曲輪Ⅰがあり、その周囲に腰曲輪Ⅱがめぐる。西には五〇mほどの通路が先端へと延びている。

【評価】一九九七年に発掘調査が実施されたが、年代を示す遺物は出土していない。現在、高速道路建設の土砂採取により、遺構は残っていない。

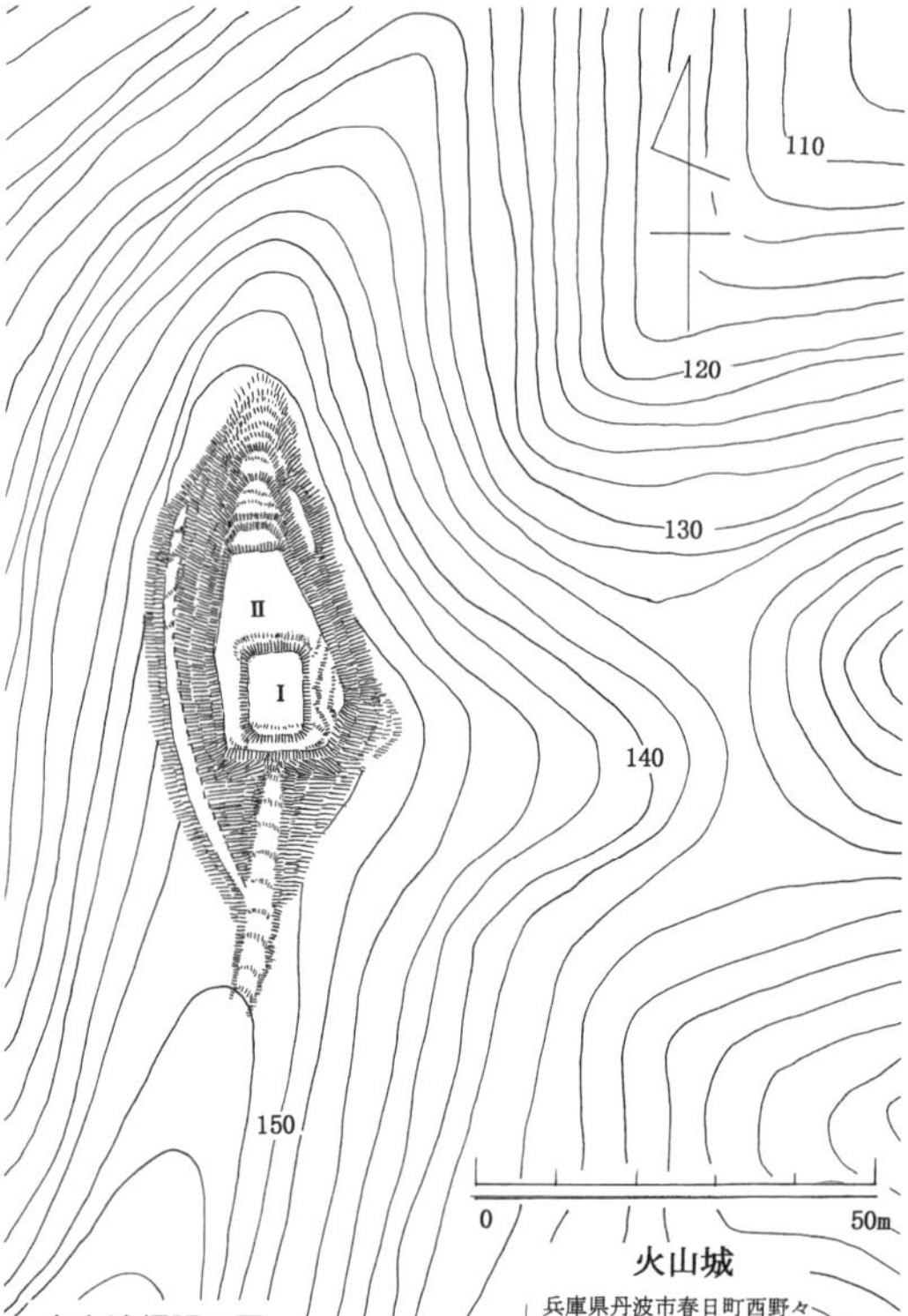

火山城縄張り図

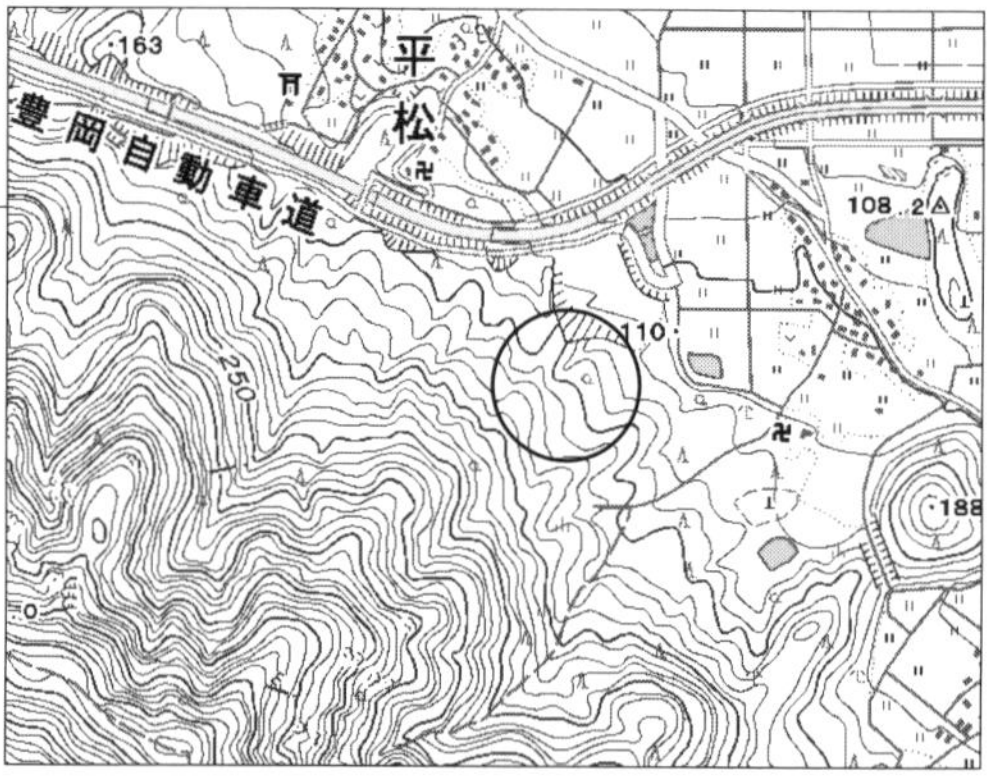

岩盤上に構築された陣城

13 棚《たな》原《はら》城《じょう》

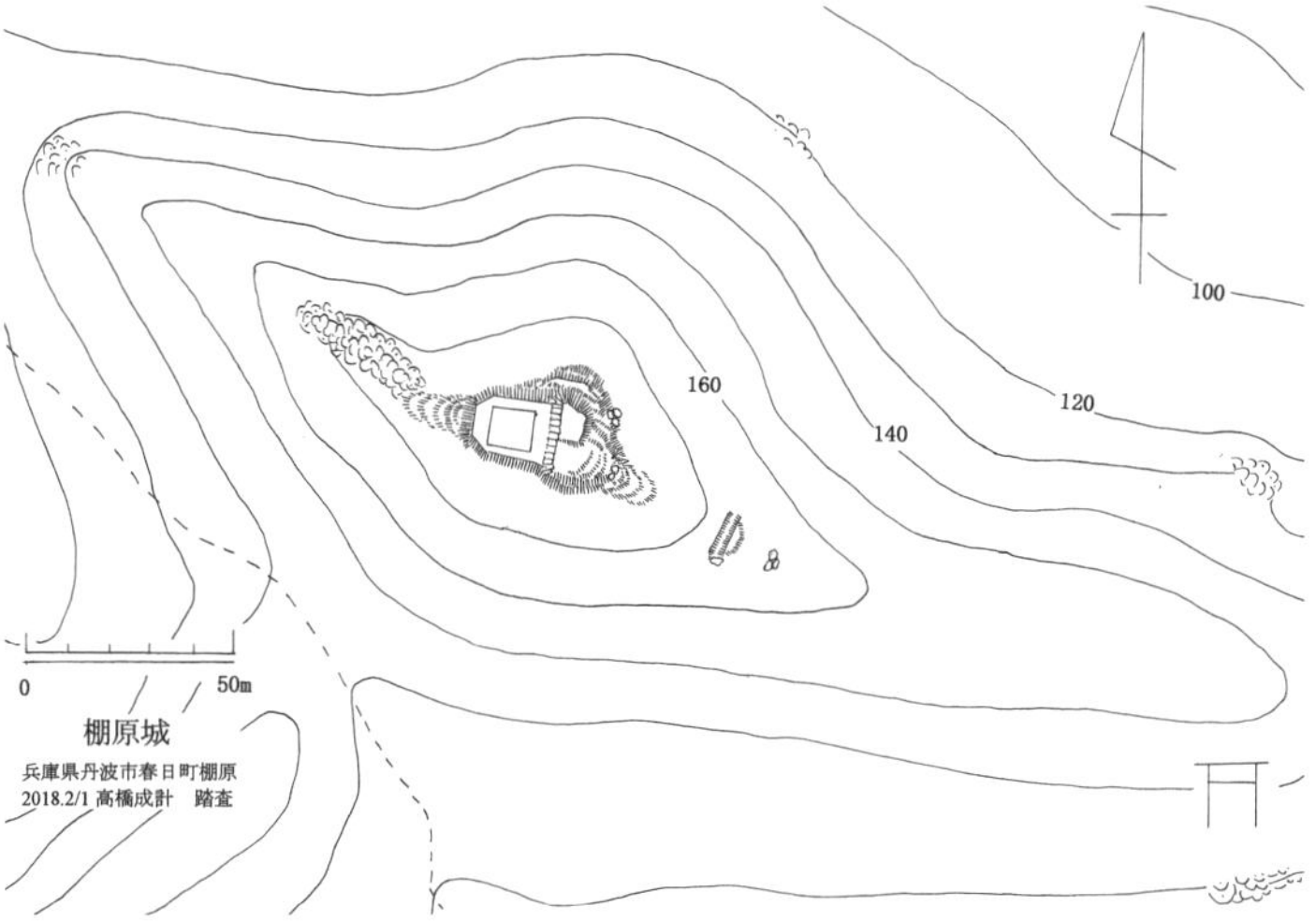

棚原城縄張り図

所在地：兵庫県丹波市春日町棚原
城　主：不明
遺　構：曲輪・堀切
規　模：七〇×二五m
標高／比高：一九三・一m／八〇m

【選地】黒井城の南三kmにある標高一九三・一mに位置する。山頂部分は岩盤が露出するが、これを取り込んで曲輪が造成されている。黒井城の正面に位置し、茶臼山城と一連のラインを形成している。

【歴史】不明である。

【遺構】遺構は東西に続くが、岩盤が露出しており、曲輪の面積は狭く、現在は半分以上が電波塔の建設によって破壊されている。曲輪から三〇mほど離れた東尾根には小規模の堀切がある。

【評価】急峻な小山で、比高が九〇mほどあり、黒井城包囲網の一翼を担った陣城である。

城跡遠景　東より

荻野氏の城館を改修して利用

14 朝日城《あさひじょう》

所在地：兵庫県丹波市春日町朝日
城　主：荻野氏
遺　構：曲輪・竪堀・畝状空堀群・堀切・虎口・土塁
規　模：二二〇×一三〇ｍ
標高／比高：一五〇ｍ／五〇ｍ

【選地】南の氷上連山の向山や清水山系から北に延びた尾根先の、標高一三五ｍに位置する。黒井城からは南西へ二㎞ほど離れている。

【歴史】『丹波志』によると、荻野十八人衆が集住する城館で、荻野直正も幼少期に住居していたという。黒井城包囲にあたっては、荻野氏の城館を陣城として再利用したものと考えられる。

【遺構】南の尾根筋を堀切Ａで遮断し、堀切には土橋が見られる。東西一二ｍ、南北八ｍほどの曲輪を北に降りると、東西二五ｍ、南北二五ｍほどの曲輪Ⅰがあり、北と東に虎口が開口する。曲輪Ⅰの東斜面には畝状空堀群があり、西斜面には竪堀が敷設されている。

北の虎口ａを東に折れると、小規模な曲輪Ⅱに到る。また、東の虎口ｂからの通路も曲輪Ⅱにつながる。曲輪Ⅱの西虎口ｃを出ると曲輪Ⅲに到り、曲輪Ⅲの北虎口ｄを出ると、土塁状の南北二八ｍの土壇Ⅳに到る。東西に通路が分かれるが、東に下ると南北二〇ｍ、東西一七ｍの曲輪Ⅴがある。北の枡形虎口ｅを北から東に折れて、虎口ｆから北に出ると、竪堀が放射状に敷設された地点Ｂに到り、北へ斜面を下ると北山麓に到る。城の東斜面は帯状曲輪や小規模な曲輪が多く、西斜面には竪堀や畝状空堀群の敷設がある。

【評価】福島克彦氏の指摘する枡形虎口が、黒井城周辺の城郭には見られない構造のため、明智氏が改修した可能性がある。

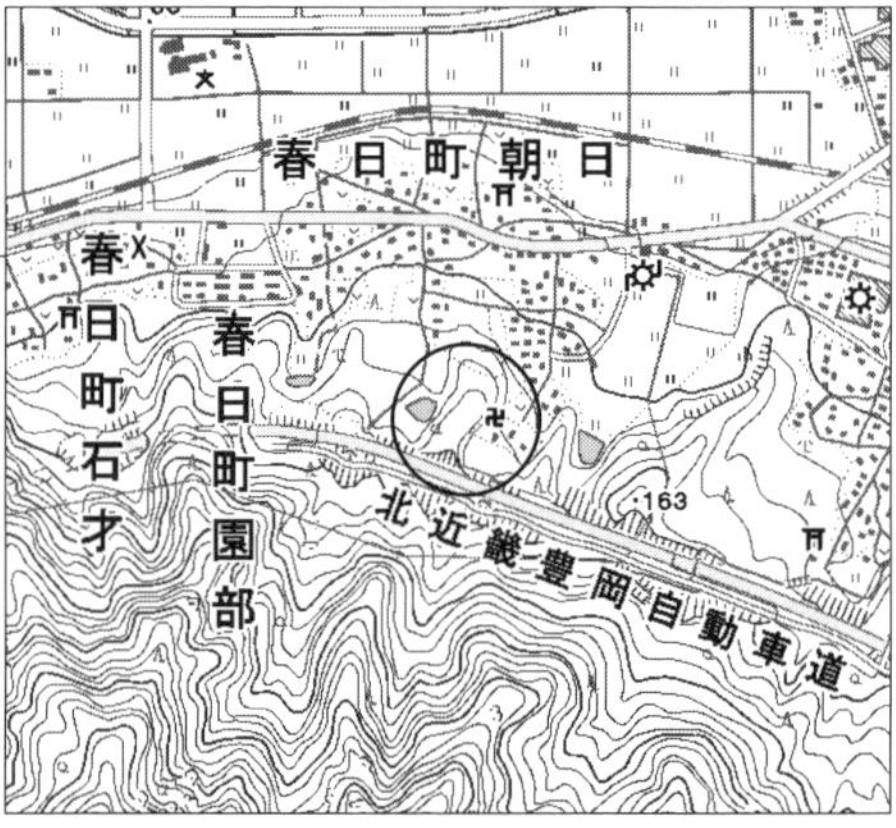

朝日城、北側からの遠景

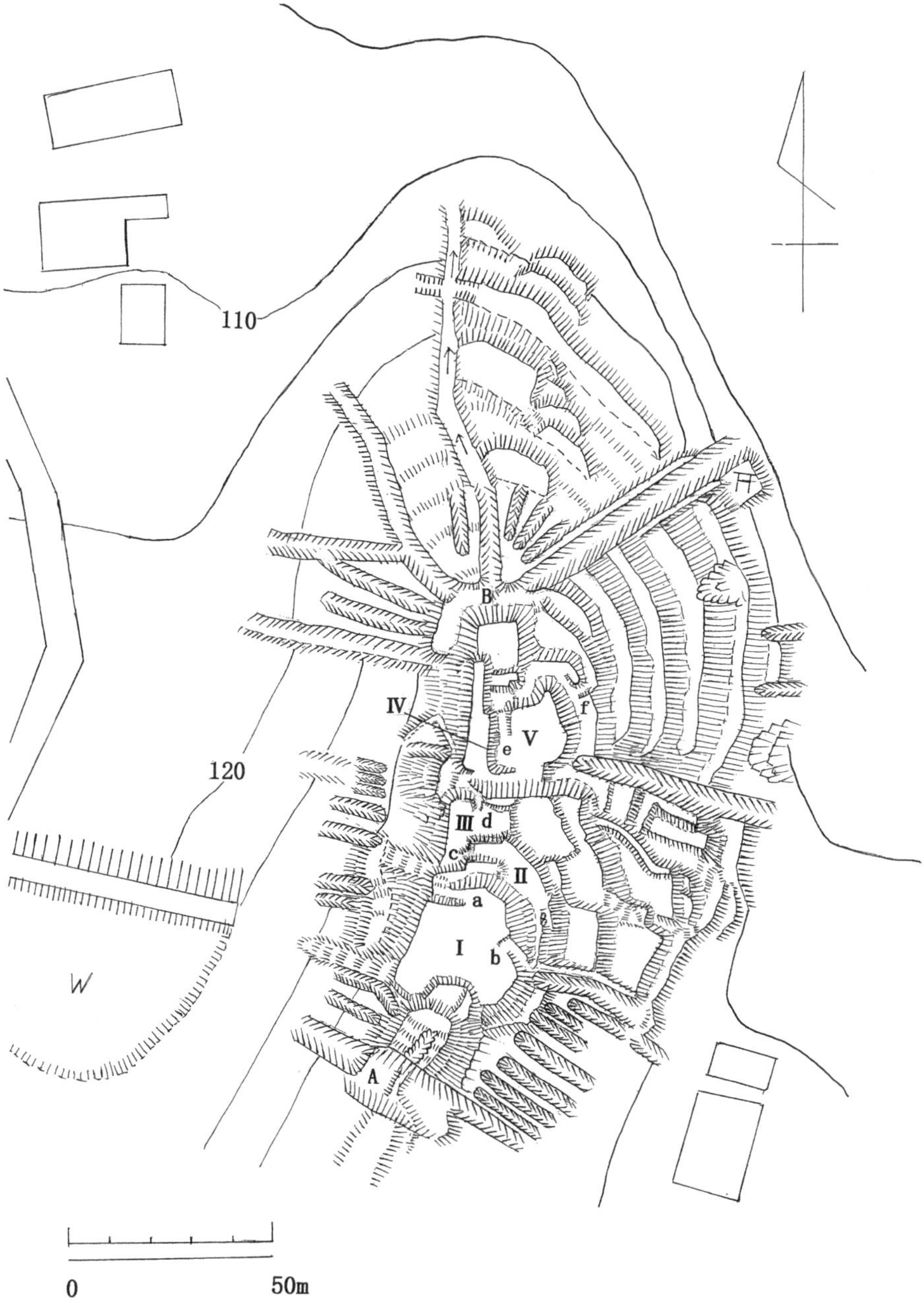

朝日城

兵庫県丹波市春日町朝日
2009.2/14 高橋成計 踏査

朝日城縄張り図

愛宕山砦と朝日城をつなぐ陣城

15 平《ひら》松《まつ》砦《とりで》

所在地：兵庫県丹波市春日町平松
城　主：不明
遺　構：曲輪・竪堀？
規　模：五〇×一五m・二五×一五m
標高／比高：一六三m／七〇m

【選地】黒井城の南西二・二kmに位置する標高一六三mの位置にある。東の愛宕山砦と西の朝日城の中間にあり、相互の連携を指示する重要な位置にある。なお、北近畿豊岡自動車道により、南の山系と遮断されている。

【歴史】不明である。

【遺構】遺構は標高一六三mと北へ二五〇mほど行った尾根先端にあり、標高一六三mの曲輪群Ⅰは南北七〇m、東西七mの規模で、自然地形に少し加工を加えた程度である。東側斜面にある長さ六〇mほどの一四段の段築は、城郭遺構なのか疑問が残る。城郭遺構の段築は、帯状の曲輪を互い違いに敷設するが、現状は階段状になっているためである。北の先端部の遺構は、北西側が土取りによって破壊されており、曲輪Ⅱの面積は半分程度である。東斜面に長さ一一mの竪堀が敷設され、下の曲輪Ⅲは通路で破壊されている。

【評価】地形は南北に長い尾根のため、黒井城に対して南面の西端の位置にあり、南の明智軍の七砦ラインを形成する重要な砦である。

東からの遠景

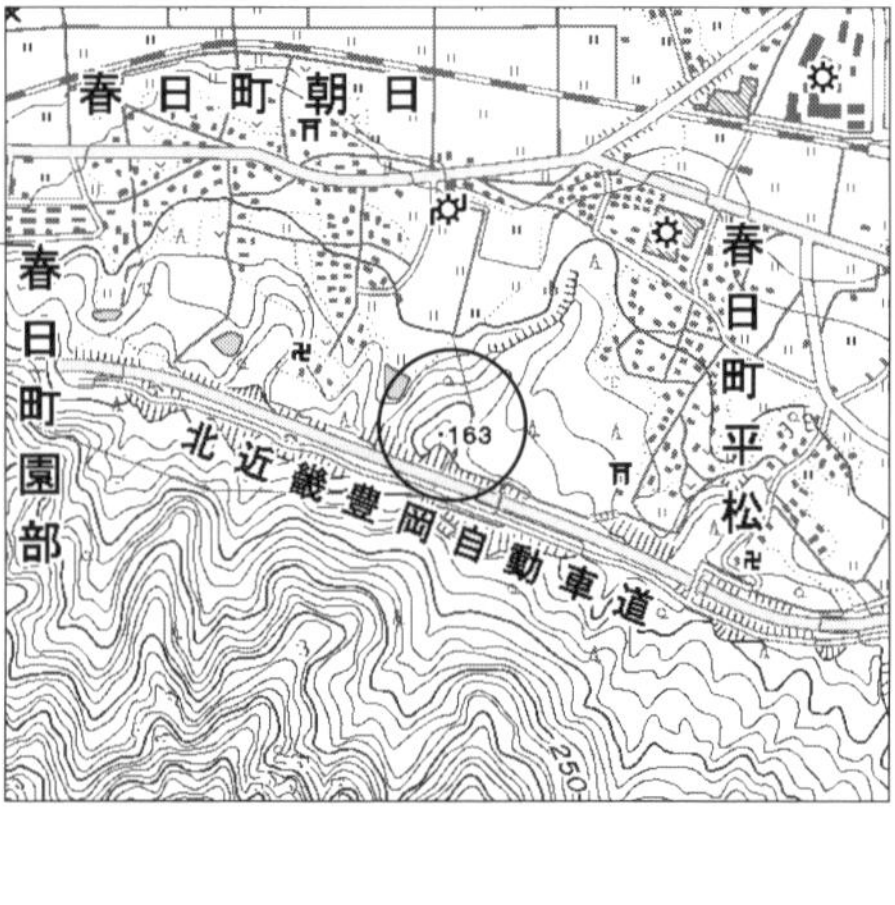

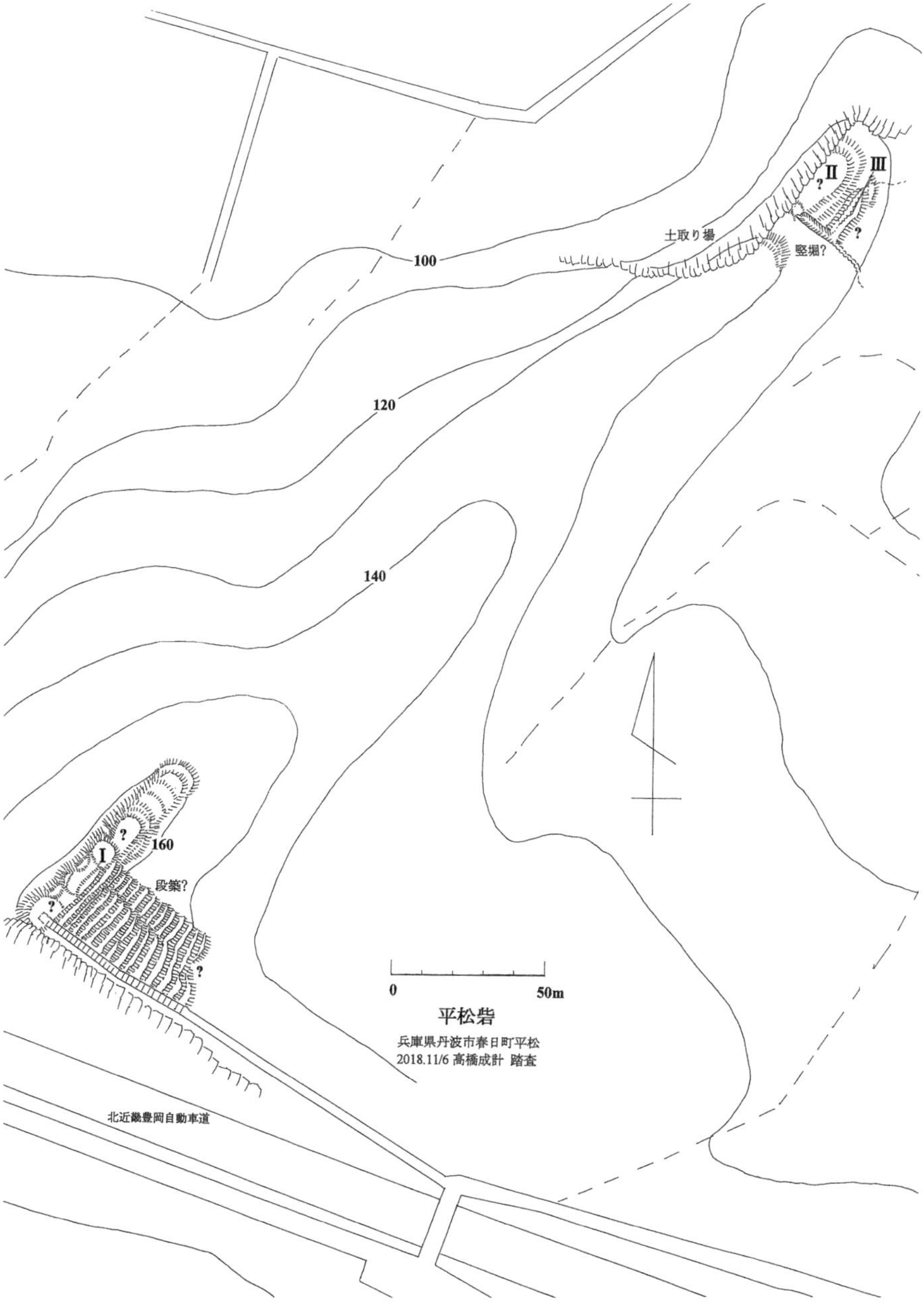
土取り場
100
Ⅱ
Ⅲ
?
?
竪堀?
120
140
Ⅰ
?
160
段築?
?
?
0
50m
平松砦
兵庫県丹波市春日町平松
2018.11/6 高橋成計 踏査
北近畿豊岡自動車道

平松砦縄張り図

黒井城正面の陣城

16 愛宕山砦《あたごやまとりで》

所在地：兵庫県丹波市春日町平松
城　主：不明
遺　構：曲輪・堀切
規　模：五〇×一五m
標高／比高：一三五m／三五m

【選地】黒井城の南二・一㎞の丘陵地、標高一三五mに位置し、砦跡は岩盤上にある。南には北近畿豊岡自動車道が通り、東山麓には広見寺《こうけんじ》がある。

【歴史】不明である。

【遺構】南尾根を幅五mほどの堀切で遮断して南北三〇m、東西一〇mの曲輪Ⅰを設け、東と西に小規模の腰曲輪を付ける。北には、一段高くなった岩盤上に東西一〇m、南北七mの曲輪Ⅱがある。

【評価】小規模だが、黒井城の正面に位置し、陣城としての距離も近い。また、黒井城に対して展望も良好である。

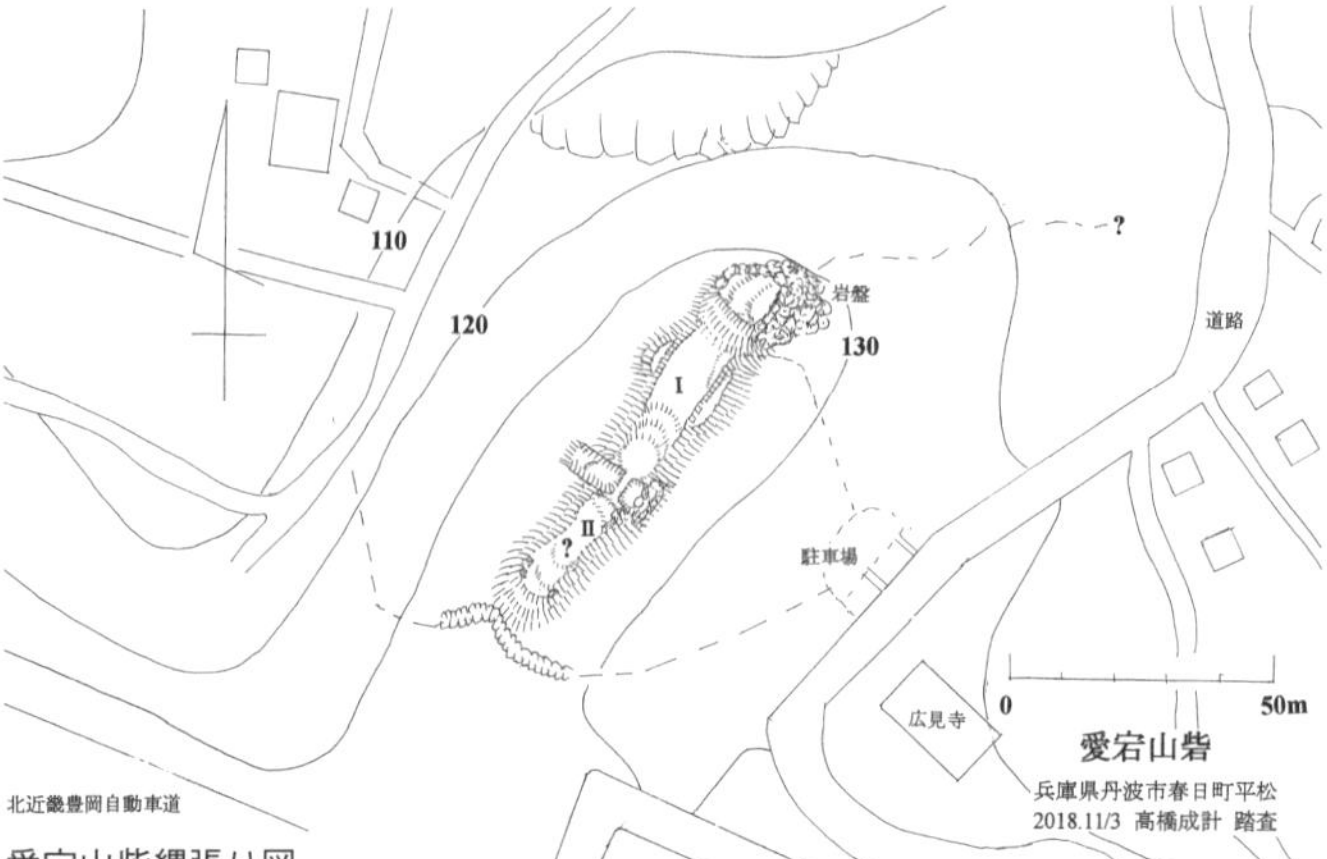

愛宕山砦縄張り図

北側からの遠景

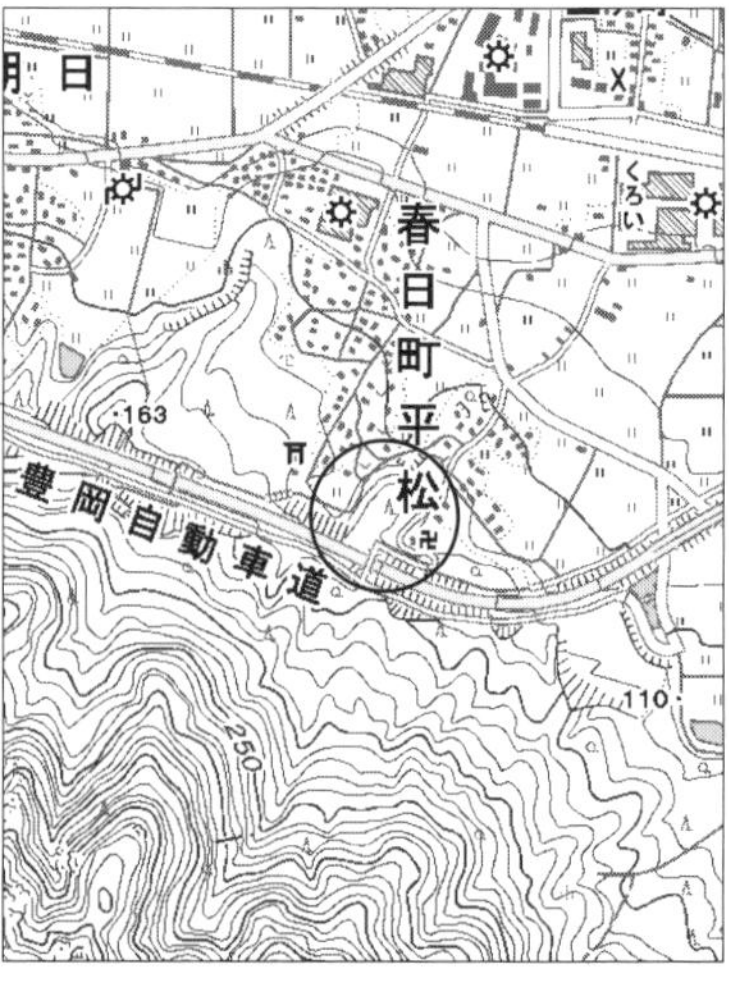

堀切

尾根先端に築かれた陣城

17 新《しん》才《さい》城《じょう》

所在地：兵庫県丹波市春日町新才
城　主：不明
遺　構：曲輪・土塁
規　模：四〇×三〇m
標高／比高：一三四・二m／四〇m

【選地】黒井城から西に二・五kmの標高一三四・二mの尾根先に位置する。西の天王坂《てんのうざか》を越えて黒井城下に到る中間に位置する、交通路の要衝である。

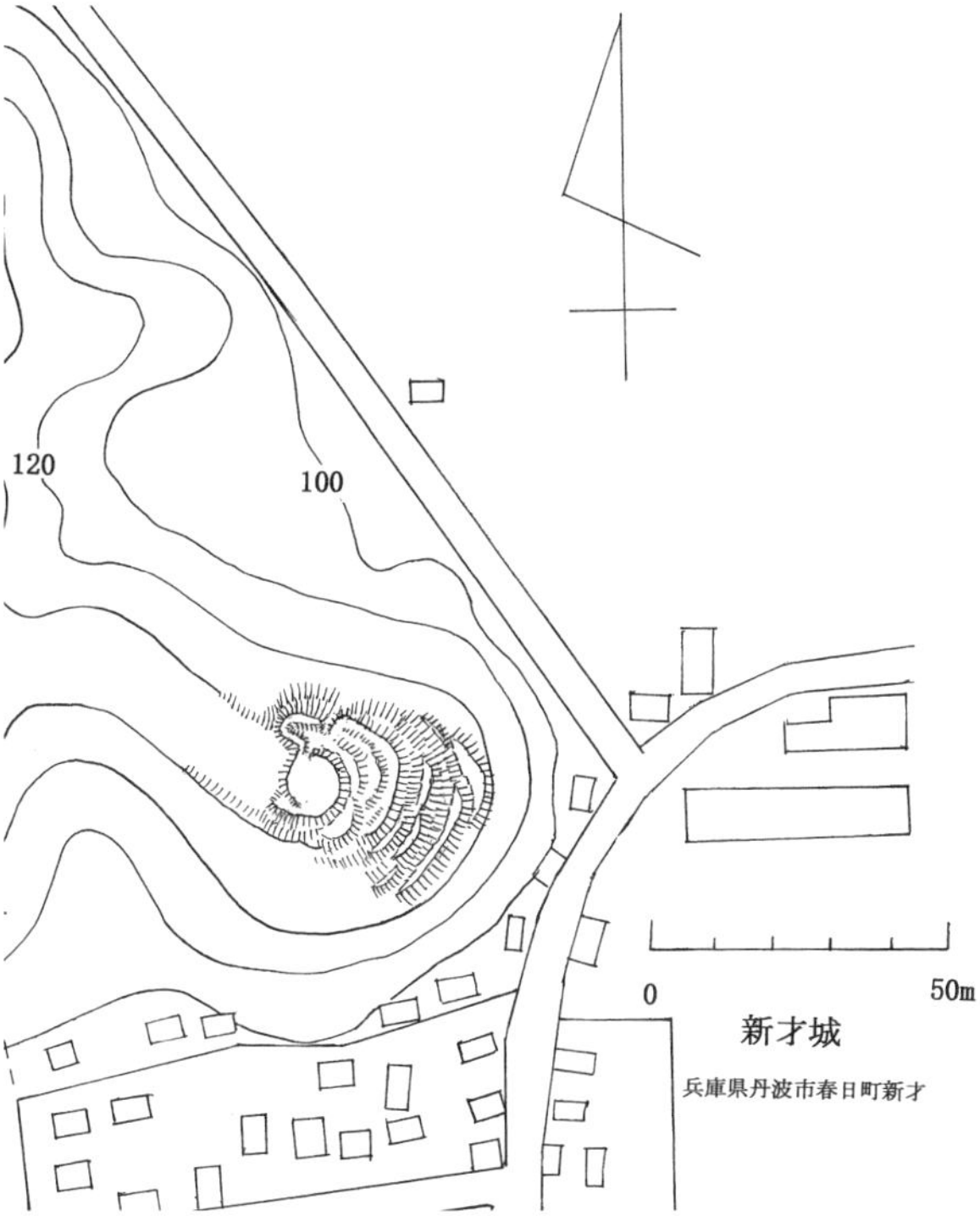

新才城縄張り図

【歴史】不明である。

【遺構】主郭は直径一〇mの円形をしており、北側にはU字形の低土塁を設け、東の斜面には六段の帯状曲輪がある。

【評価】包囲網の西側の中心的な位置にあり、尾根の先端を利用した小規模な砦である。

城跡遠景

黒井城に直結する陣城

18 山田城《やまだじょう》

所在地：兵庫県丹波市春日町山田
城　主：不明
遺　構：曲輪・竪堀
規　模：九〇×三〇m
標高／比高：一七〇m／六〇m

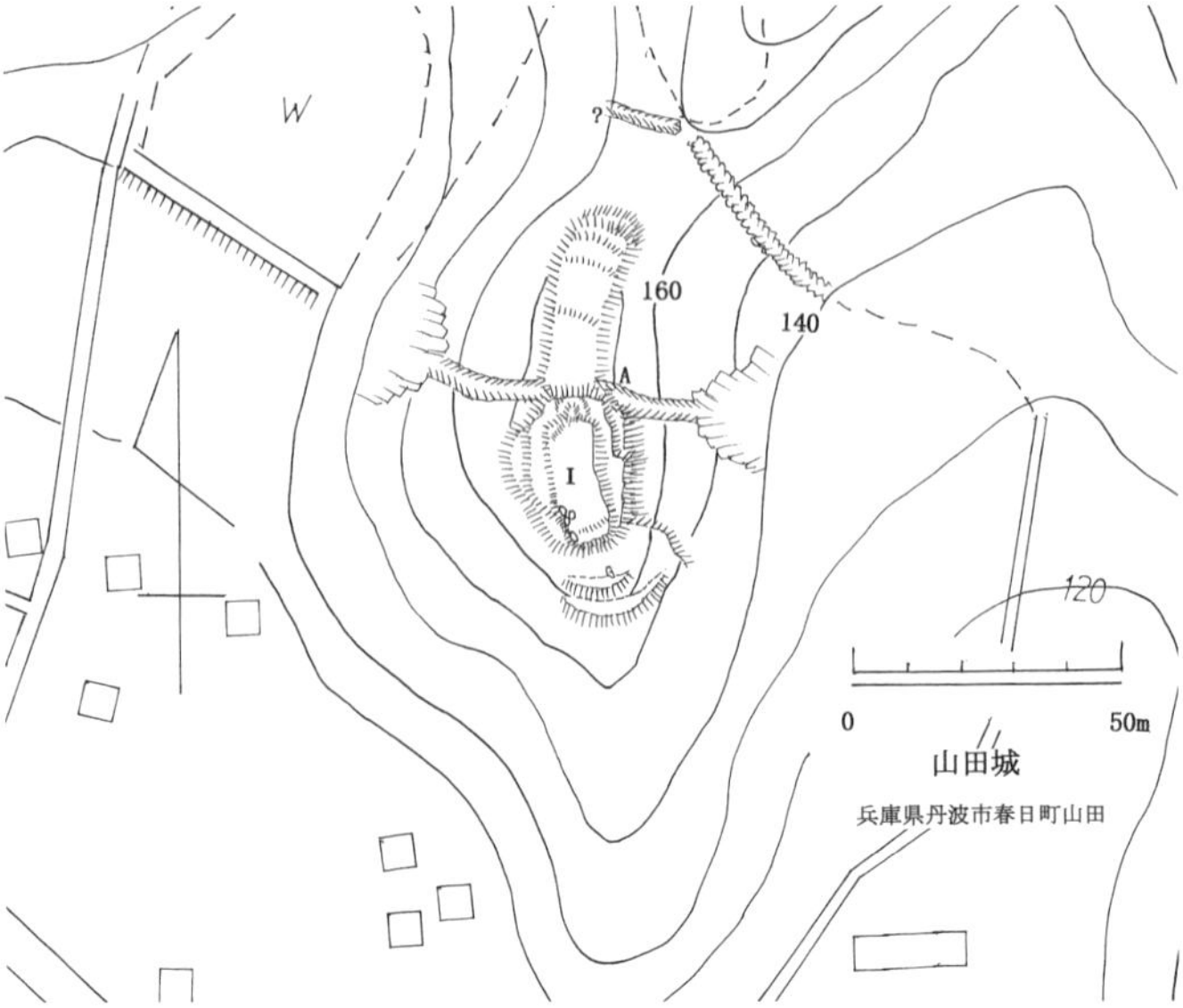

山田城縄張り図

【選地】五台山から南東に延びた尾根の支尾根が山田集落の背後にあり、尾根先端の標高一七〇mに位置する。

【歴史】不明である。

【遺構】規模は南北九〇m、東西三〇mほどあり、北側は自然地形である。北の鞍部にある斜面両側の竪堀は、東側が山道として利用されており、遺構なのか疑問が残る。中心部分の竪堀Aから南側が曲輪Iとして明確であり、東の千丈寺砦に対する陣城である。

【評価】曲輪の削平状態が悪く、北側の五台山系からの攻撃を意識した竪堀の二重敷設が、ほかの陣城と異なり特徴的である。

北からの遠景

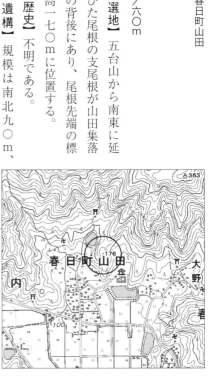

千丈寺砦の北の陣城

19 東《ひがし》白《びゃく》毫《ごう》寺《じ》城《じょう》

所在地：兵庫県丹波市市島町白毫寺
城　主：不明
遺　構：曲輪・土塁
規　模：五〇×二〇m
標高／比高：一五一・一m／五〇m

【選地】白毫寺の東五〇〇mほどの距離にある標高一五一・一mに位置する。南方一・二㎞には赤井氏方が拠る千《せん》丈《じょう》寺《じ》砦があり、見上げる環境にある。

【歴史】不明である。

【遺構】山頂部の遺構の規模は東西五〇m、南北二〇mほどで、北西部に低土塁があり、削平状態も良好だが、南東部は削平状態が悪い。南には大きな岩盤が露出しており、磐座《いわくら》を感じさせる。

【評価】黒井城側の南方は要害性が高い地形だが、北東は緩やかな地形である。黒井城包囲の陣城の中でも小規模な遺構である。

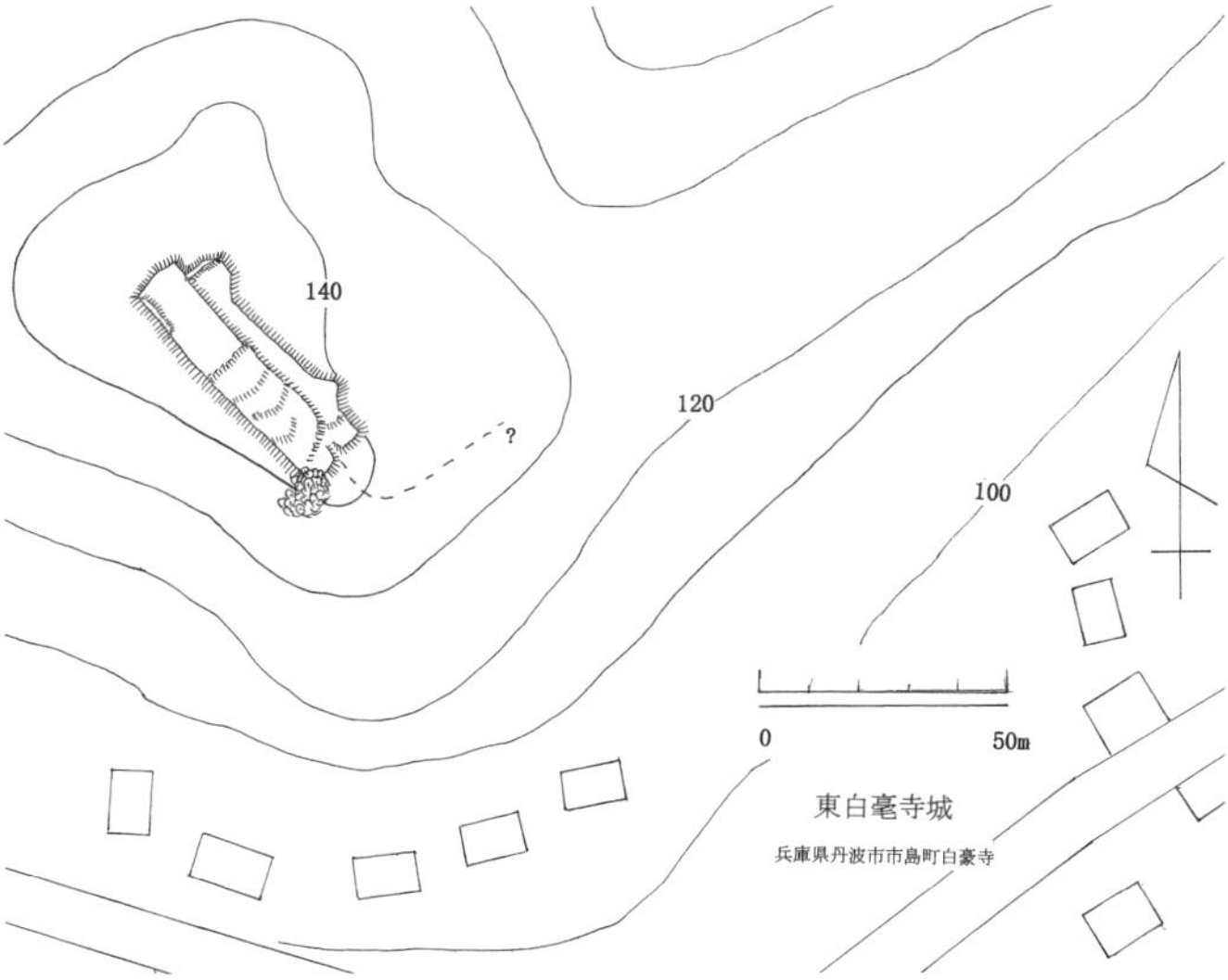

東白毫寺城縄張り図

城跡遠景　東より

北側包囲網の中心的陣城

20 美和砦《みわとりで》・稲荷神社曲輪《いなりじんじゃくるわ》

所在地：兵庫県丹波市市島町乙河内・酒梨・与戸
城　主：不明
遺　構：堀切・曲輪
規　模：五〇×二〇m
標高／比高：二五一・一m／五〇m

【選地】黒井城の北二・七kmにある標高二四九mに位置する。黒井城の主郭部への展望も良好で、黒井城北側の重要な陣城である。遺構は山頂と南尾根にあり、展望の良好な山頂と山麓に近い尾根筋の連携が重要である。

留堀城からの遠景

【歴史】不明である。

【遺構】山頂にある美和砦は、南北一七〇m、東西二五mほどの規模で、北を三条の土橋付きの堀切で遮断し、七〇mほどの自然地形混合の曲輪群Ⅰがあり、南尾根先の三五mほどが中心となる曲輪群Ⅱである。北の三条の堀切を越えた部分にも、自然地形と城域と考えられる削平痕がある。

南尾根の稲荷神社曲輪は南北一三〇m、東西二〇mの規模で、明確な削平部分は北と南の尾根先にあり、大部分は自然地形である。中心部分の竪堀状の遺構は、防御用としては不自然である。

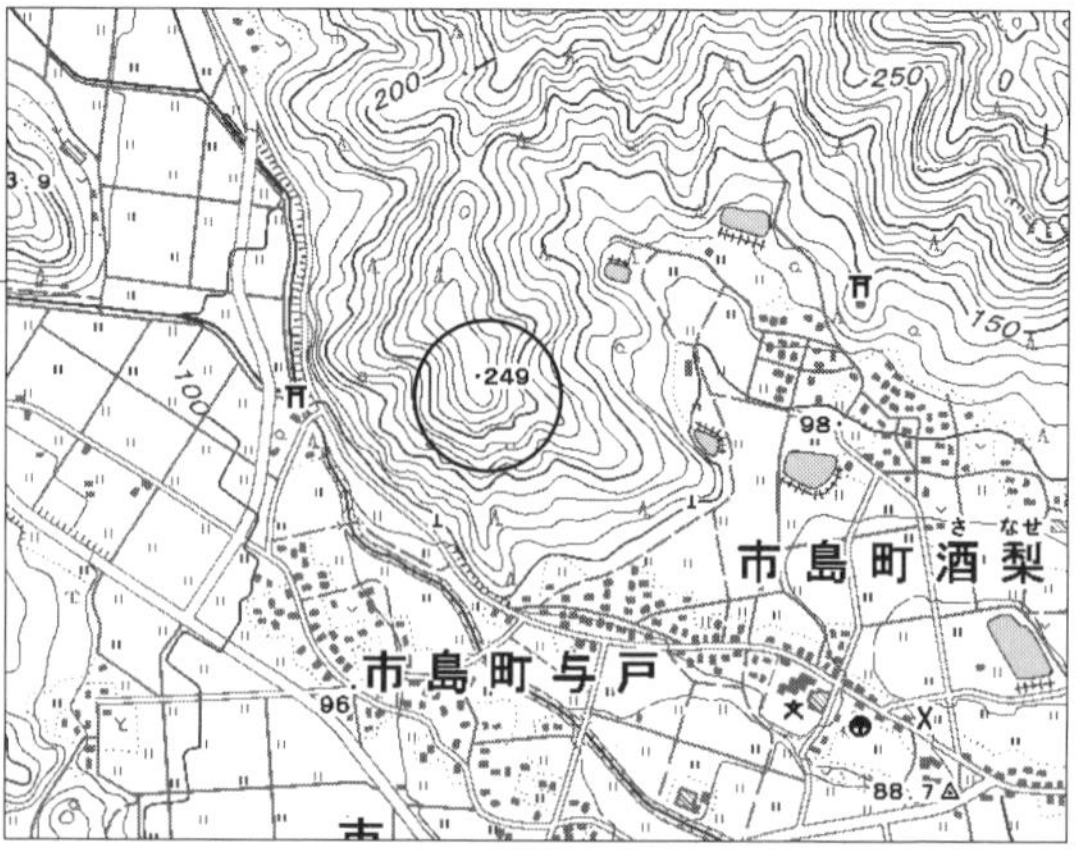

【評価】山頂の美和砦は北の尾根筋からの敵を意識している。また、山麓の稲荷神社曲輪は平地部の敵に対しての備えである。黒井城北側の包囲網の中心となる陣城だろう。

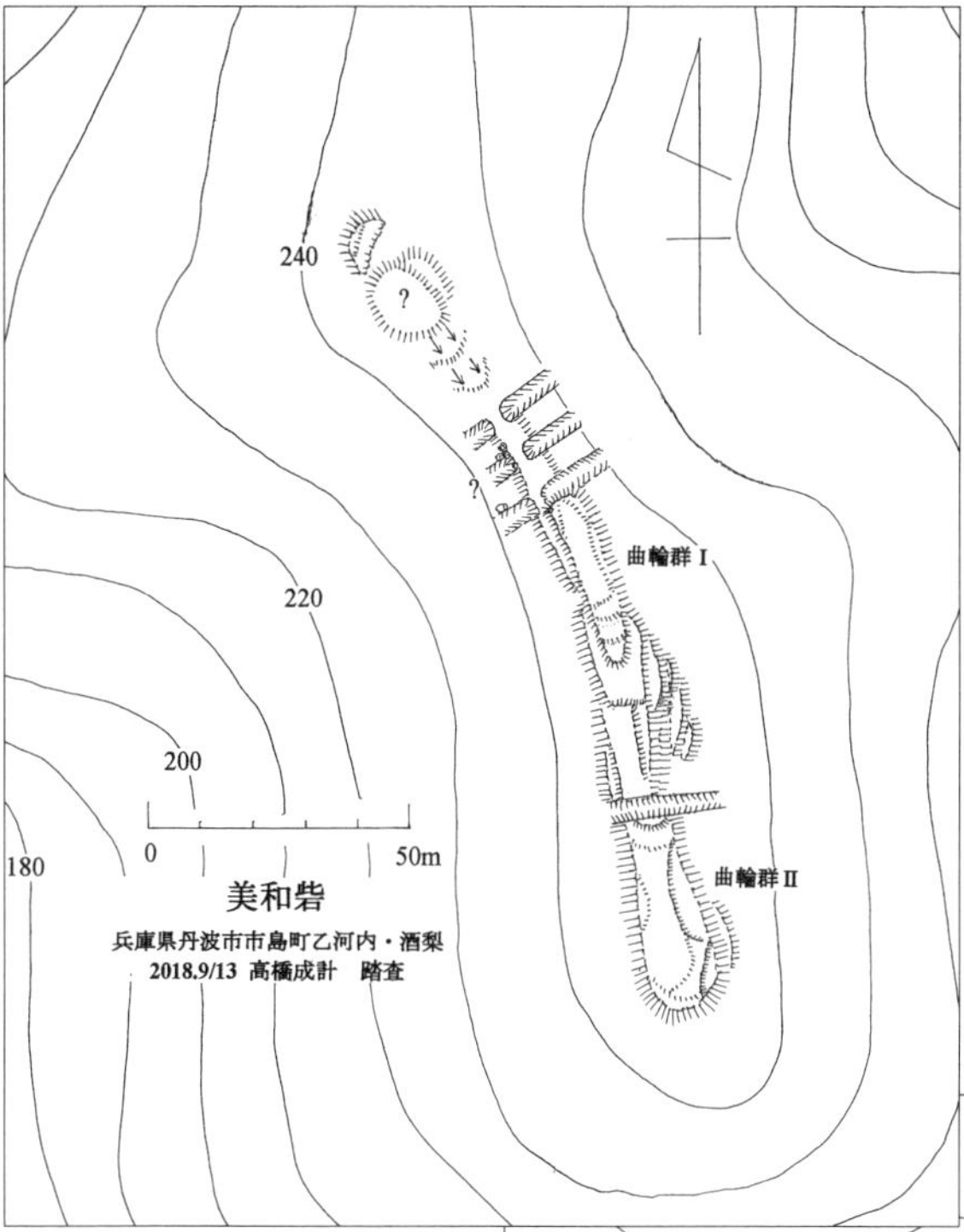

▲美和砦縄張り図

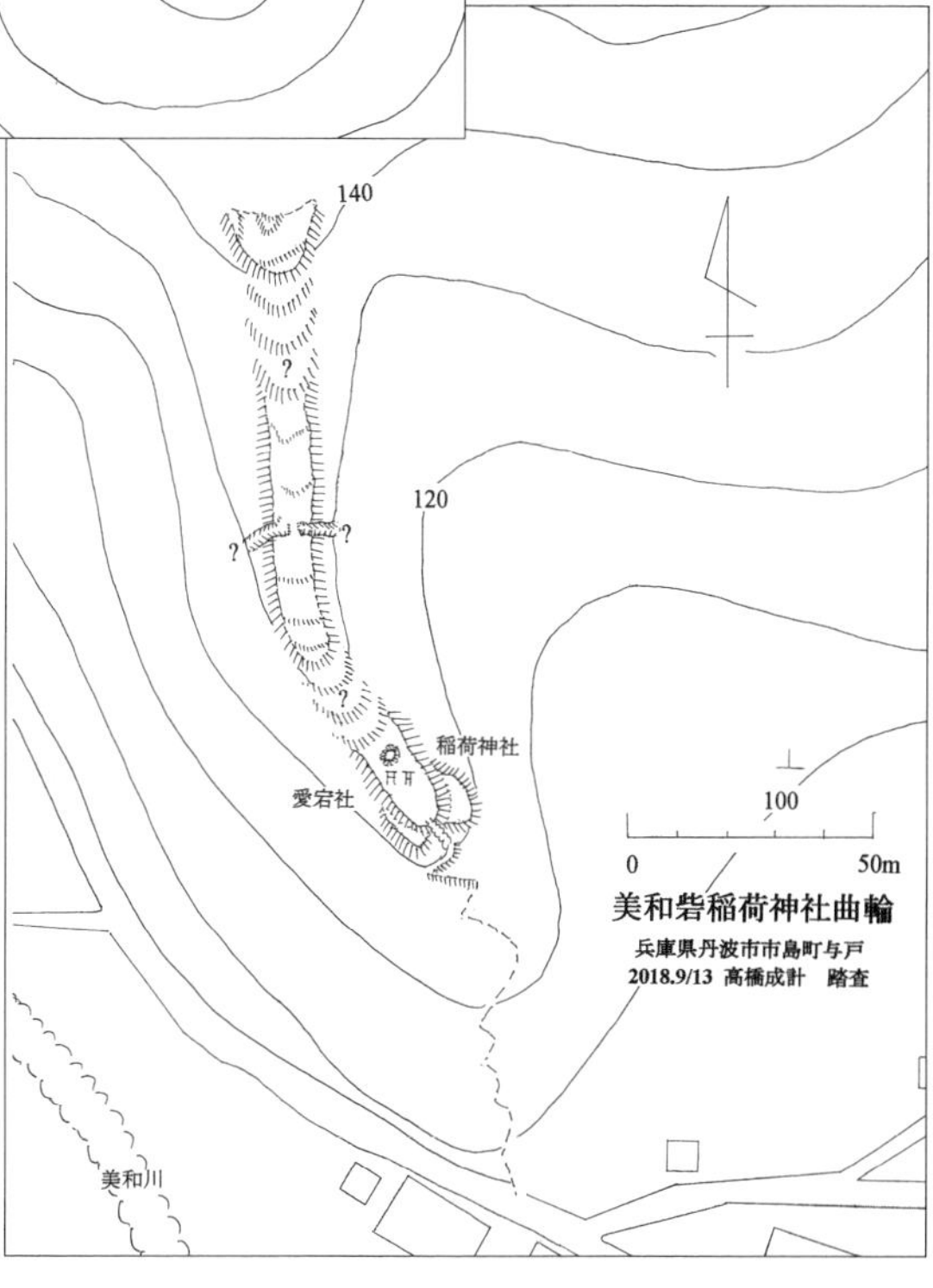

▶美和砦稲荷神社曲輪縄張り図

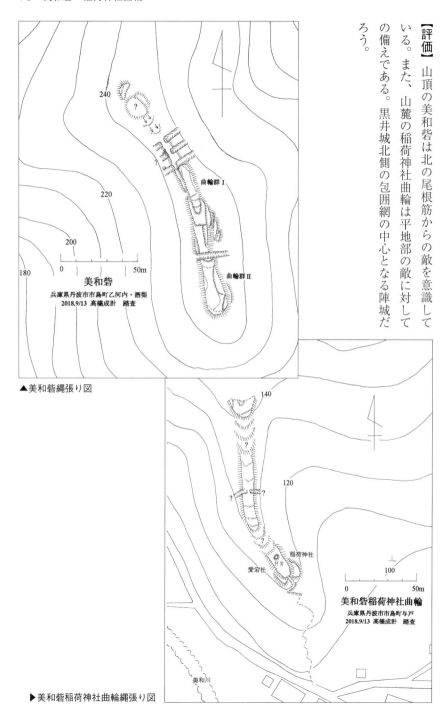

黒井城の北の拠点

21 留《とん》堀《ぼり》城《じょう》

所在地：兵庫県丹波市市島町酒梨
城　主：荻野氏・赤井氏
遺　構：不明
規　模：二五〇×一〇〇m
標高／比高：八〇m／二〇m

【選地】美和川の北二〇〇mほどに、西の与戸集落から丘陵地が東に延びている。美和川から比高二〇mほどに位置し、北から酒梨の谷川が流れる地形にある。黒井城の初期の居館とされるが、南の黒井城主郭部への展望は皆無で、距離も二kmほどあり、詰城とするには問題がある。

【歴史】南北朝期に赤松貞範によって築城され、その後、荻野氏の居城となった。天文二十三年（一五五四）に荻野秋清が荻野直正によって殺害され、赤井氏が入城したという。天正七年（一五七六）には明智氏に攻められ落城し、その後、明智氏の家臣・斎藤利三が管理した。

【遺構】現在、城跡にはコミュニティセンターや保育所（廃園）が東側に建ち、西側は広場や畑地となっており、城郭の規模は不明である。

【評価】黒井城への展望は皆無で、陣城としては疑問はあるが、西側の東白毫寺城や美和砦、東側の小富士山城と連携を取るには重要な位置にある。

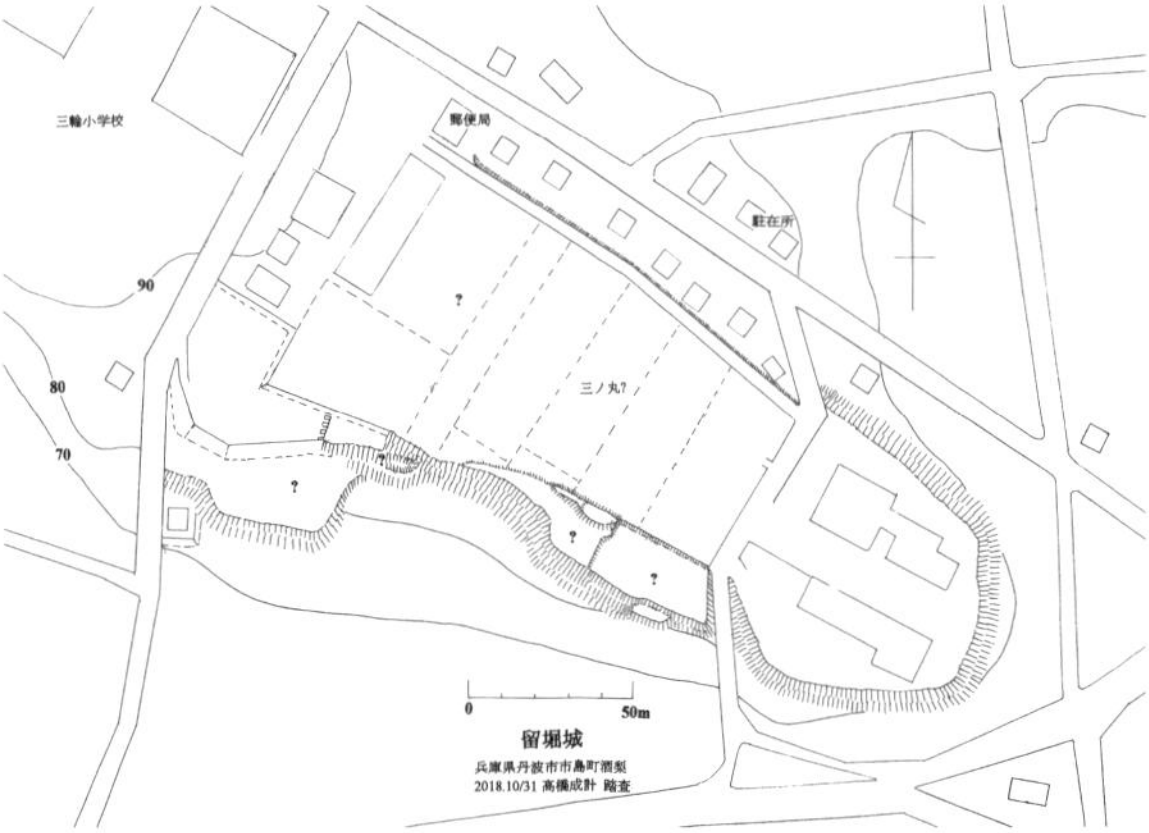

留堀城縄張り図

南からの遠景（中央の建物のある丘）

〈コラム〉

光秀を悩ませた荻野直正

荻野直正は享禄二年（一五二九）頃に、現在の兵庫県丹波市氷上町谷村にあった「後谷城」の城主・赤井時家の次男として生まれ、幼少の頃は才丸と称したとされる。

兄家清が赤井氏を継いでいたため、直正は同市春日町の朝日城を拠点とする荻野氏（十八人衆）の養子となった。そして荻野氏を名乗った直正は、天文二十三年（一五五四）正月二日に、黒井城主であったおじの荻野秋清を刺殺して黒井城主となり、名前を「悪右衛門」と名乗る。なお、おじの秋清は留堀城（市島町酒梨）を居館としていた。

直正は、丹波国氷上郡（丹波市）を中心に勢力をもっていたが、兄家清が死去すると、家清の子で甥の忠家を後見し、赤井氏の中心となっていく。そして、永禄八年（一五六五）に丹波の守護代であった内藤宗勝（松永長頼）との合戦に勝利し、丹波奥郡（丹波市、京都府福知山市、同綾部市）の実力者となり、織田信長から丹波奥三郡の支配を許された。ところが、但馬国の山名氏が丹波市青垣町にあった山垣城に侵攻してきたため、逆に但馬国に侵攻すると、山名氏は信長に助けを求めたことで、信長と敵対していく。

そこで信長は、天正三年（一五七五）に明智光秀を大将として十一月に黒井城を包囲するが、翌年正月十五日に光秀軍の一員であった波多野秀治が裏切り赤井方に味方したため、明智軍は敗北して京都を目指して退却した。このときの活躍などから、直正は後世に「丹波の赤鬼」と呼ばれるようになる。

直正は、天正六年三月十日（あるいは九日）に黒井城で病死した。享年四十九歳であったという。

直正の死後、弟の幸家や甥の忠家が赤井一族を指揮し、明智光秀の攻勢に備えたが、翌年六月一日に波多野秀治が拠る八上城（兵庫県丹波篠山市）が落城すると、同年八月に黒井城も落城し、赤井氏は没落した。なお、直正の子直義は後に藤堂高虎に仕官し、子孫は津藩士として存続した。

赤井忠家――時家
　├家清――忠家
　├直正――直義
　├幸家
　├某
　├某
　└時直

丹波赤井氏略系図

2、波多野氏を攻略した八上城合戦

赤井氏とならぶ丹波国人の雄・波多野《はたの》氏と明智光秀は、当初は協力関係にあったが、前項でみたように、第一次黒井城合戦において波多野氏が裏切ると、以後、両者は対立を深めていく。光秀が波多野氏の居城・八上《やかみ》城（兵庫県丹波篠山市）を包囲した八上城合戦は、光秀の丹波攻略のハイライトと言ってもよいが、ここでは前哨戦（籾井《もみい》城合戦・吹《ふき》城合戦・荒木《あらき》城合戦）も含めて、まずは概要を確認しておきたい。その後、このときに築かれた陣城を中心に個別城郭について解説することとする。

八上城合戦の前哨戦（天正五年〈一五七七〉十月・天正六年四月）

［籾井城合戦（天正五年十月）］天正四年正月の第一次黒井城合戦で波多野氏に裏切られた光秀は、同五年正月、丹波攻略の拠点として亀山城（京都府亀岡市）の普請を開始し、[*1]十月には八上城の東の玄関口にあたる籾井城（兵庫県丹波篠山市）を攻撃した。

『兼見卿記』同年十月二十九日条によると、「惟任日向守、丹州モミ井之館へ手遣云々」とあり、この年十月には丹波国多紀郡の入口にあたる籾井城の攻略が行われていたことがわかる。十一月十七日付けの光秀書状には「籾井両城乗取候」とあり、ここに見える両城とは籾井城と安口《はだかす》城のことであろう。さらに、「郡内敵城十一ヶ所落去候、依之荒木・波多野両城ニ罷成候」とあり、残るは荒木と波多野の二城となっていたようだ。[*2]

＊1　明智光秀書状（『明智光秀』71）。

＊2　明智光秀書状（『明智光秀』73）。

なお、十一月には播磨国三木城（兵庫県三木市）の別所長治が、八上城に拠る波多野氏を助けるために援兵を送ってきた。光秀はこれを阻止するため、亀岡の石田長保を出兵させ、十一月三日に小野原・不来坂《このさか》・高仙寺（いずれも同丹波篠山市）で合戦し、石田氏はこれに勝利して信長

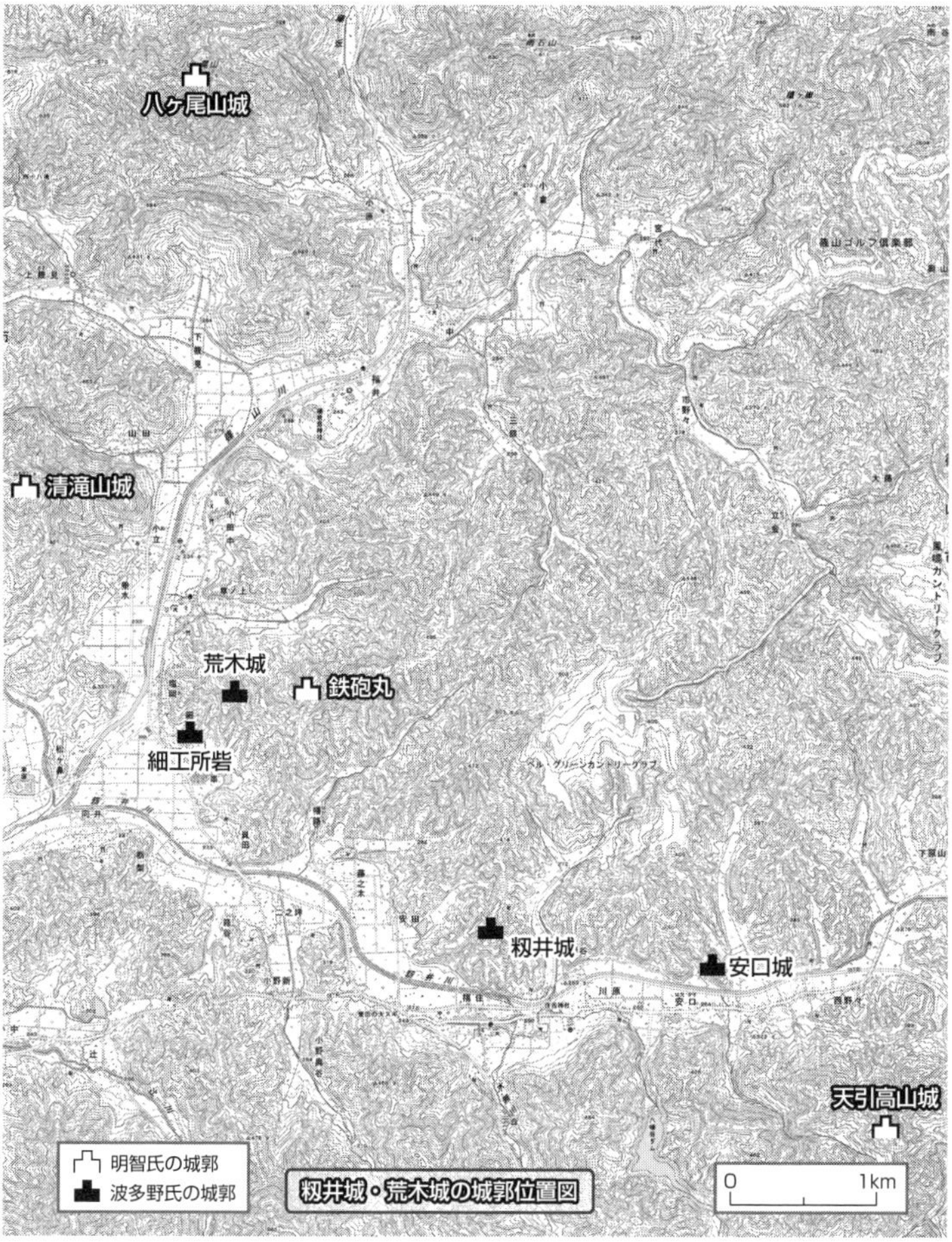

籾井城・荒木城の城郭位置図

から感状を賜ったという。＊3 波多野氏と別所氏は姻戚関係にあったといわれ、そのために援軍を派遣したと考えられる。

［吹城合戦（天正五年〈推定〉）］明智軍は、天正五年十一月、敵対する多紀郡内の城を十一ヵ所落城させた。これにより、それらの城に拠っていた者たちは荒木と波多野の城に逃げ込んだという。＊4
『丹波志』によると、網掛《あがけ》城（兵庫県丹波篠山市）の項に、「東吹の山城を責める時、向城を営すと西吹村善左エ門話、別図有按るに、明智光秀が営なるべし」とある。吹城（同市）の城主井関《いせき》氏は波多野氏の重臣のため、明智方の攻撃に対して抵抗したと考えられ、光秀は波多野氏の勢力を削るべく吹城を攻めたのだろう。

［荒木城合戦（天正六年四月）］この合戦は、波多野氏の有力家臣である荒木氏を攻撃するため、明智光秀の他に滝川一益・丹羽長秀軍が城攻めに参加している。『信長公記』によると、天正六年四月十日に滝川一益・丹羽長秀・明智光秀の三人が荒木氏綱の城を包囲し、水の手を止めて落城させたとある。丹羽長秀の書状によると、「荒木山城守城五間十間ニ取詰、水之手相止候条、落居可為五三日中候」とある。＊5 これに関し、高柳光寿氏は、「こうしてこの四月十日、光秀は滝川一益・丹羽長秀らとまた丹波に入った。そして荒木山城守の居城園部（船井郡）を囲み、水之手を切ってこれを降し、自分の兵を入れ置いて帰陣した」と述べている。＊6 だが、園部《そのべ》城（京都府南丹市）は小畠氏の本拠である宍人《ししうど》から三・六kmほど北東にある城で、「荒木山城守城」は兵庫県丹波篠山市に所在する荒木城の間違いである。

荒木城攻略のための陣城は二ヵ所あり、荒木城の東六〇〇mほどの距離にある鉄砲丸《てっぽうまる》と、北西

＊3　横河ふみ家文書（『丹波笑路城発掘調査報告書』亀岡市教育委員会、一九七八年）。

＊4　明智光秀書状（『明智光秀』73）。

＊5　年未詳四月十七日付け丹羽長秀書状（『兵庫県史』史料編、中世Ⅱ、兵庫県、一九八七年）。

＊6　高柳光寿『明智光秀』（吉川弘文館、一九五八年）。

二・二kmほどに位置する清滝山城《きよたきやま》がそれに該当すると考えられる。『丹波志』によると、両砦の近くにある寺は、天正年中に焼亡したという。

八上城合戦（天正六年六月～同七年六月）

天正六年二月、播磨の別所長治が毛利方に付くと、これに同調して波多野氏と赤井氏が挙兵した。波多野氏は赤井氏や別所氏と婚姻関係にあるといわれ、八上は地理的にも山陰道や山陽道の入口にあたるため、毛利氏としては力強い味方である。また、摂津の荒木村重も織田氏から離反し、織田氏が八上城だけに攻撃を集中できなくなり、周辺に陣城を構築して包囲した。

八上城と奥谷（殿町）

三月四日、信長は細川藤孝に指示し、自ら丹波に出馬するので、きたる二十日以前に丹波国多紀郡や奥郡への道を二筋も三筋も整備するように命じている。[*7] なお、三月十日には黒井城主の荻野直正が病死している。

光秀による八上城攻撃は、多紀郡北東部にある標高六七七mの八《はち》ヶ《が》尾山《おやま》城の構築から始まった。『丹波志』によると、「天正年中明智光秀下知に因て、須知・山内・大芋一族集会し、井尻信濃・須知出羽奉行し築かしむ」とあり、この城から八上城を展望し、城内の状況を観察して、攻略を考えたという。八ヶ尾山城と八上城の距離は、直線で約一〇kmある。

天正六年九月頃から開始された八上城への攻撃は、東

＊7　織田信長朱印状写（『亀岡』三五）。

『英名百雄伝』に描かれた別所長治　当社蔵

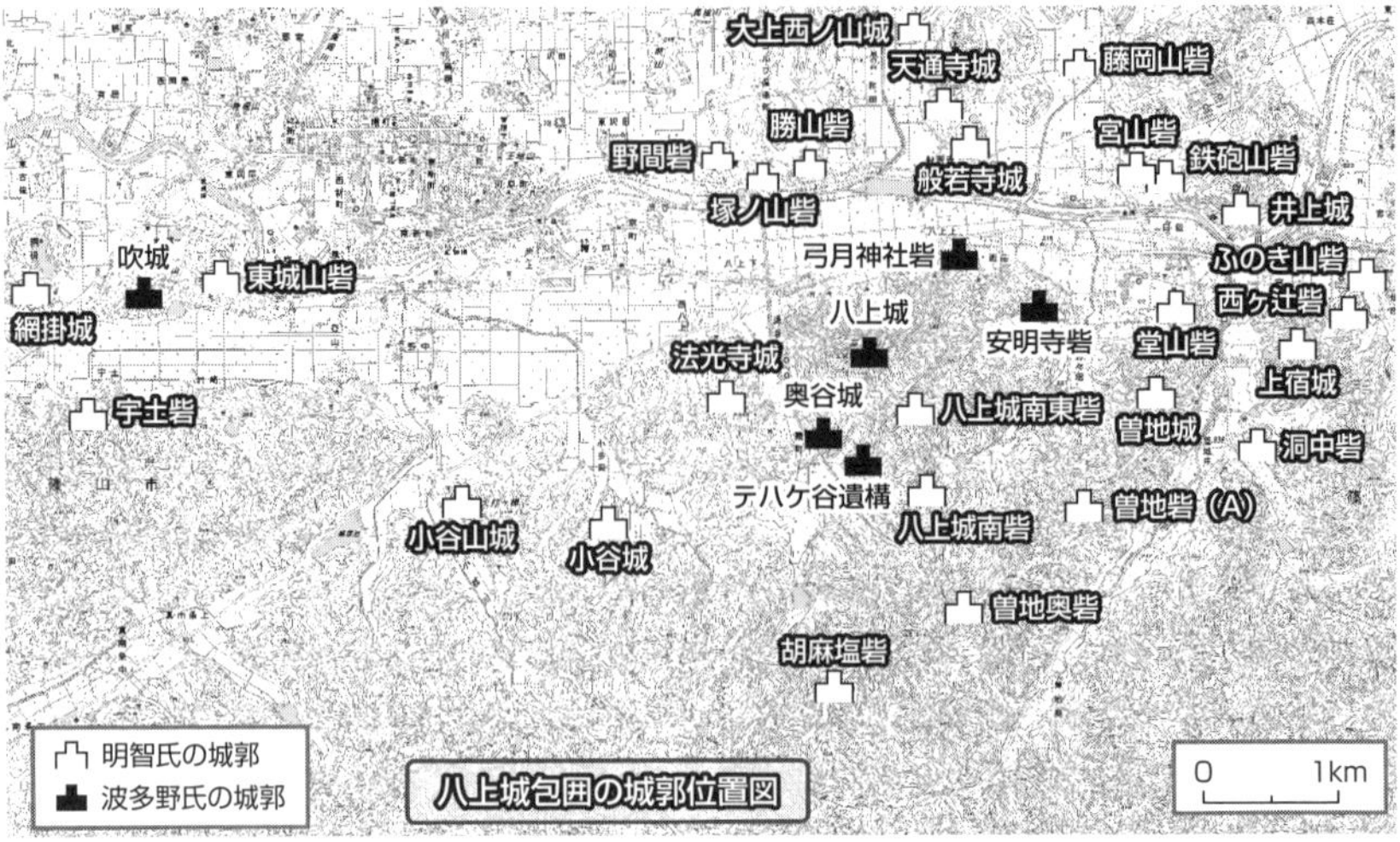

八上城包囲の城郭位置図

の京口にあたる堂山《どうやま》砦*8と安明寺《あめじ》砦が中心となり、両砦に対して一kmほど東の上宿《かみじゅく》城を中心に、西ヶ辻《にしがつじ》砦・ふの木山《きやま》砦・井上《いのうえ》城を構築して対応した。また、南にある洞中《どうなか》砦は、八上城の背後（南側）となる曽地《そうじ》川流域へ対応するために構築されたと考える。

同年九月十三日付けの光秀書状によると、津田加賀守に対し、十八日に八上城に出陣し、背後の山に陣を構えて十日ばかり逗留するので、出兵するように命じている。*9

十月には摂津を拠点にしていた織田家の重臣荒木村重の裏切りが発生すると、光秀は十一月朔日付けの書状*10のなかで、八上城包囲に参陣していた小畠永明に対して、陣城をいずれも堅固に守備するように指令し、三田《さんだ》城（兵庫県三田市）に拠る荒木重堅軍が山伝いに来援して、砦が危なくなったならば、早馬で連絡するように指示し、亀山へ明智秀満を向かわせ、われわれも一両日中に向かうようにするとしている。なお、孫十郎が若年であるため「頼入り候」とあ

八上城の主郭

*8　堂山砦の虎口が東側の八上城側にあり、虎口を敵方の方向に設けることは少ないため、明智側が陣城として構築したとは考えられず、波多野側が防御として構築した砦を奪還して陣城に使用したと考える。

*9　明智光秀書状（『明智光秀』77）。

*10　明智光秀書状（『明智光秀』79）。

るが、これは明智孫十郎のことだろうか。

十一月十五日付けの光秀書状によると、「敵が兵を動かしたが、さしたることではなく、われわれの留守を狙うとは笑ってしまう。また、必要なこともあろうかと、亀山（亀岡）に軍勢を集結させているので、敵の動きに応じて対応する」と述べている。[*11] このとき、小畠永明が金山城と国領城の見回りに行き、堅固に守備されている様子を光秀に報告しているが、両城は黒井城と八上城の勢力を分断するために築いた城である。なお、国領城とは平地の城でなく、山城の三尾山城のことをさす（三尾山城のある場所も、広義には「国領」の領域に入る）。また、荒木村重が籠もった有岡城包囲網が完了し、高山《たかやま》氏や中川《なかがわ》氏の件も解決したため八上城へ参るので、光秀は普請道具を用意するように指示している。[*12]

『信長公記』によると、光秀は佐久間・惟任・筒井順慶らとともに、三木城を包囲する陣城に対して兵糧・鉄炮・玉薬《がんやく》・普請等の準備を済ませ、十二月に「直に丹波へ相働き、堀をほり塀・柵幾重も付けさせ、透間もなく塀際に諸卒町屋作に小屋を懸けさせ、其上、廻番を丈夫に、警固を申付けられ、誠に獣の通ひもなく在陣候なり」とある。

八上城に対する陣城としては、篠山川を隔てた場所に位置する光秀の本陣とされる般若寺《はんにゃじ》城、西に隣接する天通寺《てんつうじ》城がある。さらにそこから北へ五〇〇mに大上西ノ山《おおがみにしのやま》城があり、西に勝山《かつやま》砦（籠山）・塚ノ山《つかのやま》城・野間《のま》砦と続く。篠山川を南に渡ると法光寺《ほうこうじ》城があり、小多田の集落中に小谷《こたに》城がある。南の尾根に到り、八上城と連なる尾根の曽地奥《そうじおく》砦、そして尾根の北東に曽地砦（A）があり、尾根の先端には曽地城がある。

東の平地には波多野氏の砦であった堂山砦、篠山川を隔てて北に井上城、そして西に鉄砲山砦と宮山《みややま》砦があり、北へ八〇〇mの場所に藤岡山《ふじおかやま》砦がある。また、八上城包囲網の圏外となるが、

＊11『戦国の五十人』（大阪城天守閣特別事業委員会、一九九四年）。

＊12 明智光秀書状（『亀岡』四八）。

西に三田城から寄せる荒木氏の援軍に対する小谷山砦があり、東には初期の八上城攻撃の上宿城・西ヶ辻砦・ふの木山砦が並び、南には曽地川流域に対する洞中砦がある。そして、八上城攻撃中、最後に包囲を狭めたときの八上城南東砦が八上城の南東五〇〇mに築かれている。また、十二月二十日付けの光秀書状によると、「三田陣城四ヶ所申付候、今日普請首尾候」とあり、三田城に対する陣城のみならず、八上城と三木城のつなぎの城として「油井口へ横川谷（吉川谷か）由候」に陣城を構築し、[＊13]着々と八上城包囲網を築いていった。

だが、天正七年正月には、八上城を包囲していた家臣の小畠永明が波多野方の反撃に遭い、「籠山」で討ち死にしてしまう。[＊14]「籠山」とは、八上城から篠山川を隔てた勝山砦のことである。波多野方の反撃で死亡した永明に対し、光秀は「筆に成り難き者候」と記し、悲しみを表している。なお、三月三日付けの光秀書状によると、「岩伏」の戦いでの大芋甚兵衛尉の活躍を称し、知行百石を遣わしている。[＊15]

ところで、籠城側の兵糧問題はどうなっていたのだろうか。同七年二月晦日付けの波多野秀治判物《はんもつ》によると、兵庫や物兵衛という者に対して、徳政文書を発給している。[＊16]また、『摂陽群談《せつようぐんだん》』の青林寺《せいりんじ》（廃寺。兵庫県三田市下青野）の項に、「丹波国多紀郡高城之城主帰依寺也、天正年中明智日向守高城を責の時、当寺より山伝に密通して、兵糧を送る。勝利なく落城、明智内通を知て、当院に放火す」とある。[＊17]さらに『丹波志』によると、「土人曰秀治守城の時、摂州より母子の山路を経て兵糧を送る」とあり、母子《もうし》（同三田市）経由で八上城に兵糧を運搬したという。母子から曽地奥を経由して、奥谷につながる街道があり（写真参照）、調査によりこの街道西の山頂に胡麻塩《ごましお》砦があることを確認した。

また、曽地（八上城の南にある集落）にある「天正の首塚」の説明板には、「籠城の八上城が落

街道跡

＊13　明智光秀書状（『明智光秀』83）。

＊14　明智光秀書状（『明智光秀』86）。

＊15　明智光秀感状写（『亀岡』五六）。

＊16『戦国・織豊期城郭論―丹波国八上城遺構に関する総合研究―』（八上城研究会、二〇〇〇年）。

＊17『摂陽群談』（『大日本地誌大系』第九冊、大日本地誌大系刊行会、一九一六年）。

城しないので、不思議に思い様子をうかがっていると、曽地村にある寺々から、この山の尾根づたいに食べ物を運び込んでいるという噂を聞きとり、明智光秀は大へん腹を立て、放火隊を出し、曽地にある寺という寺を全部焼き討ちにし、食べ物を運んでいた修行僧ひとり残らず首を斬り、ここに葬りました」とある。以上のように、波多野氏は明智氏の包囲を潜り抜け、八上城に兵糧を運搬していた可能性がある。

さて、八上城攻めは順調に進んだようで、四月四日付けの光秀書状によると、籠城衆から助命・退城要求が届いており、餓死者が四、五百人にのぼり、退城した者は顔が青く餓死寸前であり、五日か十日の内には必ず打ち果たすと述べ、逆要害《さかようがい》として塀・柵・乱杭《らんぐい》・逆茂木《さかもぎ》を厳重にして落去を待っているという。[*18] さらに、五月六日付けの光秀書状によると、調略により本丸が焼け崩れても、自分の持ち場を離れることのないよう攻城軍の規律を再徹底しており、落城寸前の緊張感が伝わってくる。[*19]

上：天正の首塚　下：首塚　いずれも、八上城合戦での戦死者を弔っている

また、『信長公記』によると、「籠城の者既に餓死に及び、初めは草木の葉を食とし、後には牛馬を食し、了簡尽果、無体に罷出候を悉く切捨」とあり、凄惨な状況がわかるだろう。

籠城途中に八上城から退城した波々伯部氏の家伝に

＊18　明智光秀書状（『亀岡』五八・五九）。『兼見卿記』天正七年六月一日条。

＊19　明智光秀書状（『亀岡』五九）。

も、「時ニ光吉籠城ノ士ナリ同六（七カ）年ニ城中食糧尽キ困窮ニ及ビ、城主ヲ捕ラエテ降参スベキ内談アリ、光吉既ニ同ゼズ、同志討チニ及ブベキニ及ンダタメ、妻ノ兄、荒木山城守、同甚之丞コレヲ聞キ極悪ノ逆臣ニ取リ合ワズ、退城スベシト諫言数度昼間ニ及ビ終ニコレヲ諸シ、時刻ヲ約シテ甚之丞西屋曽羅谷口エ迎エ来リ光吉ハ夜更ニ城中ヲ忍ビ出テ、老母ヲ誘ヒ、荒木甚之丞ノ居所ニ退ク、退ク時塀ノ上デ槍ニテ足ノッケ根ヲ突キ貫レタ」とある。*20

　また、『丹波志』は、八上開城時に明智方が、「籠城の士（侍）は東へ出べし、雑人は西へ出べしと下知す。波多野与三と云者有、籠城の者を東西へわくる事心得あらしく東へ出る士をば討殺すべき謀計なるべし、西へ出べしとて雑人にまぎれて西へ出るに与三察したるぞと東へ出る者共をば、光秀旗本にて鉄炮の音二ツするやいなや悉く取込みて走人も残さず討殺すなり」と記している。

　なお、『信長公記』によると、波多野秀治は六月に降伏し、安土城下の慈恩寺（滋賀県近江八幡市）で処刑されている。これにより、丹波国人の雄・波多野氏は実質的に滅亡した。波多野氏を降したことで、いよいよ光秀による丹波平定も佳境を迎えることになる。

波多野秀治の墓　兵庫県丹波篠山市

＊20　中野卓郎「中世の土豪、波々伯部氏とその菩提寺」（『歴史と神戸』一六二号、神戸史学会、一九九〇年）。

籾井城遠見のための陣城

22 天引高山城《あまびきたかやまじょう》

所在地：兵庫県丹波篠山市西野々・京都府南丹市園部町天引
城　主：藤堂高虎
遺　構：曲輪・石積み
規　模：五五×二〇m
標高／比高：五二〇m／三〇〇m

【選地】京都府と兵庫県の境に位置する天引峠の南、標高五二〇mの山岳に所在する。西の籾井城や東の天引集落への展望が良好で、遠見の城として構築されたものである。

【歴史】『籾井家系譜』によると、野々口西蔵坊《ののぐちにしぞうぼう》の案内で、織田方の藤堂高虎《とうどうたかとら》が陣を置いたという。

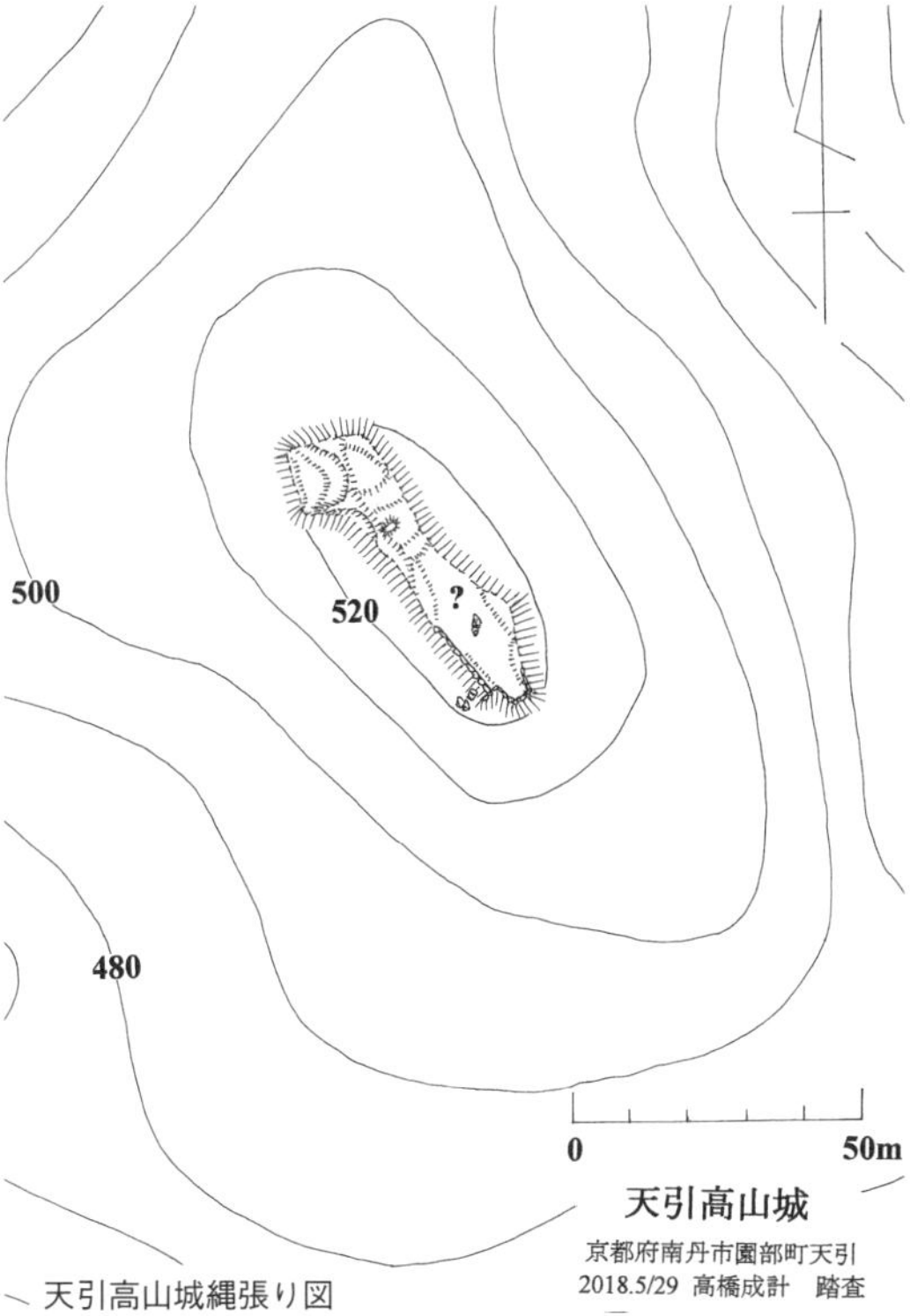

天引高山城縄張り図

【遺構】規模は南北五五m、東西二〇mほどで、山頂は岩盤の露出があり、自然地形で少し傾斜もある。南の一部に石積みがあり、西側に人工的な加工面がみられる。

【評価】比高が高いため攻撃用に築かれた城ではなく、籾井城を監視する遠見の城として、織田方が構えたと考えられる。

城跡遠景

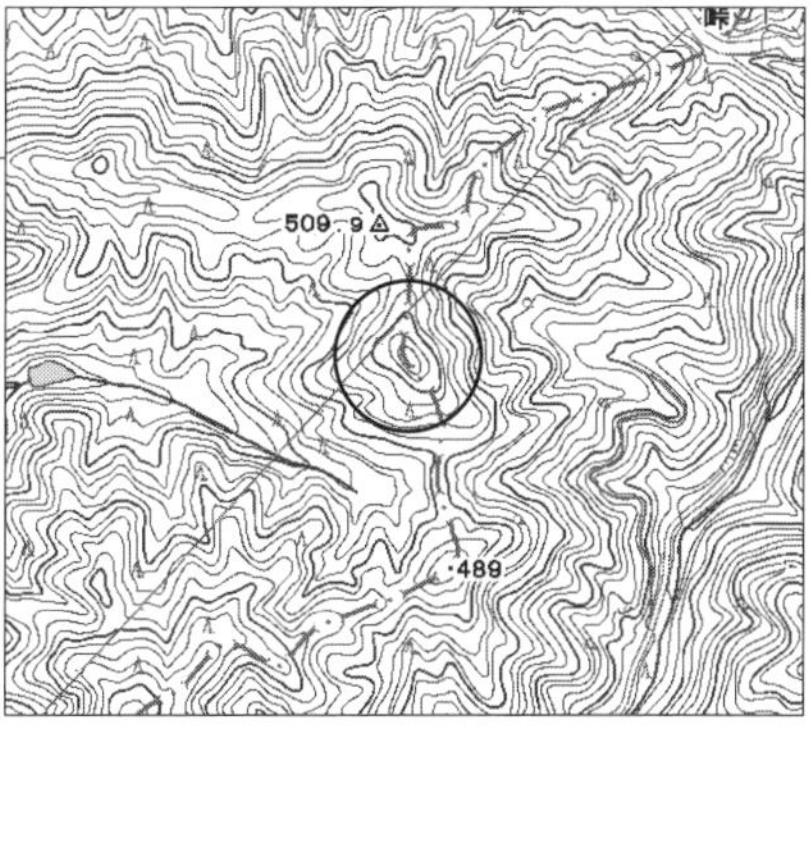

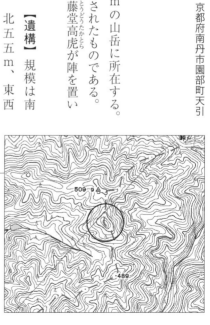

八上城の東方を守る籾井氏の居城

23 籾《もみ》井《い》城《じょう》

所在地：兵庫県丹波篠山市福住
城　主：籾井氏
遺　構：曲輪・石垣・土塁・横堀・堀切・虎口・竪堀
規　模：四〇〇×二〇〇m
標高／比高：三九〇m／一四〇m

【選地】籾井氏は、丹波国多紀郡の東側に位置する籾井荘（兵庫県丹波篠山市）を支配していた国人で、同所の福住の東方には京に向かう京街道が通り、南は能勢《のせ》や後《しつ》川《かわ》を通って摂津に向かう摂津街道の交差点に位置する要衝であった。籾井城は福住集落の北にあり、標高三九〇mに所在する、東・西・南方向に展望の良い場所である。

【歴史】『丹波志』によると、城主は籾井下野守春重《はるしげ》という。また、『籾井家系譜』によると籾井綱重《つなしげ》という。[*1]

【遺構】南北三五m、東西三〇mほどの曲輪Ⅰが中心となる曲輪である。南には腰曲輪Ⅱがあり、南山麓からの登城道が付いている。北には南北五〇m、東西一五mほどの二段の曲輪Ⅲがあり、北の堀切A側に低土塁を設けている。

堀切Aを越えると、南北四〇m、東西一二m規模の曲輪Ⅳがある。西尾根方向に通路がつながり、小規模の堀切Bを越えて一五〇mほどの場所に小規模な二段の曲輪群Ⅴがある。曲輪Ⅱの南西には、曲輪Ⅵと堀切Cを越えると曲輪Ⅶがあり、先端の堀切Dによって堅固な防御となっている。

東からの遠景

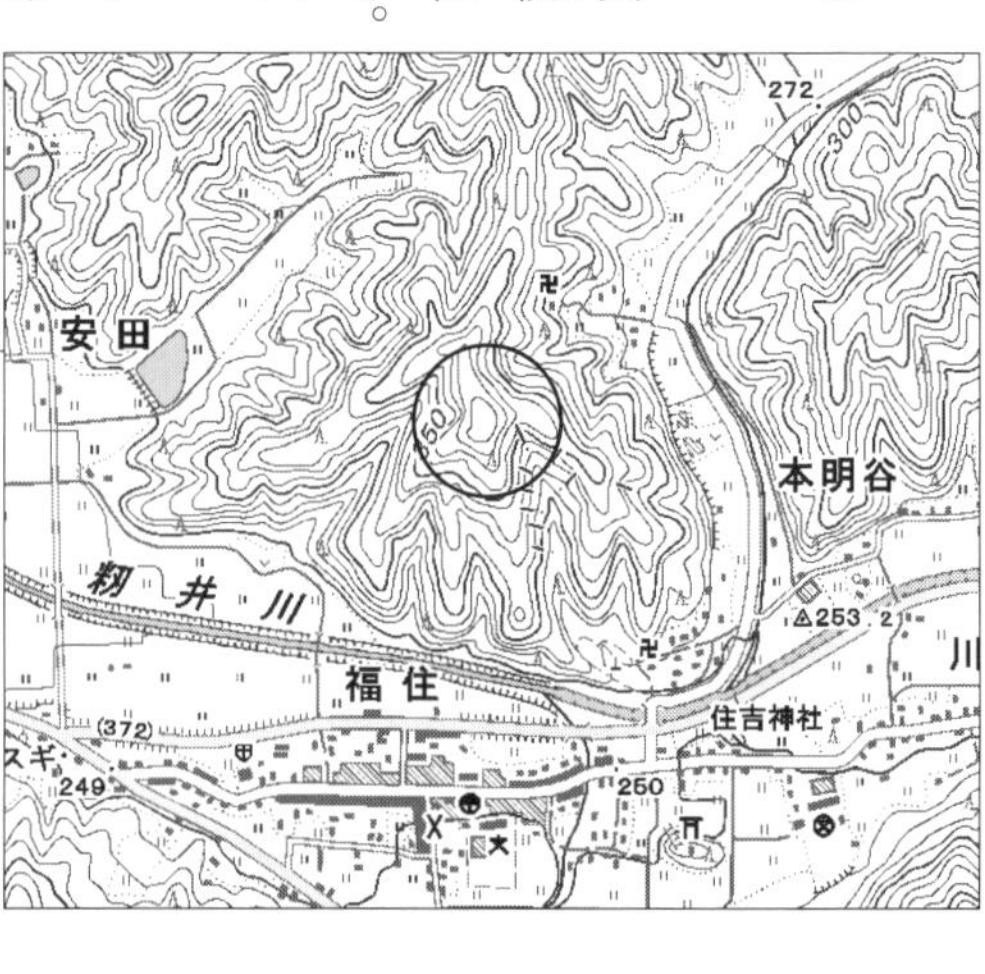

＊1　『籾井家系譜』（籾井優氏旧蔵。現在、丹波篠山市中央図書館所蔵）。以下、『籾井家系譜』については同書のことをいう。

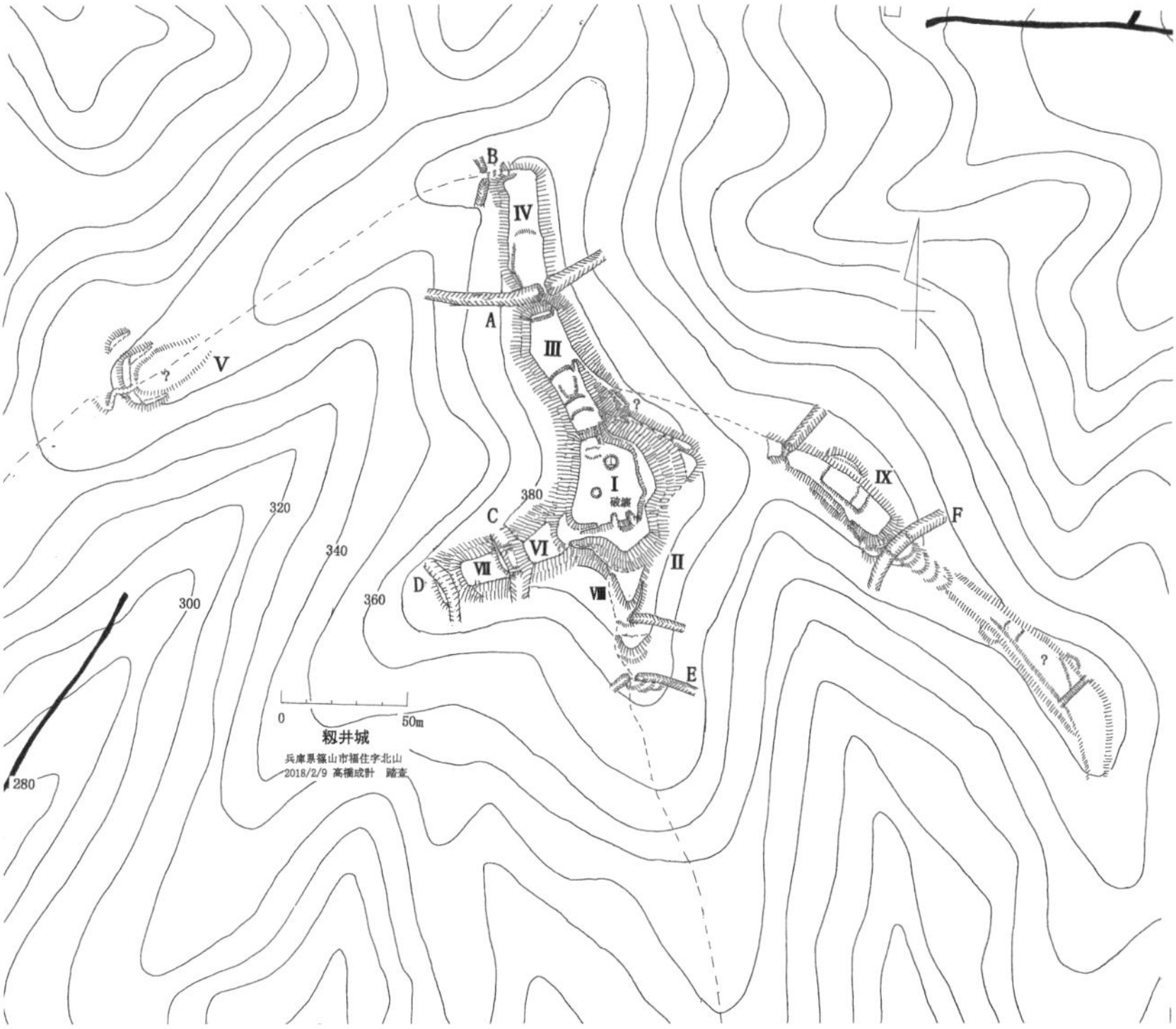

籾井城縄張り図

南尾根には二段の曲輪群Ⅷと片堀切、小規模な堀切Eが敷設されている。登城道は南尾根と西尾根に見られる。

　曲輪Ⅲから南東尾根の道を下ると曲輪Ⅸがあり、規模は南北五〇m、東西一〇mで、先端方向に堀切Fがあり、南東の尾根先端には曲輪状の地形が続く。

【評価】西の安田集落から北尾根に到り、堀切を越えて南の曲輪Ⅰに入るのが大手道といわれるが（籾井家系譜）、山麓には居館の跡がない。本明谷を含め、これからの居館踏査が課題である。

主郭

堀切と土橋

籾井氏の隠居城

24 安《はだ》口《かす》城《じょう》

所在地：兵庫県丹波篠山市福住
城　主：籾井氏
遺　構：曲輪・堀切・虎口・竪堀・土塁
規　模：二五〇×一〇〇m
標高／比高：三三六m／六〇m

【選地】丹波篠山市の東部にある福住集落より東へ一・五kmほど、安口集落北方の尾根先に位置し、標高三三六mを中心に展開する。東から延びる京街道が眼下を通る。

【歴史】『丹波志』によると、城主は白井《しらい》右近《うこん》あるいは籾井氏とされる。『籾井家系譜』によると、籾井綱重が次男の綱正《つなまさ》を連れて隠居城として入城したという。

東からの遠景

【遺構】大手道が西側から曲輪Ⅰの虎口aに入っている。曲輪Ⅰは南北六〇m、東西二〇mで、当城最大の面積を誇る。北の堀切Aから虎口まで土塁が巡り、土塁の一部は耕作地のために破壊されている。

　また、南東の尾根先には四段の曲輪があり、尾根先から二段目の曲輪から、東斜面を下る搦手道がある。北の尾根上には、堀切Aを越えると南北四〇m、東西一五mほどの二段の曲輪群Ⅱがあり、北には堀切Bが敷設され、さらに北側には小規模の二条の堀切が見られる。居館は西側の山麓にあったと考えられ、西には安口西城がある。

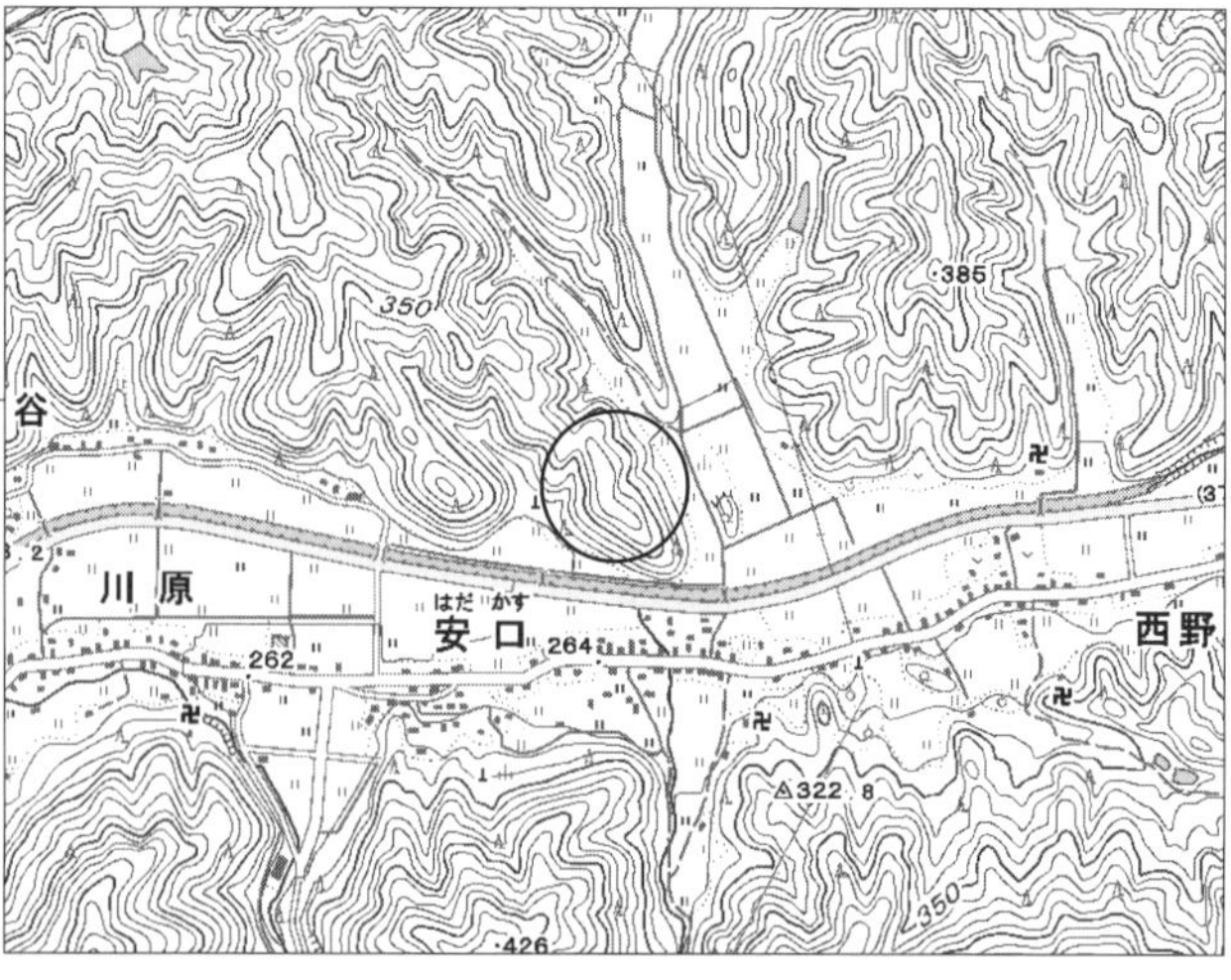

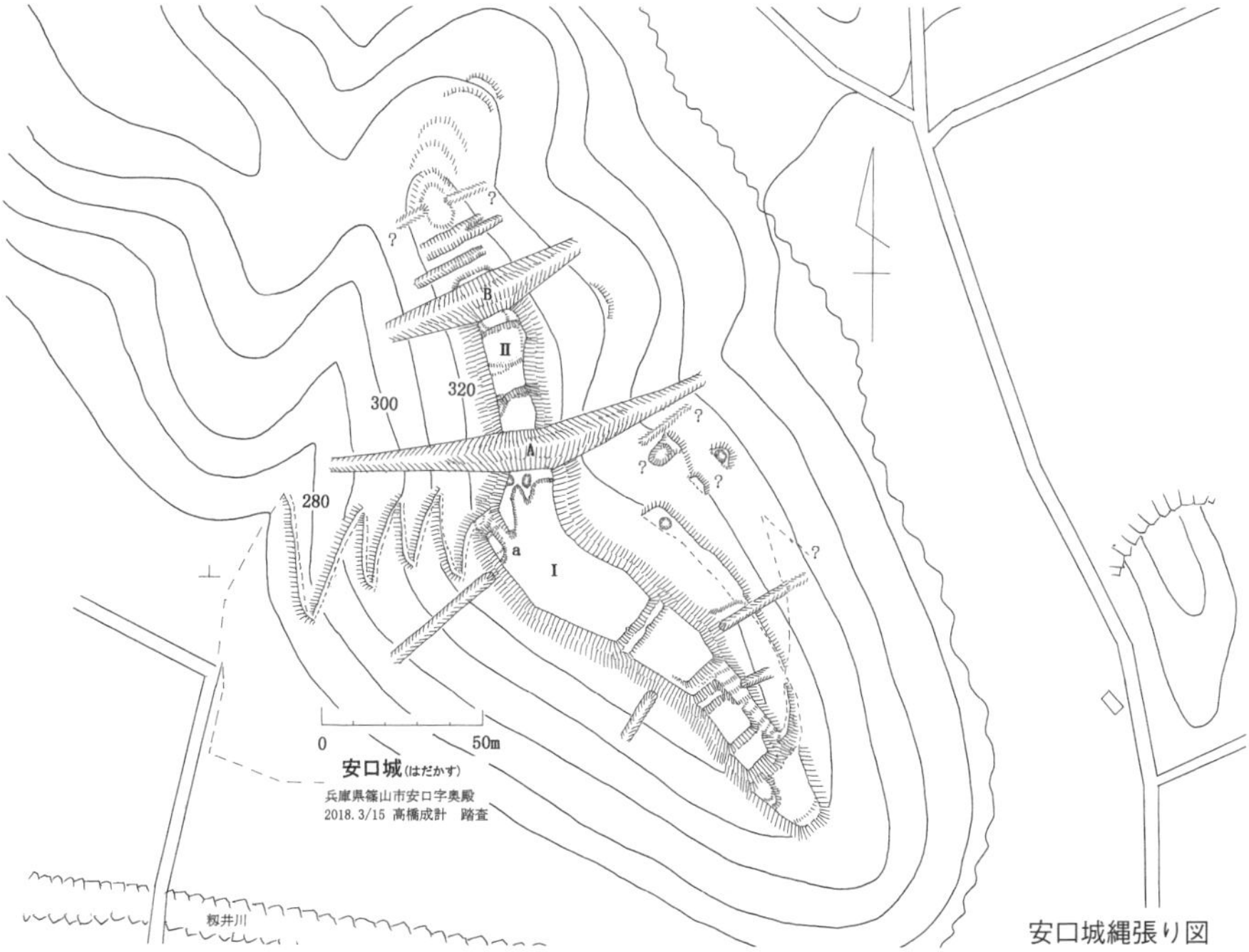

安口城縄張り図

【評価】『籾井家系譜』によると、天正四年（五年か）十一月十二日に、明智光秀軍の藤堂高虎に攻撃されて落城したという。このときの合戦に関し、十一月十七日付けの明智光秀書状によると、「籾井両城乗取候」とあり、両城とは籾井城と安口城であると考える。[*1]

土塁と虎口

堀切

＊1 明智光秀書状（『明智光秀』73）。

八上城の西方を守る井関氏の居城

25 吹《ふき》城《じょう》

所在地：兵庫県丹波篠山市東吹
城　主：井関氏
遺　構：曲輪・土塁・堀切・虎口・竪堀
規　模：二八〇×一五〇m
標高／比高：二八九m／九〇m

【選地】八上城の西五kmにある、東城山《ひがしじろやま》の標高二八九mに位置する。東から流れる篠山川が、東城山で北西に流路を変える地点に所在する。

西側からの遠景

【歴史】『丹波志』によると、井関三之亟が城主であったという。井関氏に関する史料には、享禄二年（一五二九）に井関秀次《ひでつぐ》が土佐大夫少将監に宛てた書状、同四年の酒井孫二郎に宛てた書状があり、永禄七年（一五六四）に波多野元秀《もとひで》が和田寺に宛てた書状中には井関越中守が登場する。＊1

【遺跡】堀切で城域を二分する。東の曲輪Ⅰは水道タンクの設置により、東部が破壊されている。堀切Aの堀底を通り、南西の曲輪Ⅱに着くと、曲輪内部は二段となり、一部に破壊跡が残る。南尾根には二段の曲輪があり、先端の曲輪Ⅲには低土塁が巡り、竪堀が五条敷設されている。

　五mほどの切岸を西に下ると曲輪Ⅳがあり、曲輪内部

＊1　『兵庫県史』史料編、中世Ⅲ（兵庫県、一九八八年）。

91 吹　城

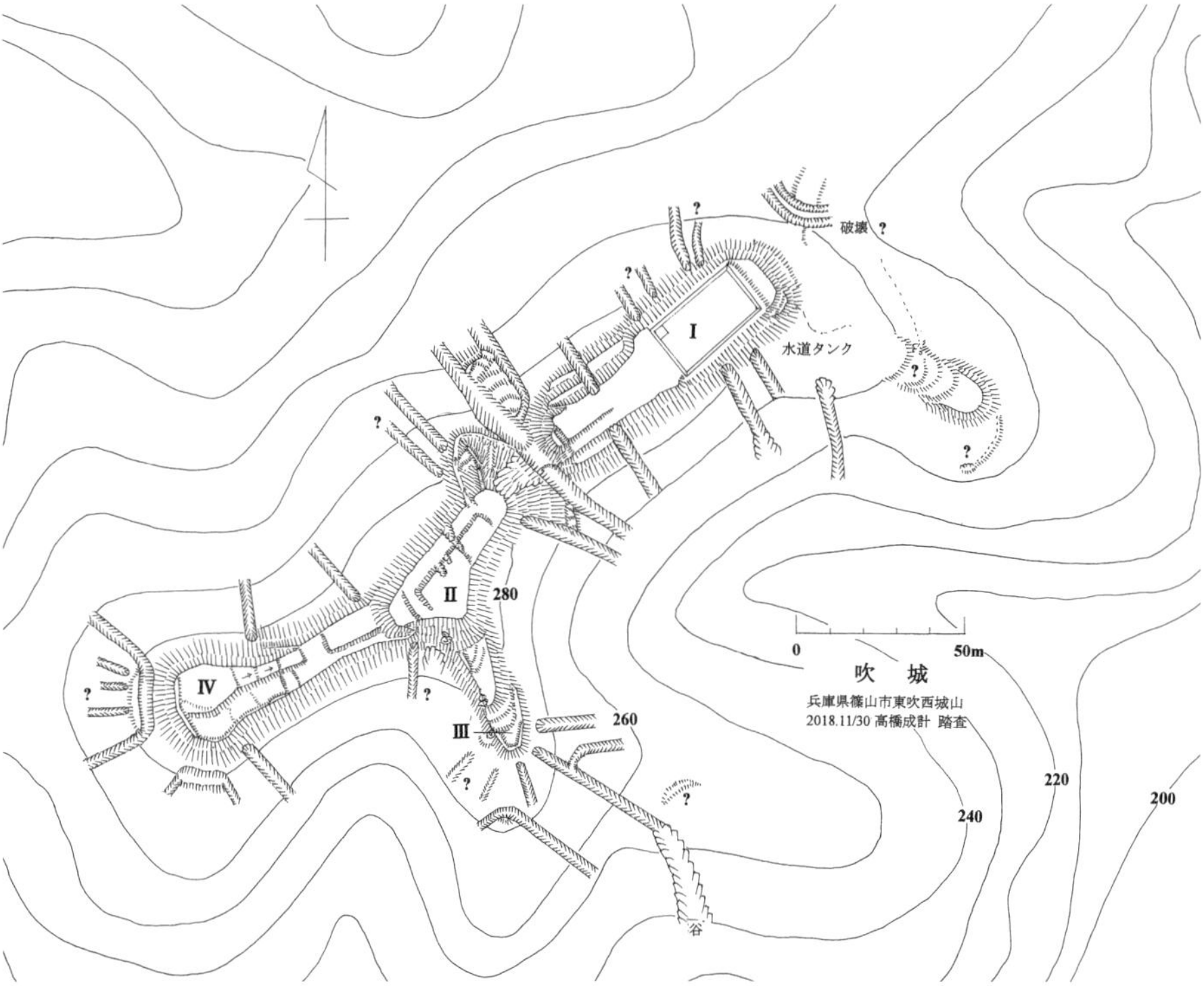

吹城縄張り図

は二段になっている。西側の堀切外には三条の竪堀がある。

【評価】天正五年（一五七七）十一月十七日付けの明智光秀書状[*2]によると、明智軍は多紀郡内の十一城を落城させ、荒木と波多野の二城が残っているのみと記しているため、吹城もこの頃までに落城していたと考える。

記録には見えないが、八上城の西の備えとして、波多野氏にとって重要な位置にあった城郭である。

＊2　明智光秀書状（『明智光秀』73）。

八上・吹城間に築かれた陣城

26 東城山砦《ひがししろやまとりで》

所在地：兵庫県丹波篠山市東吹東城山
城　主：不明
遺　構：曲輪・土塁・塹壕
規　模：六五〇×二五m
標高／比高：二七八m／八〇m

【選地】八上城から西へ四・八kmほどの距離にあり、西には吹城がある。吹城とは尾根続きにあり、陣城としては危険度の高い場所に築かれている。

【歴史】不明である。

【遺構】遺構は三つのピークに位置し、西の曲輪群Ⅰは東に直径一〇mほどのマウントがあり、西尾根に東西二〇m、南北七mほどの曲輪がある。中間のピークにある曲輪群Ⅱは、中央部に馬蹄形の土塁があり、東に東西八m、南北七mほどの曲輪がある。北側には虎口が開口している。

東の鞍部を越えると曲輪群Ⅲがあり、ピークに馬蹄形の土塁が築かれ、西側に直径七mほどの変形した曲輪がある。そこから西側へ五〇mほど自然地形が続く。南東に下ると南北二〇m、東西七mの曲輪Ⅳがあり、内部に長さ七m、幅二mの塹壕《ざんごう》Aがある。東へ八〇mほど進むと、塹壕Aと同形の塹壕Bがあり、八mほど東には馬蹄形の土塁Cがある。さらに東に二五mほど下ると、北方向に向いた馬蹄形の土塁Dがあり、東の先端には馬蹄形の土塁の背後を掘り込んで、塹壕Eとなっている。

南からの遠景

馬蹄形の土塁

【評価】東の曲輪群Ⅲのほうが、西の曲輪群Ⅰより四〇mほど低い。西方の吹城よりも東方の八上城に対して、馬蹄形の土塁が厳重に構築されている。吹城と八上城の間に築かれた陣城として、両方向に構えられた縄張りが貴重である。東側の塹壕から推察して、特別な射撃部隊が置かれていた可能性が考えられる。

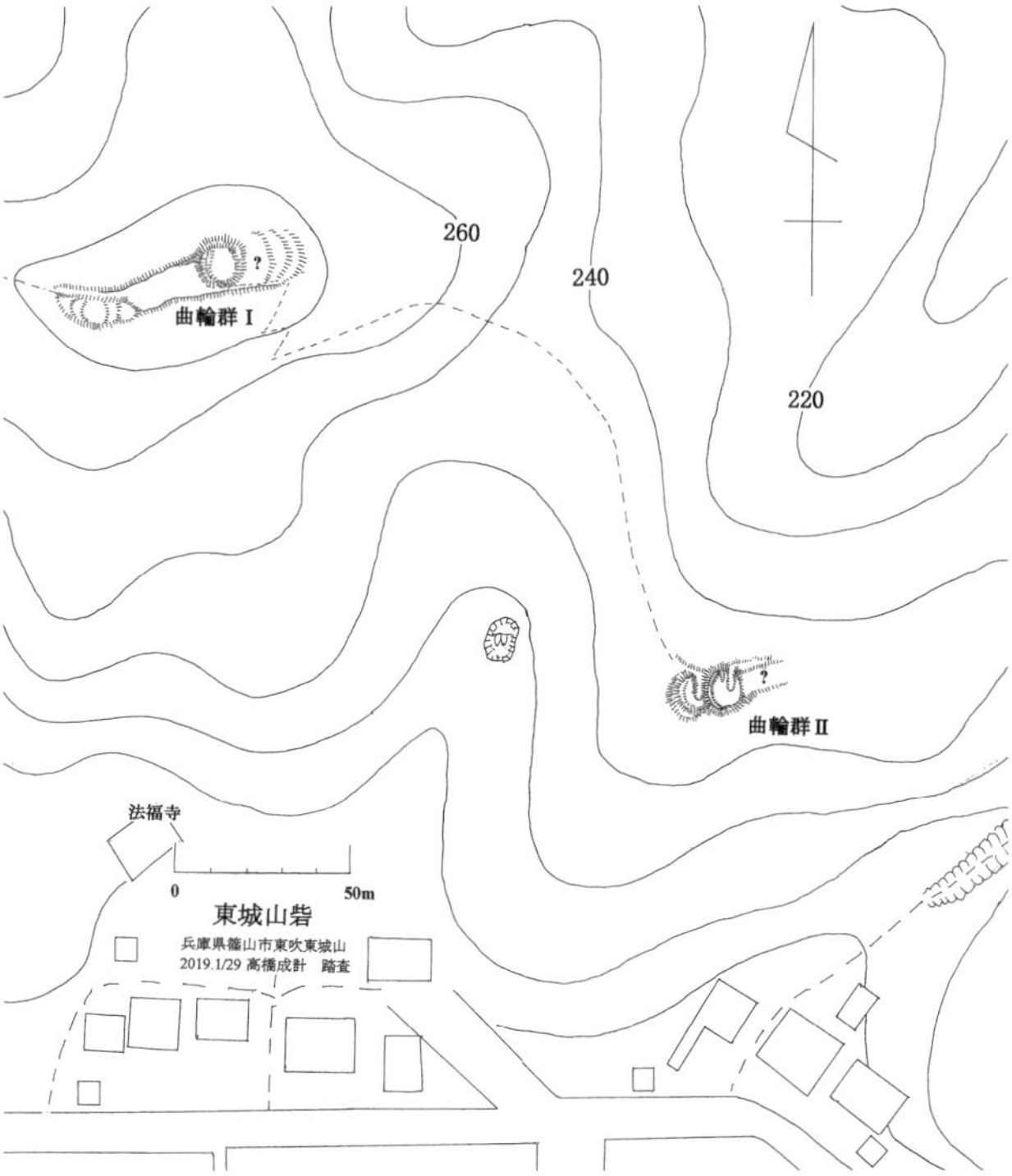

東城山砦縄張り図

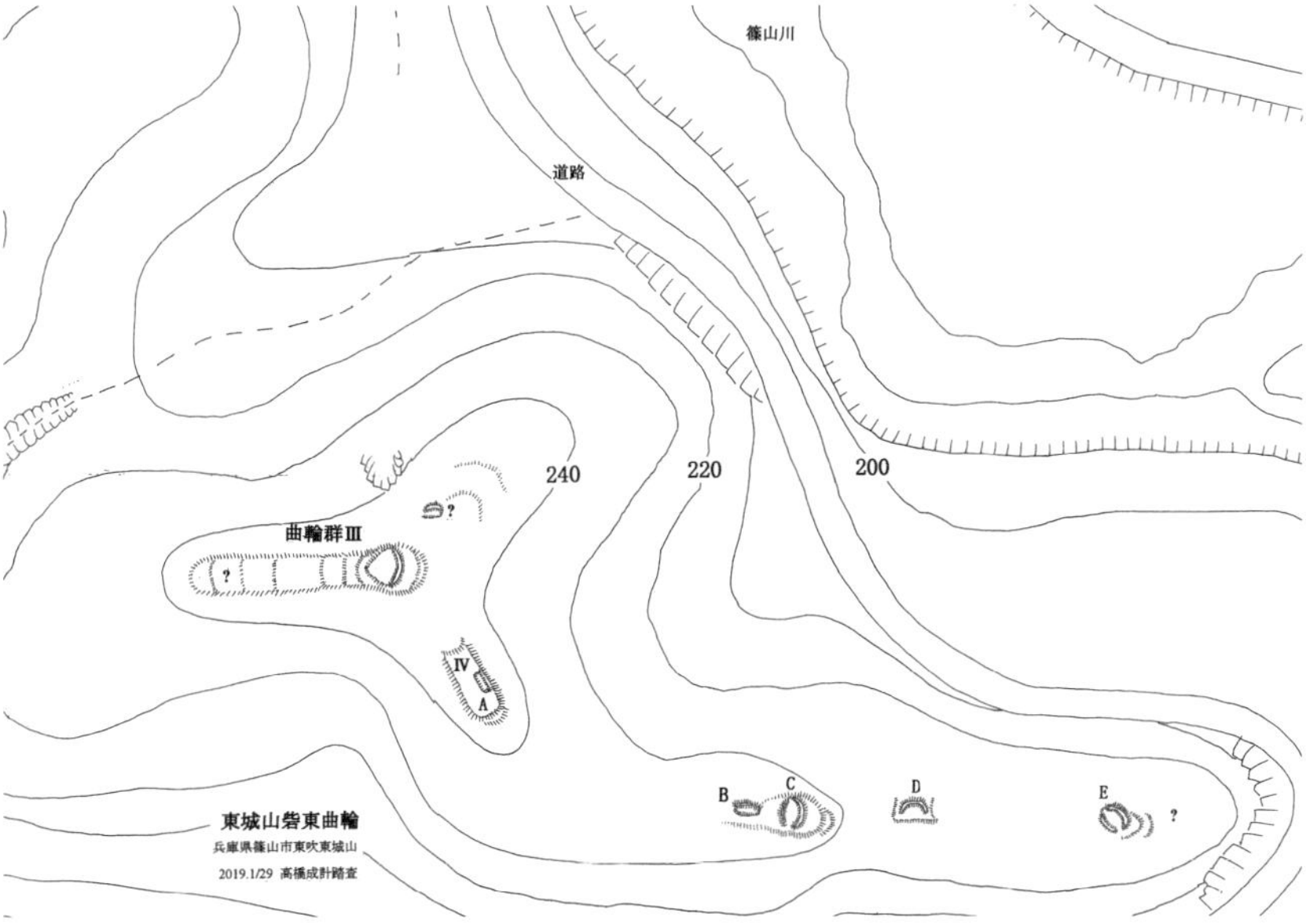

東城山砦東曲輪縄張り図

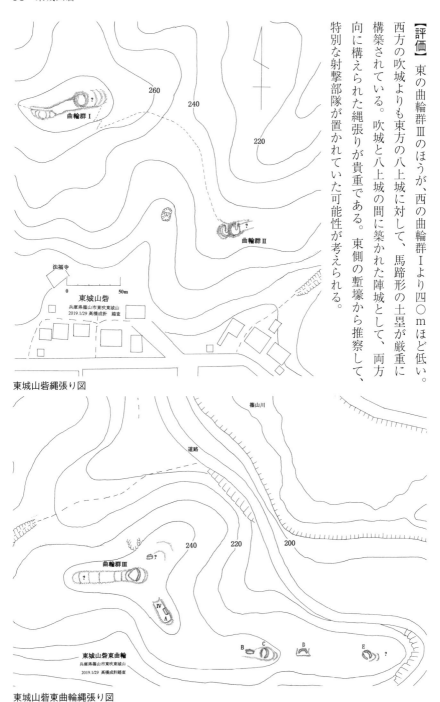

陣城らしくない縄張り

27 網《あ》掛《がけ》城《じょう》

所在地：兵庫県丹波篠山市吹新
城　主：明智氏
遺　構：曲輪・堀切・竪堀
規　模：二〇〇×八〇m
標高／比高：二五二m／五〇m

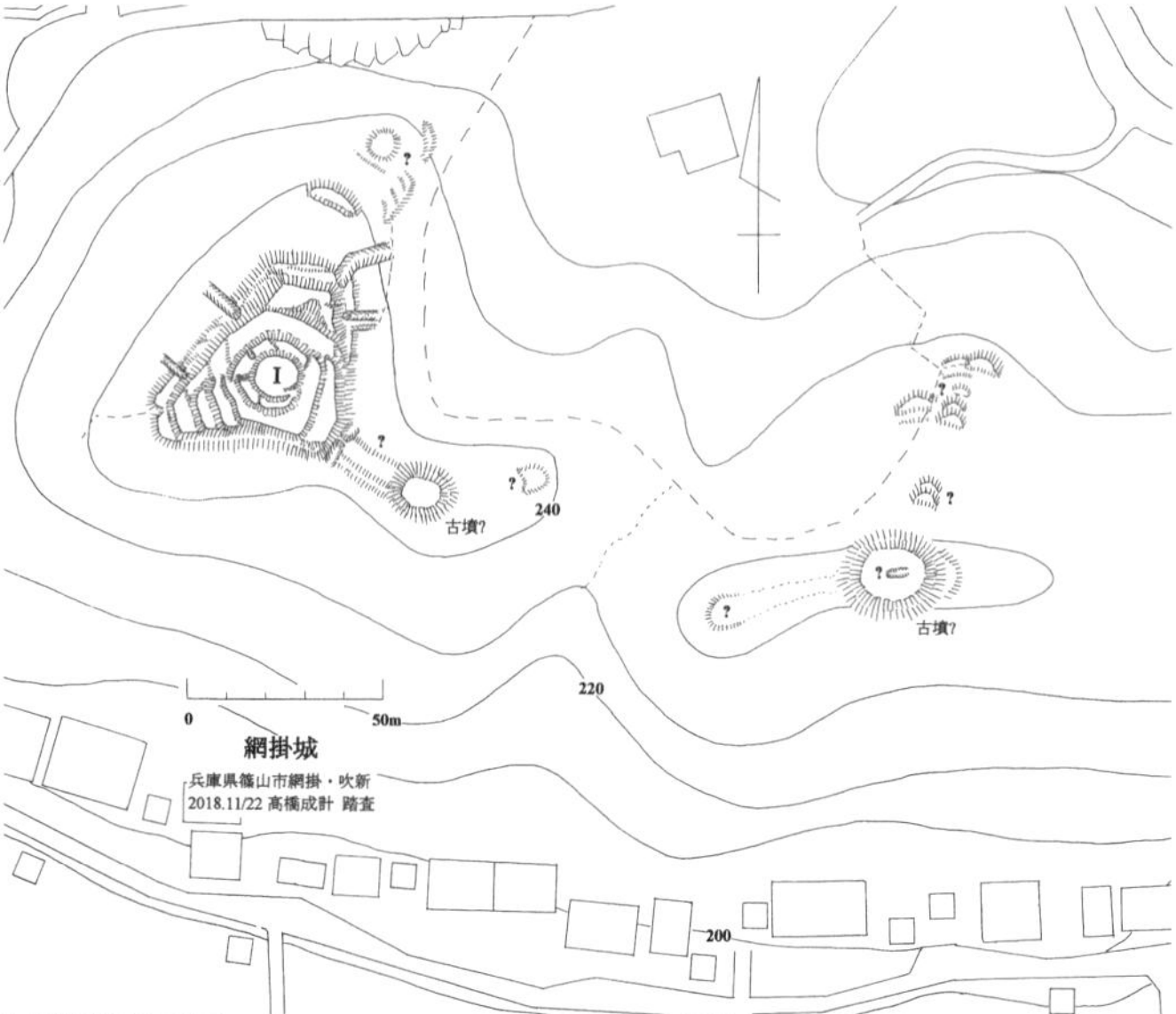

網掛城縄張り図

【選地】吹城の西九〇〇mにある標高二五二mの小山に位置する。東方に位置する吹城の陣城として構築されたというが、遺構は西側に集中している。

【歴史】『丹波志』によると、明智光秀が築いた「向城」（陣城）であるという。別名「小屋《こや》が嶽《たけ》」という。

【遺構】城の西側に曲輪が集中しており、直径一〇mほどの円形の曲輪Iを中心に、四方に小規模な曲輪が造成されている。東の尾根上には古墳を利用した遺構があるが、曲輪かどうかは疑問が残る。

【評価】遺構は竪堀を使用して堅固に構築しており、構造としては周辺の縄張りと同様に、同心円状に曲輪を構成している。

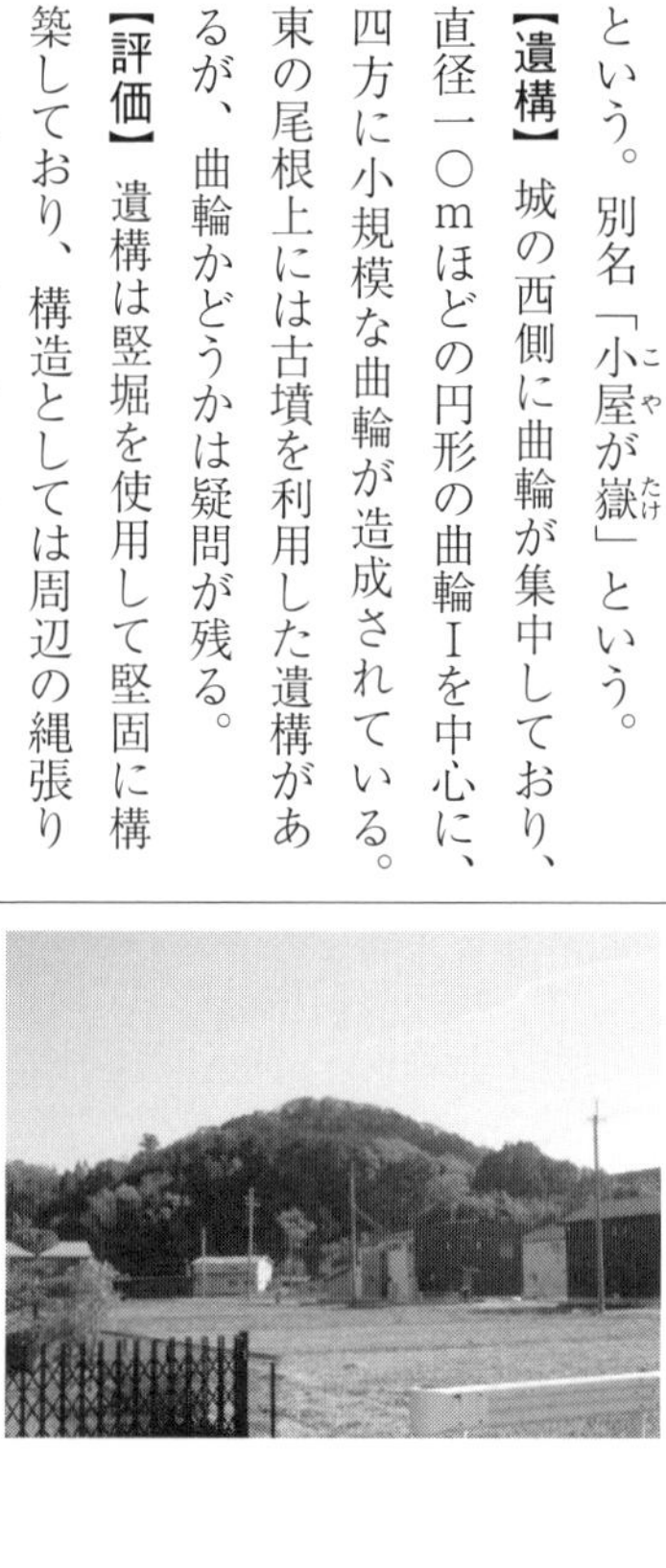

西側からの遠景

吹城正面に築かれた陣城

28 宇《う》土《ど》砦《とりで》

所在地：兵庫県丹波篠山市宇土
城　主：不明
遺　構：曲輪
規　模：五〇×三〇m
標高／比高：二九〇m／九〇m

【選地】吹城の南方九〇〇mほどの標高二九〇mに位置する。吹城と同じ高さにあり、北は吹城への展望が良好で、陣城としては好条件である。

【歴史】不明である。

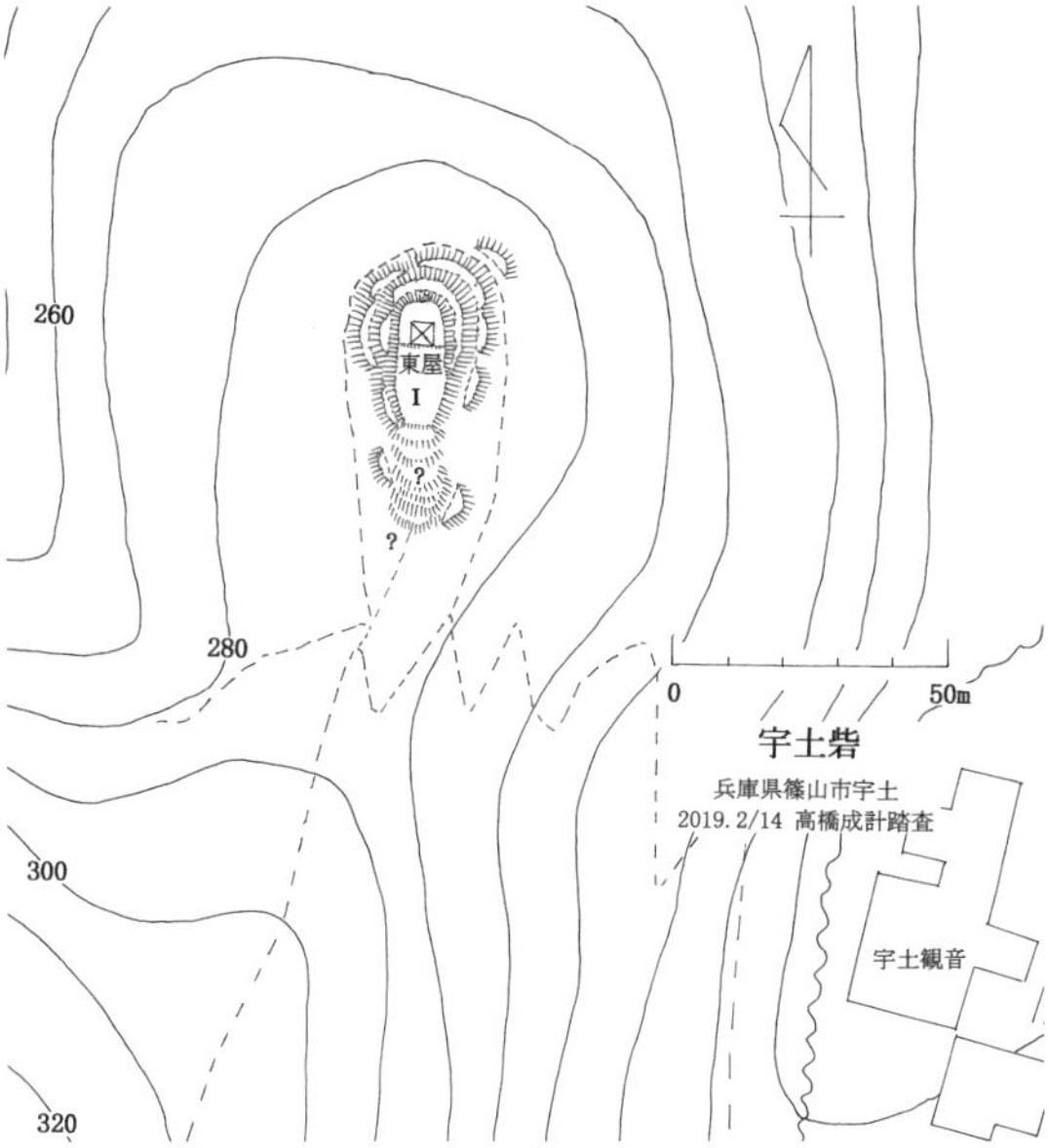

宇土砦縄張り図

【遺構】中心となる曲輪Ⅰは、南北一九m、東西九mの規模で、南側を除いて帯状の曲輪が地形に合わせて二、三段巡る構造である。

【評価】小規模のため攻撃を重視した陣城ではなく、役割としては見張りが中心だろう。しかし、吹城の南側に延びた尾根筋の防御は、土塁を設けた曲輪とその斜面には放射状に竪堀を配置し、さらにその下には堀切を設けている。この防御は、南の宇土砦を意識したものと考えられる。

主郭

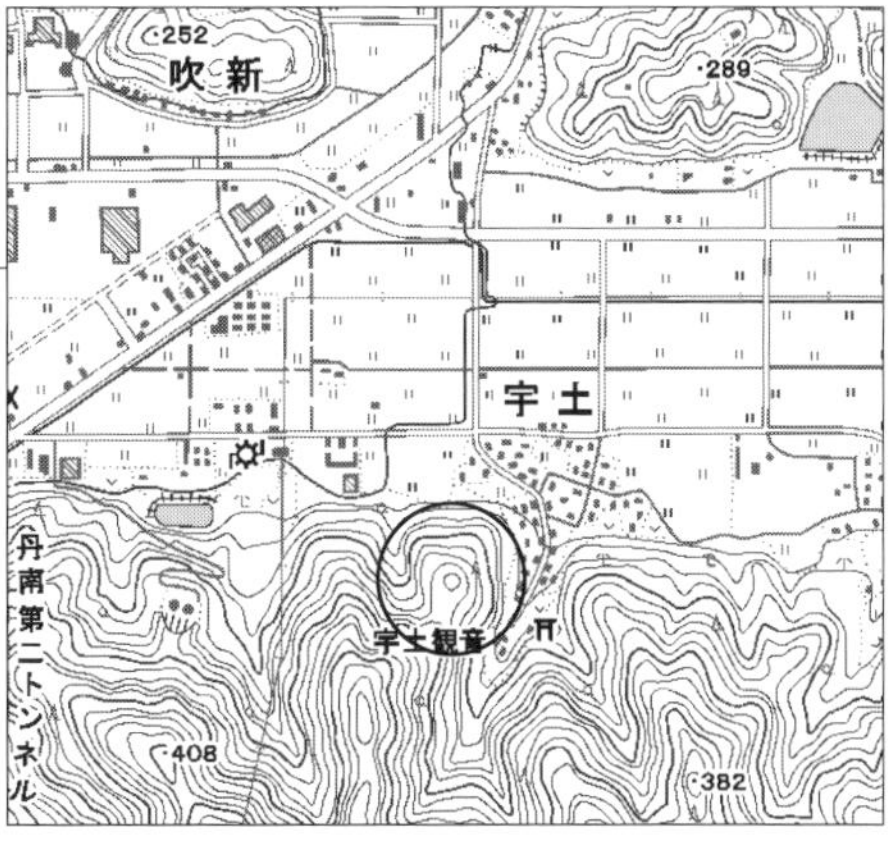

明智・丹羽・滝川氏が攻撃した城

29 荒《あら》木《き》城《じょう》

所在地：兵庫県丹波篠山市細工所
城　主：荒木氏
遺　構：曲輪・堀切・竪堀・虎口
規　模：三五〇×三〇〇m
標高／比高：四〇四m／一七〇m

【選地】籾井城から北西二・七kmの標高四〇四mの山岳にあり、城の南麓を東西南北に街道が通じる交通の要衝である。険しい地形のため、南の城下から山頂にある曲輪は見ることができない。山頂から南の城下への展望は良好である。

城跡遠景

【歴史】『丹波志』によると、城主は荒木氏綱《うじつな》という。

【遺構】曲輪群Ⅰの規模は東西一三〇m、南北一〇〇mほど、中心部の曲輪Ⅰは東西七〇m、南北三〇mほどの規模がある。大手道は南尾根の曲輪Ⅱにつながり、屈曲して曲輪群Ⅰに入る。

南尾根先には曲輪群Ⅱがある。南尾根は二筋の尾根となり、西の尾根を下ると細工所《さいくじょ》砦に到る。曲輪群Ⅰから北西の堀切Aを越え、細尾根上を一〇〇mほど行くと、先端に曲輪群Ⅲがあり、西方面の防御が考えられる。南東へ延びる尾根筋の堀切Bを越えると、四〇mほどの急

＊1　『兵庫県史』史料編、中世Ⅱ（兵庫県、一九八七年）。

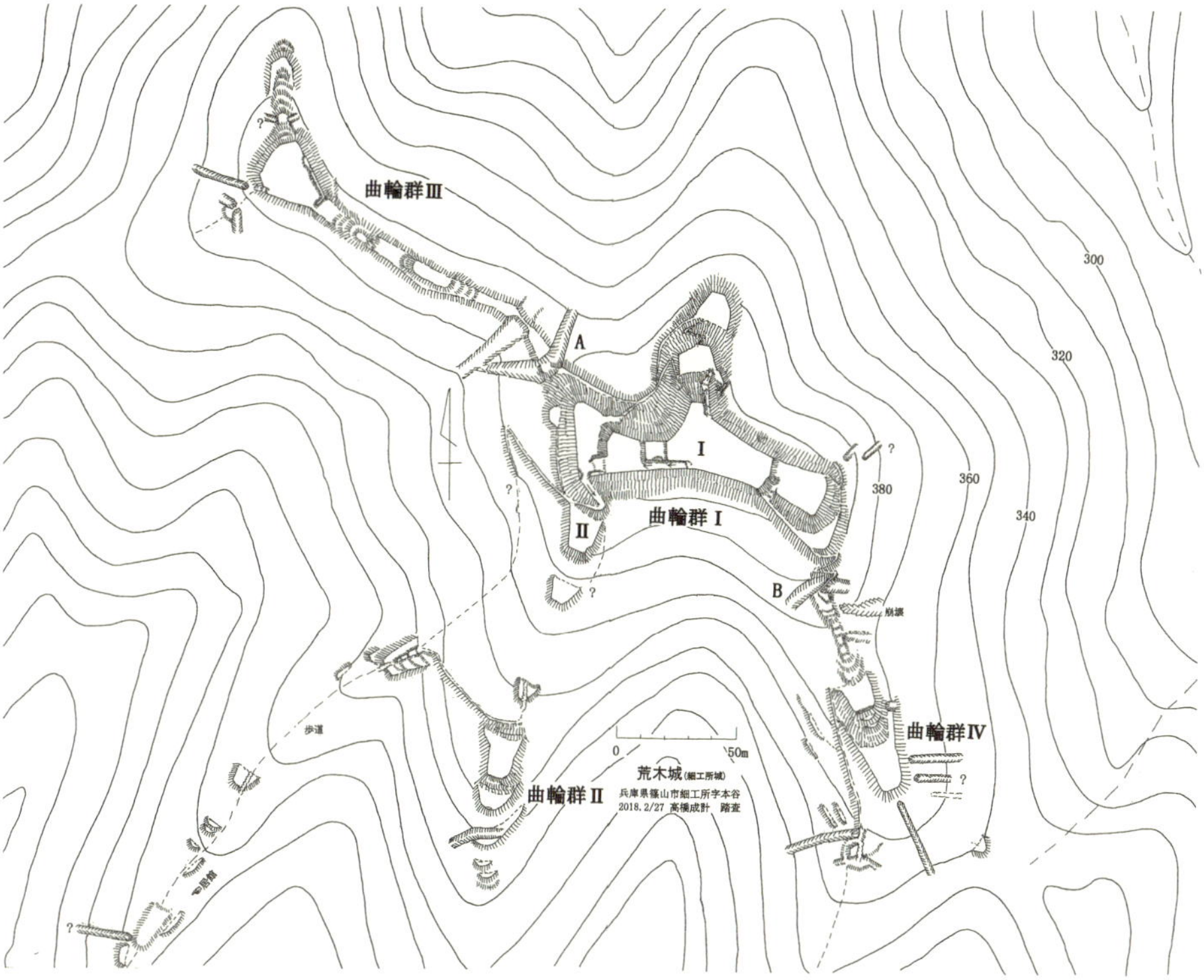

荒木城縄張り図

斜面を隔てて曲輪群Ⅳがあり、南東方面の防御用曲輪群である。

【評価】黒井城や八上城のように城域が広大でないため、尾根上の曲輪群への連絡路が短く、ほぼ曲輪でつながっている。

しかし、年未詳四月十七日付けの丹羽長秀書状*1にあるように、落城の原因は水ノ手を失ったためであり、水場に苦労したことが考えられる。

堀切

主郭部分

荒木城を守る最前線の砦

30 細工所砦《さいくじょとりで》

所在地：兵庫県丹波篠山市細工所
城　主：不明
遺　構：曲輪・堀切・虎口
規　模：一二〇×七〇m
標高／比高：二六〇m／二〇m

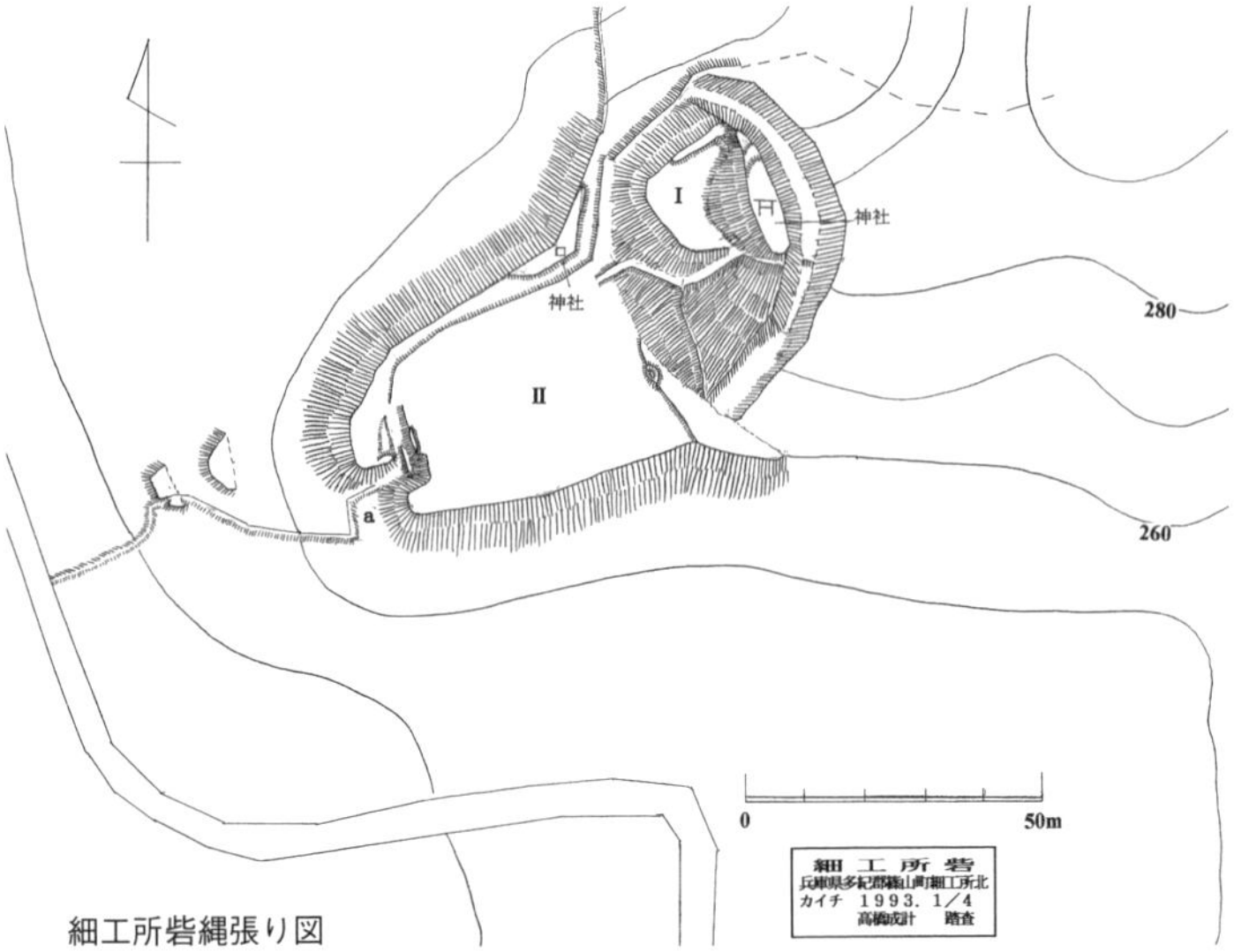

細工所砦縄張り図

【選地】荒木城南麓の標高二六〇mに位置する。荒木城の大手口にあるため、同城を防御するうえで重要な砦である。

【歴史】不明である。

【遺構】尾根を堀切で遮断し、東西一八m、南北一〇mほどの曲輪Ⅰを設け、その下に南北五〇m、東西三五mほどの広大な曲輪Ⅱがあり、北西の一部に土塁が残る。西に枡形状の虎口aがある。

【評価】荒木城の大手口にあるため、城主の居館等もあったと考えられるが、詳細は不明である。現在、曲輪は耕作地となっているため、土塁等に変化があると考える。

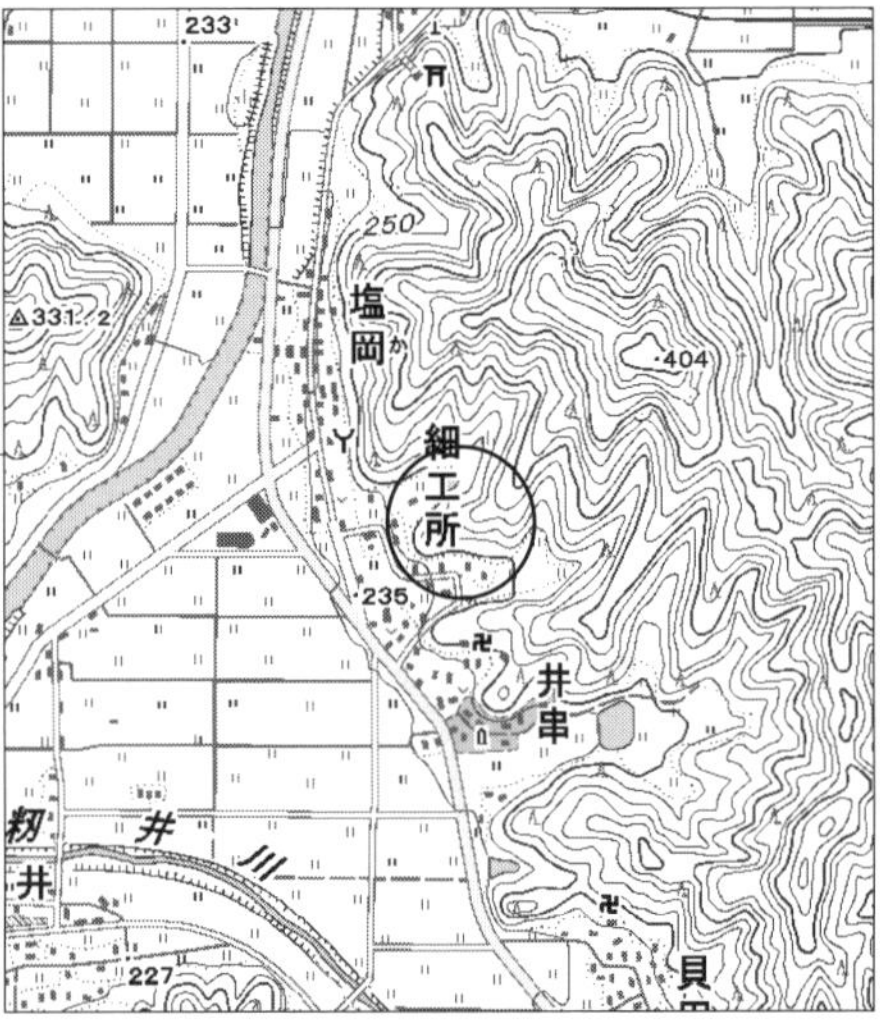

南西からの遠景

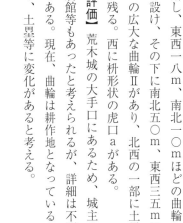

大筒を使用したという伝承

31 鉄砲丸《てっぽうまる》

所在地：兵庫県丹波篠山市草ノ上字寺谷
城　主：明智光秀
遺　構：曲輪・土塁・堀切
規　模：一五〇×三五m
標高／比高：四五〇m／一七〇m

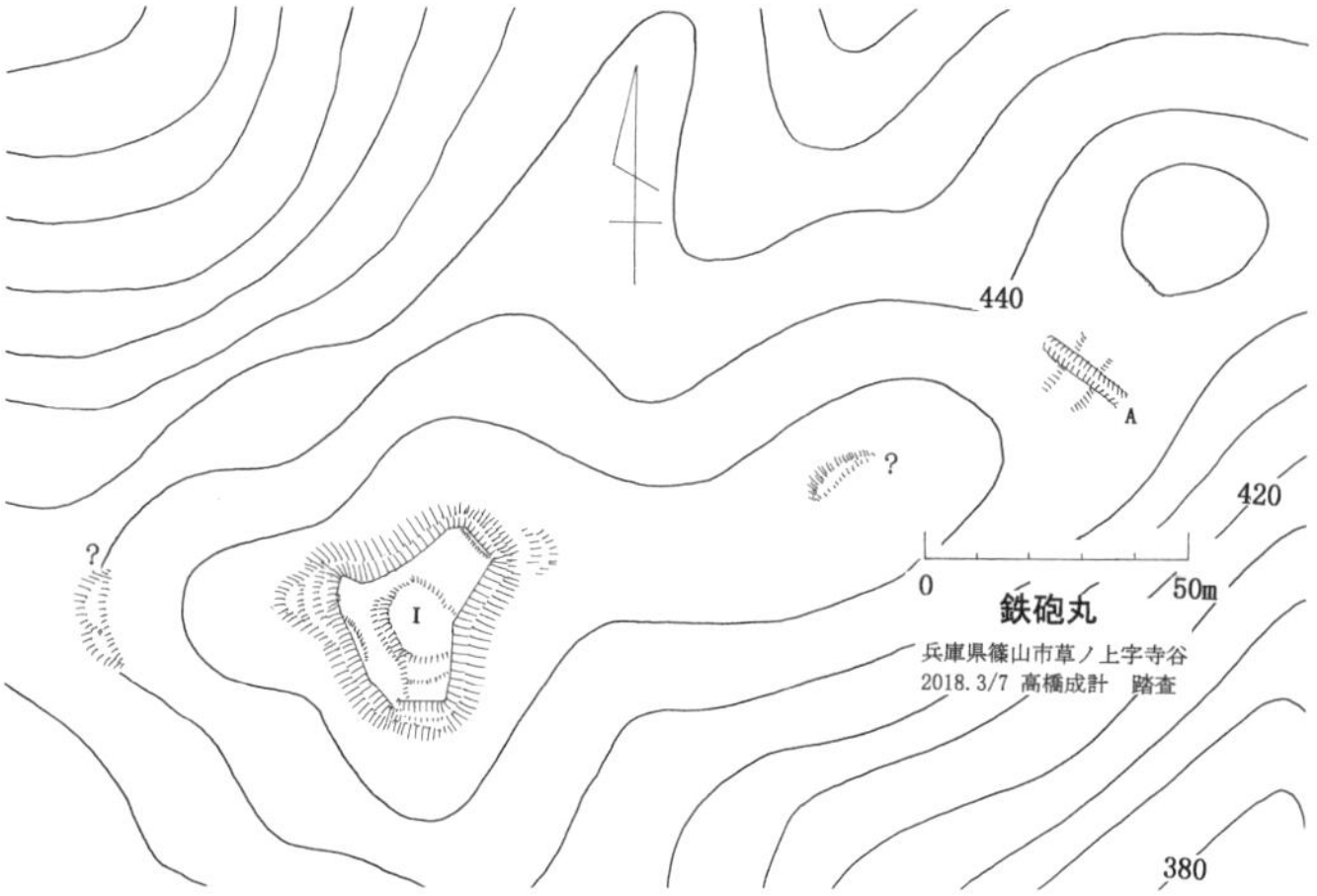

鉄砲丸縄張り図

【選地】 荒木城の東六〇〇mの標高四六一mに位置し、東の尾根続きには東尾山燈明寺《とうみょうじ》がある。西の荒木城への展望が良好である。

【歴史】『丹波志』によると、天正六年（一五七八）に明智軍が荒木城を攻撃した際、この砦より大筒を放ったため、「鉄砲丸」の地名がついたという。

【遺構】 規模は東西一五〇m、南北三五mほどであるが、中心となる曲輪Ⅰは南北三五m、東西三〇mの規模である。北東部に低土塁も見られ、東には堀切Aがある。

【評価】 西方の荒木城に向かって鉄砲を放って威嚇したと考えられ、陣城を構築するには最適の場所である。東の東尾山燈明寺が織田方の宿泊施設として利用され、天正年中に焼亡したというため、荒木城攻めの際に放火された可能性もある。

城跡遠景

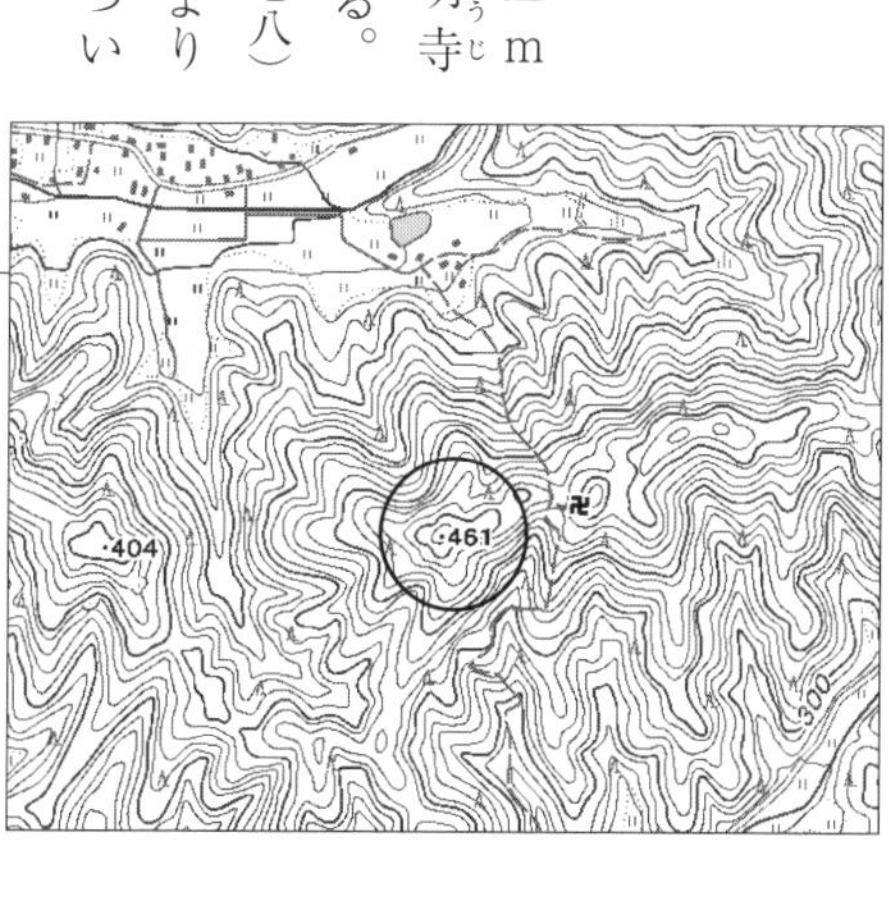

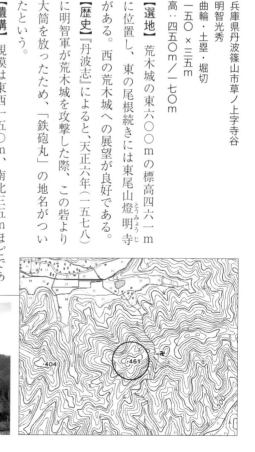

山岳信仰の聖地に築かれた陣城

32 清滝山城《きよたきやまじょう》

【選地】荒木城の北西二・三km、標高五三七・六mと南の五二〇mの二ヵ所に位置する。東には清滝山観音堂があり、城郭遺構は観音堂の北西と南西の山頂部にある。南西の遺構からは、八上城方面への展望もある。

【歴史】不明である。

所在地：兵庫県丹波篠山市垂水清滝山
城　主：不明
遺　構：曲輪・土塁・堀切・虎口
規　模：四〇×二〇m／一三〇×四〇m
標高／比高：五三七・六m／二九〇m

城跡遠景

【遺構】北の曲輪群Ⅰの規模は、東西四〇m、南北二〇mほどで、虎口aが南にあり、北西側には低土塁を設けている。北西隅には直径一〇mほどの円形状の櫓台がある。南の曲輪群Ⅱは、東西一三〇m、南北四〇mほどの自然地形混合の曲輪である。西側に削平された部分があり、北の支尾根には堀切もある。

【評価】城の歴史は不明で、伝承も残っていない。北の曲輪群Ⅰの縄張りから考察して、櫓台状地形や虎口、低土塁等があることから、織豊系の陣城と考えられる。また、南の曲輪群Ⅱからは波多野氏の居城・八上城への展望も良好である。

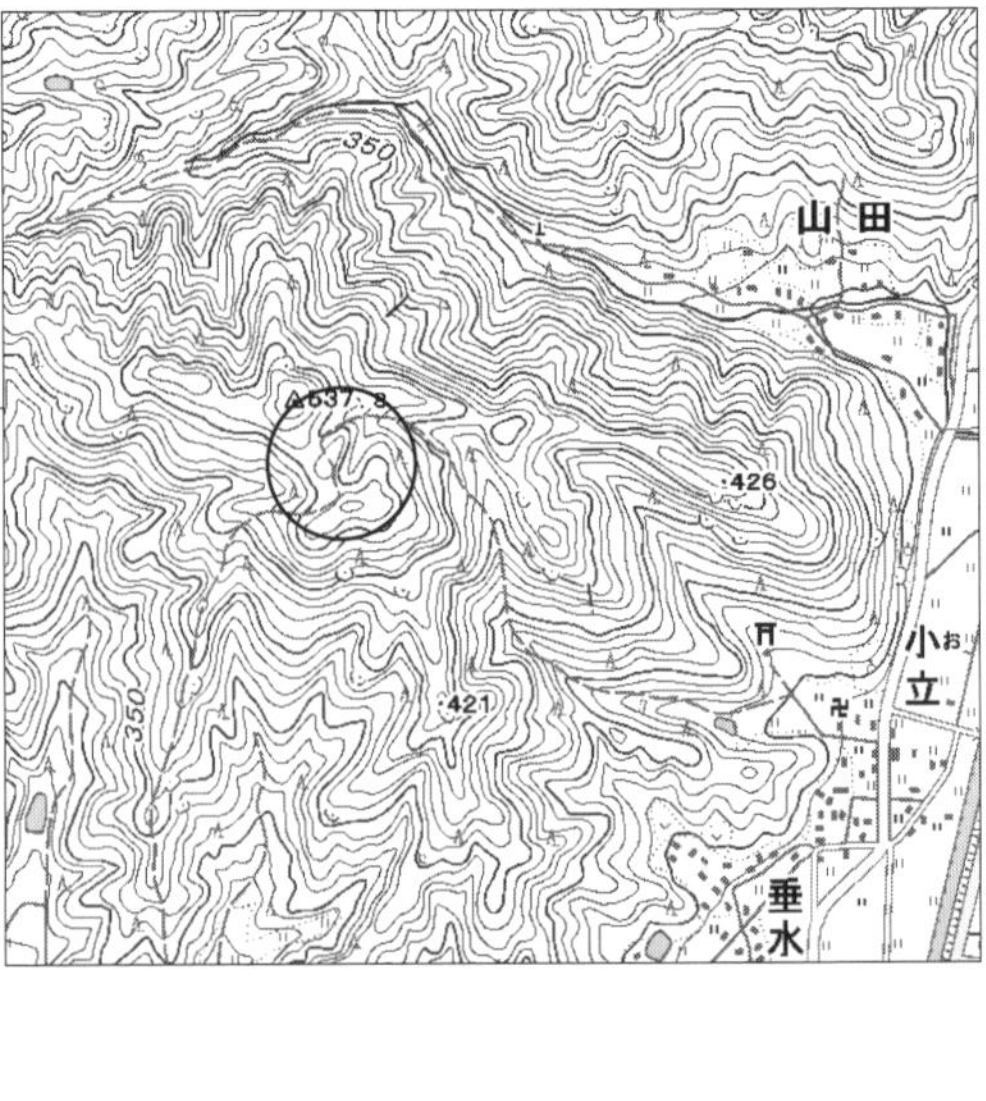

101　清滝山城

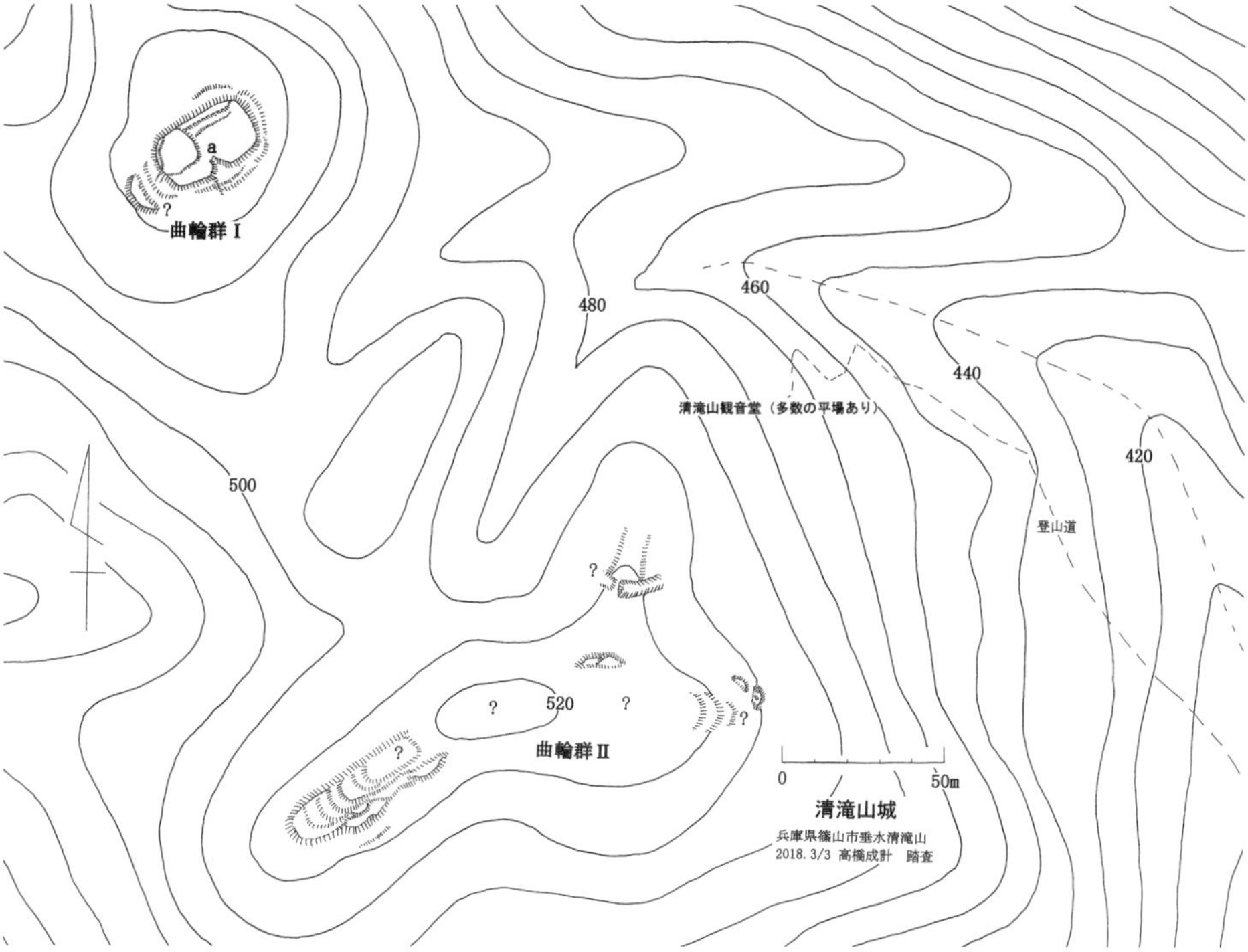

清滝山城縄張り図

北の曲輪群Ⅰ

なお、東にある清滝山観音堂は天正年中に焼亡したという。明智光秀・丹羽長秀・滝川一益の三名による荒木城攻め時には、鉄砲丸だけはなく、清滝山城も陣城として築かれたと考えられる。

波多野氏の本城

33 八《や》上《かみ》城《じょう》

所在地：兵庫県丹波篠山市八上々字高城山
城　主：波多野氏
遺　構：曲輪・堀切・竪堀・土塁・水場・石垣
規　模：一〇〇〇×七〇〇m
標高／比高：四六二m／二五〇m

【選地】八上城が所在する高城山は篠山盆地の南東に位置し、丹波富士と呼ばれる秀峰である。北側山麓には播磨から京に到る街道が通り、南北には南の摂津や北の但馬方面への街道が通ずる。北西方向は丹波篠山市内への展望があり、東西の街道に面した展望も良好である。南西側には波多野氏の居住地であった奥谷《おくたに》があり、居館の奥谷城がある。北側山麓は京街道とリンクさせ、城下町として発展した。

東からの遠景（八上城）

【歴史】城主波多野氏の出自に関しては、伯耆説、因幡説など諸説あるが、近年の研究によると、石見の国人吉見《よしみ》氏の一族である波多野清秀《きよひで》が細川勝元《ほそかわかつもと》（室町幕府管領、細川京兆《けいちょう》家当主）に仕え、応仁の乱の軍功に対する恩賞として丹波国多紀郡を与えられた。そして、清秀が八上城を拠点として、奥谷に居館を構えたのが、丹波波多野氏の興りであるとされる。*1

二代元清《もときよ》の時期には、細川京兆家の内紛をきっかけとして細川澄元《すみもと》から離反し、細川高国《たかくに》に与同して高国政権を誕生させた。しかし、高国の弟である細川尹賢《ただかた》の讒言により、

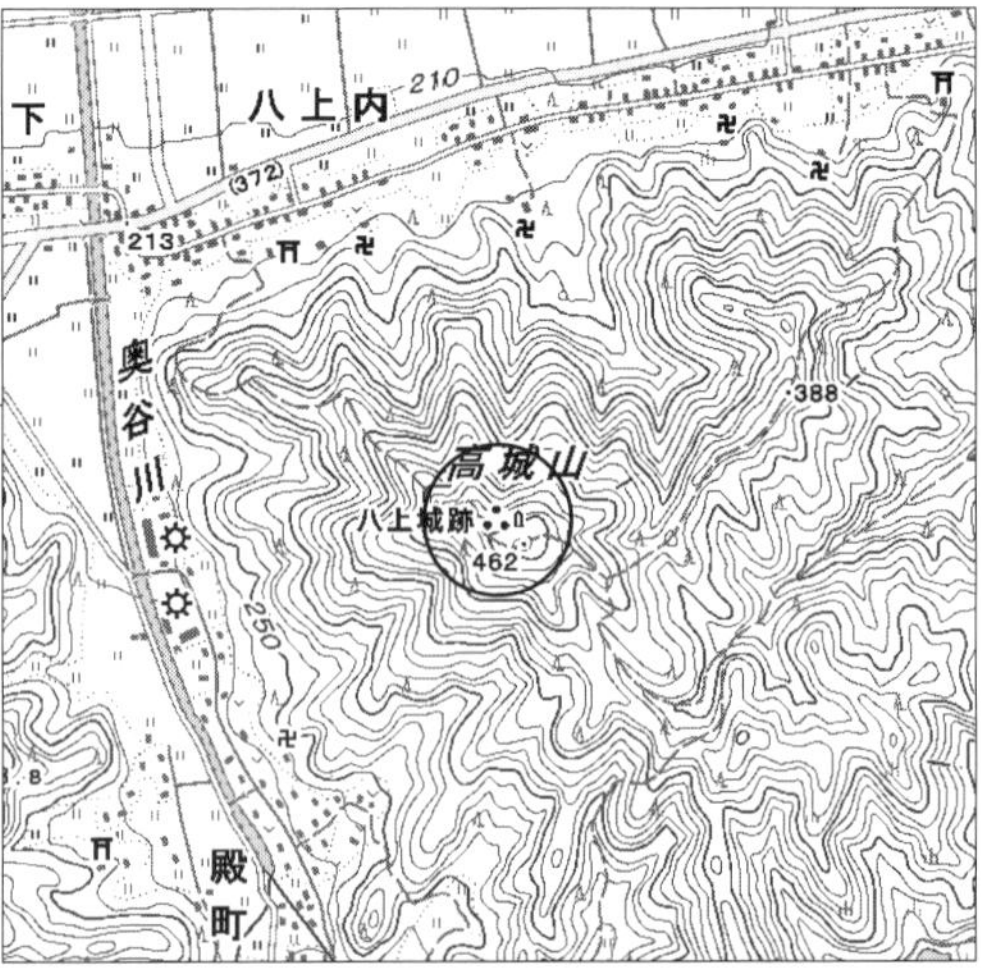

*1 『戦国・織豊期城郭論―丹波国八上城遺構に関する総合研究―』（八上城研究会、二〇〇〇年）。

堀切（八上城）

弟の香西元盛《こうざいもともり》が殺害されたため、元清は末の弟柳本賢治《やなぎもとかたはる》とともに細川晴元《はるもと》方に組して晴元政権を成立させている。その後、元清は池田城の合戦で敗死した。[＊2]

三代秀忠《ひでただ》は反晴元政権の立場をとり、高国の弟細川晴国《はるくに》に属し、京や大和で晴元側の勢力と戦った。丹波では晴元側の守護代内藤氏を没落させ、晴国が敗死すると晴元側に付き、この頃には丹波の守護代とも呼ばれている。娘は三好長慶《みよしながよし》に嫁ぎ、三好氏と姻戚関係にあった。[＊3]

四代元秀《もとひで》は晴元方として長慶と戦うが、八上城は包囲されてしまい、元秀は八上城を離れて、多紀郡のいずれかに潜伏していた可能性がある。五代秀治と元秀の関係は不明だが、秀治は元亀元年（一五七〇）に織田信長に太刀と馬を献上し、家臣となっている。[＊4] しかし、天正四年（一五七六）に荻野直正を攻撃中に明智光秀から離反し、同六年四月に光秀が丹波に侵攻すると、八上城は包囲され、同七年六月に落城した。秀治は安土城下で処刑されている。

【遺構】規模は、東西七五〇m、南北七〇〇mほどと、丹波を代表する巨大城郭である。中心となる曲輪群は、西の曲輪Ⅰの堀切Aから南東の朝路池《あさじいけ》の堀切B・Cまでが考えられ、北西の中ノ壇や南の曲輪Ⅱ・Ⅲおよび東の茶屋ノ壇・芥丸・西蔵丸の曲輪群は、三好氏や織田氏（明智氏）との合戦時に拡張されたものであろう。

大手道は、主膳屋敷（春日神社の北）から北西尾根を上って中ノ壇に到り、次に右衛門丸の虎口cを通り、三ノ丸から切岸を上って二ノ丸の虎口bに入り、本丸の虎口aに到

＊2　『戦国・織豊期城郭論―丹波国八上城遺構に関する総合研究―』（八上城研究会、二〇〇〇年）。

＊3　『戦国・織豊期城郭論―丹波国八上城遺構に関する総合研究―』（八上城研究会、二〇〇〇年）。

＊4　年未詳十一月廿四日付け織田信長書状（『戦国・織豊期城郭論―丹波国八上城遺構に関する総合研究―』八上城研究会、二〇〇〇年）。

水場と考えられる「朝路池」

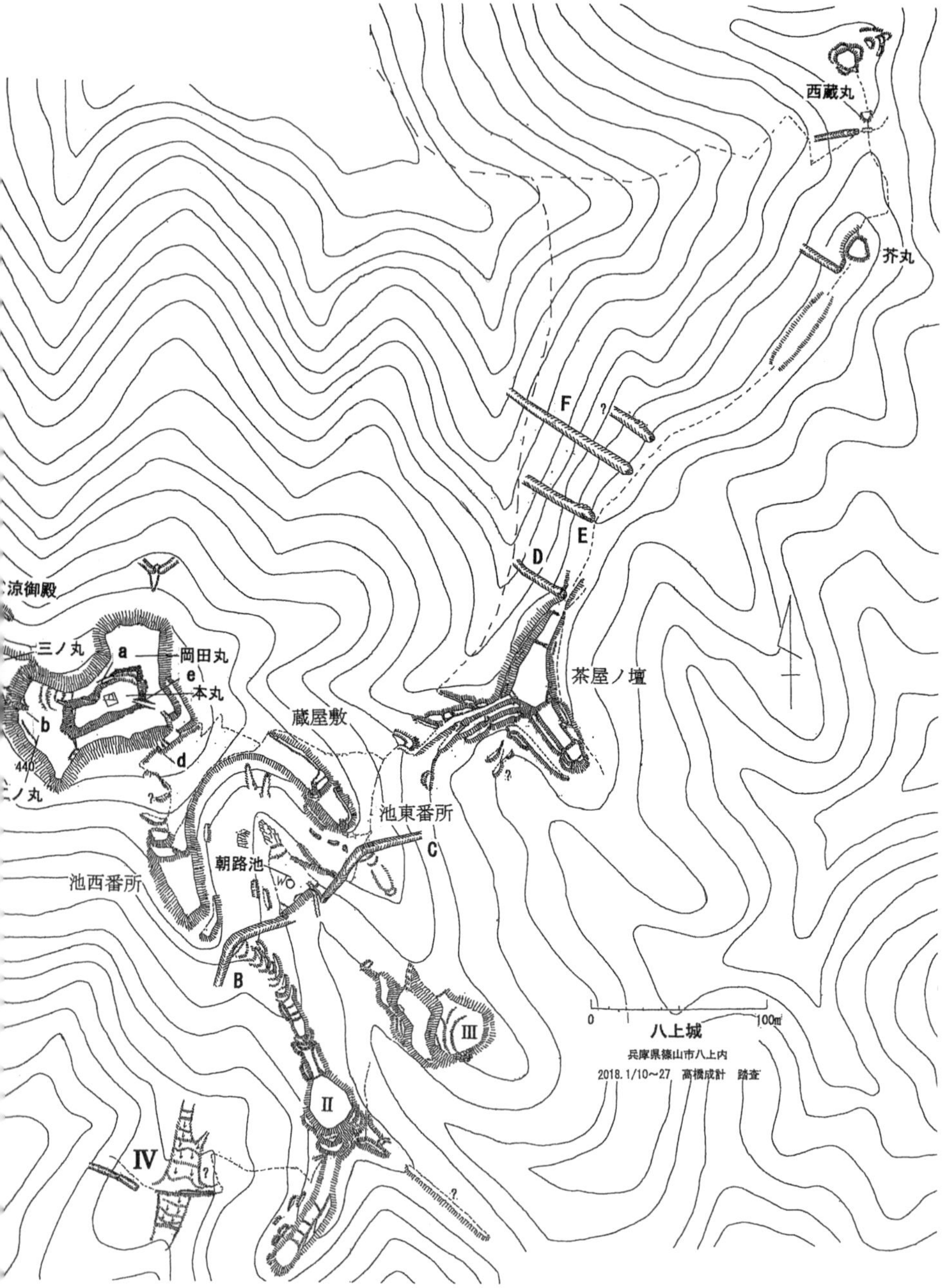
西蔵丸
芥丸
F
E
D
涼御殿
三ノ丸
a
岡田丸
e
本丸
b
440
二ノ丸
d
蔵屋敷
茶屋ノ壇
池東番所
C
朝路池
池西番所
B
III
II
IV
0
100m
八上城
兵庫県篠山市八上内
2018.1/10～27　高橋成計　踏査

主郭の石垣（八上城）

る道である。本丸を中心として西に二ノ丸、北に岡田丸があり、本丸の石垣は北から東にかけて見られ、虎口ａは北にある。虎口ｅは八上城顕彰碑設置時に設けられたものである。これらの縄張りは波多野氏時代のもので、織豊期に改修されたものではない。

　八上城で特筆したいのは、朝路池の水場施設である。東西の尾根上に番所（曲輪）を設け、両尾根の南側を堀切ＢとＣで遮断する構造である。とくに南の谷の入口には、曲輪Ⅱ・Ⅲがあり、東には茶屋ノ壇で防御する堅固さである。北東尾根の茶屋ノ壇を守るため、藤ノ木谷の東斜面に竪堀Ｄ・Ｅ・Ｆを設けている。また、尾根先端の芥丸や西蔵丸

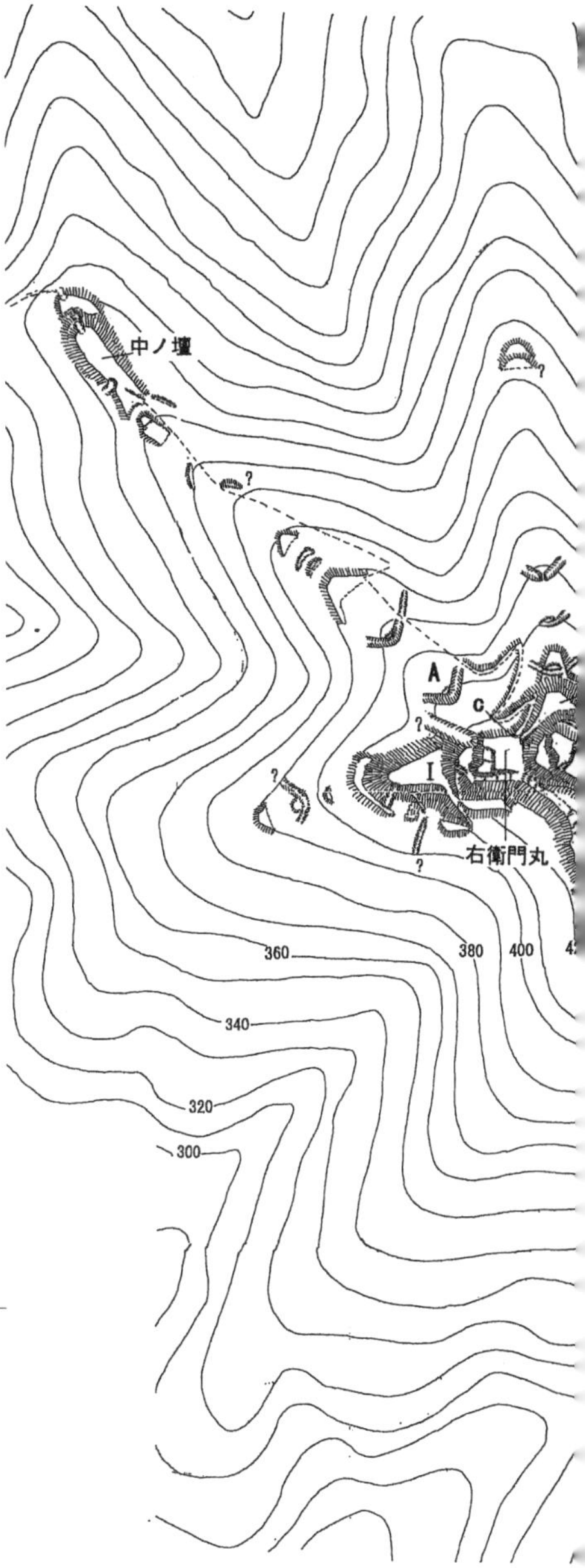

八上城縄張り図

は、北の篠山盆地や街道の領域への見張りのための曲輪である。南の曲輪Ⅱの南西の谷間にある傾斜地の遺構Ⅳは、八上城に籠城した「足弱衆」（女・子供・老人）の生活空間であろう。

［奥谷城］高城山（八上城）の西側に、奥谷川が南から北へ流れる殿町があり、高城山から延びた支尾根に奥谷城がある。規模は南北一四〇m、東西一三〇mほどで、尾根は一五m以上の堀切

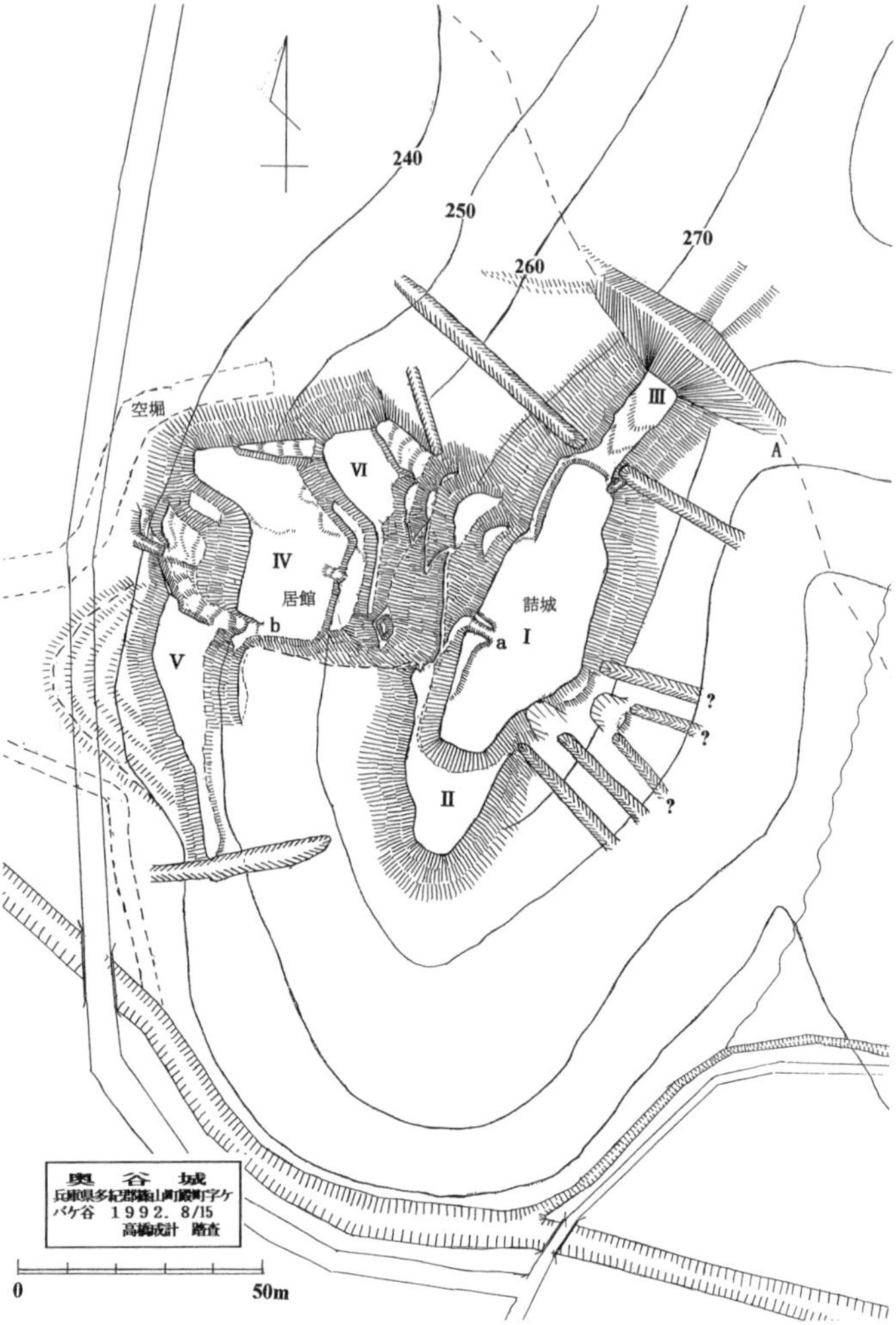

奥谷城縄張り図

西からの遠景（奥谷城）

Aで遮断している。曲輪Ⅰは南北七六m、東西二〇mほどで、西側に虎口aがあり、虎口の両側には土塁がある。南側に一段下がって南北二〇m、東西二〇mほどの曲輪Ⅱがある。東側の斜面に畝状空堀群がある、遺構は鮮明ではない。北側の鞍部には南北二五m、東西八mほどの曲輪Ⅲがあり、曲輪Ⅰとの間の斜面の両側には竪堀が敷設されている。これが上部の詰城部分の遺構である。

西側三〇m下には居館跡があり、規模は南北三五m、東西二五mほどの長靴状の曲輪Ⅳがそれに該当する。南西に虎口bが、虎口南側には南北五〇m、東西一五m規模の曲輪Ⅴがあり、南側の斜面に竪堀がある。北東は一段高く、東西二〇m、南北一五mの曲輪Ⅵがあり、北東側に土塁と竪堀がある。『丹波志』には西側の山麓に空堀があったと記されており、一九九六年の試掘調査で空堀が確認された。

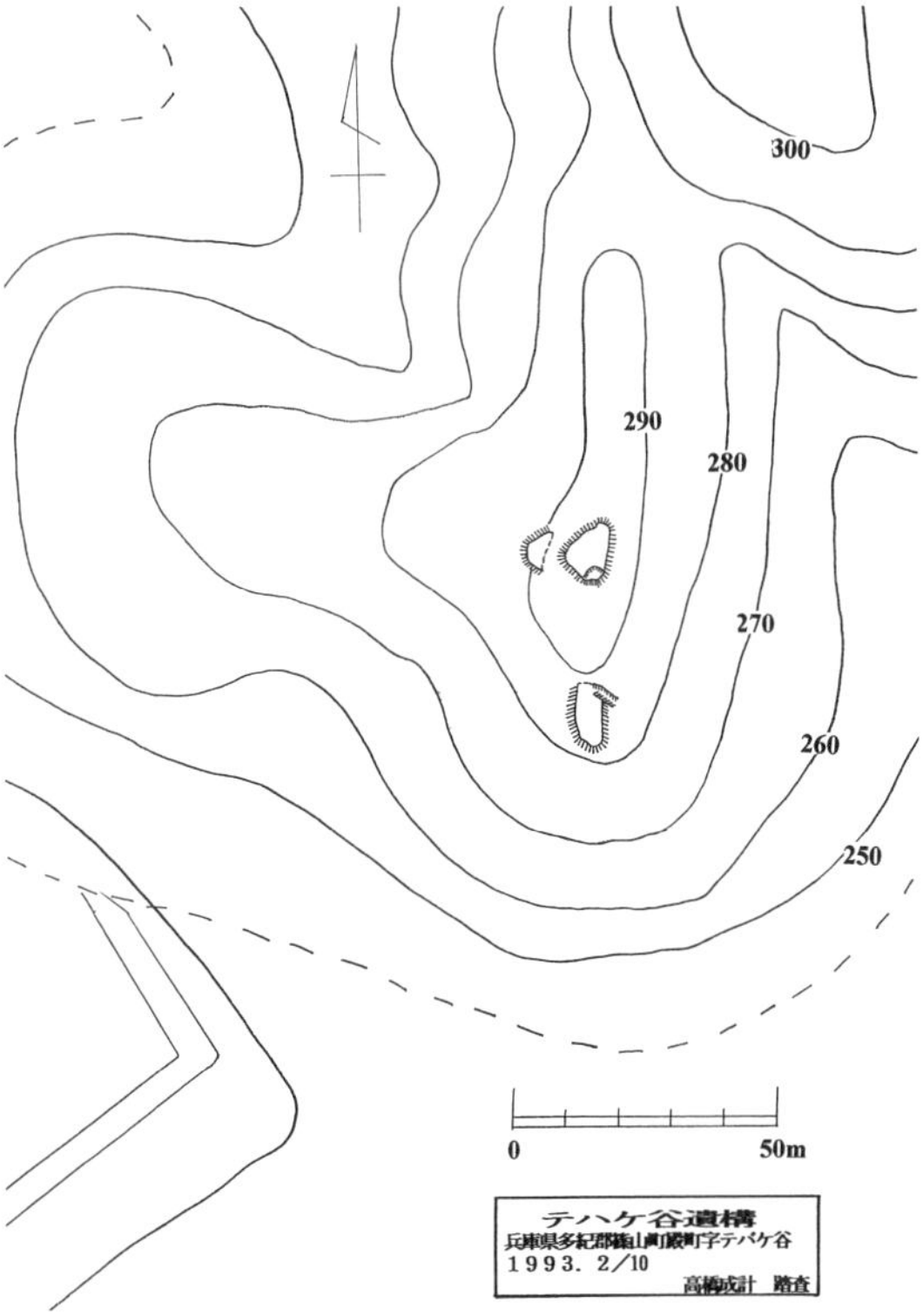

テハケ谷遺構縄張り図

［テハケ谷遺構］高城山から南へ延びた支尾根の先端にあり、曲輪

城跡遠景（テハケ谷遺構）

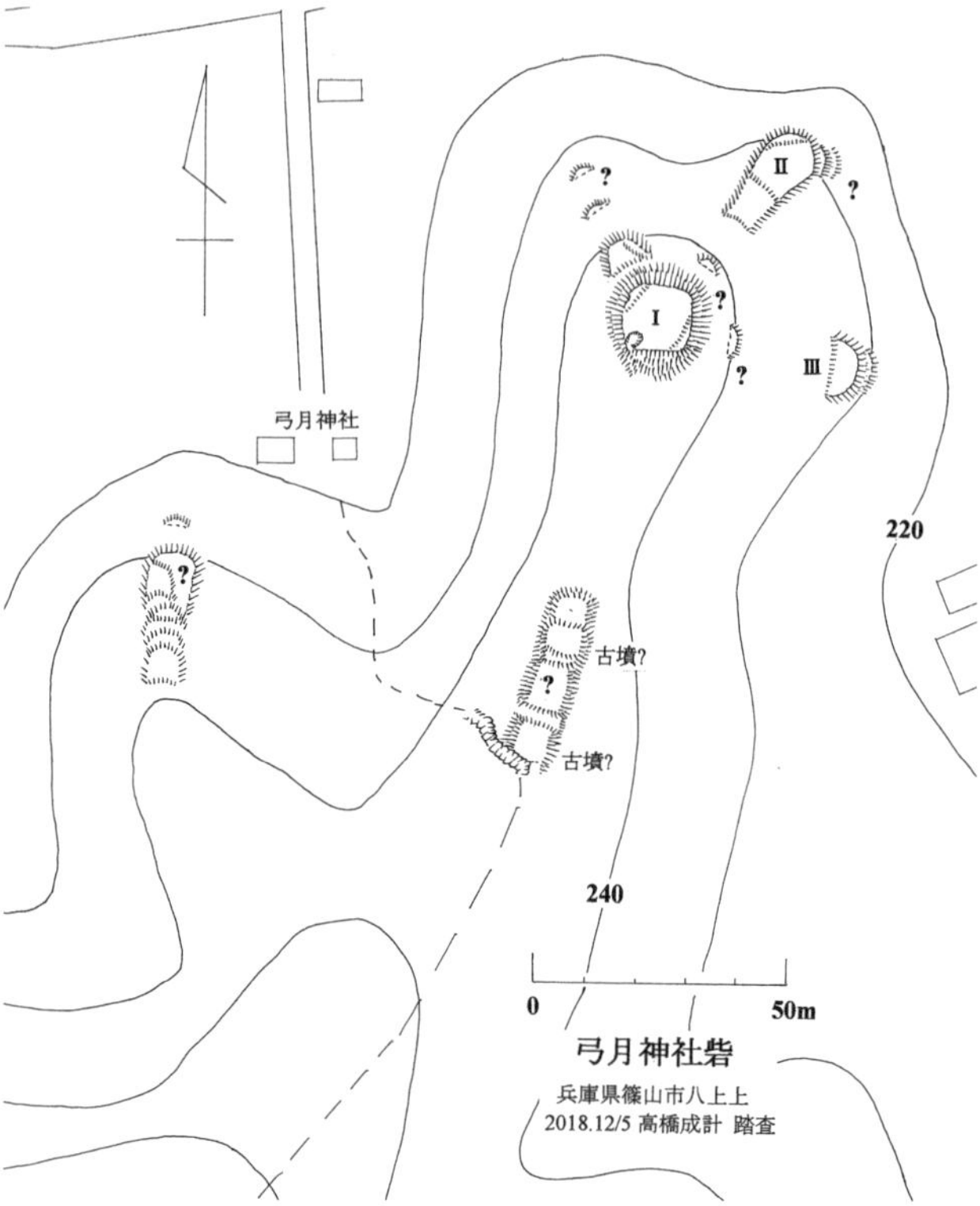

弓月神社砦縄張り図

は三ヵ所ある。奥谷城から南東へ三〇〇mの距離にあり、兵糧を南西方向から搬入する場合、重要な見張り場所となる。

[弓月《ゆみづき》神社砦] 高城山から北東へ延びた尾根先にあり、篠山川を隔てて約一kmの距離に明智方の本陣般若寺城がある。

また、北東二〇〇mには八上城合戦で死亡した人々の首塚があり、合戦の激しかった地区であった。曲輪Ⅰは一辺が一二mほどの正方形をしている。北東二〇m下には南北二〇m、東西一〇mほどの曲輪Ⅱがあり、曲輪Ⅰから東三〇m下には、南北一二m、東西七mほどの曲輪Ⅲがある。なお、西山麓の弓月神社背後には、古墳を破壊して曲輪状にした平坦地が二ヵ所ある。

[安明寺《あめじ》砦] 高城山から東へ延びた尾根上にある。曲輪群は西と東にあり、西の曲輪群Ⅰの規模

北側からの遠景（弓月神社砦）

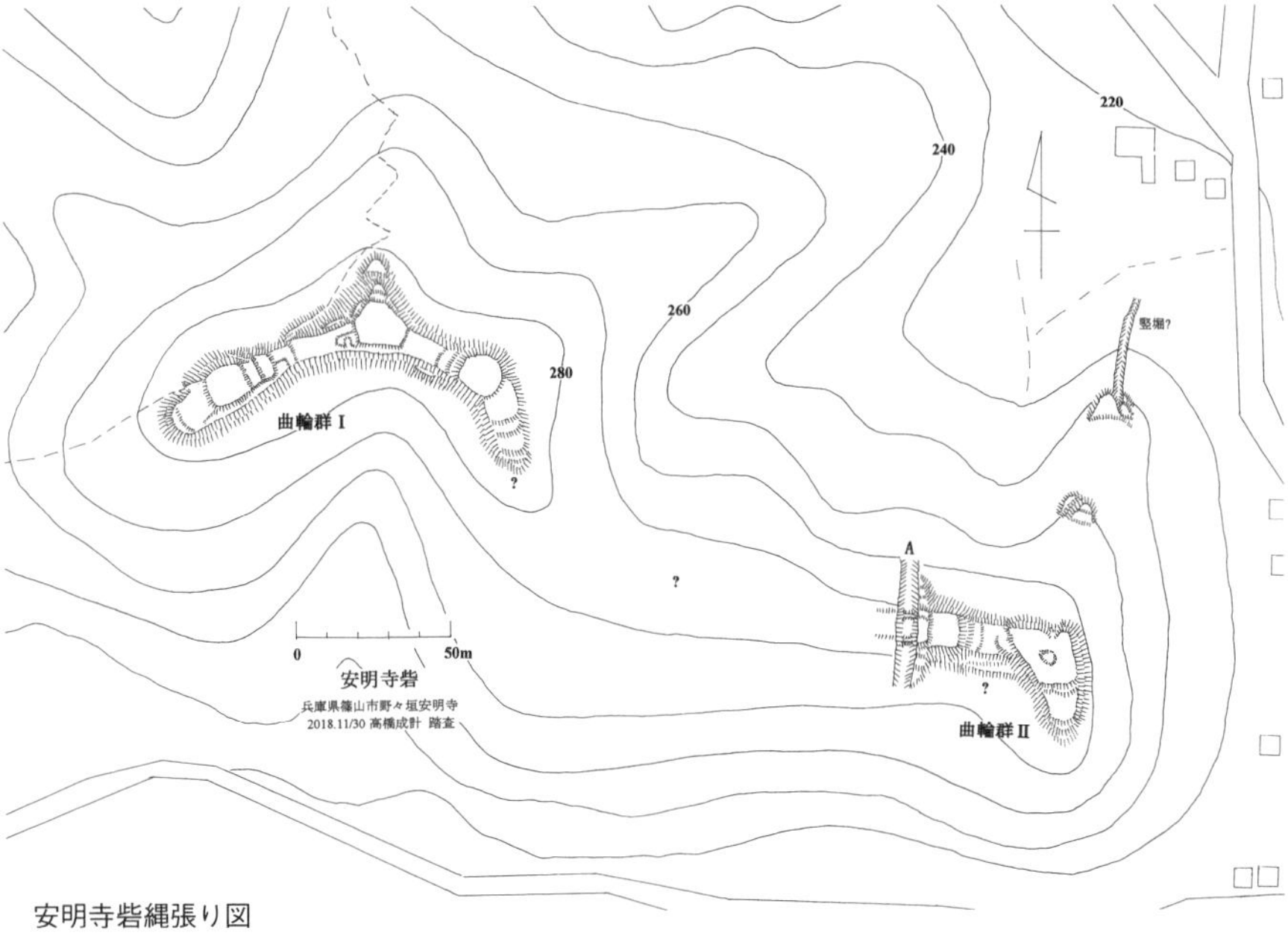

安明寺砦縄張り図

は東西一二〇ｍ、南北三〇ｍほどあり、東西三ヵ所のピークがある。中心部のピークからは、北の平地に下る道がある。東の尾根先にある曲輪群Ⅱは、南北一〇〇ｍ、東西五五ｍの規模で、西の尾根筋を幅六ｍの堀切Ａで遮断し、堀切側には土塁を設け、東方向の尾根先に曲輪群Ⅱを造成している。北に下る尾根上にも二ヵ所の曲輪が見られる。

この砦は、八上城の水場である朝路池につながる谷筋を守備している。また、東方九〇〇ｍにある堂山砦と連携し、八上城の東口（京口）を守備する重要な位置にある。

【評価】八上城は丹波内藤氏や三好氏、織田氏との合戦を経ることで城郭の縄張りが進化した。水場施設である朝路池の防御は、ほかの山城に見られない堅固なものである。このような歴史を持つ城は、丹波では八上城だけである。

北からの遠景（安明寺砦）

堀切（安明寺砦）

初期に築かれた八上城攻めの陣城

34 上《かみ》宿《じゅく》城《じょう》

所在地：兵庫県丹波篠山市宿字法ヶ谷
城　主：不明
遺　構：曲輪
規　模：三八〇×二八〇m
標高／比高：三二〇m／九〇m

【選地】八上城から東へ三・二kmほどにある。東へは京に通じる京街道があり、南へは摂津に通じる街道が分岐する交通の要衝である。西方九〇〇mには波多野氏の堂山砦があり、八上城攻撃の初期に構築されたと考える。

【歴史】不明である。

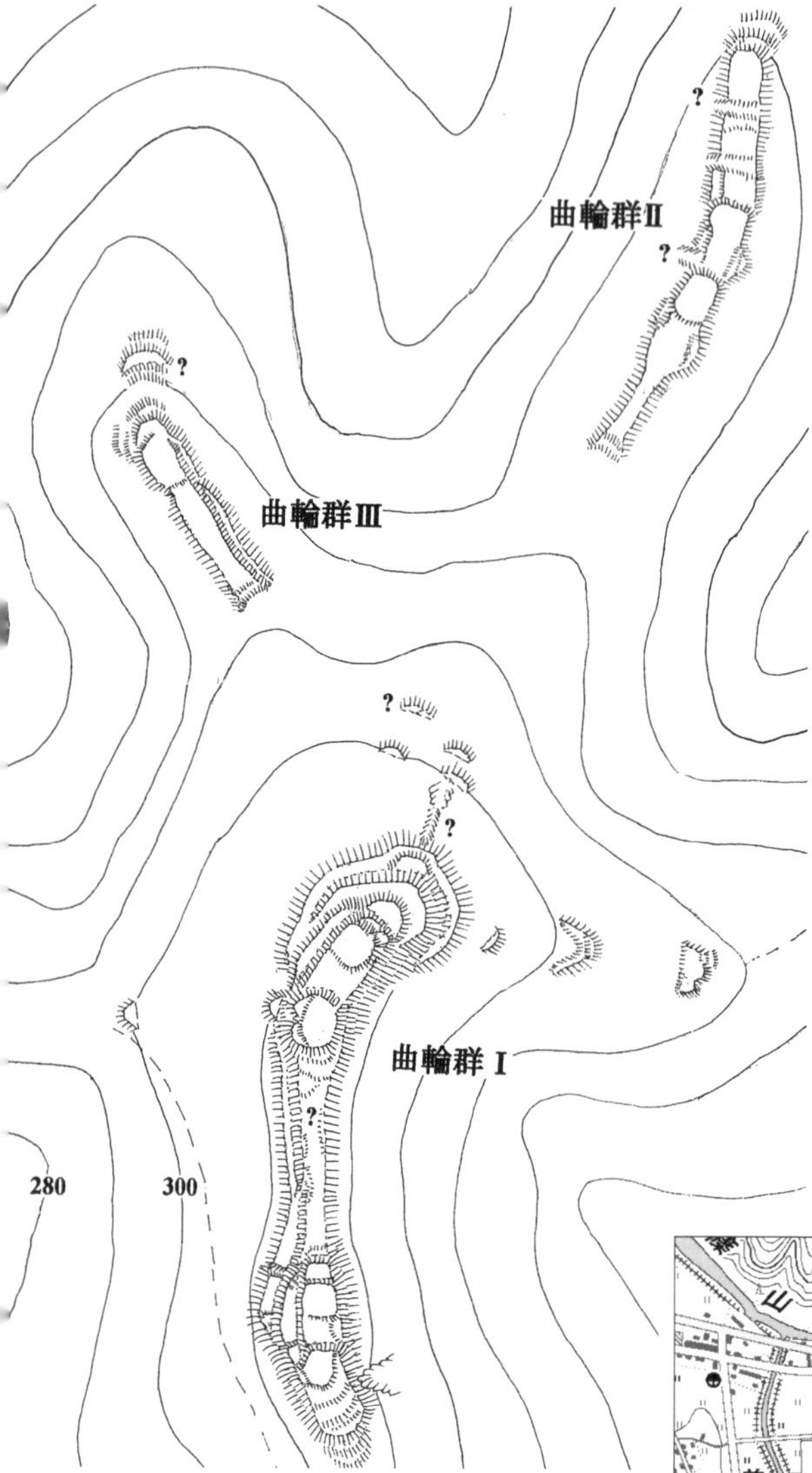

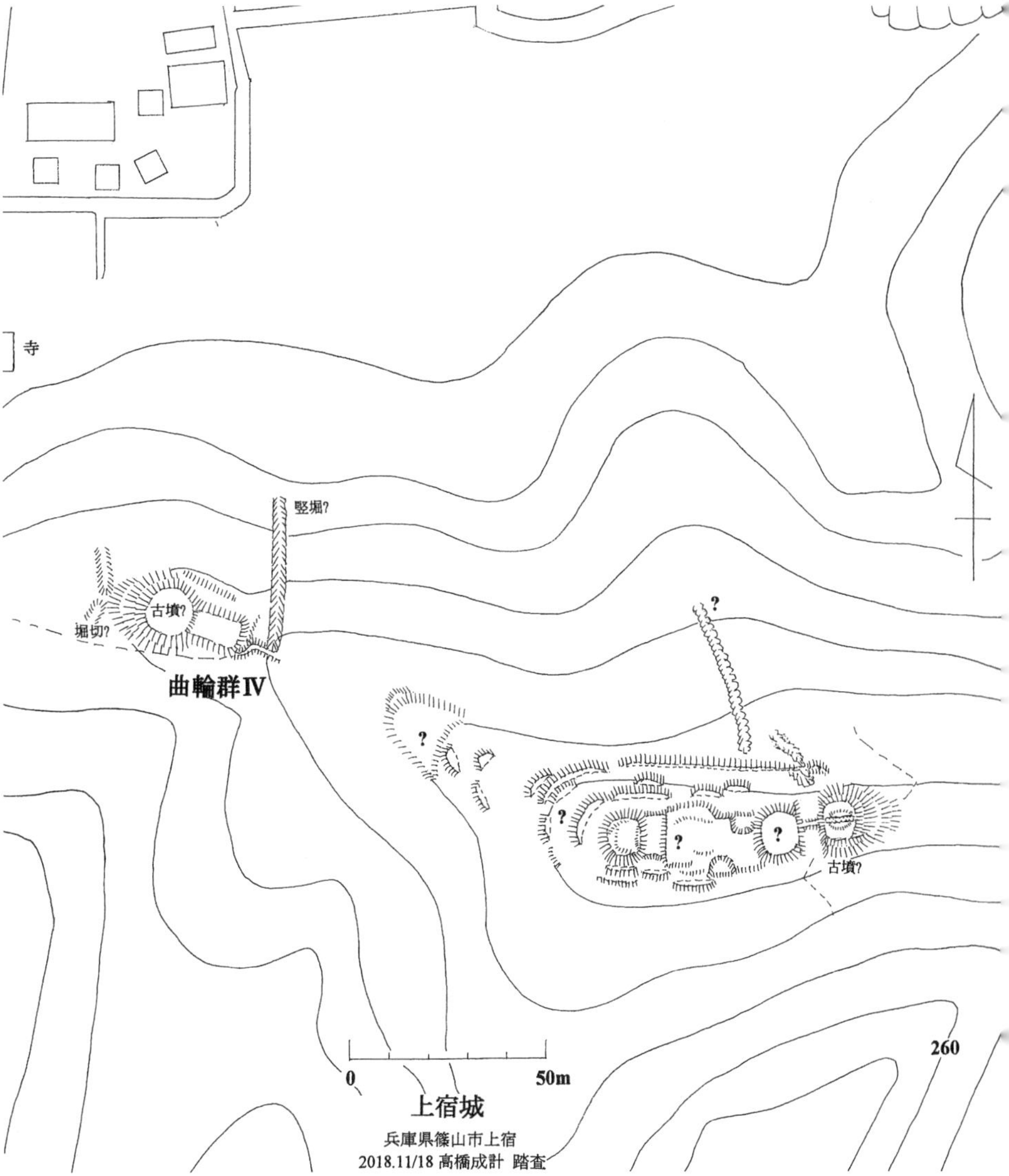

上宿城縄張り図

【遺構】標高三一〇mに位置する曲輪群Ⅰが、中心となる曲輪である。南北一五〇m、東西九〇mほどの規模で、北と南にピークがあり、削平状態も良好である。北に延びる尾根上にある南北九〇m、東西一〇mの曲輪群Ⅱは、古墳の墳丘を破壊して構築されたと考える。曲輪群Ⅰから北西に延びる尾根上に、南北六〇m、東西一〇mほどの曲輪群Ⅲがある。

西に一〇〇mほど下った尾根上には、古墳を破壊して曲輪造成したような地形が一二〇mほど続く。西の尾根先端には、古墳を破壊して造成した曲輪群Ⅳがあり、堀切のような地形も残っているが、明確ではない。

【評価】八上城を攻撃する際、初期に陣を置いた城郭として、八上城攻撃の包囲網を前進させる陣城である。だが、八上城全体を把握できないのが地理的な欠陥で、そのため北側の井上城と南の洞中砦との連携が必要となる。

北からの遠景

上宿城をサポートする陣城

35 西《にし》ヶ《が》辻《つじ》砦《とりで》

所在地：兵庫県丹波篠山市畑市字西ヶ辻
城　主：不明
遺　構：曲輪
規　模：一五〇×三〇m
標高／比高：二八〇m／五〇m

【選地】標高三三〇mの畑市《はたいち》城から北へ五〇〇m尾根の先端に位置する。

【歴史】不明である。

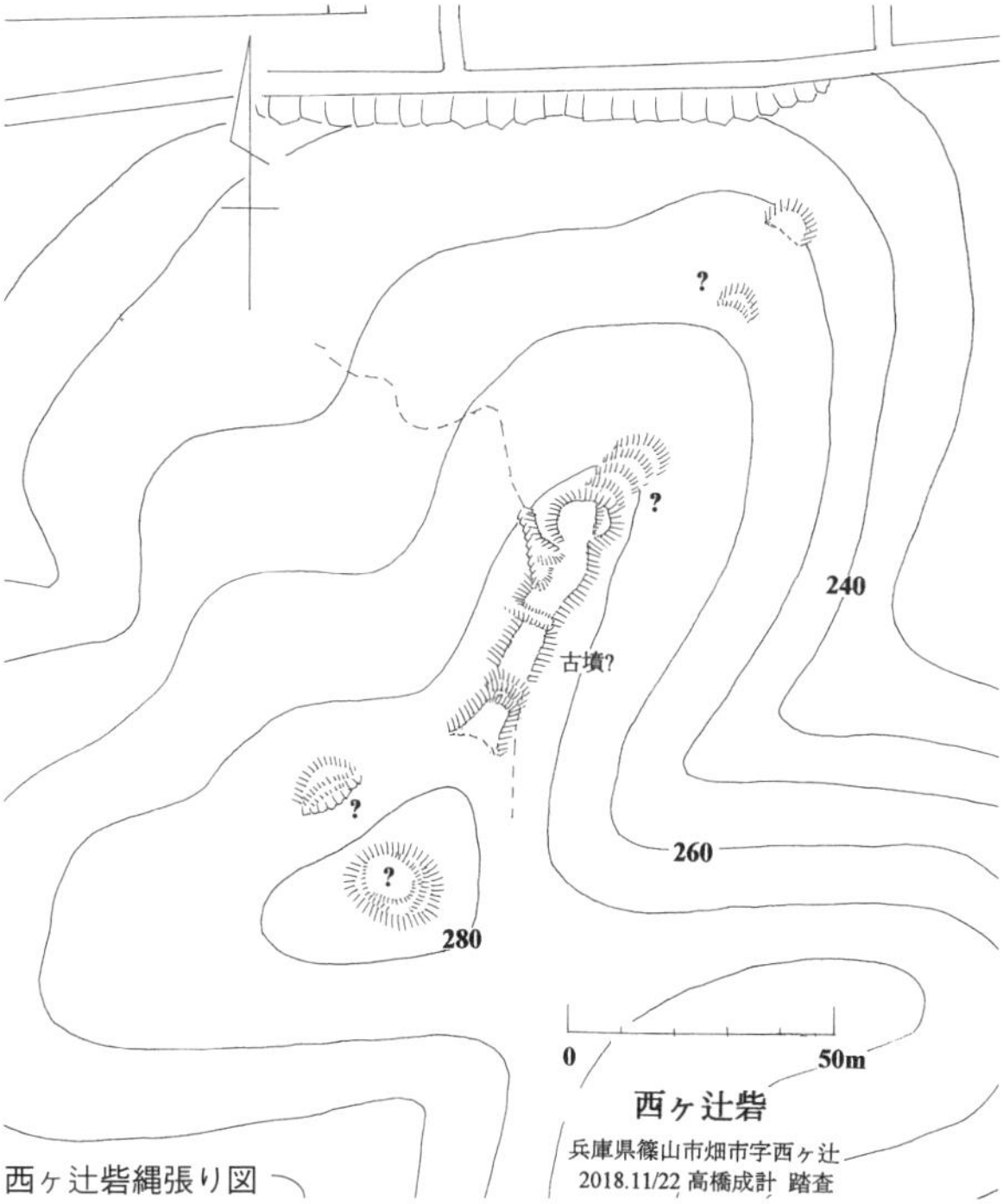

西ヶ辻砦縄張り図

【遺構】遺構は標高二七〇mの北に延びる尾根上に、五〇mにわたって曲輪群が造成されており、北東の先端にも曲輪らしき平坦地がある。また、南の標高二八〇m部分の自然地形も曲輪として使用されたようで、北西の斜面には切岸の造成がみられる。

【評価】南にある畑市城の支城とは考えられず、西方四〇〇mにある上宿城とセットとなった明智方の陣城と考える。

北からの遠景

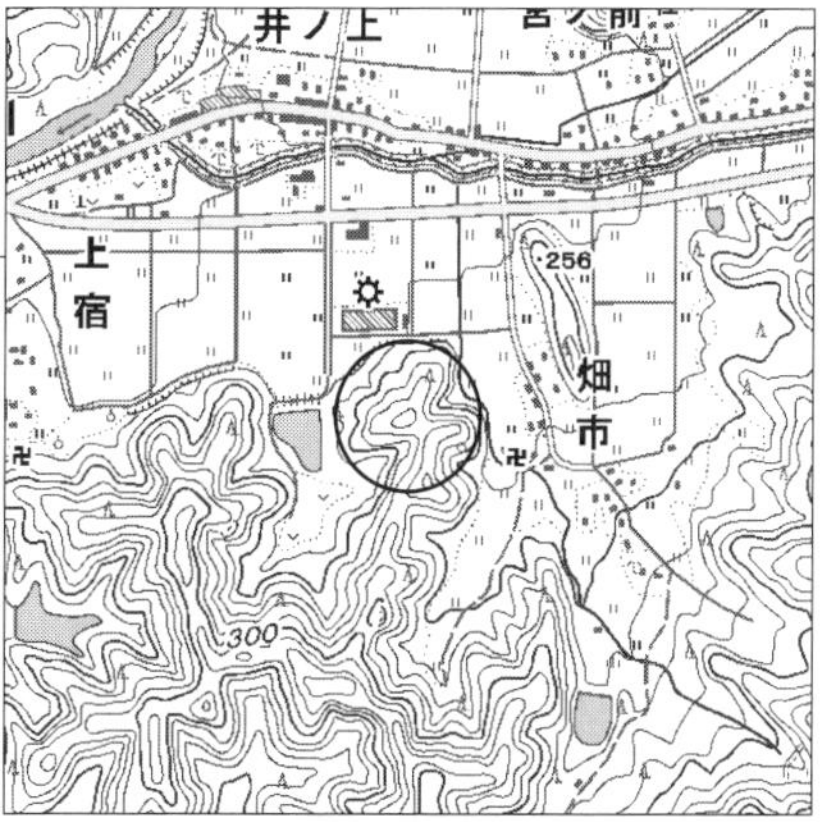

八上城を展望する遠見の城

36 八《はち》ヶ《が》尾《お》山《やま》城《じょう》

所在地：兵庫県丹波篠山市藤坂字峠
城　主：明智氏
遺　構：曲輪
規　模：七〇×二〇m
標高／比高：六七七m／四一〇m

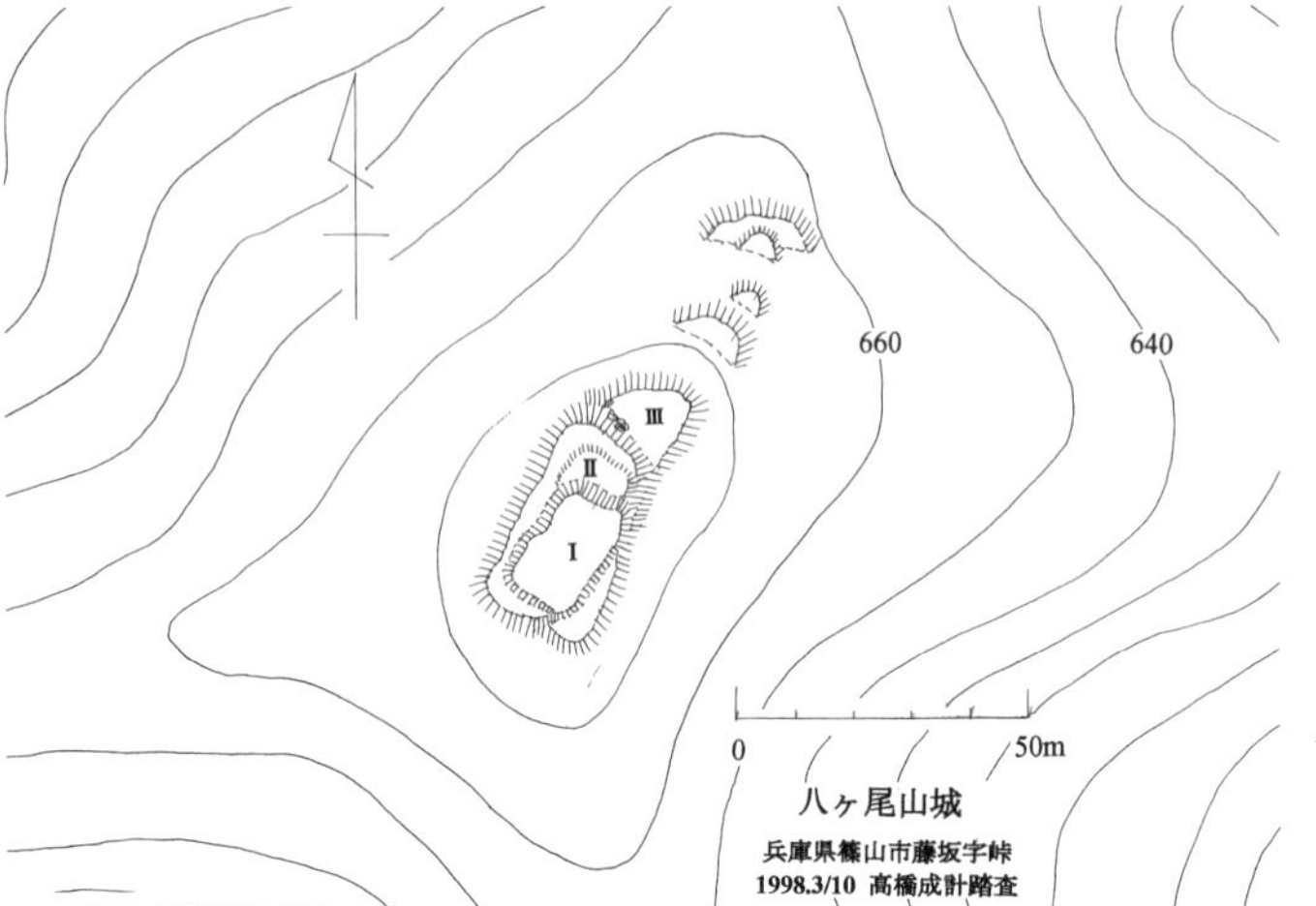

八ヶ尾山城縄張り図

【選地】丹波篠山市の北東部、京都府と境を接する藤坂の南にある標高六七七mに位置する。八上城が南西方向に展望できる場所である。

【歴史】『丹波志』によると、「天正年中明智光秀下知に因て、須知・山内・大芋一族集会し、井尻信濃・須知出羽奉行し築かしむ」という。

【遺構】山頂部の曲輪Ⅰは南北二〇m、東西一〇mほどあり、東側を除く周囲に腰曲輪Ⅱが巡る。北へ延びる尾根に東西一三m、南北一一mの曲輪Ⅲがあり、北の下方に四段の小規模曲輪が続く。

【評価】四方が急峻な地形のため、『丹波志』によると、「夜討用心城」とまで記述されている。遠方から八上城を展望するには、絶好の場所である。

城跡遠景

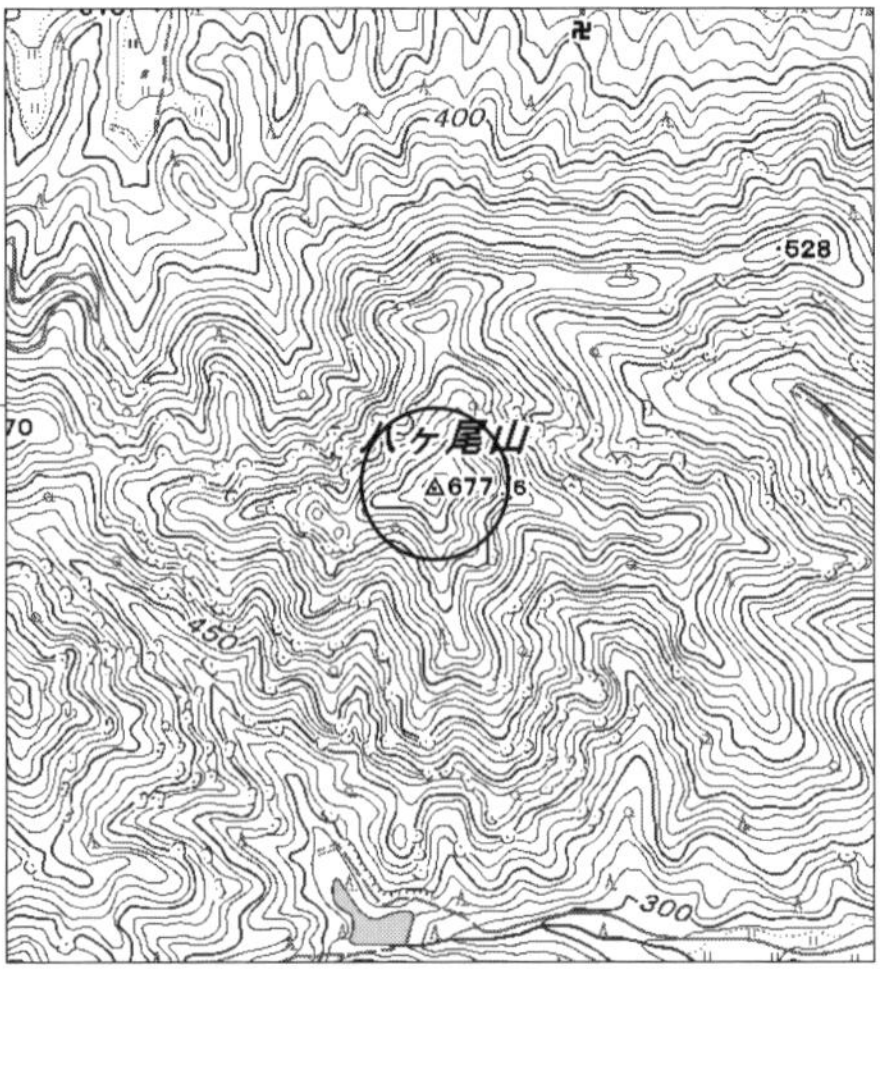

八上城攻撃初期の最東端の陣城

37 ふの木《き》山《やま》砦《とりで》

所在地：兵庫県丹波篠山市宮ノ前
城　主：不明
遺　構：曲輪
規　模：八〇×一五m
標高／比高：二五〇m／三〇m

【選地】上宿城から北東へ七〇〇mにあり、八上城からは約四kmの距離にある。八上城攻めの陣城としては最も東に寄っており、京街道に接している。

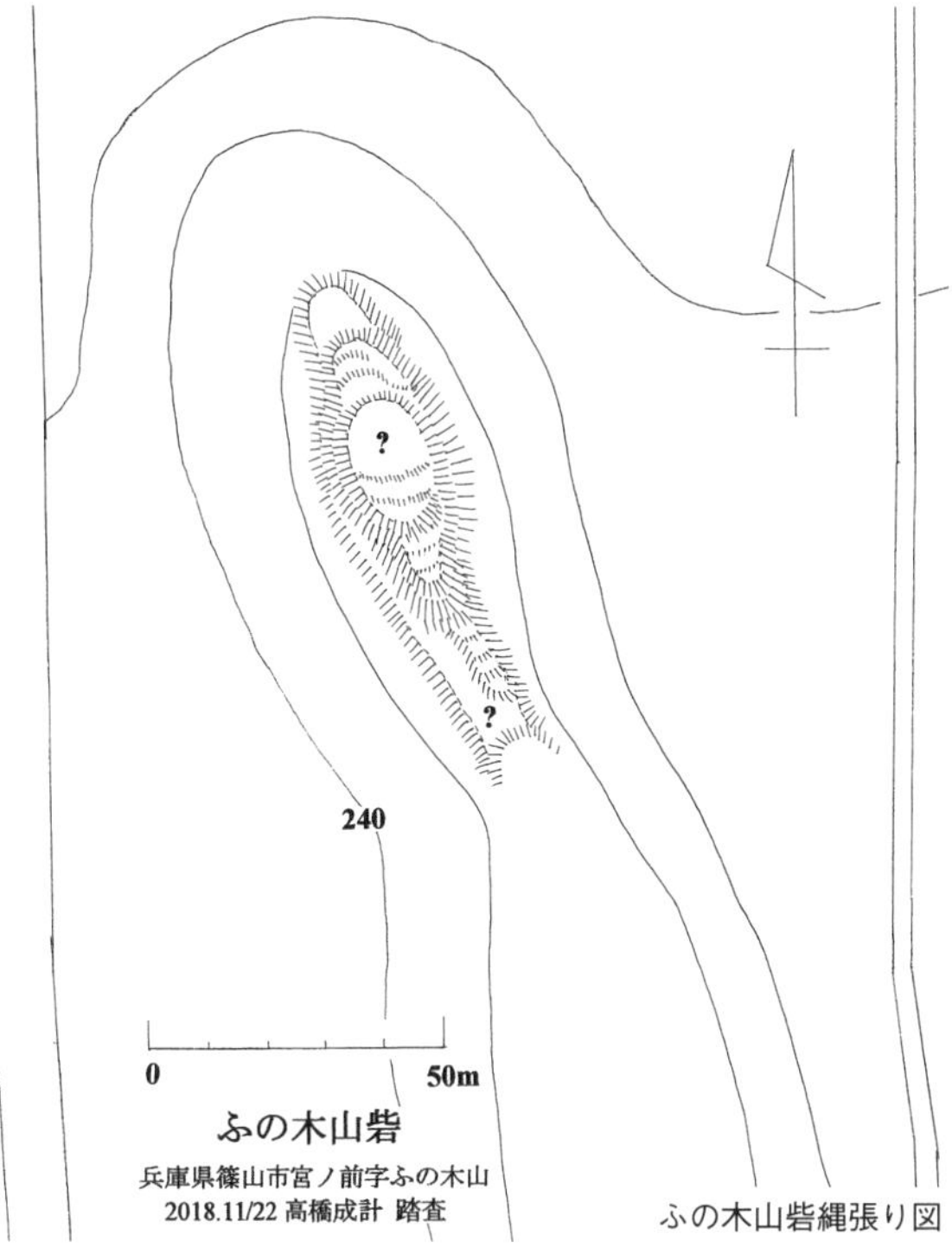

ふの木山砦縄張り図

【歴史】不明である。

【遺構】北側に対しての曲輪と南の鞍部に曲輪の痕跡がみられる。八上城への展望は、北寄りに位置するため良好である。

【評価】八上城攻めに際して構築された東側の拠点となる陣城で、とくに京街道を意識している。亀山との連絡のために築かれたか。

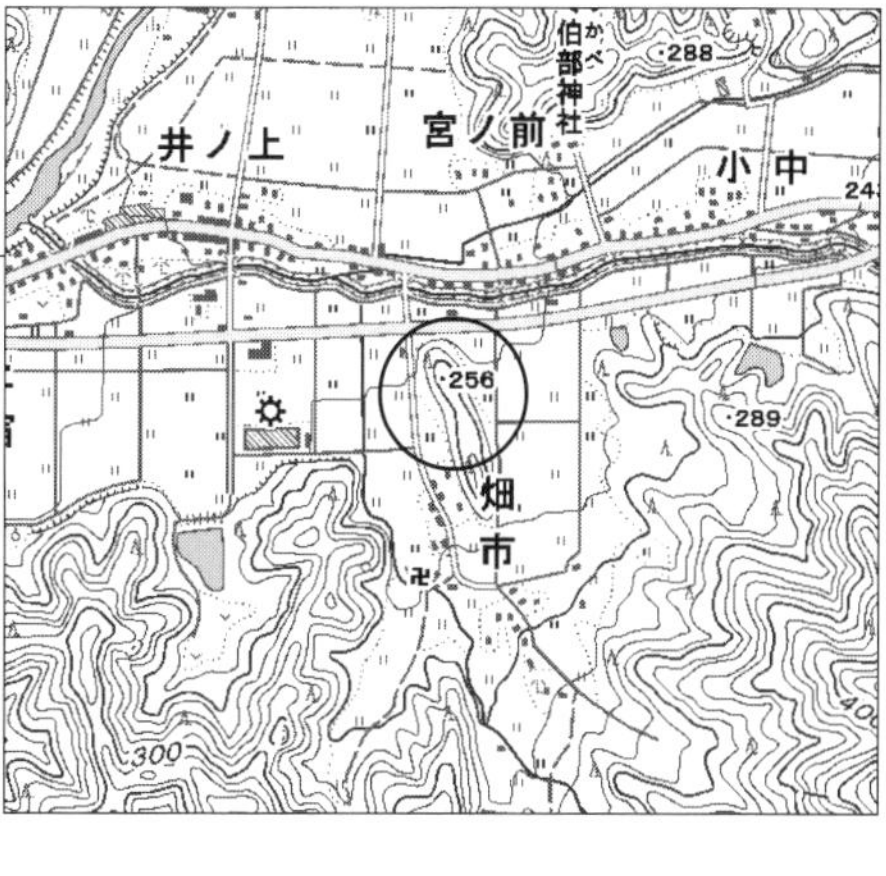

北からの遠景

八上城攻撃初期の南方面の陣城

38 洞《どう》中《なか》砦《とりで》

所在地：兵庫県丹波篠山市曽地中字穂谷山
城　主：不明
遺　構：曲輪・堀切
規　模：一三〇×一五m
標高／比高：二八〇m／五〇m

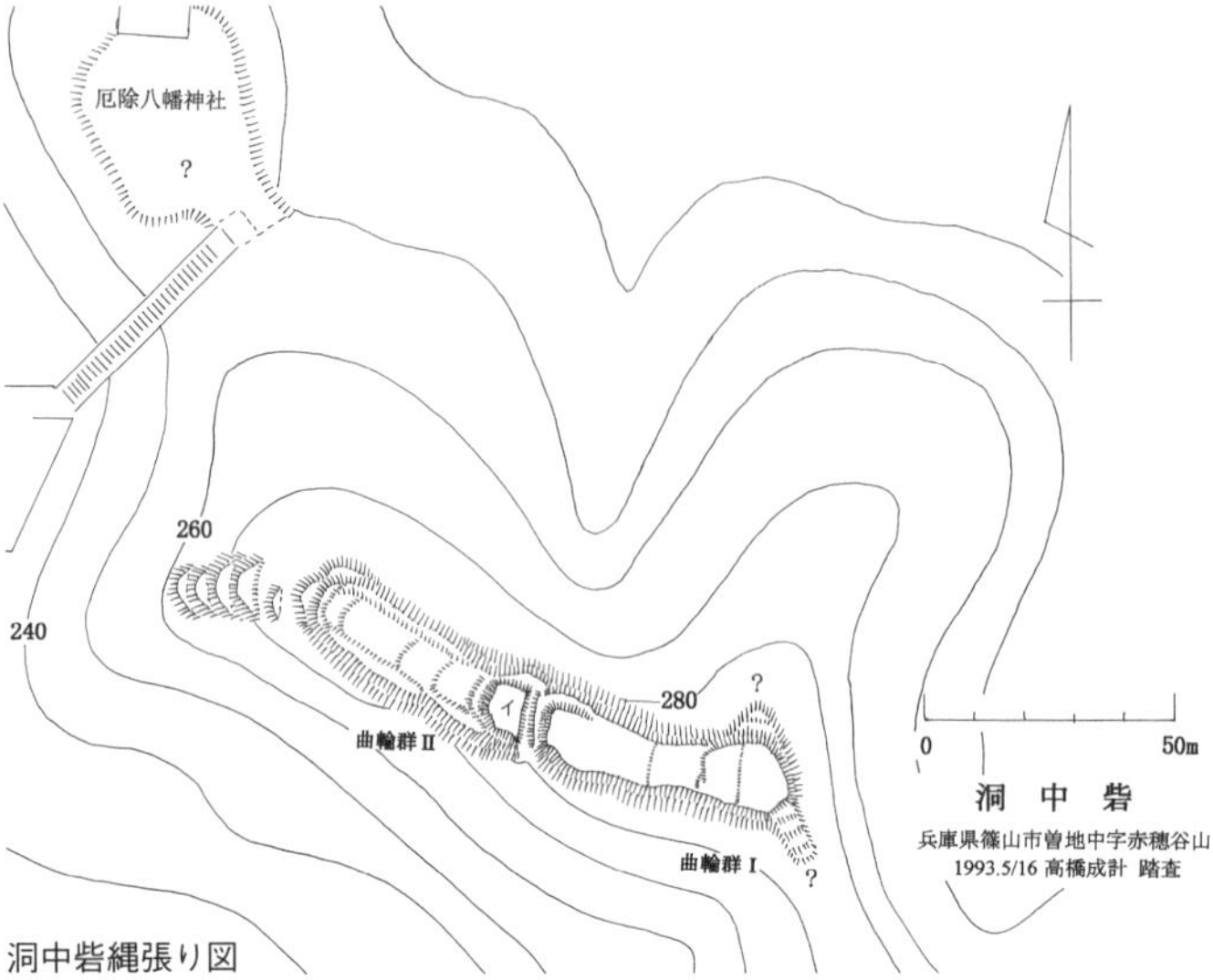

洞中砦縄張り図

【選地】後川《しつかわ》から古坂峠を越えて四十九池《しじゅうくいけ》を過ぎ、曽地中《そうじなか》の集落に入ると、東の尾根先端に砦がある。曽地川流域や南の摂津方面への展望が良好である。

【歴史】不明である。

【遺構】中間部に堀切がある。東側の曲輪群Ⅰの規模は東西五〇m、南北一五mほどで、削平状態は西側の曲輪群Ⅱよりも良好である。西の曲輪群Ⅱの規模は東西五〇m、南北一五mほどで、西側の斜面に五段の小規模な曲輪がある。東側には一辺七～一〇mほどの土壇イがあり、指揮所的な場所であろう。

【評価】八上城背後（南側）の曽地川流域と南の摂津方面からの敵に備えるために構築されたものである。

西からの遠景

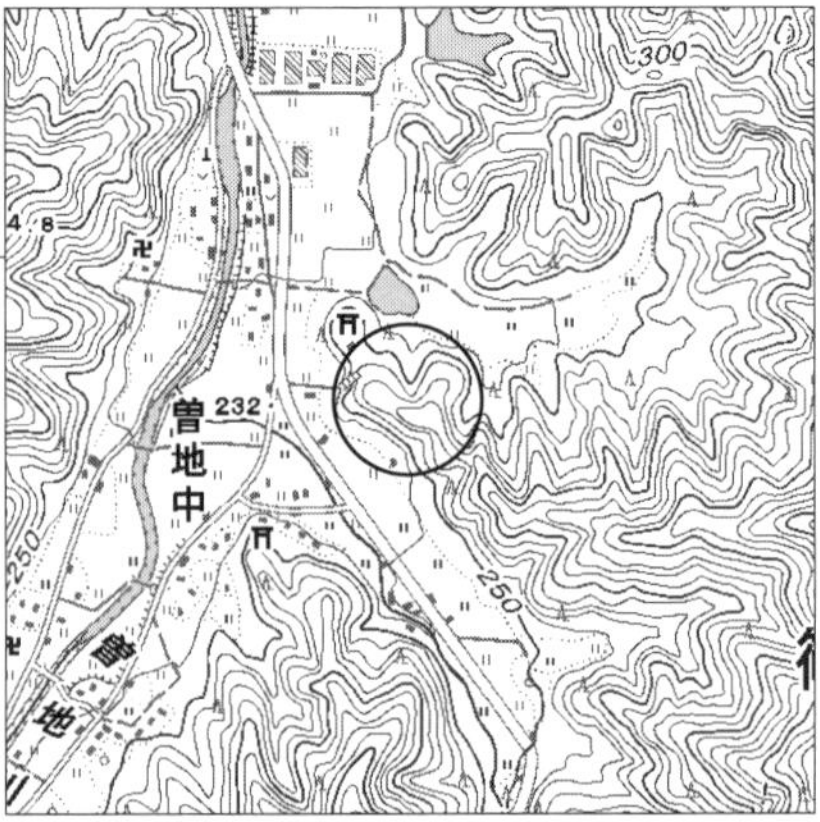

39 般若寺城《はんにゃじじょう》

八上城攻撃の本陣

所在地：兵庫県丹波篠山市般若寺字井根山
城　主：明智氏
遺　構：曲輪・堀切
規　模：一七〇×五五m
標高／比高：二六〇m／五〇m

【選地】八上城の北方、篠山川を隔てた一・八kmに位置する。南山麓に正覚寺《しょうかくじ》があり、東と西の両側に丘が張り出し、正覚寺を包み込むような地形となっている。

【歴史】『丹波志』によると、「明智光秀高城を攻むとき設と云伝」とある。

【遺構】城内は堀切Aにより東西に二分されている。東の曲輪群Ⅰはピークが東と西にあり、東のピークの北側には小規模の曲輪が四段、西のピークにも二段の曲輪がある。西の堀切外の曲輪群Ⅱは、東西五〇m、南北三〇mほどである。

【評価】明智軍が八上城攻めの際に本陣にしたといわれる。八上城とは一・八kmの距離で正面に位置するため、八上城からは般若寺城の内部がすべて見える環境にある。なお、八上城攻撃の五ヵ所の陣城が直線状に並んでいる。

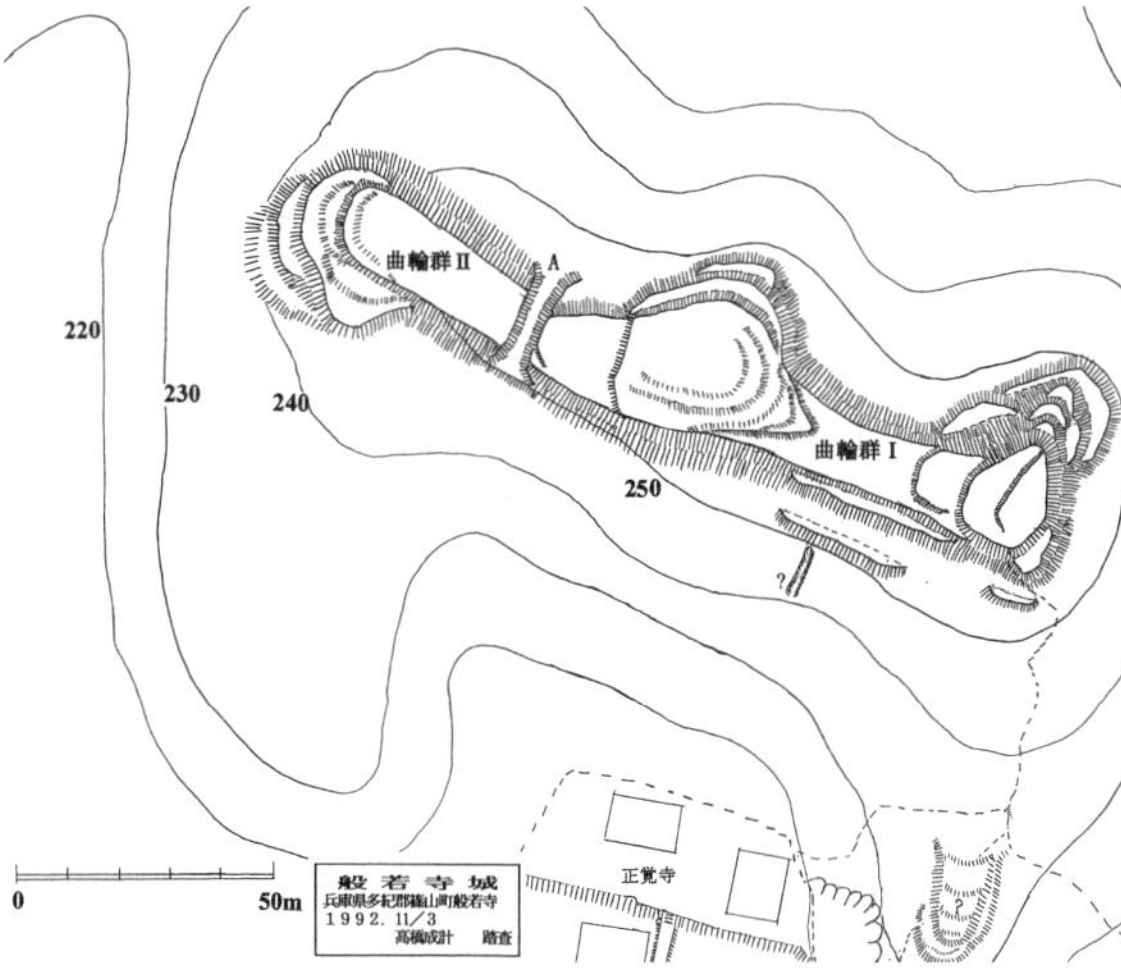

般若寺城縄張り図

南からの遠景

中世の城跡を陣城に利用

40 天《てん》通《つう》寺《じ》城《じょう》

所在地：兵庫県丹波篠山市般若寺
城　主：不明
遺　構：曲輪・竪堀
規　模：三五〇×三五ｍ
標高／比高：三〇二ｍ／九〇ｍ

【選地】本陣の般若寺城から西へ二〇〇ｍにあり、南北に延びる丘陵上に位置する。曲輪跡は北の標高三〇二ｍを中心とした山頂部と、南に延びた尾根先に位置し、現在、観音堂のある場所には、後の前田氏領有時代にキリシタン寺として知られる天通寺があったといわれる。

【歴史】不明である。

城跡遠景

【遺構】曲輪群は三ヵ所に分けられ、北の曲輪群Ⅰは南北六〇ｍ、東西二〇ｍほどで、北側の斜面には四条の竪堀を設けている。中間にある曲輪群Ⅱは、南北六〇ｍ、東西三〇ｍほどで、東に下る尾根には曲輪の痕跡がある。南の曲輪群Ⅲは南北六五ｍ、東西二〇ｍほどで、二基の古墳を破壊して曲輪を造成している。

【評価】東の般若寺城とは二〇〇ｍの距離にあり、連携して作戦を実施した陣城と考えられる。また、北の背後が高いため、周辺への展望が良好である。

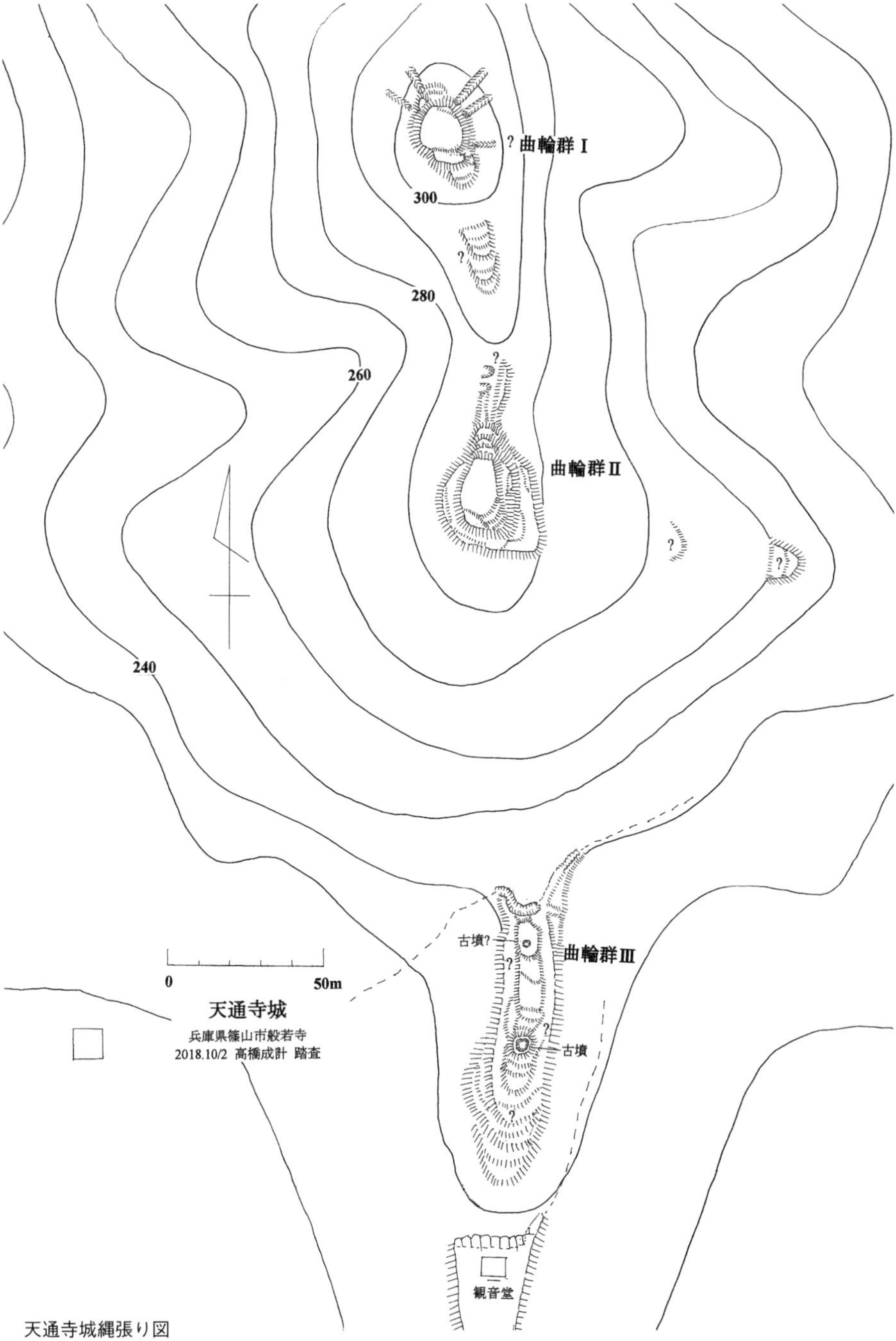
曲輪群Ⅰ
300
280
260
240
曲輪群Ⅱ
古墳?
曲輪群Ⅲ
古墳
0
50m
天通寺城
兵庫県篠山市般若寺
2018.10/2 高橋成計 踏査
観音堂

天通寺城縄張り図

本陣の避難先の性格を持つか

41 大上西ノ山城《おおがみにしのやまじょう》

所在地：兵庫県丹波篠山市大上字西ノ山
城　主：不明
遺　構：曲輪・竪堀・堀切・土塁・虎口・横堀・畝状空堀群
規　模：一五〇×五〇m
標高／比高：二五〇m／四〇m

【選地】八上城から北へ二・五kmにある。八上城を少し見上げる角度となり、明智方の本陣・般若寺城から北へ八〇〇mほどの距離に位置する。北には八百里《やおり》城、丘陵部分には五ヵ所の城跡があり、陣城が築かれる場所としてふさわしいと考える。

【歴史】不明である。

【遺構】主郭となる曲輪Ⅰは南北六〇m、東西二〇mの規模で、西に横堀と畝状空堀群を敷設し、南東に虎口aを設け、東側に腰曲輪を設けている。北と南は堀切で遮断し、北東、南西、南東隅には張り出しがあり、攻撃力をアップさせている。虎口aは狭く、両側に竪堀を敷設して規制している。堀切Aで分離した北の曲輪Ⅱは、南北四〇m、東西二〇mほどで、北の堀切側に墳丘上を平坦にした土壇があり、自然地形を残した曲輪の造成である。

【評価】八上城包囲の陣城の縄張りとしては珍しく、畝状空堀群が敷設され、高切岸で堀切幅も広く、竪堀の敷設もみられる点など、防御性の高さが感じられる。そのため、本陣の危険度が高くなった場合に、後退して避難する性格も有していたと考える。

城跡遠景

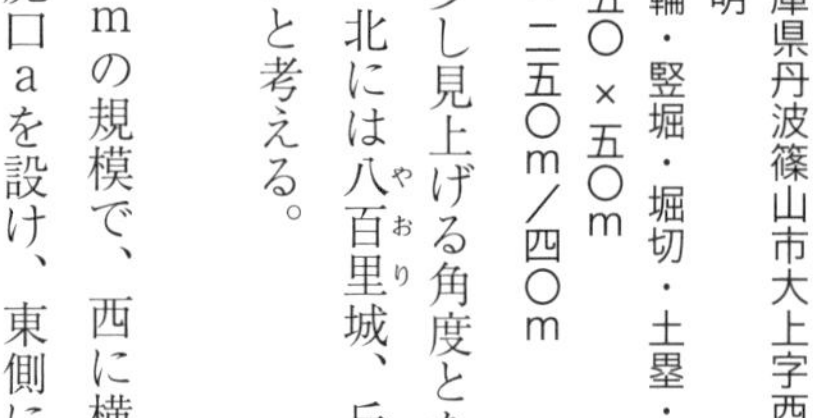

121　大上西ノ山城

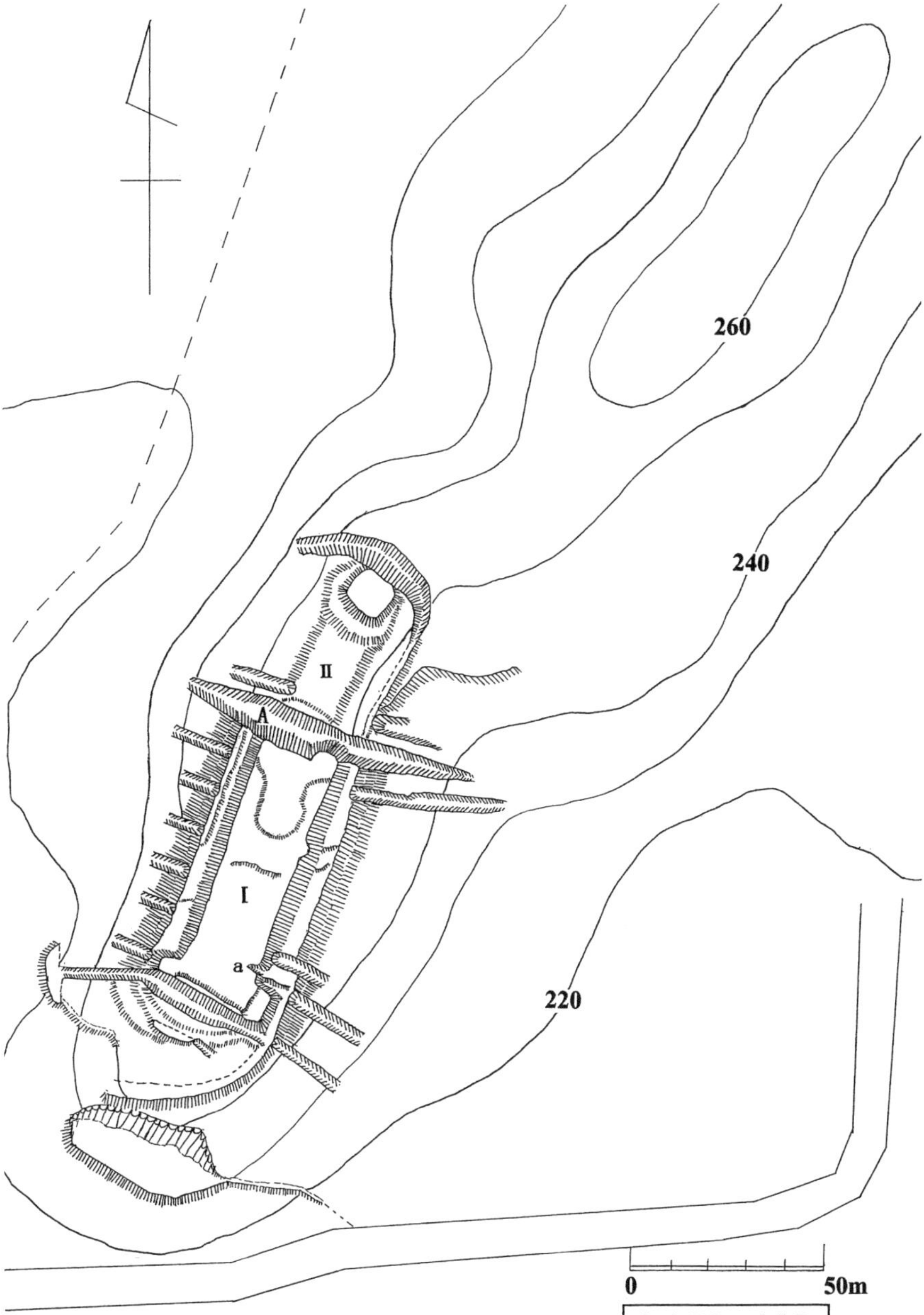

大上西ノ山城縄張り図

八上城包囲網の最前線

42 法光寺城《ほうこうじじょう》

所在地：兵庫県丹波篠山市殿町字法光寺
城　主：波多野氏、三好氏
遺　構：堀切・曲輪・土塁・竪堀
規　模：一〇〇〇×五〇〇m
標高／比高：三四三・八m／一二〇m

【選地】法光寺城は元来、波多野氏の城下町である奥谷を防御するために構築した支城である。八上城の西一㎞に位置し、八上城の西側を守備するための役割も担ったが、攻城時には陣城として使用された。

【歴史】「波多野家文書」によると、八上城攻めの際、法光寺城に詰めていた波多野次郎が八上城方の夜討ちのときに手柄を上げ、内藤宗勝から感状をもらっている。[＊1]

【遺構】法光寺城全体の規模は東西一〇〇〇m、南北五〇〇mほどと巨大だが、八上城包囲時の遺構としては、東側の南北五〇〇m、東西二五〇mの部分となる。西側部分の遺構は、奥谷城の防御に関係するものと考える。

遺構は大きく四ヵ所に分類でき、南側の曲輪群Ⅰの規模は南北一六〇m、東西四〇〇mほどで、東と南の一部に低土塁を設けている。この部分が主郭と考えられ、東に延びる支尾根の先端にも、堀切Aで遮断した曲輪Ⅰがある。北へ五〇mほど行くと曲輪群Ⅱがあり、規模は南北一〇〇m、東西五〇mほどで、南側に低土塁を設けている。東に延びる尾根先端にも、小規模な曲輪群がみられる。北へ三〇mほどには曲輪群Ⅲがあ

南からの遠景

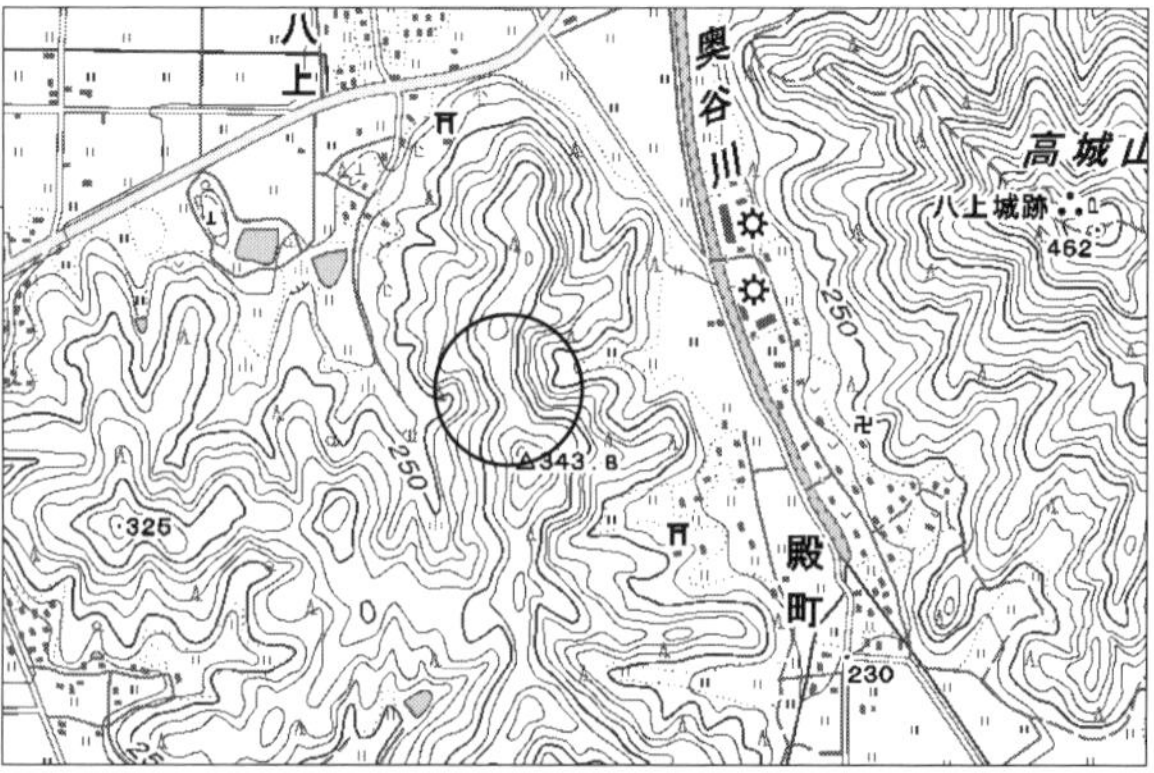

＊1　『戦国・織豊期城郭論―丹波国八上城遺構に関する総合研究―』（八上城研究会、二〇〇〇年）。

り、規模は南北八〇m、東西三〇mほどで、堀切Bを越えると北の先端となり、曲輪群Ⅳがある。規模は南北九〇m、東西四〇mほどで、西側にも曲輪の一部が延びている。

【評価】八上城からすれば、居館の奥谷城と近距離にあり、ここに明智軍の陣城が置かれたことは、喉元に刃をあてられたような感じであろう。八上城包囲で最前線となった陣城である。

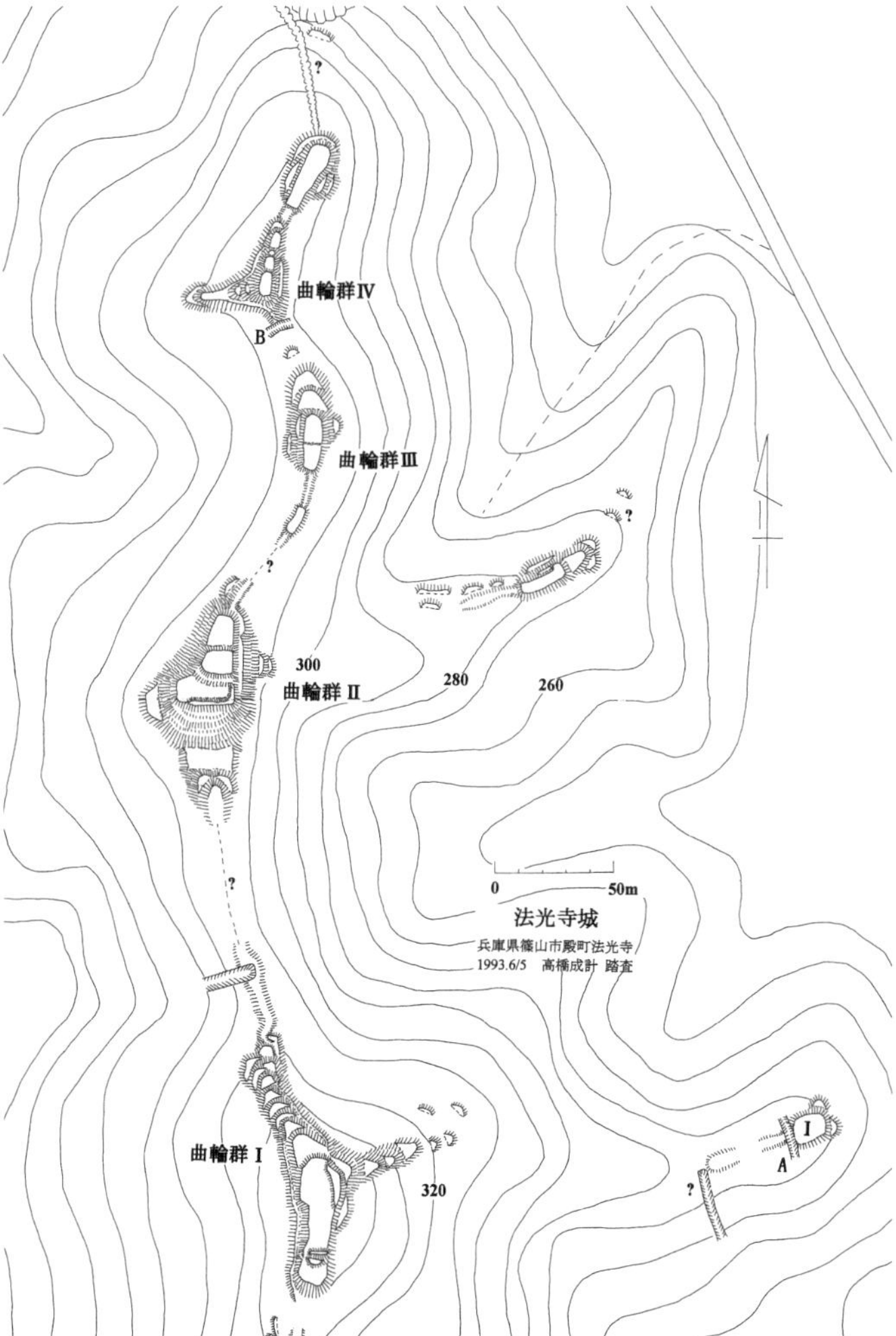

法光寺城縄張り図

峠と集落の入口を監視

43 小《こ》谷《たに》城《じょう》

所在地：兵庫県丹波篠山市小多田字小谷ノ坪
城　主：不明
遺　構：曲輪
規　模：一〇〇×五〇m
標高／比高：二八〇m／六〇m

【選地】小多田《おただ》集落の西側に位置する標高二八〇mの尾根先に位置する。東方には奥谷方面への峠があって、直接望むことができる。また、北の小多田集落入口への展望も良好である。

【歴史】不明である。

【遺構】中心となる曲輪Ⅰの規模は南北八〇m、東西三〇mほどで、削平状態が悪い。北東の先端には帯状曲輪を設け、三段の小規模曲輪がある。北へ延びる尾根上には通路がつながり、自然地形が広がる。

【評価】八上城の波多野氏が、奥谷防御のために構築したとするには疑問がある。法光寺城西方の尾根上には曲輪があり、これで対処が可能なためと考えるからである。むしろ、八上城包囲の明智方の構築と考えた場合、奥谷側の峠と北の集落入口が望めるため、陣城として機能的である。

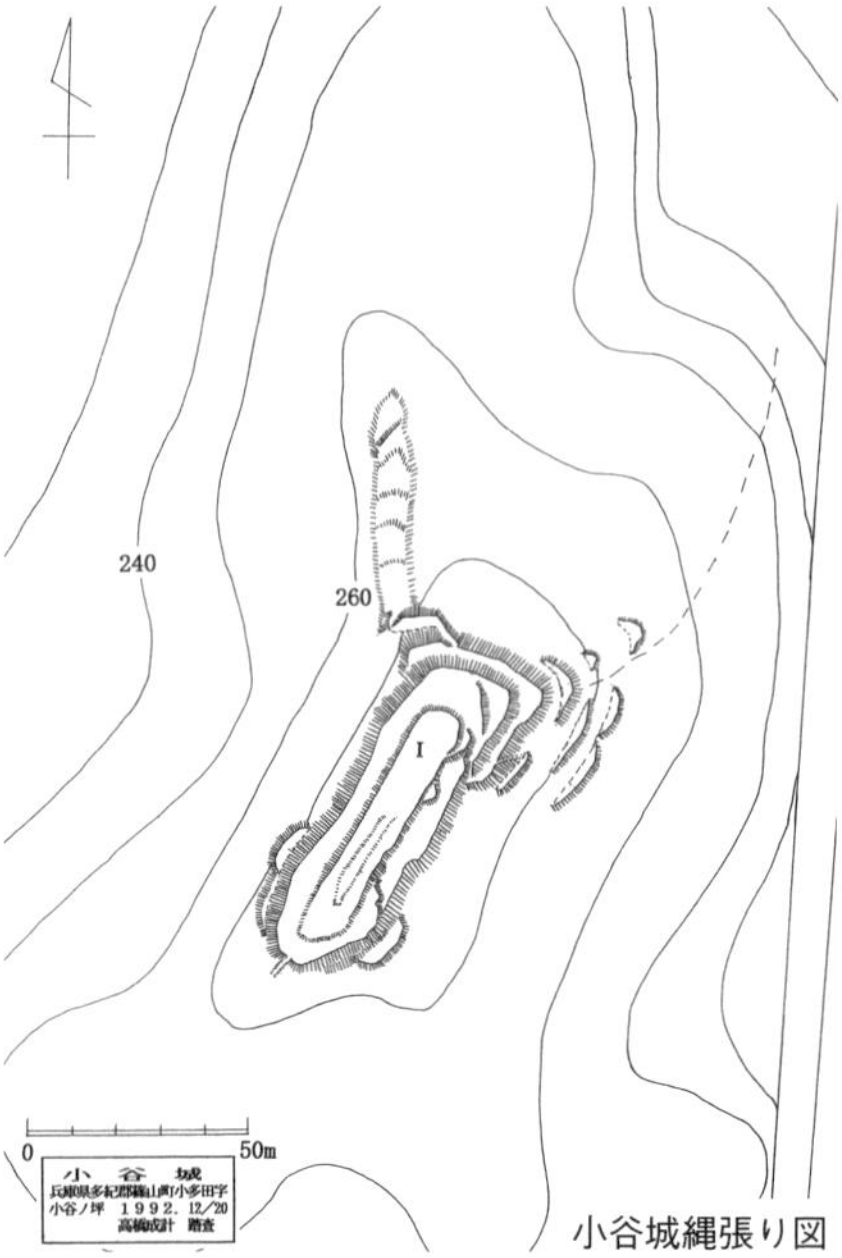

小谷城縄張り図

北からの遠景

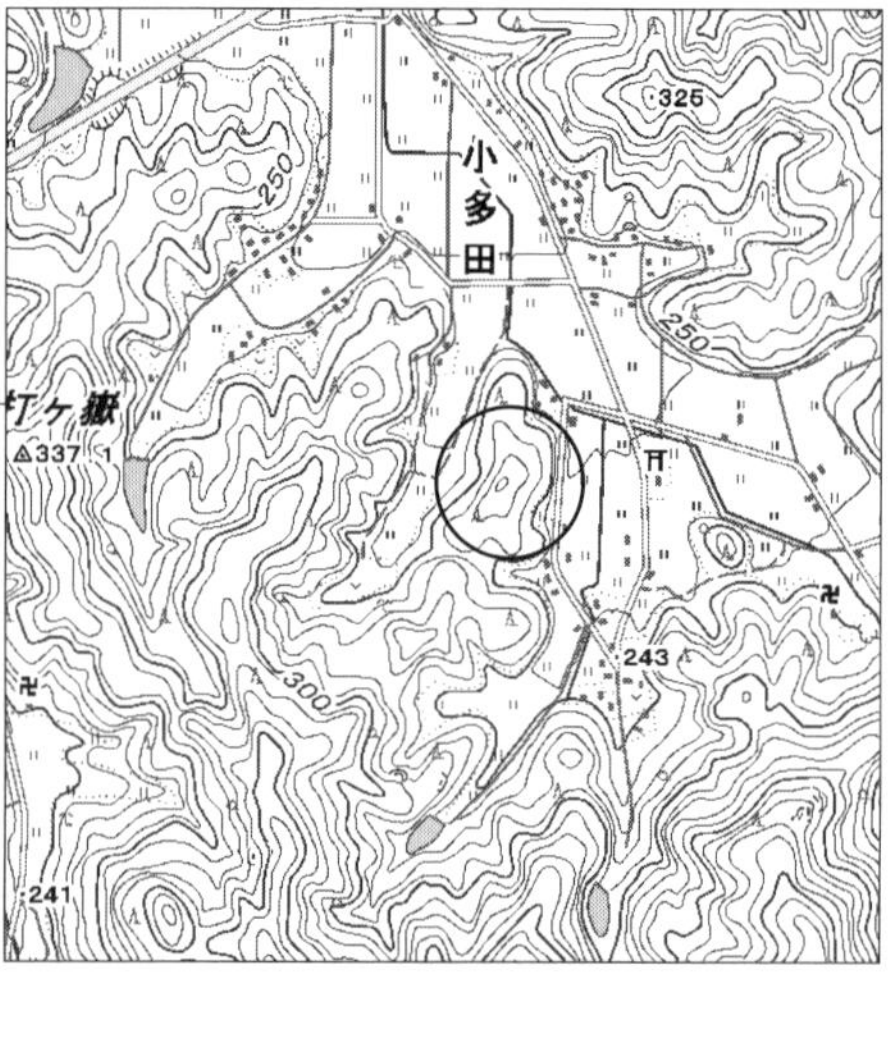

波多野方の攻撃をうけた陣城

44 勝《かつ》山《やま》砦《とりで》

所在地：兵庫県丹波篠山市和田字東勝山
城　主：明智氏
遺　構：破壊のため遺構なし
規　模：不明
標高／比高：二四〇m／四〇m

【選地】八上城から北へ一・五kmの距離にあり、現在、青山台ゴルフ倶楽部の敷地（クラブハウス）となっている。

【歴史】『丹波志』によると、「明智高城を攻むる時向城とす」とある。また、この砦は「籠山」とも呼ばれる。光秀の書状によると、波多野氏の攻撃をうけて、小畠永明がこの砦で討ち死にしている。*1

南西からの遠景

【遺構】遺跡地図には「南北二〇〇mの連郭、主郭部分残存」とあるが、現在破壊されて遺構は消滅してしまった。

【評価】八上城の北側正面に位置し、波多野氏の攻撃対象とされているため、八上城側から見ると、目障りな陣城であったと考える。しかし、破壊されているため実像は不明である。

*1　明智光秀書状（『明智光秀』85）。

道路建設で南部分が破壊

45 塚《つか》ノ《の》山《やま》砦《とりで》

所在地：兵庫県丹波篠山市野間字塚ノ山
城　主：不明
遺　構：堀切・曲輪
規　模：一〇〇×三〇m
標高／比高：二四〇m／四〇m

【選地】勝山砦から西に二五〇mほどの距離にある。西方の野間《のま》砦とも四〇〇mと近く、八上城へは一・八kmほどであり、南には篠山川が流れる環境で、陣城として好条件である。

【歴史】不明である。

【遺構】堀切Aで遮断した南部分の曲輪Ⅰは、南北一五m、東西一〇mほどの規模で、削平状態が良く、先端には小規模の曲輪があった。しかし、現在は南側の道路拡張により切り取られてしまい、残念ながら消滅してしまった。

南からの遠景

西側には傾斜をともなう二段の曲輪がある。中間の曲輪Ⅱの規模は南北三〇m、東西一五mほどあり、自然地形の部分が多い。北の溝を境とした曲輪Ⅲの規模は南北四五m、東西三〇mほどで、自然地形の部分が多い曲輪である。北側には墳丘を加工した土壇Bがあり、直径一〇mほどの規模で、高さは一・五mほどである。

【評価】近年、道路工事によって南西先端部の曲輪Ⅰが消滅してしまい残念だが、堀切が半分残っており、砦であることは理解できる。

堀切

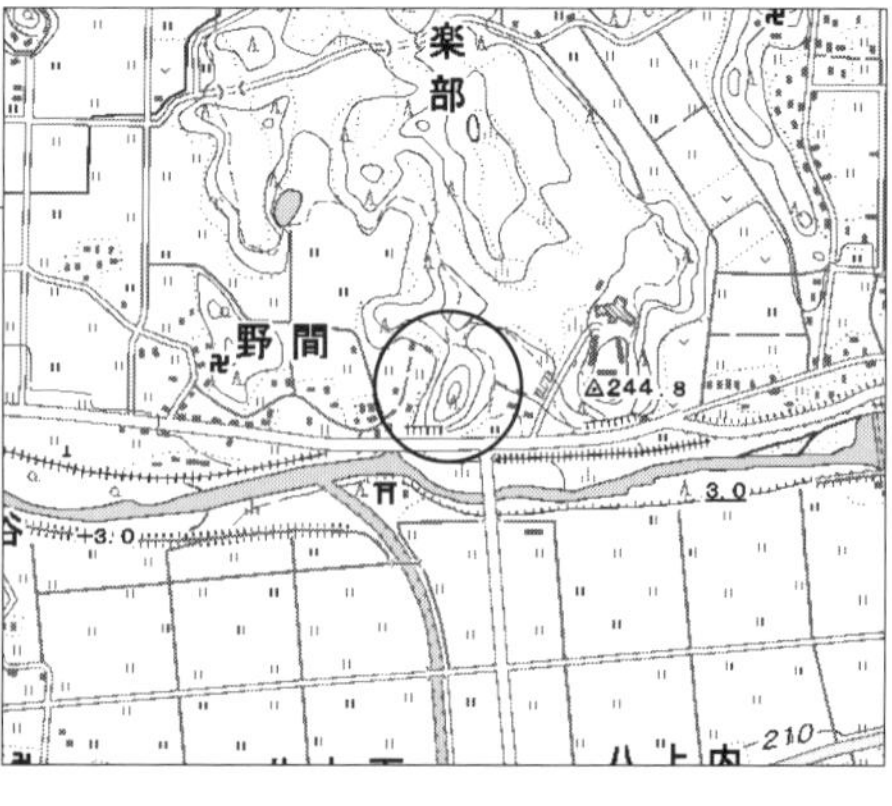

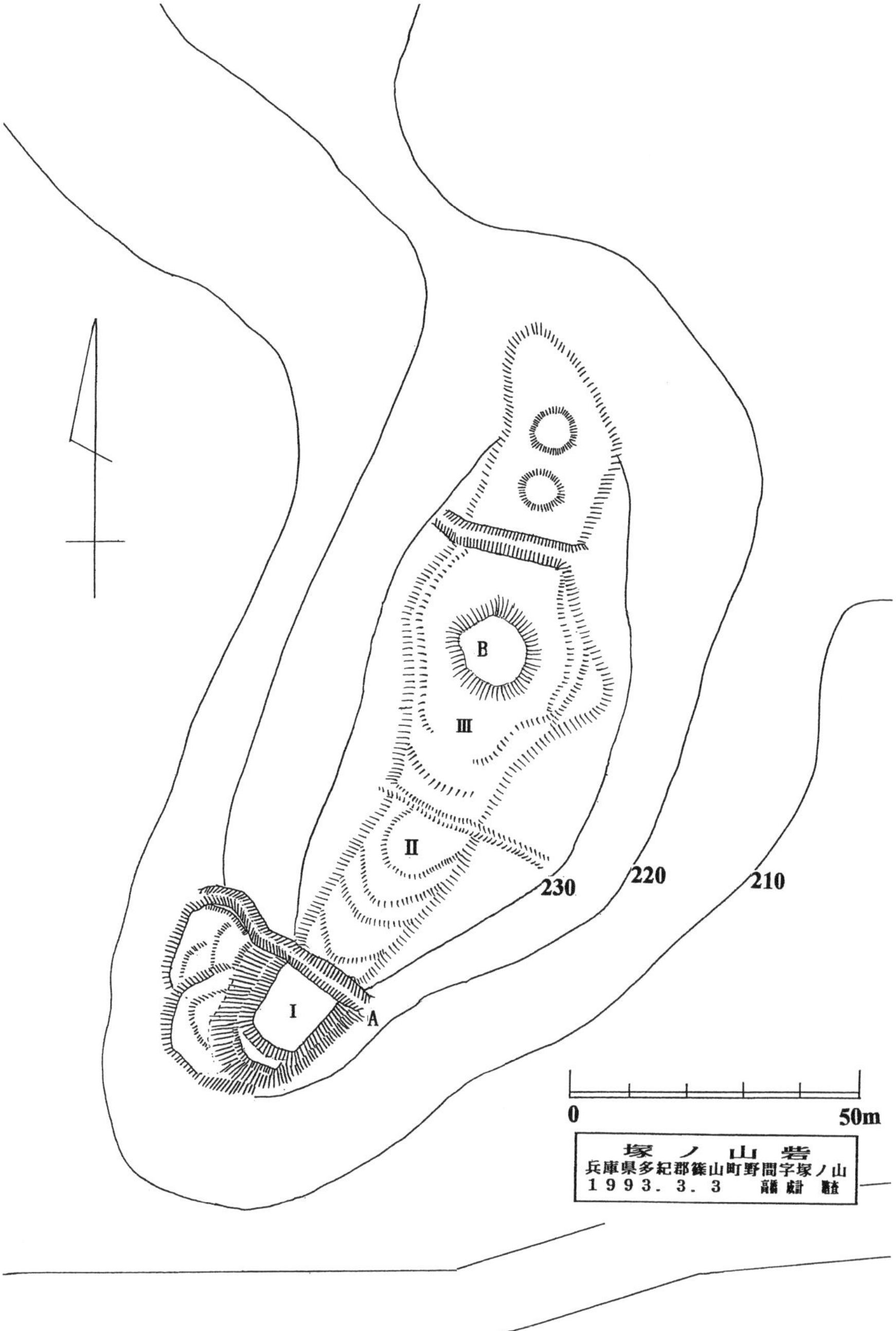
B
III
II
I
A
230
220
210
0
50m
塚　ノ　山　砦
兵庫県多紀郡篠山町野間字塚ノ山
1 9 9 3. 3. 3　高橋成計 踏査

塚ノ山砦縄張り図

指揮所が二つある陣城

46 野《の》間《ま》砦《とりで》

所在地：兵庫県丹波篠山市野間字井根山
城　主：不明
遺　構：堀切・曲輪・土塁
規　模：一二〇×四〇m
標高／比高：二二〇m／二〇m

【選地】塚ノ山砦から西へ三五〇m、標高二二〇mの丘陵上に位置する。比高は低いが、多方向に展望が良好な場所で、篠山川を隔てて八上城の北方に所在する。

【歴史】不明である。

【遺構】中間部を堀切Aによって南北に遮断している。北の曲輪Ⅰは南北三〇m、東西一五mで、西側に二段の帯状曲輪、東にも小規模な曲輪があり、北側には一辺一〇mほどの土壇Bがある。北には土橋を設けた堀切Cがあり、北側には自然地形が広がる。南の曲輪Ⅱは、北側に土塁をともなった南北一五m、東西一〇mの土壇Dがあり、南には地形に左右された曲輪が五段続く。この二つの土壇は指揮所的な空間と考えられ、同格身分の部将が陣を置いたと考える。

【評価】明智方の陣城として重要な遺構であったが、近年、樹木が伐採され、運搬のための機械等により堀切・土塁・曲輪が破壊されてしまったのは残念である。

城跡遠景

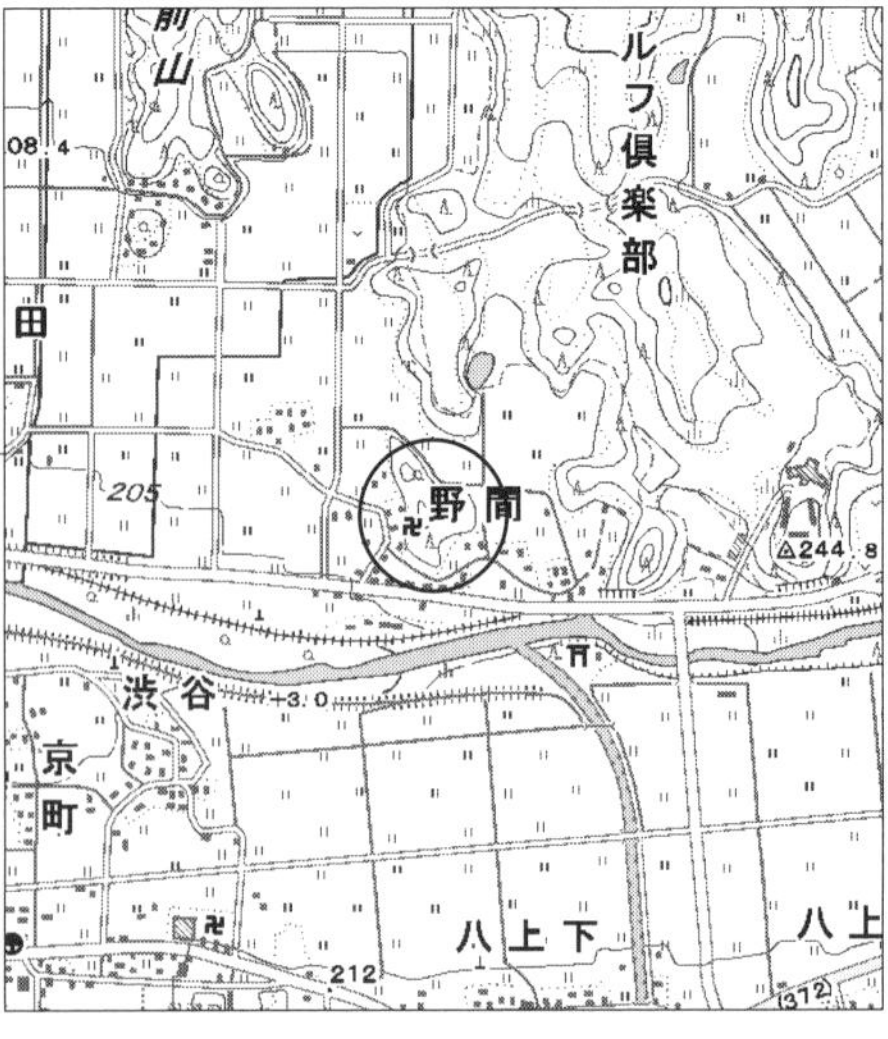

堀切

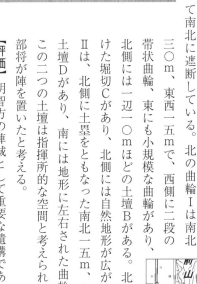

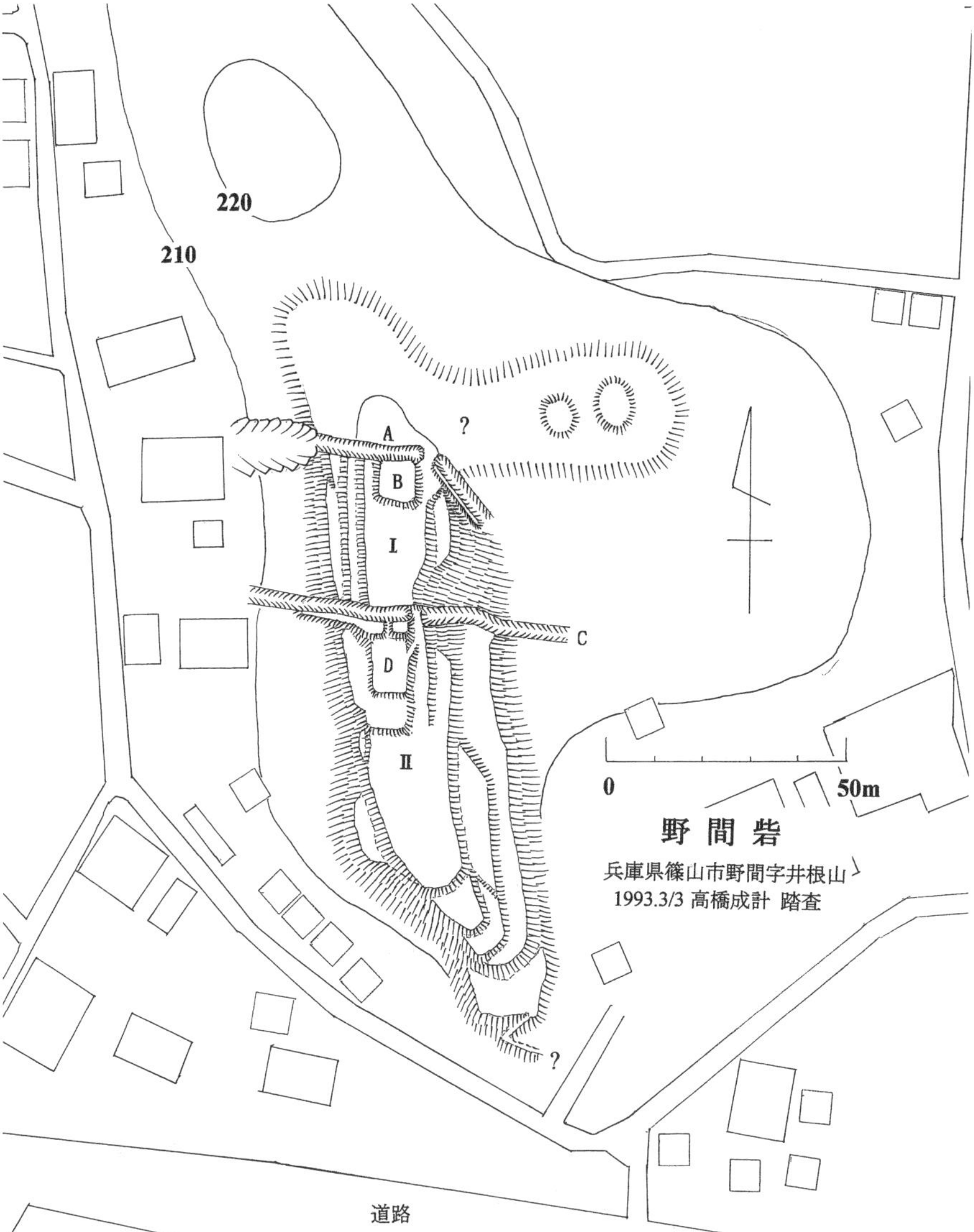

野間砦縄張り図

曲輪

光秀が軍事視察した陣城か

47 曽《そう》地《じ》奥《おく》砦《とりで》

所在地：兵庫県丹波篠山市曽地奥字高野山
城　主：不明
遺　構：曲輪
規　模：一六〇×七〇m
標高／比高：五〇〇m／二三〇m

【選地】北の八上城からの尾根と曽地奥の尾根が接続する場所に位置し、岩盤が露出する傾斜地である。八上城までの距離は二km足らずであり、尾根続きに位置するため、重要な地点である。

【歴史】天正六年（一五七八）のものと思われる九月十三日付けの明智光秀書状によると、「十八日ニ八上之城、後之山へをしあかり可陣取候」とあり、*1「後之山」が曽地奥砦のことである。

北からの遠景

【遺構】曲輪群は西と東の二ヵ所に分かれている。西の曲輪群Ⅰは南北六五m、東西三〇mの規模で、八上城につながる尾根方向に小規模の曲輪が造成されている。東の曲輪群Ⅱは東西一〇〇m、南北二〇mの規模で、削平状態は良好である。

【評価】八上城南方の曽地との間の尾根には四ヵ所の陣城がある。当砦はその中間に位置し、八上城の南側が把握できる重要な場所にある。

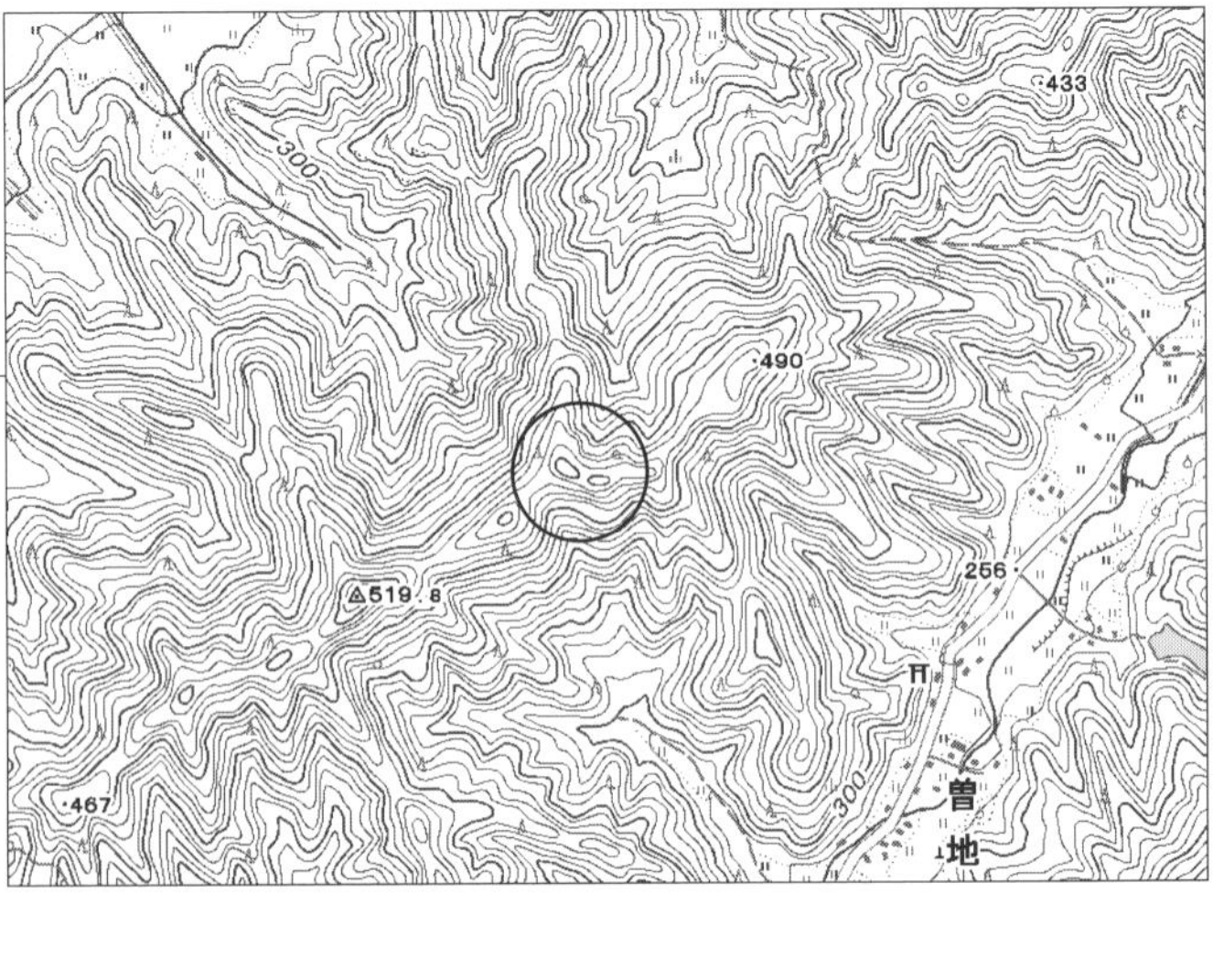

＊1　明智光秀書状（『明智光秀』77）。

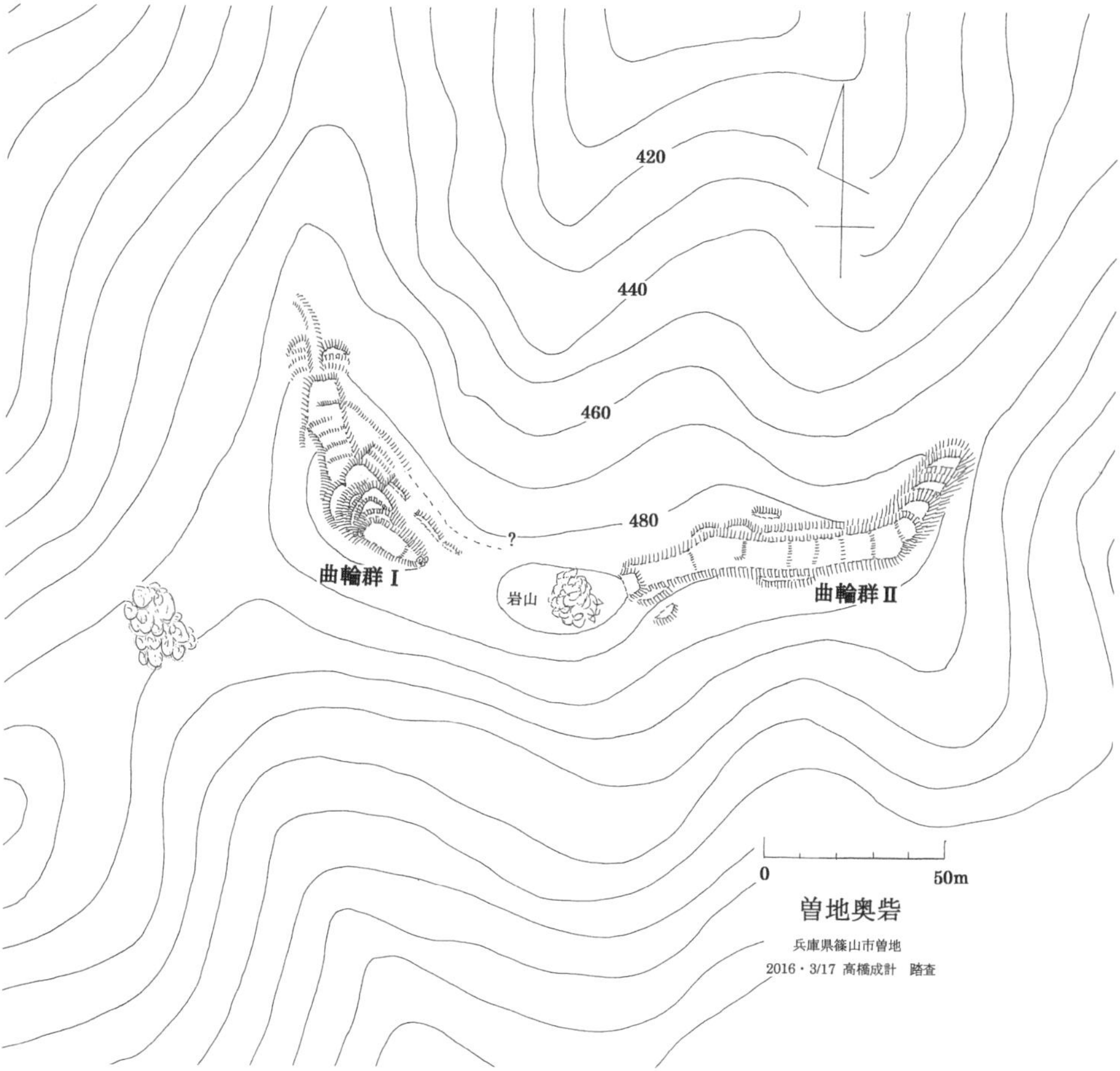

曽地奥砦縄張り図

曲輪群Ⅰ

陣城同士の遮断を防止

48 曽《そう》地《じ》砦《とりで》（A）

所在地：兵庫県丹波篠山市曽地中字西山
城　主：不明
遺　構：曲輪・竪堀
規　模：七〇×五〇m／三〇×一五m
標高／比高：四二〇m／一七〇m

【選地】八上城との距離は二km足らずで、西側には曽地から野々垣に越える峠がある。

【歴史】不明である。

【遺構】曲輪は東西にあり、東の曲輪群Ⅰの規模は南北七〇m、東西五〇m、西の曲輪群Ⅱの規模は東西三〇m、南北一五mで、曲輪群の間は三五〇mほど離れている。

【評価】曽地山地の中間に位置するため、東西に築かれた陣城が、互いに遮断されないために構築されたものである。また、曽地から野々垣に越える峠を監視する役割も担っていたと考える。

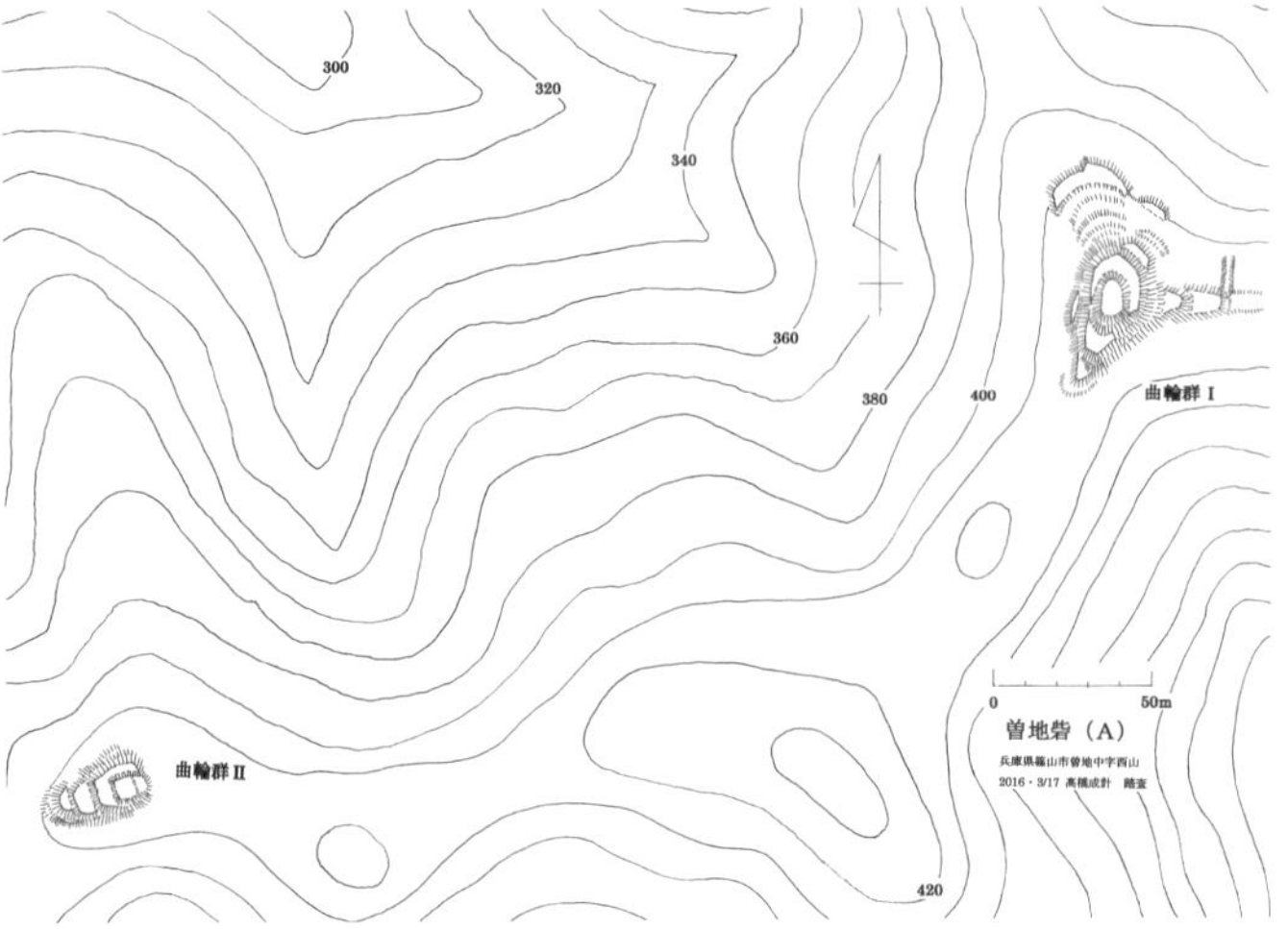

曽地砦（A）縄張り図

北からの遠景

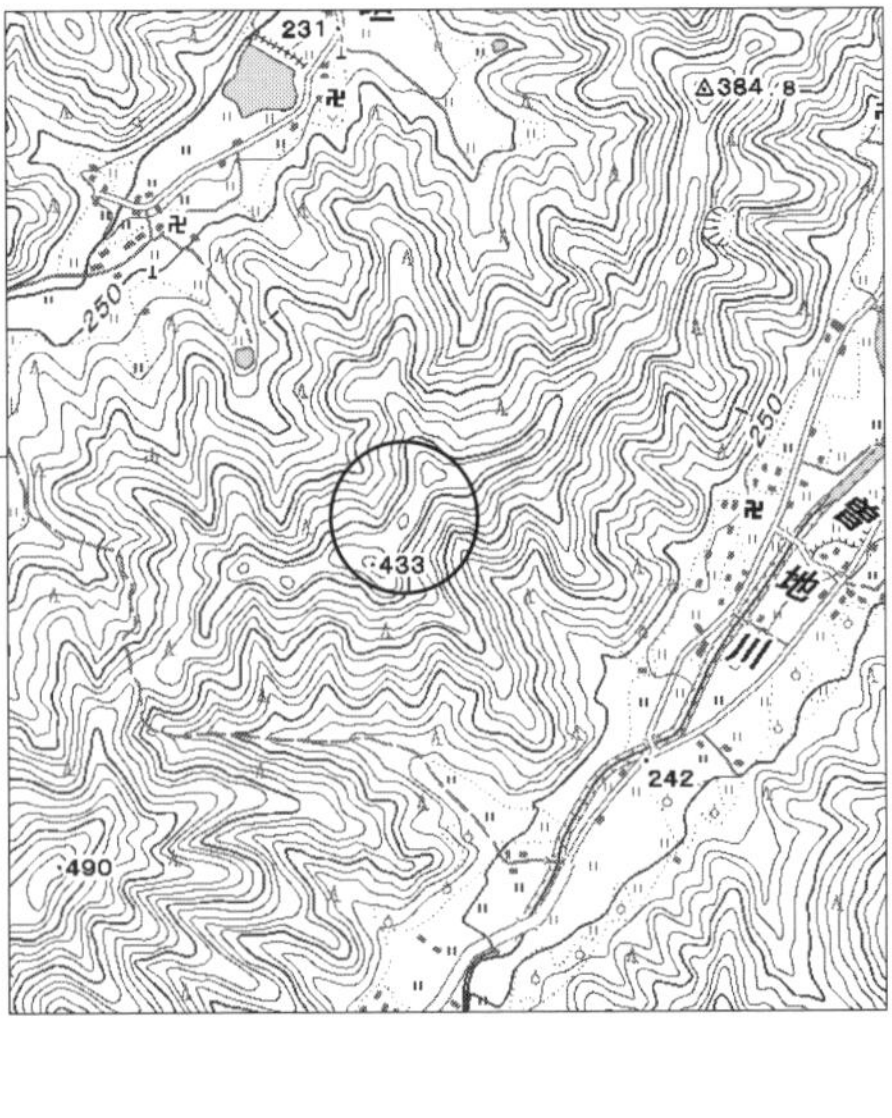

八上城東部の押さえ

49 曽《そう》地《じ》城《じょう》

所在地：兵庫県丹波篠山市曽地中字西山
城　主：不明
遺　構：曲輪
規　模：四五〇×一七〇m
標高／比高：三八四・八m／一六〇m

【選地】八上城の東二・一kmに位置する。曽地川流域の展望もあり、八上城東部に対する要として、領域を把握するために重要な地点である。

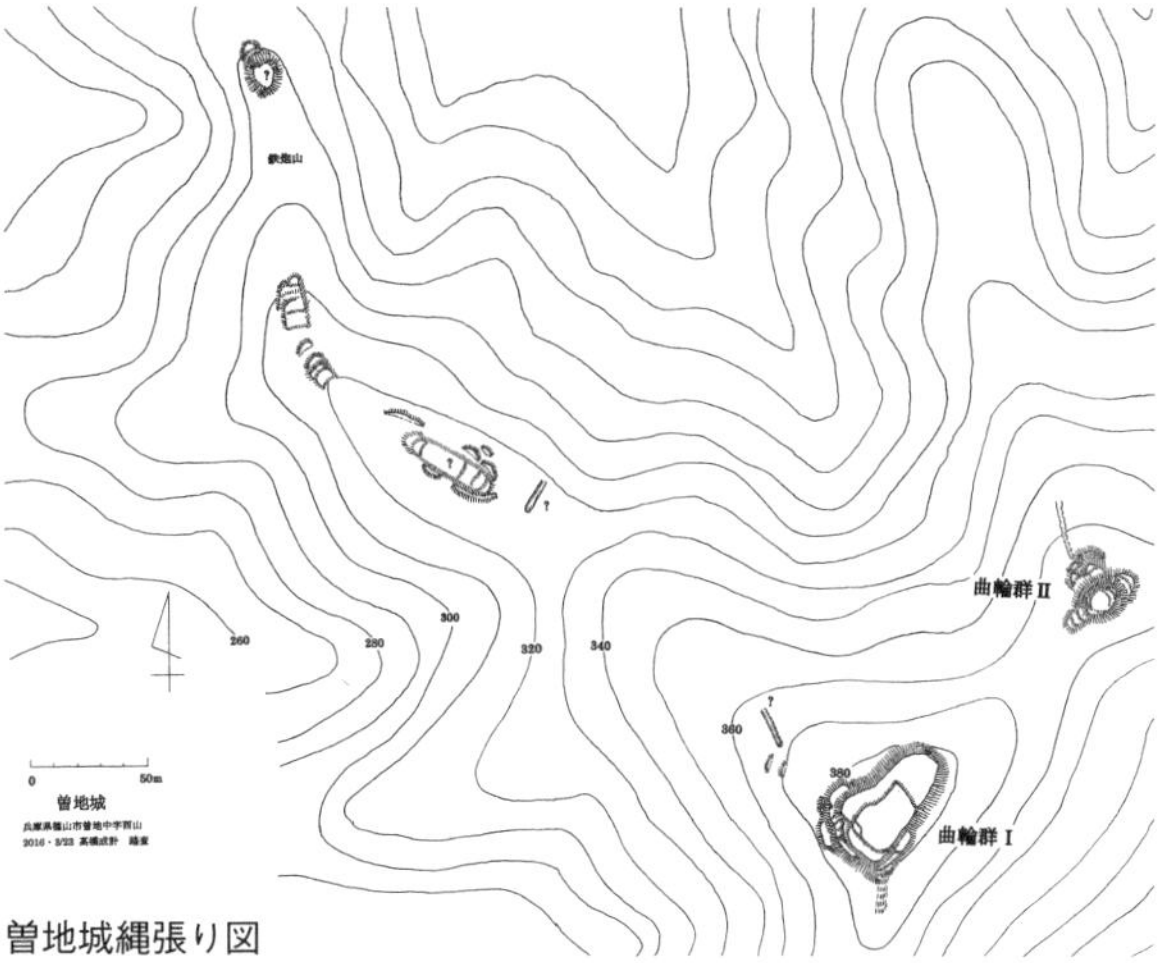

曽地城縄張り図

【歴史】『丹波志』によると、「明智高城を攻めたる時に築くと云えども、内藤が旧跡あるを幸に拠るにあらざるか」と述べている。北西の尾根先を「鉄砲山」といい、この場所から安明寺砦を鉄炮で威嚇したという伝承がある。

【遺構】遺構は山頂部の二ヵ所と北西尾根上の三ヵ所で構成される。山頂の曲輪群Ⅰの規模は南北七〇m、東西六〇mで、曲輪は二段で面積が広い。北東八〇mほどに曲輪群Ⅱがあり、規模は東西三〇m、南北三〇mほどで、小規模な曲輪の集合体である。北西尾根上二三〇mの位置にも曲輪の痕跡が残る。

【評価】八上城の東口に展開する支城群に対応した陣城で、高さもあり、曽地川流域への対応も可能な立地である。

北からの遠景

敵方の支城を利用

50 堂《どう》山《やま》砦《とりで》

所在地：兵庫県丹波篠山市曽地口字堂山
城　主：不明
遺　構：曲輪・空堀・虎口
規　模：七〇×五〇m
標高／比高：二五六m／四〇m

【選地】京街道を八上へ向かう途中の田圃の中にある小山に所在する。北側には磯野宮《いそのみや》八幡神社が並び、この地は南から曽地の山が張り出し、北には篠山川が流れて狭くなった場所で、南から曽地川が流れる要衝の地である。「堂山」とは、江戸時代に南麓に堂があったために呼ばれるようになったという。

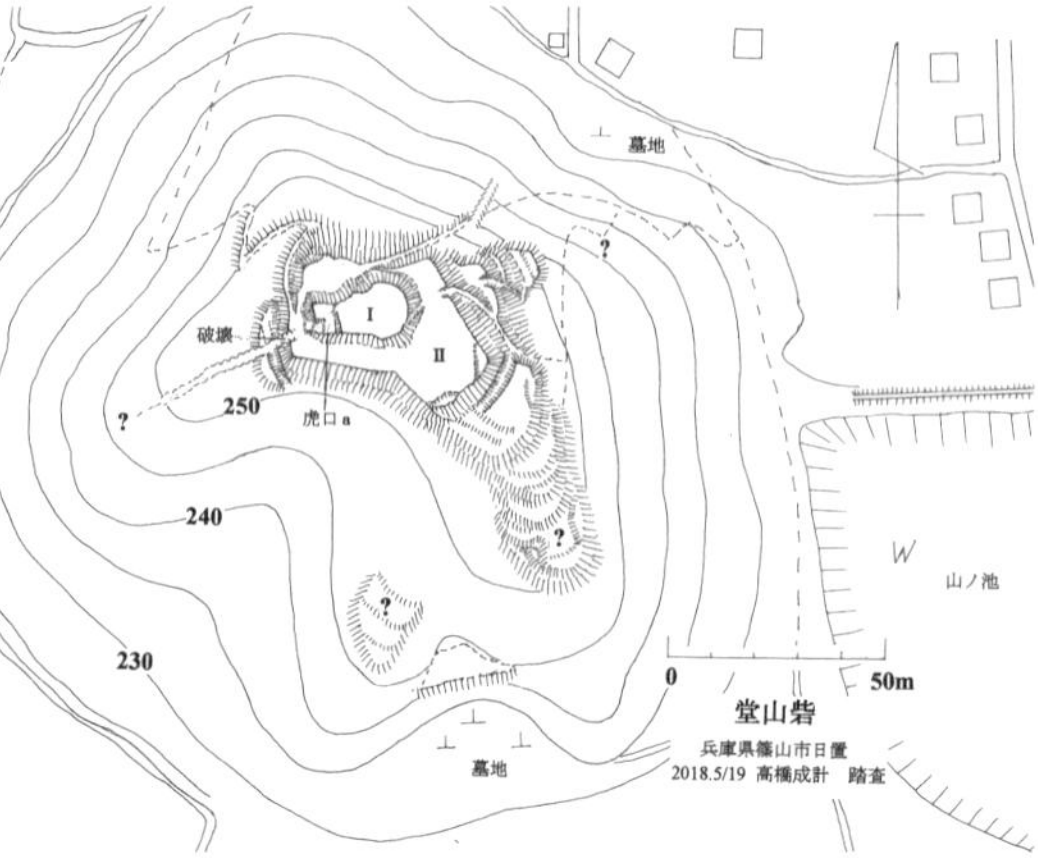

堂山砦縄張り図

【歴史】不明である。

【遺構】中央に東西二〇m、南北一五mの曲輪Ⅰがあり、西側に二折れして入る枡形状の虎口aがある。腰曲輪Ⅱは面積が広く、曲輪の大部分を占める。東と西は空堀で遮断し、南東には自然地形が広がる。

【評価】虎口aの方向からは、もともとは波多野方が京街道の守備のために構築したことが類推できる。だが、虎口が西側にあり、東方向に曲輪が多く造成されていることを考えると、明智方が八上城包囲時に奪取して、陣城として使用したのではないだろうか。

西からの遠景

明智軍が鉄砲で威嚇

51 鉄砲山砦《てっぽうやまとりで》

所在地：兵庫県丹波篠山市泉字鉄砲山
城　主：不明
遺　構：曲輪
規　模：七〇×五〇m
標高／比高：二五一・三m／四〇m

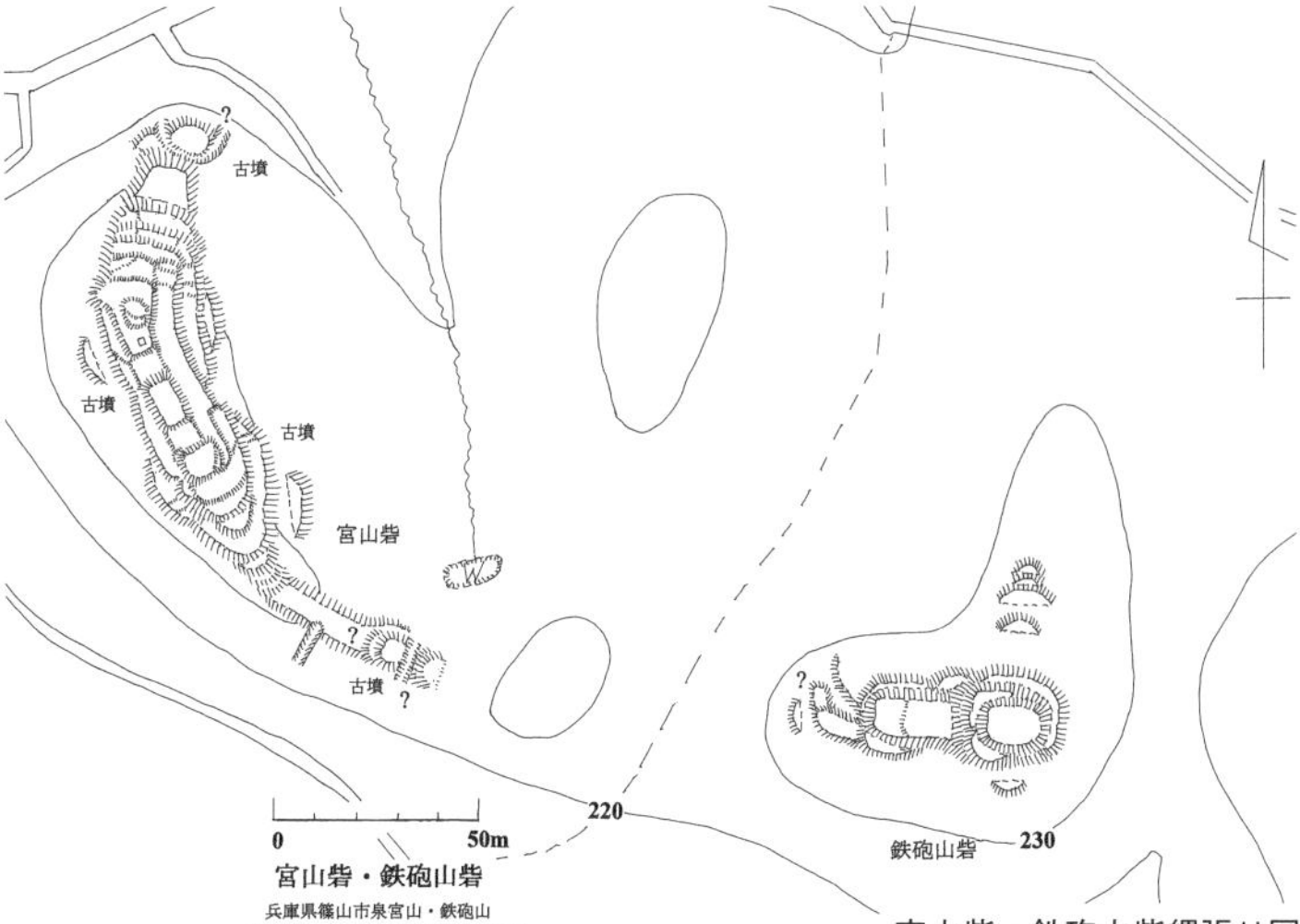

宮山砦・鉄砲山砦縄張り図

【選地】東の剛山《こうやま》と西の宮山の間にある丘陵地に所在する。古墳の墳丘を利用して築かれている。

【歴史】明智軍が八上城を包囲したとき、この山より鉄砲を放ったとする伝承があり、「鉄砲山」と呼ばれている。

【遺構】墳丘上を頂点として、階段状に曲輪を造成している。

【評価】平成四年（一九九二）に学校建設にともなって発掘調査され、中世の土師質の破片が出土したといわれる。これにより、中世の砦跡であることが実証された。

南からの遠景

篠山川を隔てて八上城と対峙

52 井《いの》上《うえ》城《じょう》

所在地：兵庫県丹波篠山市泉字剛山
城　主：不明
遺　構：曲輪・空堀・土塁・堀切
規　模：四四〇×一〇〇m
標高／比高：三六一m／一五〇m

【選地】篠山川が北から西に曲流する北西、標高三六一mに位置する。八上城から三kmの距離にあり、篠山川を隔てて相対する環境にある。

【歴史】『篠山封彊志』[*1]によると、「天正年中明智ハ八上ヲ囲ミ里民皆乱ヲ避ク、山頂ニ遺蹟存在セリ」とある。

西からの遠景

【遺構】規模は東西四四〇m、南北一〇〇mと大規模である。中間に空堀があり、東と西に曲輪群が分かれている。東の曲輪群Ⅰは東西一五〇m、南北八五mほどで、曲輪内は自然地形の部分が多く、南斜面には帯曲輪が敷設されている。

西の曲輪群Ⅱは東西一四〇m、南北九〇mほどで、自然地形の曲輪だが、傾斜が緩やかである。西には土取りされた部分があり、破壊されている。西へ一五〇mのところには堀切があり、西方に位置する「鉄砲山」につな

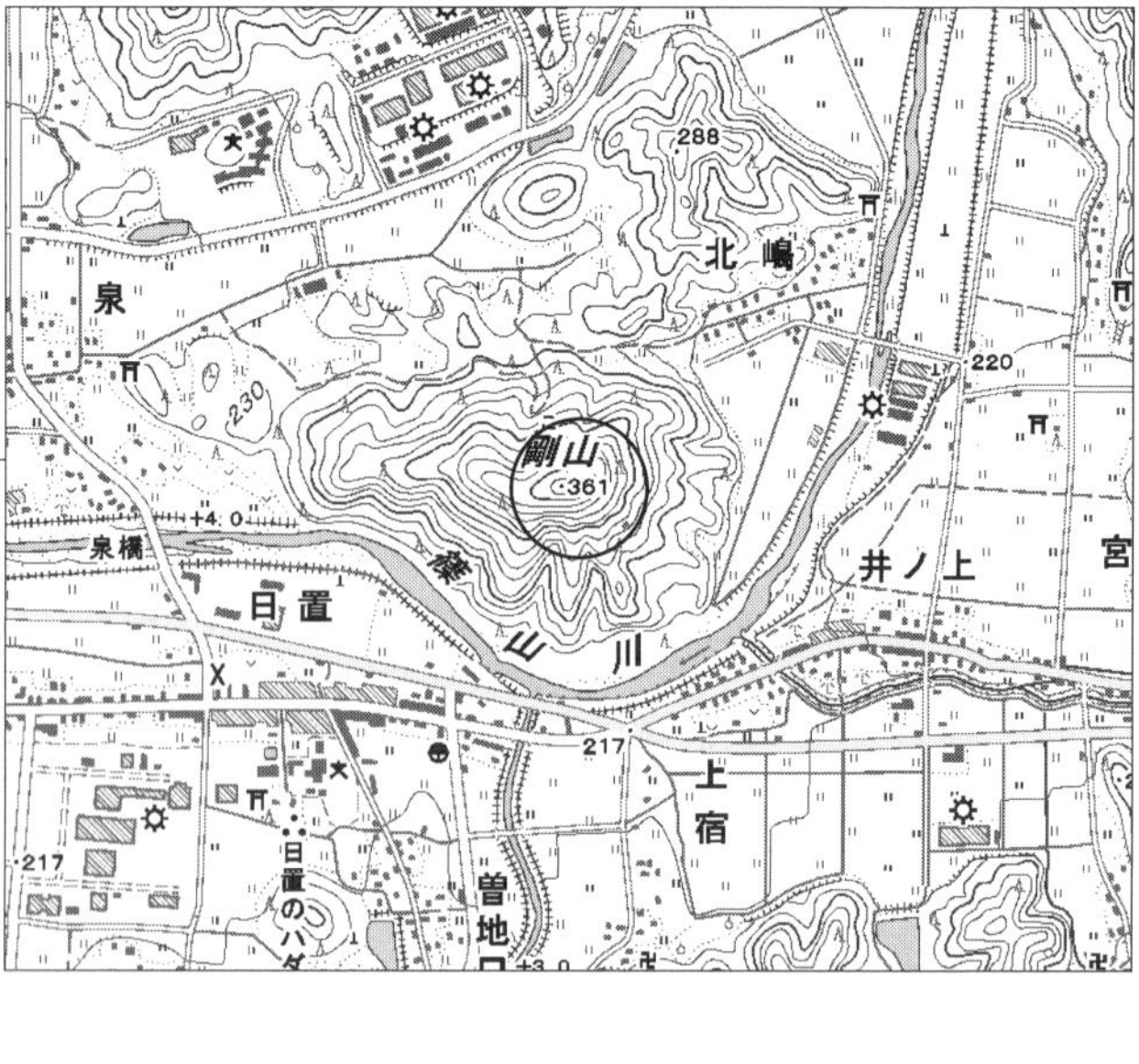

＊1　篠山藩の松崎蘭谷が享保元年（一七一六）に藩内の古蹟・寺社・名産を記述した書物である。

137　井上城

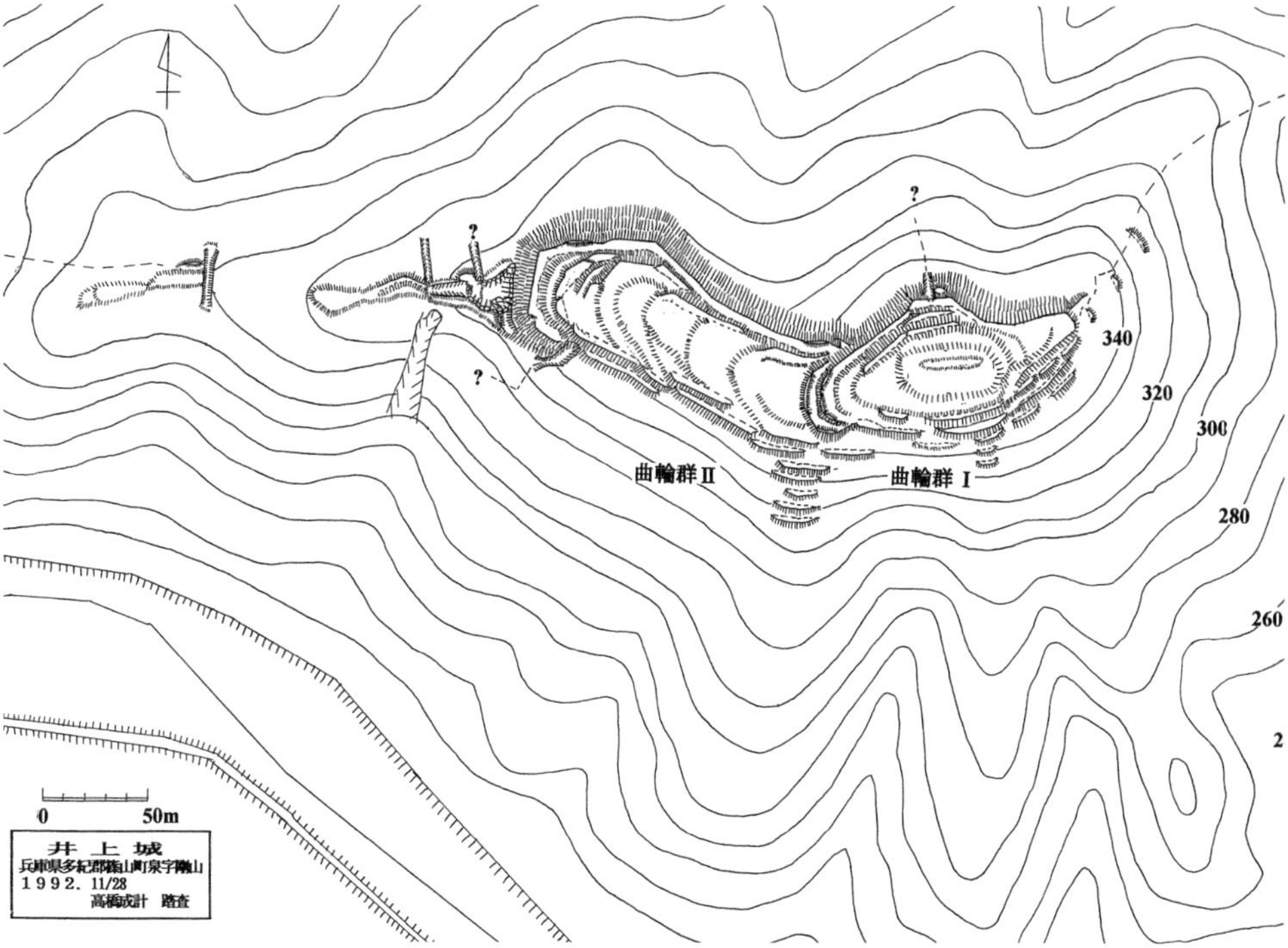

井上城縄張り図

がる。

【評価】『篠山封彊志』は里民が籠城した場所とするが、八上城と相対する山は八上城周囲には少ないため、陣城として使用されたと考える。

古墳を利用して築かれた陣城

53 宮《みや》山《やま》砦《とりで》

所在地：兵庫県丹波篠山市泉字宮山
城　主：不明
遺　構：曲輪・竪堀
規　模：一四〇×四〇m
標高／比高：二三〇m／二〇m

【選地】東の剛山から続く丘陵の先端に位置する標高二三〇mにある。周囲には古墳が多い。

【歴史】不明である。

【遺構】城郭の規模は、南北一四〇m、東西四〇mほどで、古墳を加工して曲輪を造成している。墳丘部分の七〜一〇mほどの曲輪が四ヵ所あり、この部分を頂点として周囲に曲輪を造成している。なお、縄張り図については「51　鉄砲山砦」の項を参照されたい。

【評価】西の山麓には八幡神社があり、宮山と称されている。八上城へは二・五kmほどの距離で、篠山川を隔てて安明寺《あめじ》砦と対峙している。

南からの遠景

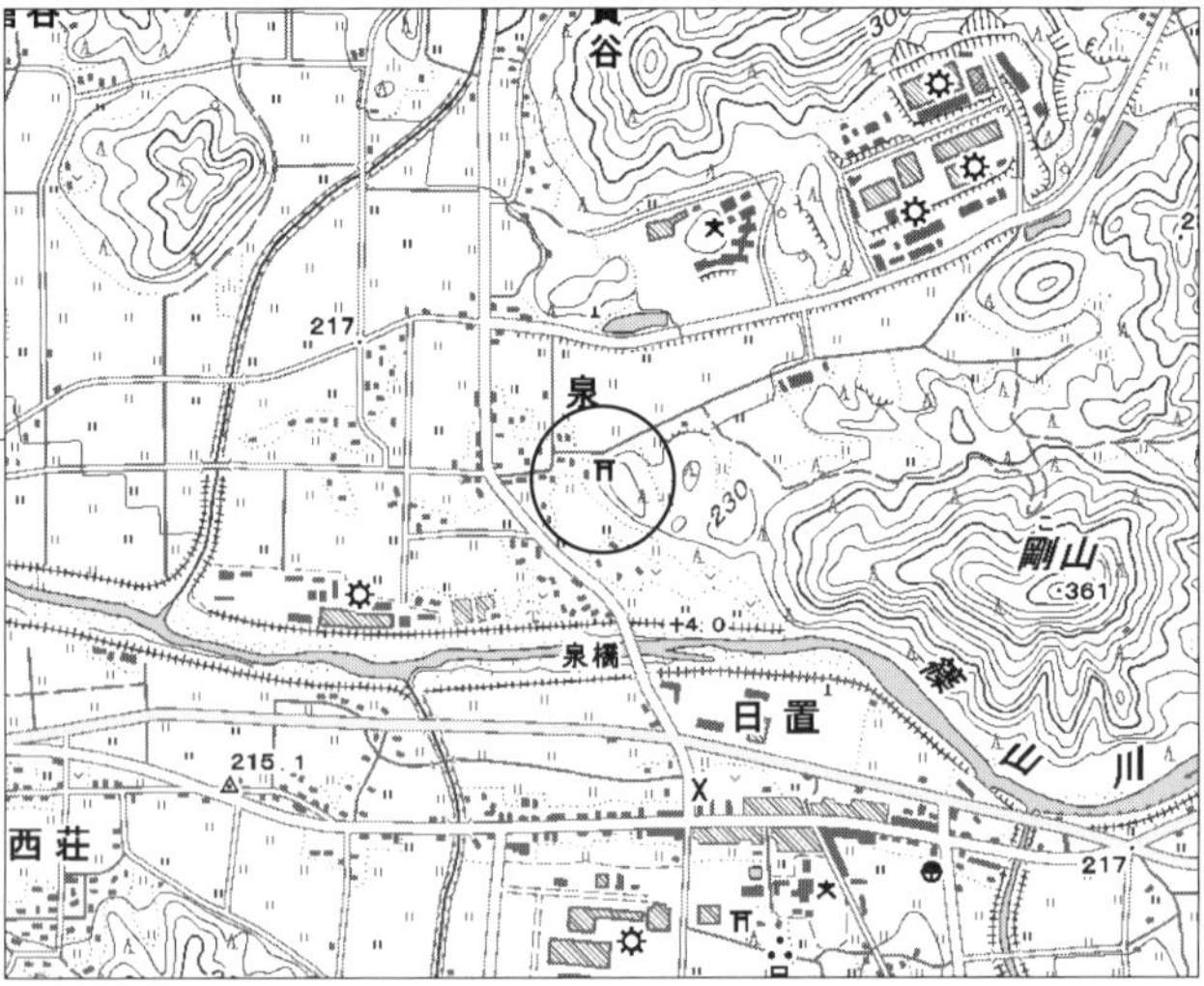

包囲網の外側に対する陣城

54 藤岡山砦《ふじおかやまとりで》

所在地：兵庫県丹波篠山市春日江字藤岡山
城　主：不明
遺　構：曲輪
規　模：五〇×二五m
標高／比高：二四〇m／二〇m

【選地】西の般若寺城と東の宮山砦の間に位置し、距離は両城から一kmほど北に寄った位置にある。八上城へは二・七kmほどの距離にある。

【歴史】不明である。

【遺構】古墳を利用して築かれた曲輪Ⅰは、南北一五m、東西一〇mの規模で南部分が高くなっている。北には腰曲輪Ⅱがあり、北側の先端は土取りのため破壊されている。南には東西一七m、南北七mほどの曲輪Ⅲがあり、自然地形との境目の判断ができないぐらい荒地となっている。南側は竹藪や畑地のため、地形が改変されている。

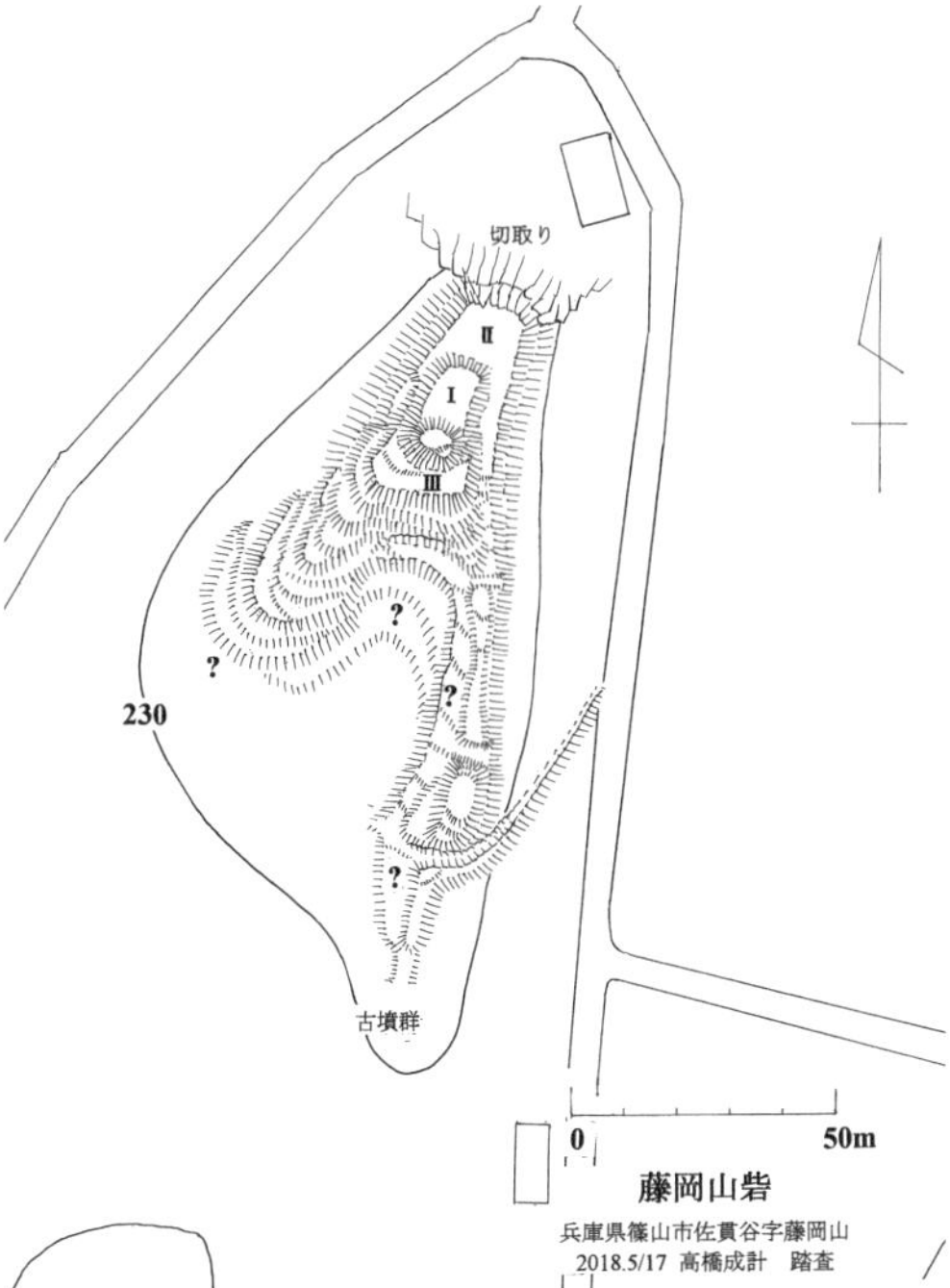

藤岡山砦縄張り図

【評価】八上城包囲網からは少し北に寄っているため、北部の春日江や佐貫谷方面からの敵に対する陣城と考えられる。

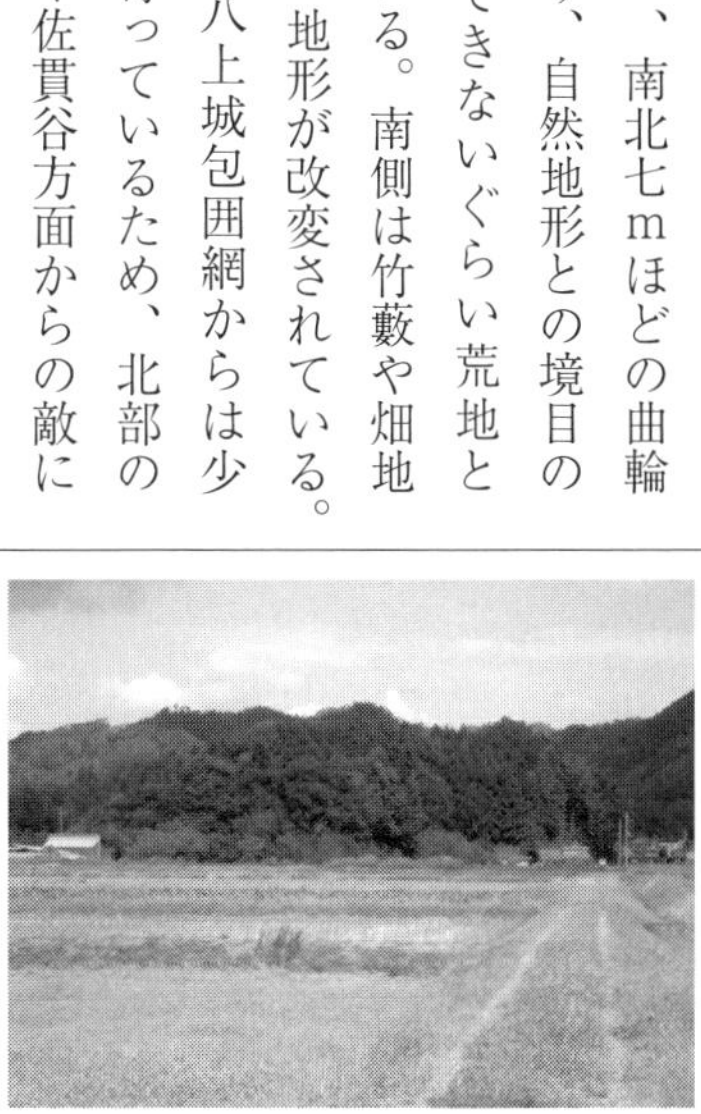
南からの遠景

兵糧の搬入や援軍を阻止

55 胡麻塩砦《ごましおとりで》

所在地：兵庫県丹波篠山市奥谷・曽地奥
城　主：不明
遺　構：曲輪
規　模：八〇×二〇m
標高／比高：四六七m／一七〇m

【選地】曽地奥砦から南西へ稜線を一kmほど行くと、標高四六七mの山頂に着く。ここが城跡である。

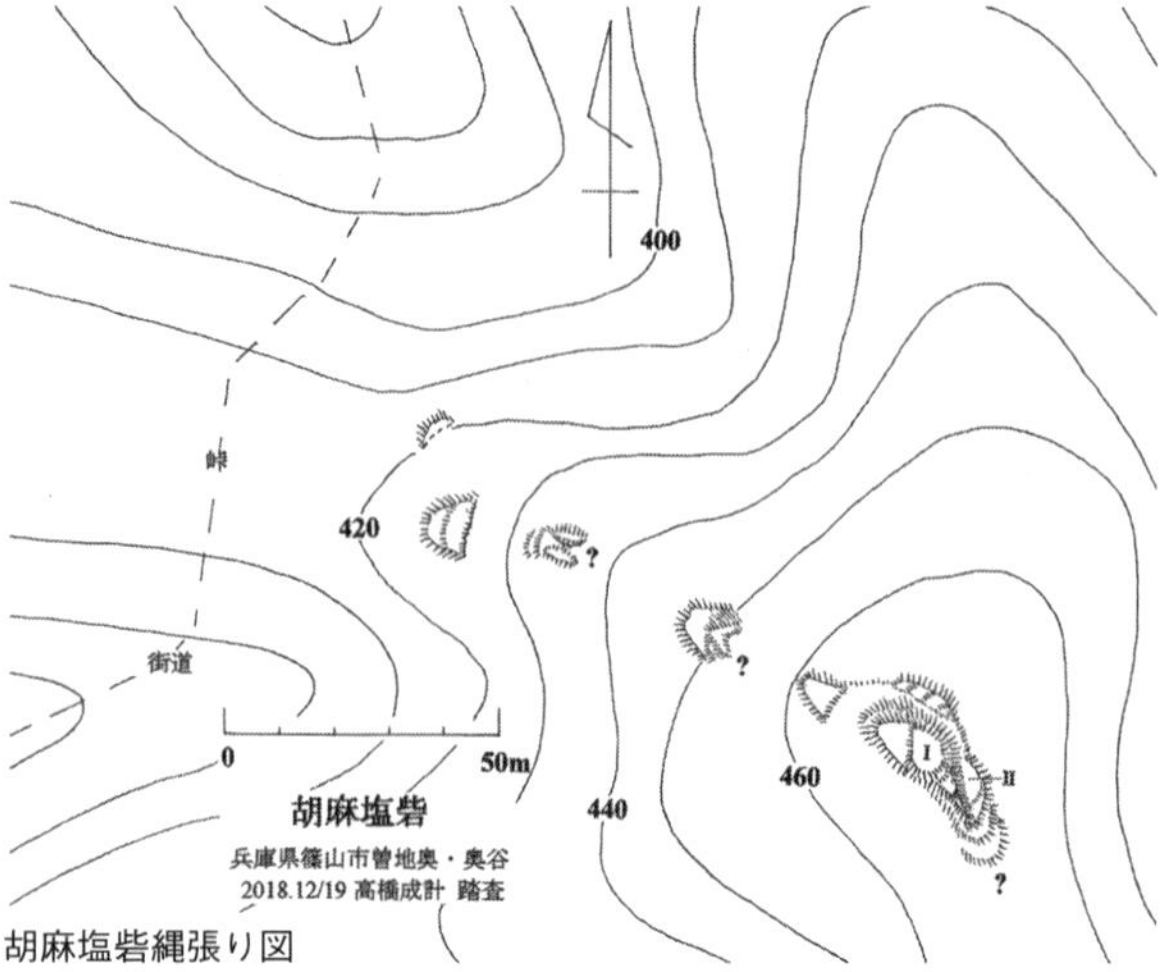

胡麻塩砦縄張り図

【歴史】不明である。

【遺構】主郭部の曲輪Ⅰは東西一五m、南北六mほどの規模で二段になっており、東に南北七m、東西四mほどの曲輪Ⅱがある。西の峠に向かっては、三段ほどの小規模な曲輪がある。西の峠に対しては、五〇m以上の急傾斜となっている。

【評価】八上城の南西にある曽地奥や、三田の母《もう》子《し》から奥谷（殿町）に入る街道があり、この街道を監視するために明智方が構築したと考える。現在は通行不能となっているが、中世には波多野氏の城下町への通行路となっていた。八上城への兵糧運搬や、三田方面から母子経由で来る荒木氏の援軍を阻止するための砦と考える。

曲輪

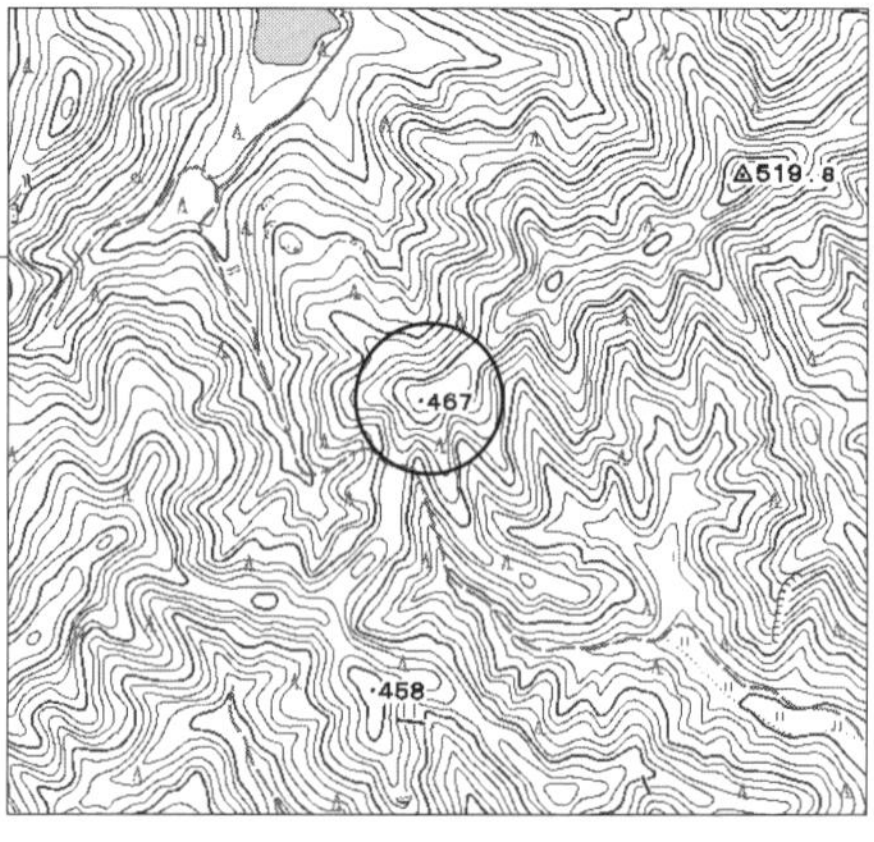

荒木氏に対する備え

56 小谷山砦《こたにやまとりで》

所在地：兵庫県丹波篠山市小枕字小谷山
城　主：不明
遺　構：曲輪
規　模：四〇〇×三〇m
標高／比高：二八〇m／六〇m

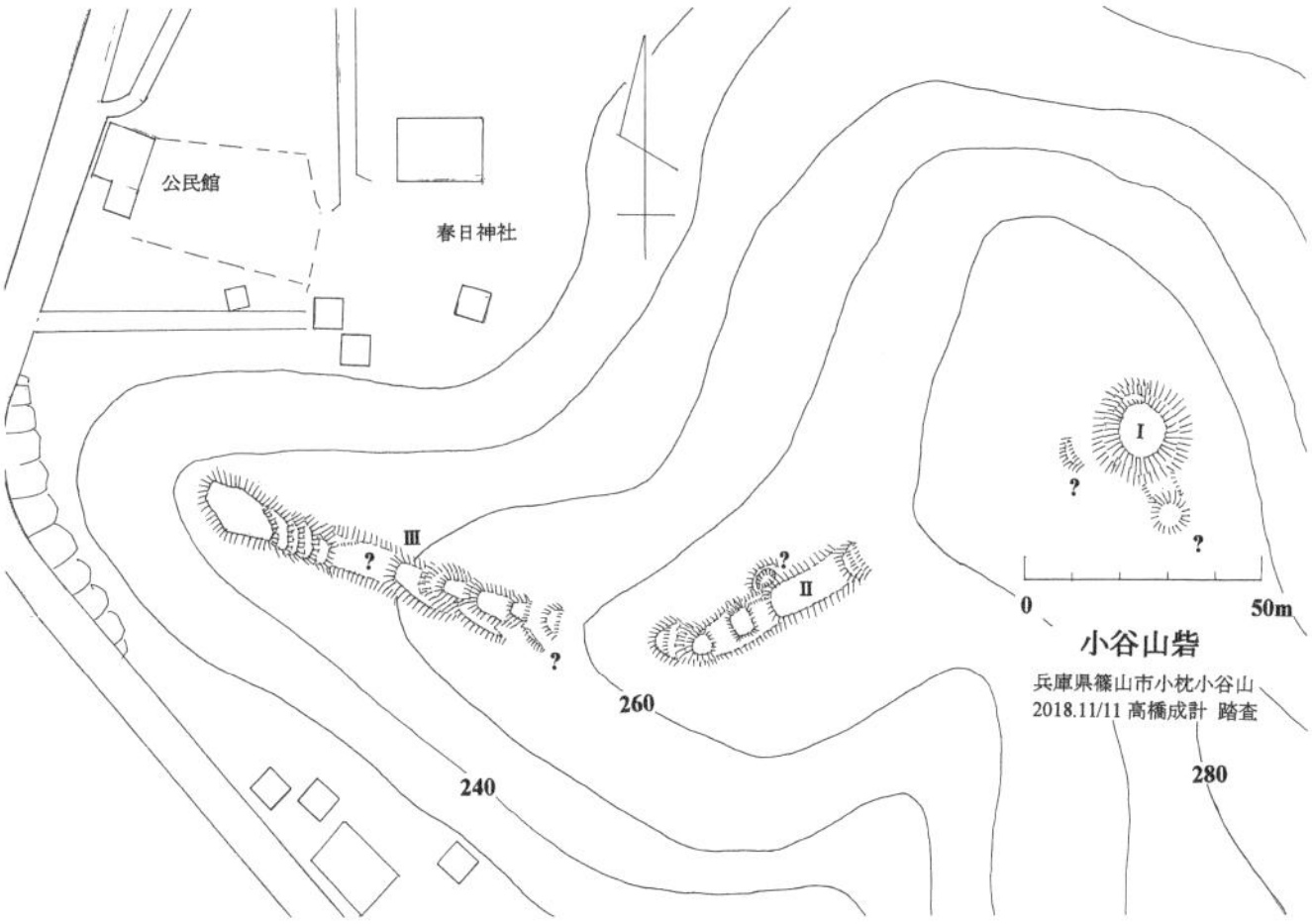

小谷山砦縄張り図

【選地】 南東の火打《ひうち》ケ《が》嶽《たけ》から西に延びる、小谷山の西尾根先端にかけて所在する。小谷山の山頂から西へ四〇〇mほどの尾根上に曲輪を造成している。

【歴史】 不明である。

【遺構】 東の小谷山には直径一〇mほどの曲輪Ⅰがあり、西へ五〇m下ると東西四五m、南北一〇mほどの曲輪群Ⅱがある。さらに西へ二〇m下ると、先端まで七〇mにわたって曲輪群Ⅲがあるが、小規模な曲輪のため、自然地形の部分もある。

【評価】 三田の荒木氏が侵入してくるのを防ぐために築かれたと考える。

西からの遠景

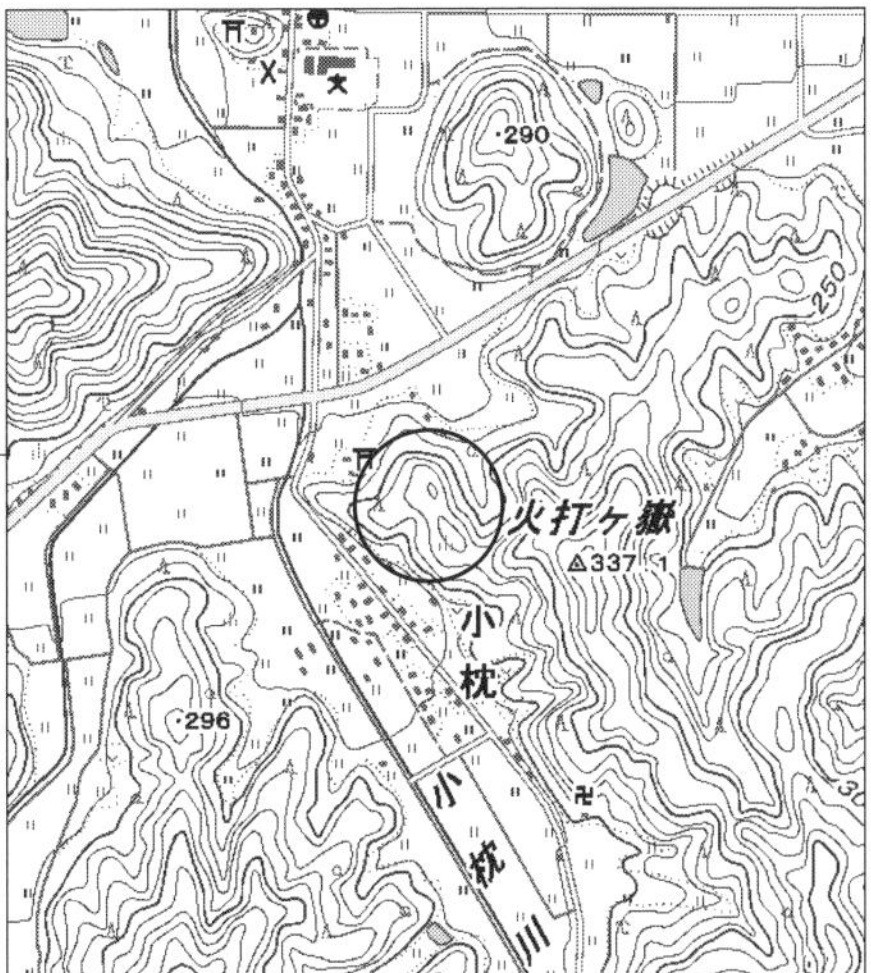

八上城背後の尾根を封鎖

57 八上城南砦《やかみじょうみなみとりで》

所在地：兵庫県丹波篠山市殿町・野々垣
城　主：不明
遺　構：曲輪
規　模：二〇×一五m
標高／比高：三六〇m／一二〇m

【選地】八上城と南の曽地奥砦の中間で、西の殿町と東の野々垣への峠の南に位置する。本来、八上城の兵士たちが南の山岳地帯へ避難する際の道筋にあたる場所に立地する。

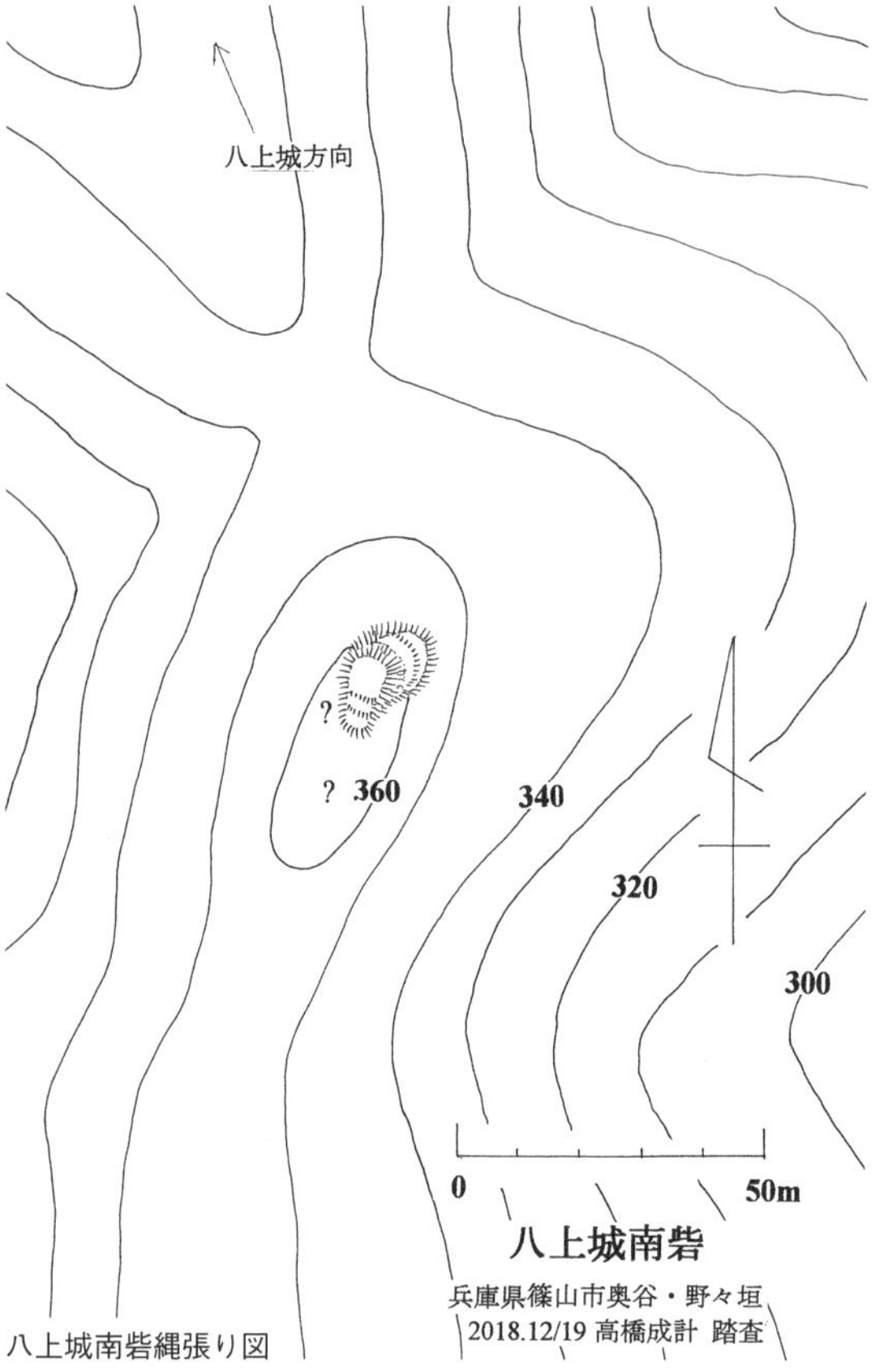

八上城南砦縄張り図

【歴史】不明である。

【遺構】二段の曲輪で構成されている。上部は自然地形で、二段目が造成されているが、少し傾斜がある。

【評価】細い尾根上を遮断することを目的として築かれ、完全な曲輪造成をする必要はなかったと考える。

曲輪

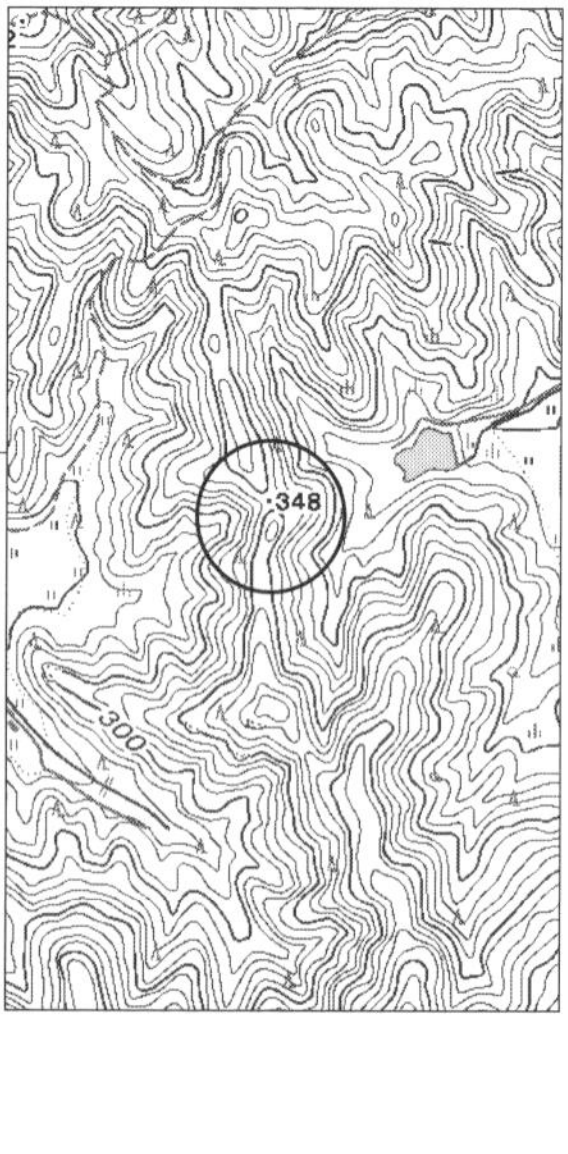

八上落城寸前に構築

58 八上城南東砦《やかみじょうなんとうとりで》

所在地：兵庫県丹波篠山市殿町・野々垣
城　主：不明
遺　構：曲輪
規　模：二〇×一五m
標高／比高：三六〇m／一二〇m

【選地】八上城南東五〇〇mにある標高三九〇mに位置する。八上城に対して朝路池につながる谷川を隔てており、八上城の生命線である水場を脅かす場所に立地する。

【歴史】不明である。

【遺構】中心となる曲輪Ⅰは南北三〇m、東西一〇mほどの規模で、北西の斜面に二段の曲輪があり、一〇m下には堀切の痕跡が残る。

【評価】天正七年（一五七九）四月四日付けの光秀書状[*1]によると、八上城では餓死者が四、五百人ほど発生しているような状況で、八上城攻めも最終盤に至っていた。このころには、八上城から五〇〇mの距離にある南東砦まで包囲網を狭くしていたと考える。八上城の水場である朝路池まで三〇〇mほどの距離のため、八上城が落城寸前となった時期に構築されたと考える。

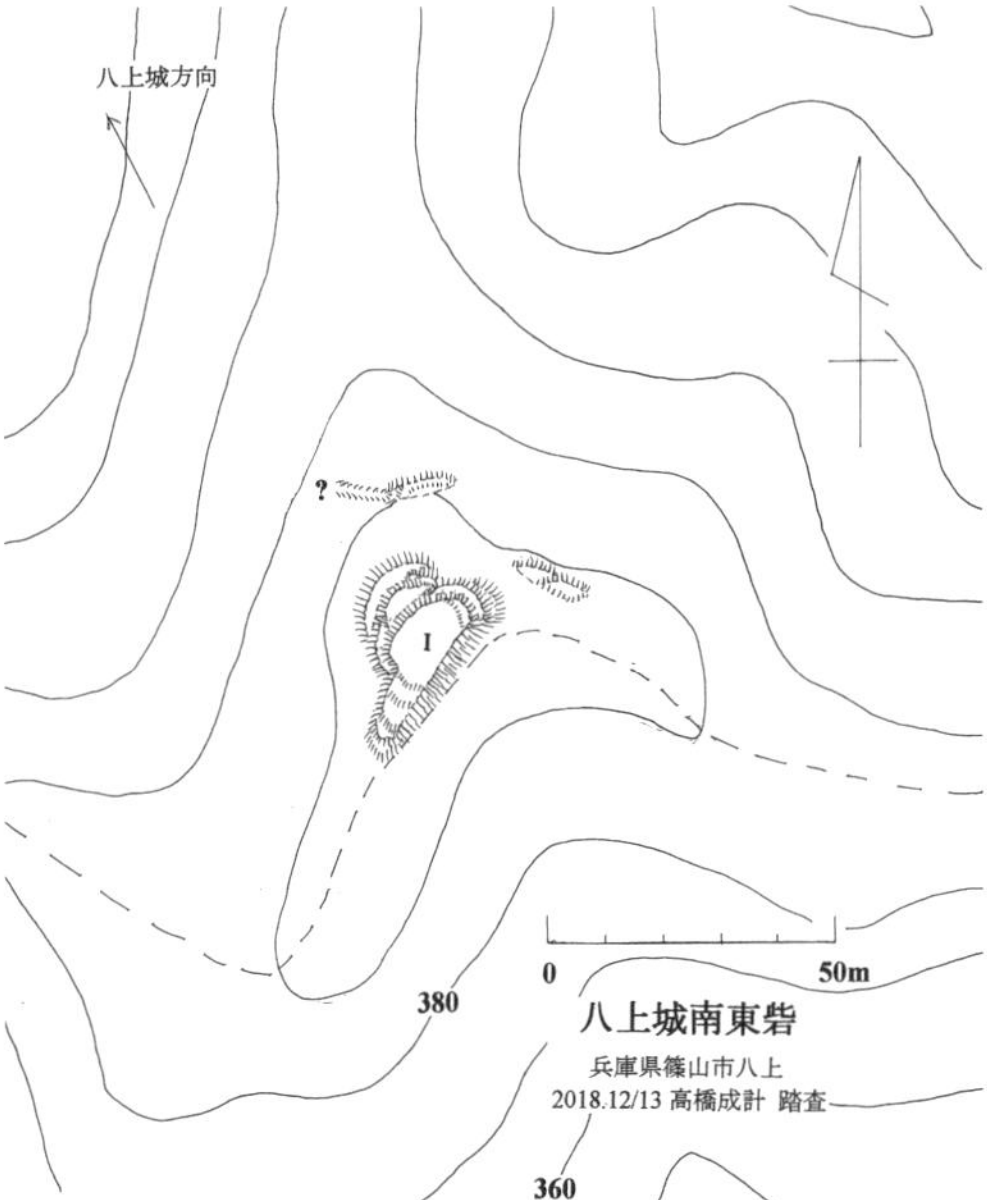

八上城南東砦縄張り図

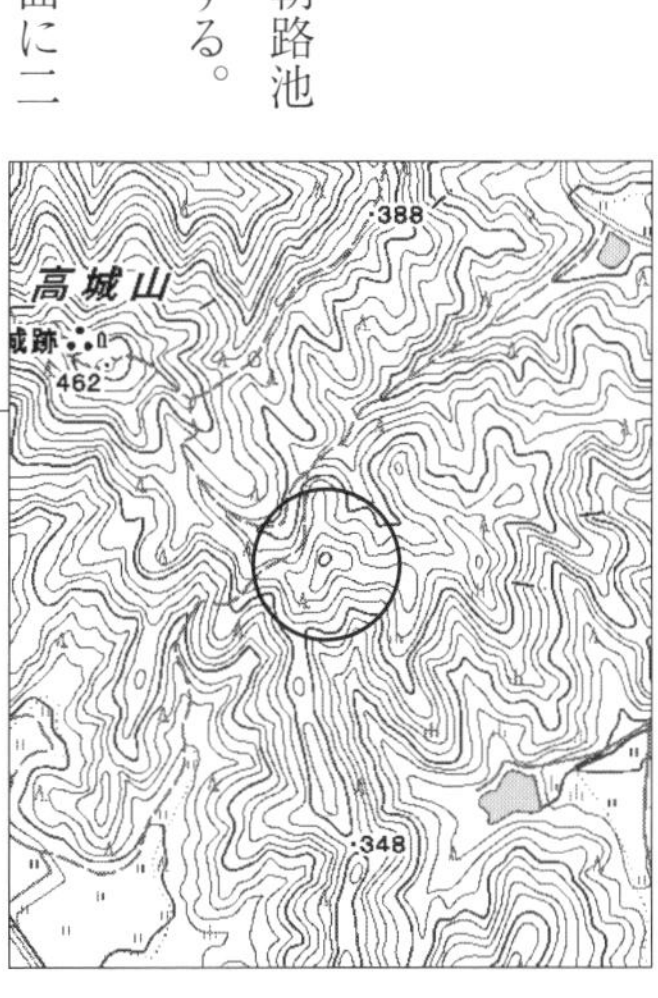

＊1 明智光秀書状写（『明智光秀』90）。

北からの遠景

3、丹波平定の総仕上げ

赤井・波多野両氏を降した明智光秀は、いよいよ丹波平定の総仕上げにかかった。そこでここでは、宇津《うつ》城の合戦・鬼ヶ《おにが》城の合戦・高見《たかみ》城の合戦を取り上げ、それぞれの合戦の展開を追うとともに、戦場となった城郭の特徴に迫っていくことにしたい。

宇津城の合戦

宇津氏は、山城国北部の京北を中心に勢力をのばしていた国人で、足利将軍家の被官になるなど織田氏と敵対し、織田氏の丹波平定に抵抗した。

永禄十二年（一五六九）四月、同国山国荘《やまぐにのしょう》の禁裏御料所《きんりごりょうしょ》に対する違乱を禁止するよう織田家の重臣たちが通達したが、これに従わない宇津氏に対し、信長は天正三年（一五七五）六月、宇津氏に誅罰を加えるため明智光秀を派遣することを、丹波の川勝氏・小畠氏等に通達した。[*1] 光秀は宇津氏攻めに際して、桐野河内（京都府南丹市）に着陣するように指示するが、急遽越前の朝倉氏攻めに参加することになり、光秀による宇津氏攻めはいったん中止となった。

そこで、光秀は馬路城・余部《あまるべ》城（ともに京都府亀岡市）の在城者に対し、油断することのないように伝え、協力するように申し伝えている。光秀が不在のため、丹波衆だけで宇津氏と戦うこととなり、このとき小畠永明が負傷した。[*2] この合戦以後、宇津氏が亀岡周辺に進出した記録はない。

朝倉氏攻めから戻り、天正七年六月に波多野氏が籠もった八上城を落城させると、光秀は翌七

＊1　織田信長朱印状写（『亀岡』六・八・九）。

＊2　明智光秀書状（『明智光秀』60）。

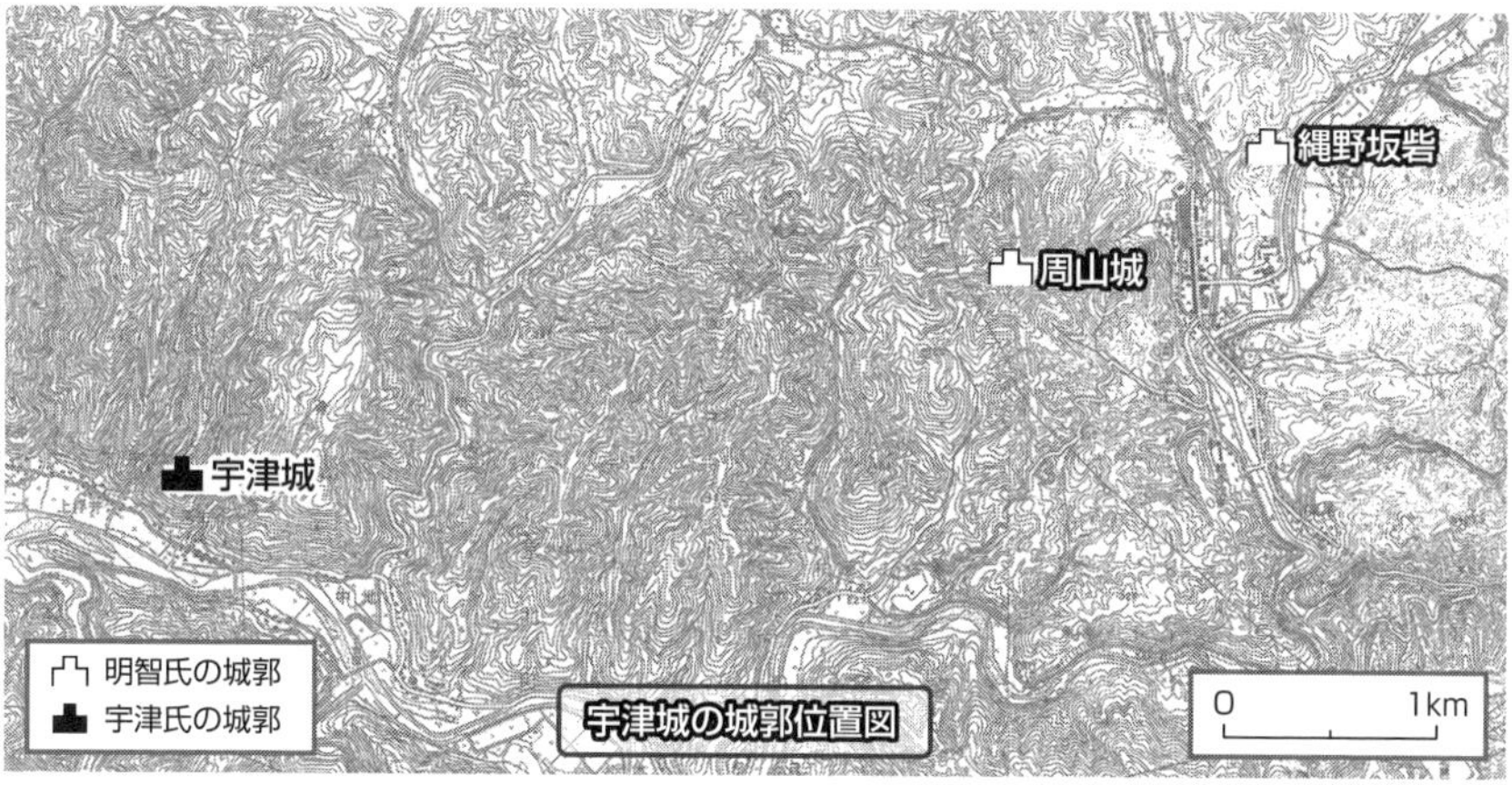

宇津城の城郭位置図

月十九日に宇津城を攻撃した。『信長公記』はこのときの様子を、「人数を付け追討に数多討捕り、頸を安土へ進上」と伝えている。しかし、織田信長朱印状によると、宇津氏が「昨夜逃散候、定若狭境深山隠居、西国へ以便船可罷越かと推察候」とあり、丹羽長秀に逃亡した宇津氏を捜し出すように指示している。*3

『丹波国山国荘史料』によると、同七年六月の八上落城とともに、六月から宇津氏攻めを開始し、「数度攻来候得共」とある。その後、周山（京都市右京区）と山国の境目となる縄野坂《なわのさか》で合戦が勃発し、「山国周山御境之縄野坂ニ而、明智勢と打合、此所ニ而大合戦、味方少勢死物狂ニ不惜身命終日戦強敵多く数不知討取候得共、味方茂次第ニ討死仕候而、多勢ニ少勢終ニ敗軍仕候、是則天正七歳八月廿八日之事ニ而御座候」と記される。*4

このように、六月から八月末日までの約二ヵ月間にわたり戦いが展開された。このため、明智方の拠点となった周山城の西にある「土の城」あるいは「西の城」と呼ばれる陣城は、周山城築城に際して周辺

＊3　織田信長朱印状（『亀岡』六七）。

＊4　丹波国山国荘史料（史籍刊行会、一九五八年）。

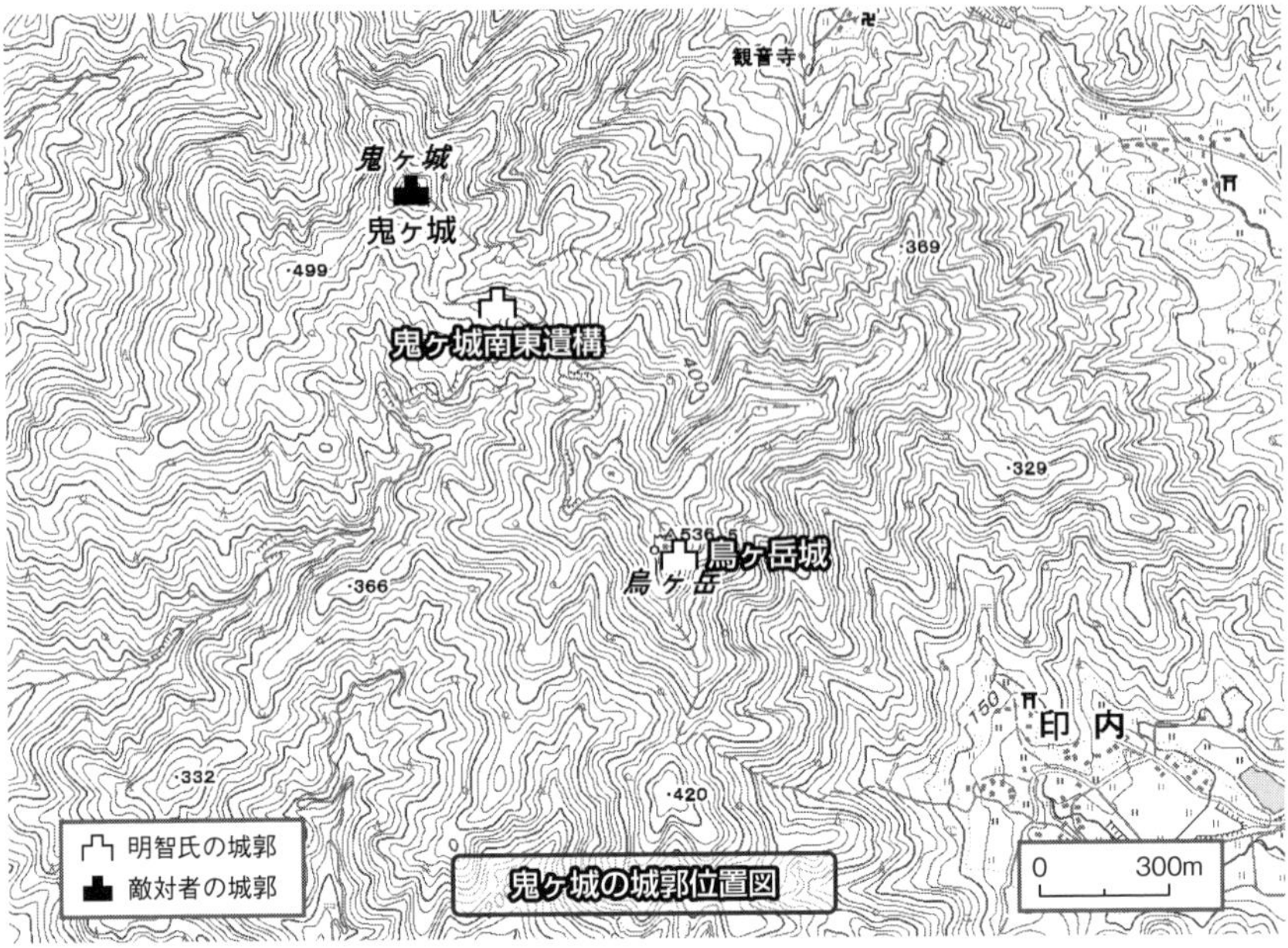

鬼ヶ城の城郭位置図

環境が不安定になったために構築された可能性がある。

鬼ヶ城の合戦

八上城と宇津城を相次いで落城させた光秀は、丹波北部の福知山で抵抗する勢力が拠る鬼ヶ城（京都府福知山市）攻めに移った。

『信長公記』には「それより鬼ヶ城へ相働き、近辺放火候て鬼ヶ城へ付城の要害を構へ、惟任人数入置く」とあるが、信憑性のある記述はこれだけで、誰が鬼ヶ城に籠城したかは不明である。

近年、福知山市北部の城郭調査で鬼ヶ城南東の烏《からす》ヶ《が》岳《だけ》に城跡があることが判明し、明智氏が構築した陣城の可能性がある。

高見城の合戦

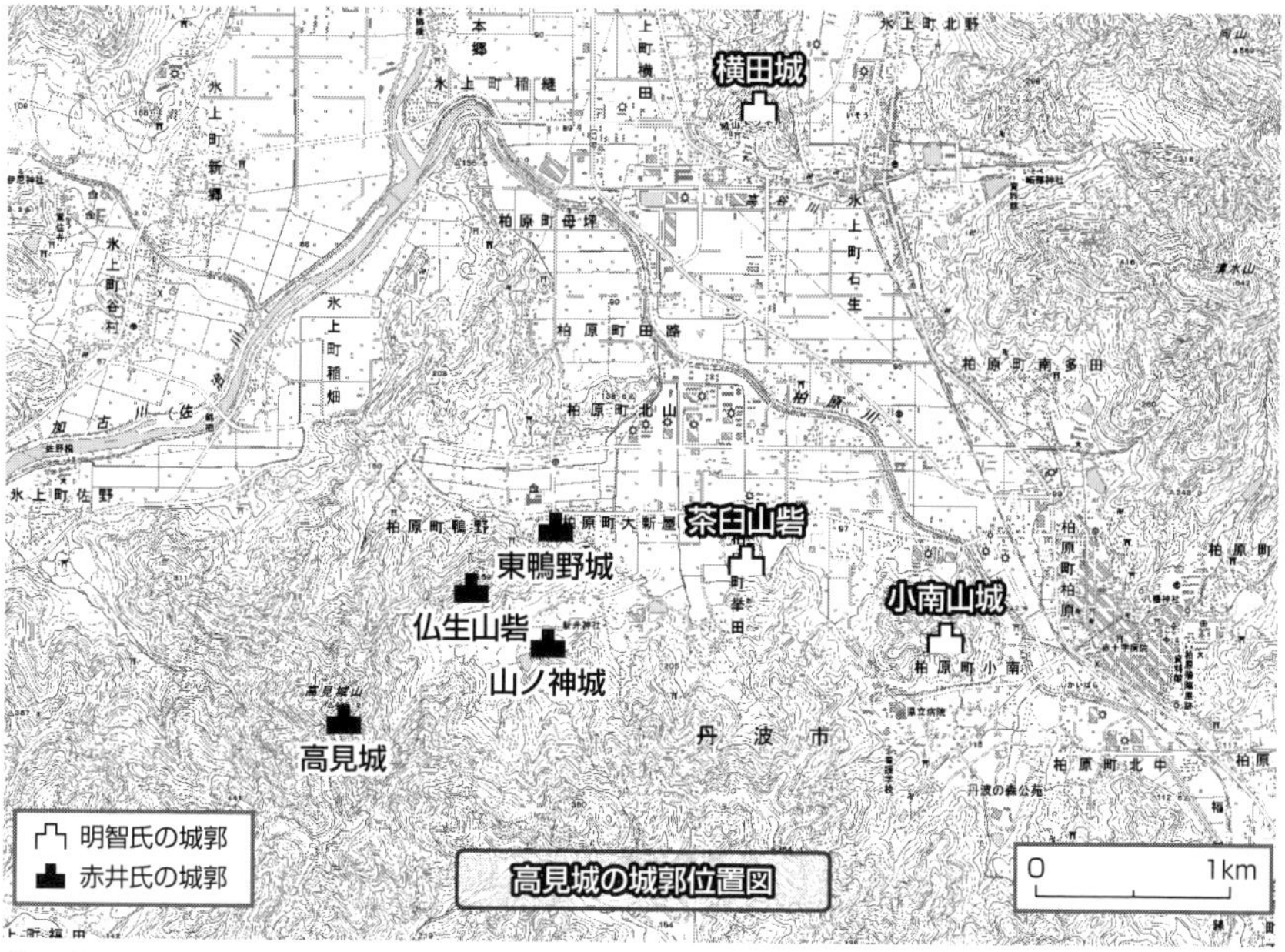

高見城の城郭位置図

　光秀は、赤井氏が拠る黒井城（兵庫県丹波市）を天正七年（一五七九）八月九日に落城させた。同年八月二十四日付けの明智光秀判物[*5]によると、「今度、赤井五郎御成敗之儀」とある。赤井系図によると、五郎とは忠家のことである。文書の宛て先には「高見山下町人中」とあり、忠家が高見城（同丹波市）主であったといわれる。

　また、年未詳八月二十四日付けの明智光秀書状には、「高見之事執詰陣候、落居不可有幾程候」とあり、まもなく落城する見込みだと述べている。

　さらに、「近日者久下令居陣候、一両日中和田面可令発向候」と見え、久下氏や和田氏方面に進軍するとしている。[*6] これらより、高見城はそれからまもなく落城したものと考える。

＊5　明智光秀書状（『明智光秀』92）。

＊6　明智光秀書状（『明智光秀』93）。

京都北部の宇津氏の居城

59 宇《う》津《つ》城《じょう》

所在地：京都市右京区京北下宇津
城　主：宇津氏
遺　構：曲輪・堀切・土塁・石垣・虎口
規　模：一八〇×七五m
標高／比高：三五六m／一五〇m

【選地】下宇津集落にある八幡神社背後の標高三五六mに位置する。城山の斜面は険しく、東側には庄ノ谷、西側には殿ノ谷が南北に流れ、南にある桂川と合流する。庄ノ谷の両岸にある小字の西垣内・中垣内・東垣内は、谷が押し出した土砂で高くなった土地で、現在、この部分に多くの集落が形成されている。また、日吉ダム対策として桂川の護岸が整備され、桂川に面した田圃は埋め立てられて高くなっており、旧態は残していない。

【歴史】宇津荘を支配した宇津氏の城郭で、天正七年（一五七九）七月、明智光秀の攻撃により落城した。

【遺構】曲輪Ⅰの規模は南北三〇m、東西三〇mほどあり、北側に低土塁がある。北には南北二五m、東西一〇mほどの曲輪Ⅱがあり、さらに北に南北四〇m、東西一三mほどの曲輪Ⅲがある。北端には自然地形が残っている箇所もある。

曲輪Ⅰの南側には腰曲輪Ⅳが巡り、山麓からの城道が「城の坂」を上って腰曲輪に取り付いている。北側の尾根続きは堀切による完全な遮断はされておらず、曖昧な状態となっている。前面の腰曲輪や虎口aの周辺には石積みが見られる。

南からの遠景

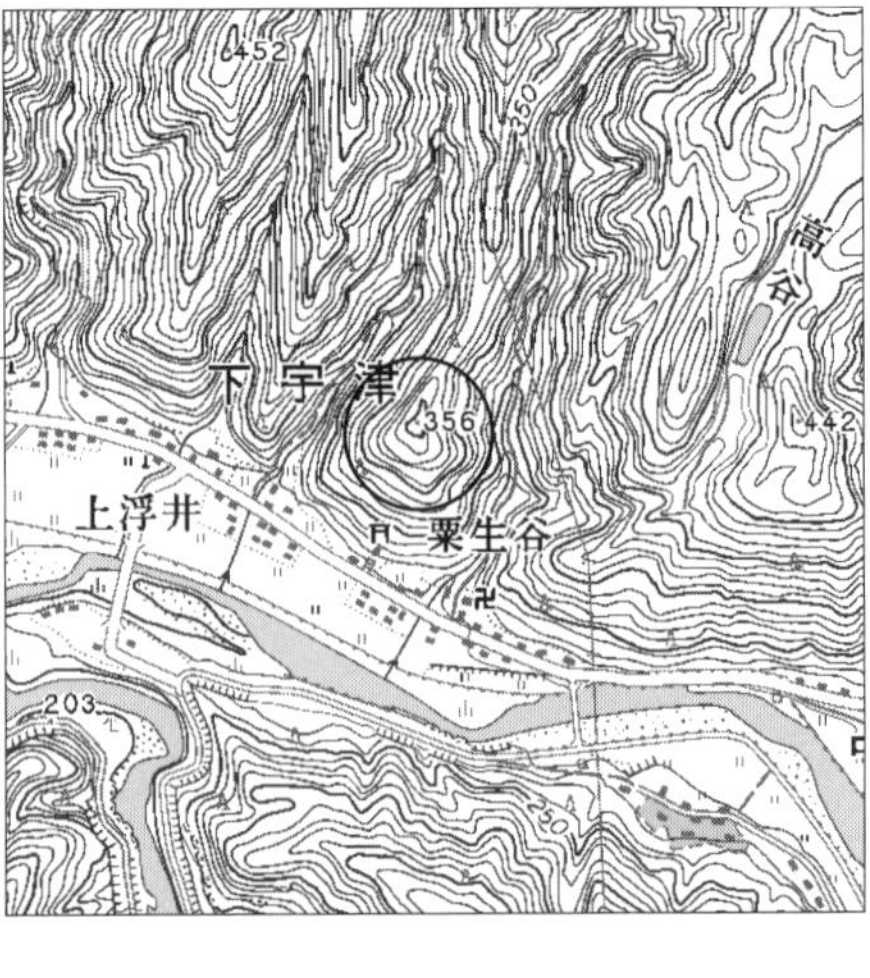

「城の坂」にも一部に石積みが残るほか、つづら折りの道がある。これらの遺構は光秀の拠点・周山城の曲輪群をつなぐ通路と類似しており、天正七年当時の明智氏の改修跡と考える。

【評価】 明智氏による改修は、曲輪Ⅰや腰曲輪周辺の石積みや虎口に限定されると考える。なお、天正九年四月に光秀は吉田兼見に対し、井戸掘り人足の派遣を求めているが、これは周山城の井戸だろう。宇津城は京都北部を守備する位置にはなく、周山城の位置への築城が急務であったと考える。

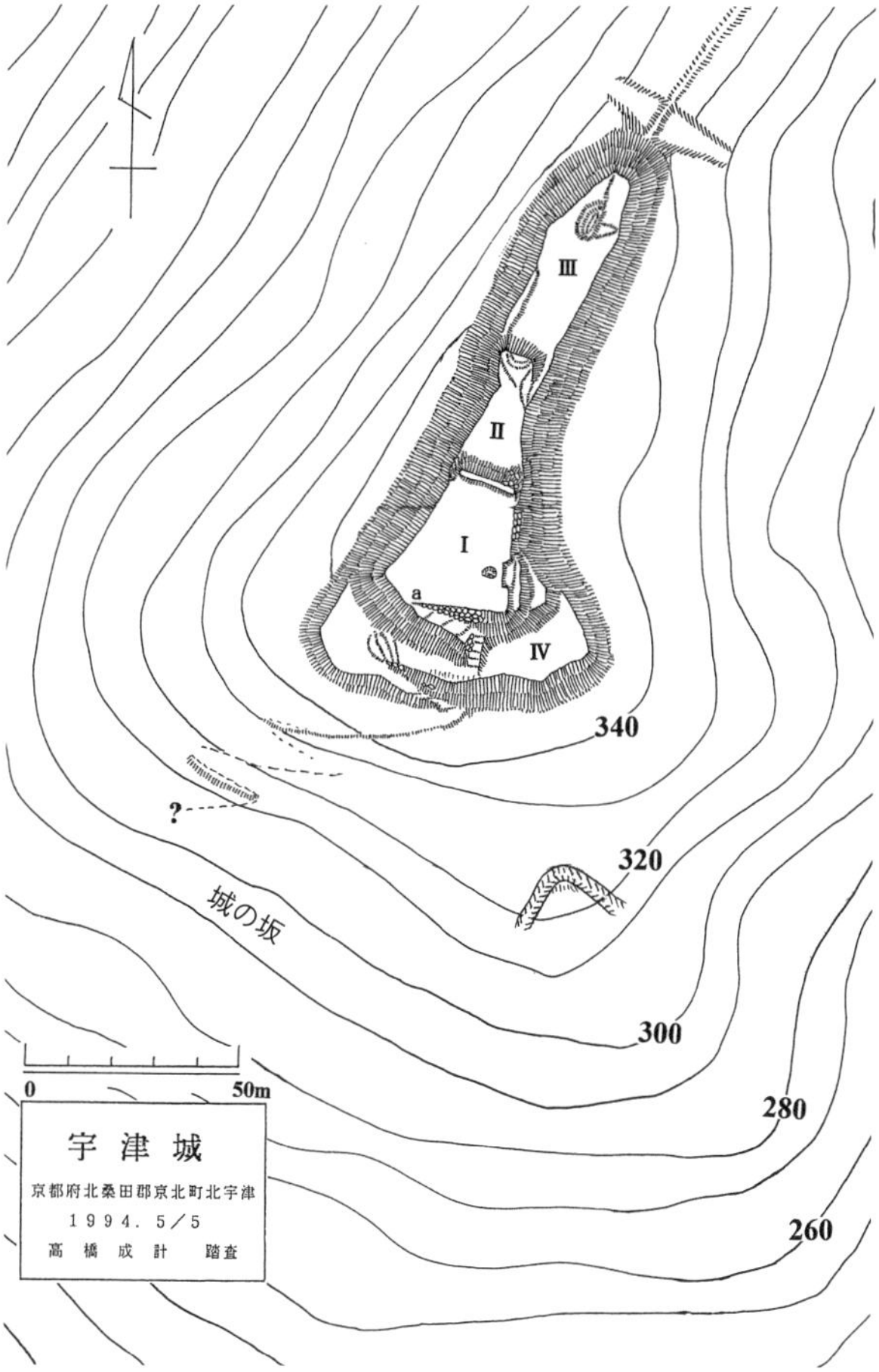

宇津城縄張り図

街道の封鎖と山国荘監視が目的

60 縄野坂砦《なわのさかとりで》

所在地：京都府右京区京北周山町・下町
城　主：不明
遺　構：曲輪
規　模：一五〇m×八〇m
標高／比高：三一〇m／六〇m

【選地】周山城から北東に一・三kmの距離にあり、周山と山国の境に位置する峠にある。砦は峠の標高三一〇mの南丘陵に所在し、南と東側に曲輪群がある。東の山国集落方向への展望は良好である。

【歴史】天正七年（一五七九）六月の八上落城とともに、同月から宇津氏攻めが開始され、周山と山国の境目となる縄野坂で合戦が行われた。このときの様子を描いた史料によると、「山国周山御境之縄野坂ニ而、明智勢と打合、此所ニ而大合戦、味方少勢死物狂ニ不惜身命終日戦強敵多く数不知討取候得共、味方茂次第ニ討死仕候而、多勢ニ少勢終ニ敗軍仕候、是則天正七歳八月廿八日之事ニ而御座候」[*1]とある。このように、六月から八月末までの約二ヵ月間にわたり戦いが展開された。

【遺構】曲輪群は、南にある丘陵の南と東側の斜面に造成されている。また、街道を挟んで両側に曲輪があり、街道周辺の自然地形も砦の一部である。

【評価】周山城築城に反対する山国荘の勢力に対して構築されており、街道の封鎖と、山国荘方面の監視が目的である。

東からの遠景

縄野坂峠の街道

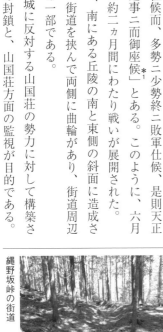

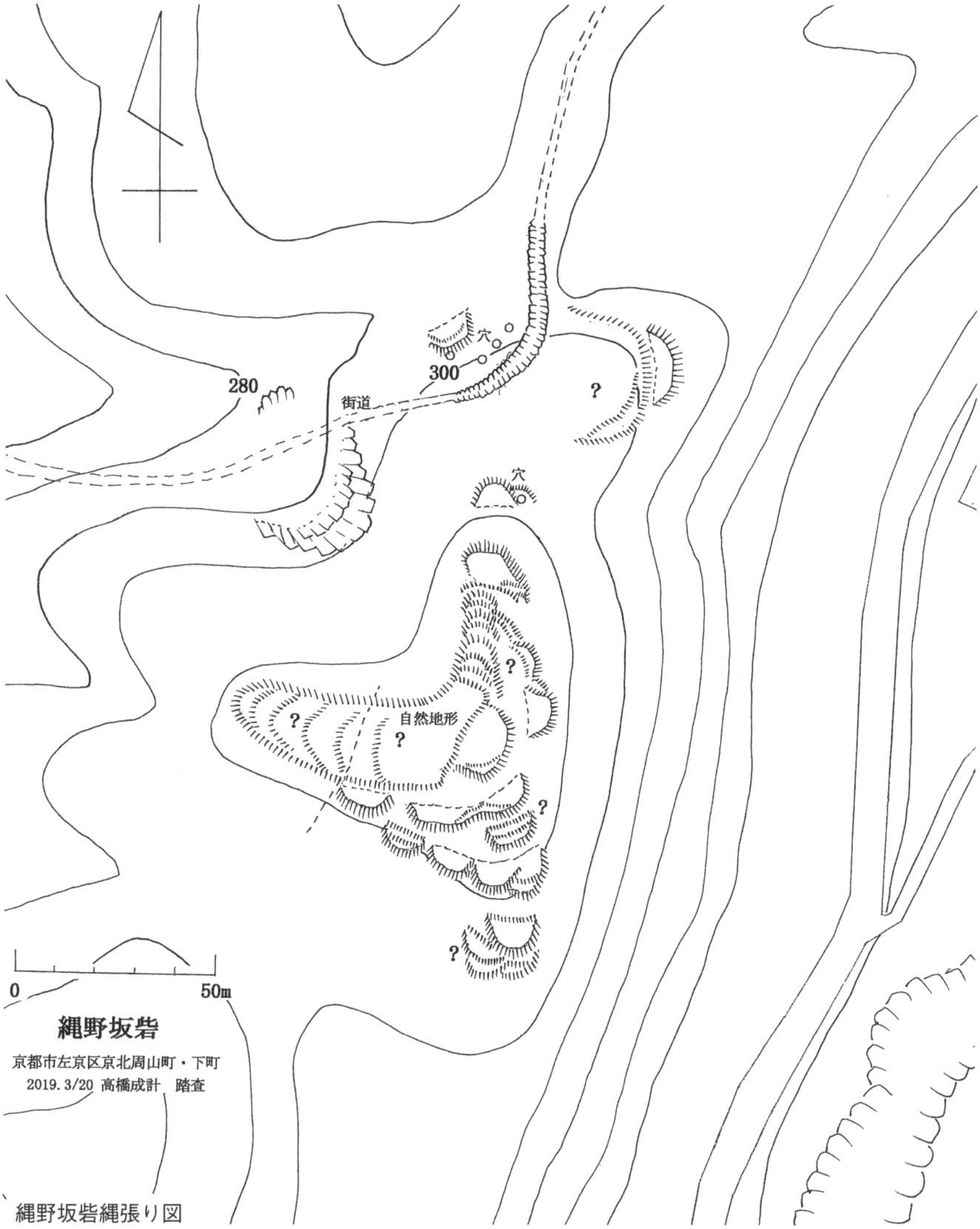

縄野坂砦縄張り図

左右とも曲輪

＊1 野田只夫編『丹波国山国荘史料』（史籍刊行会、一九五八年）

福知山市北部の山岳の城

61 鬼《おに》ヶ《が》城《じょう》

所在地：京都府福知山市大江町南山鬼ヶ城
城　主：不明
遺　構：曲輪・堀切・虎口
規　模：五五〇×五二〇m
標高／比高：五四〇m／五二〇m

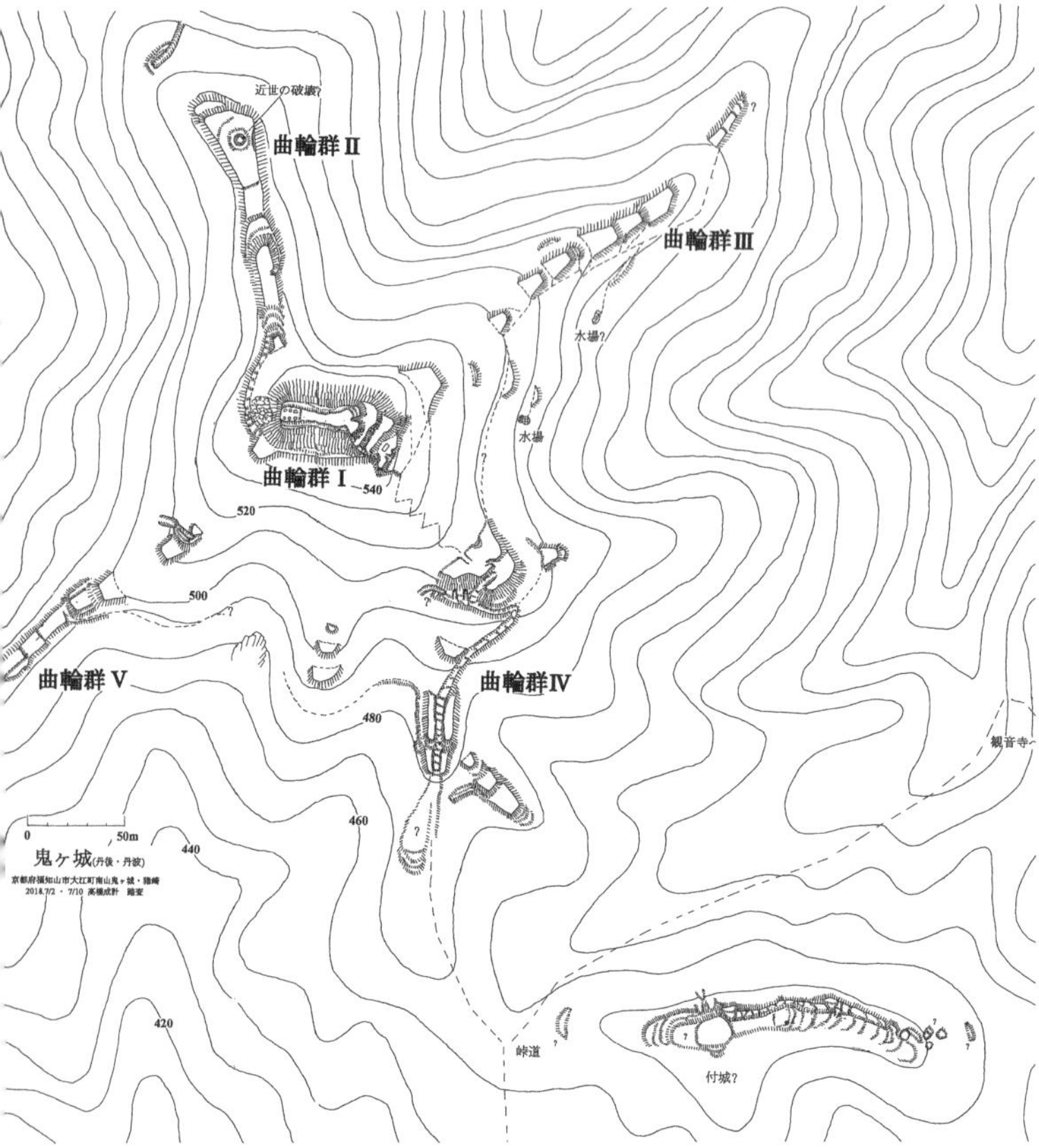

水場

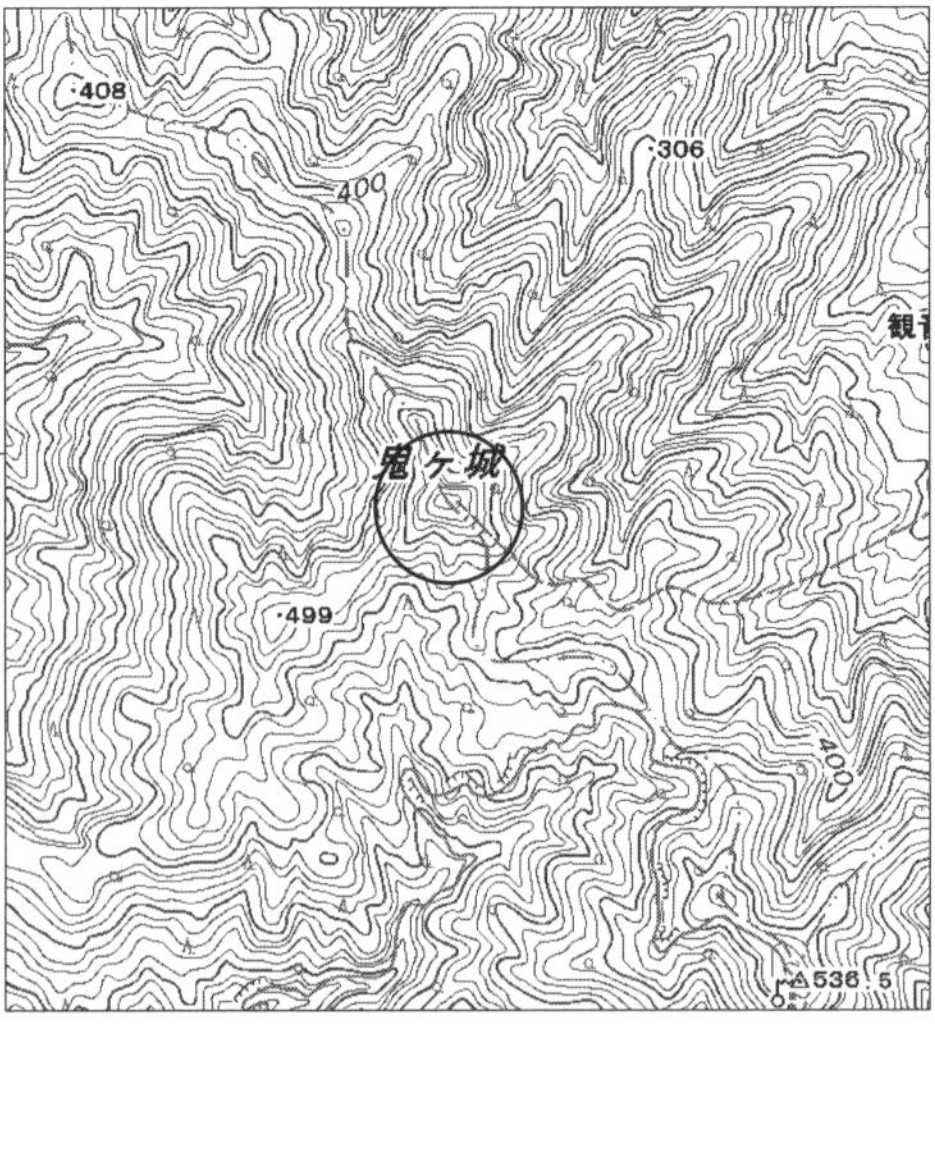

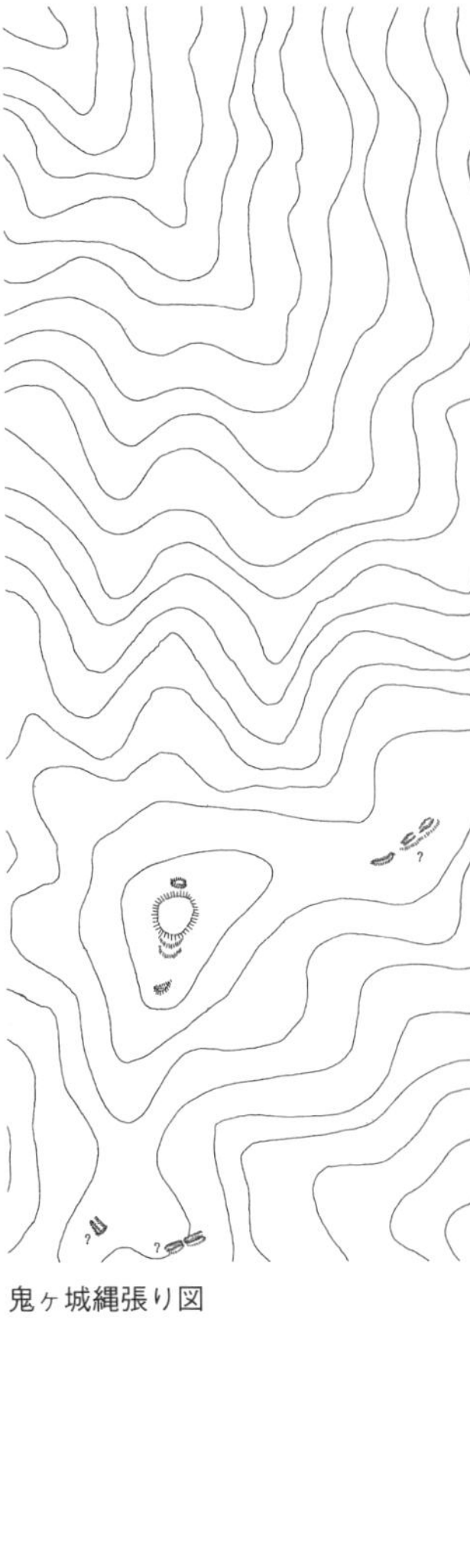
鬼ヶ城縄張り図

【選地】福知山市北部に位置する。標高五四〇mの鬼ヶ城は、三六〇度の展望があり、傾斜が急な山岳である。

【歴史】『信長公記』によると、天正七年（一五七九）七月、明智光秀に敵対する勢力が籠城したため攻撃されたという。

【遺構】山頂部に東西一〇〇m、南北六〇mほどの曲輪群Ⅰがあり、ここから延びる北・北東・南・南西の四方向の尾根上に曲輪が造成されている。北の曲輪群Ⅱは南北一五〇m、東西二五mほどの規模で、面積の広い曲輪が多く、先端に片堀切がある。北東の曲輪群Ⅲは東西一九〇m、南北三〇mほどあり、曲輪が階段状に連なる。南は登城道のため虎口のある曲輪があり、道で破壊された曲輪もある。この曲輪群Ⅳは、南北一五〇m、東西五〇mほどの規模である。南西の尾根上には曲輪群Ⅴがあり、南北四〇〇mほどの規模で、自然地形の部分が多い。

【評価】城域は広いが曲輪が散在しており、求心性はない。南の曲輪群Ⅳの南東一五〇mには、陣城が構築されている。

曲輪

南西からの遠景

鬼ヶ城に対する近距離の陣城

62 鬼《おに》ヶ《が》城《じょう》南《なん》東《とう》遺《い》構《こう》

所在地：京都府福知山市大江町南山鬼ヶ城
城　主：不明
遺　構：曲輪
規　模：一七〇×三〇m
標高／比高：四六〇m／四四〇m

【選地】鬼ヶ城の南東一五〇mの尾根先端にあり、北東の観音寺から谷筋を上ってくる道を攻撃できる位置にある。

【歴史】不明である。

【遺構】北側の谷筋に向かって、削平地やタコツボ状の遺構がある。尾根上はすべて自然地形で、人工的に加工した部分はない。

【評価】北東の観音寺から谷筋を上ってくる敵に対して備えた陣城で、削平状態も悪く、短期間の使用が目的であろう。

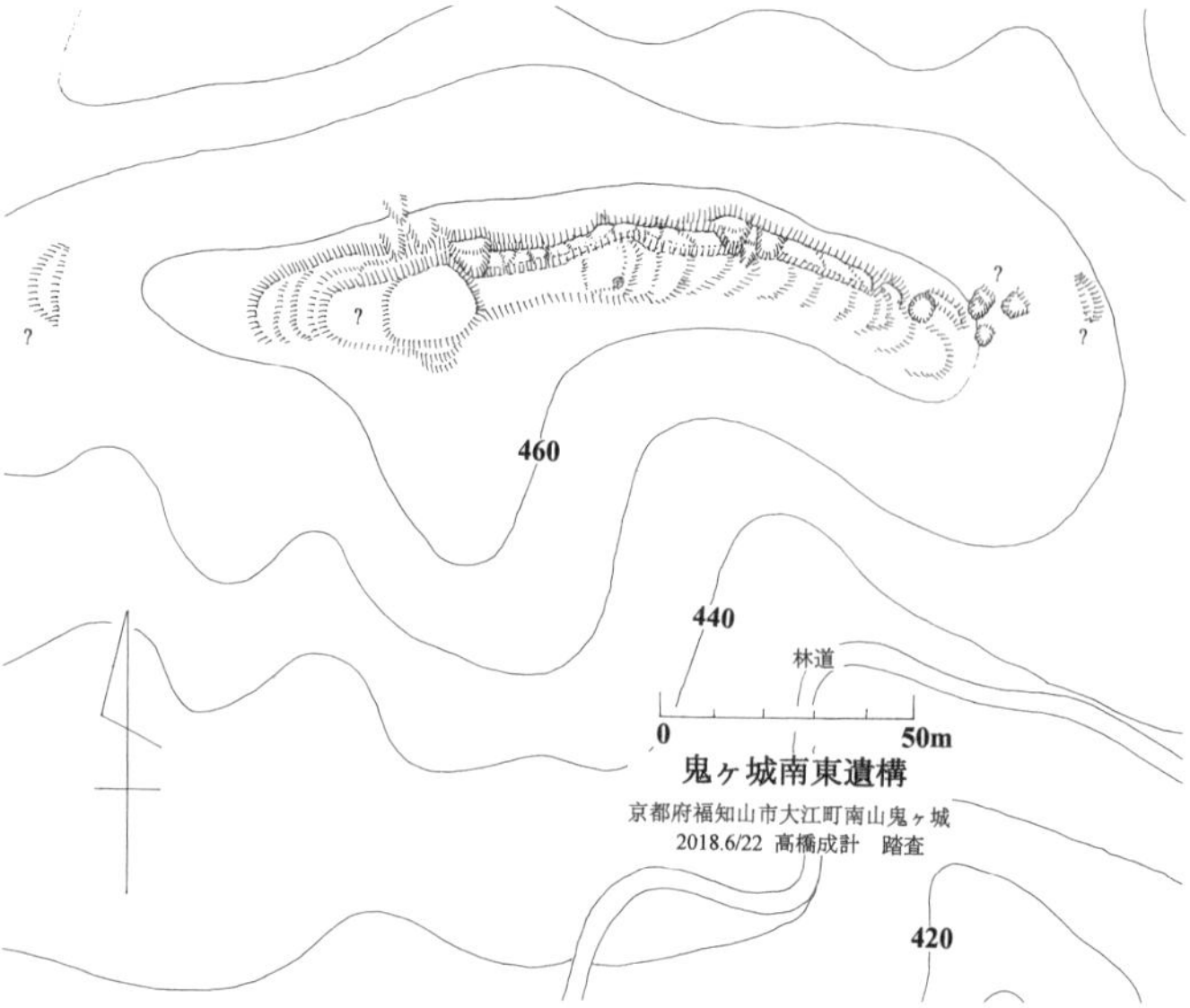

鬼ヶ城南東遺構縄張り図

曲輪

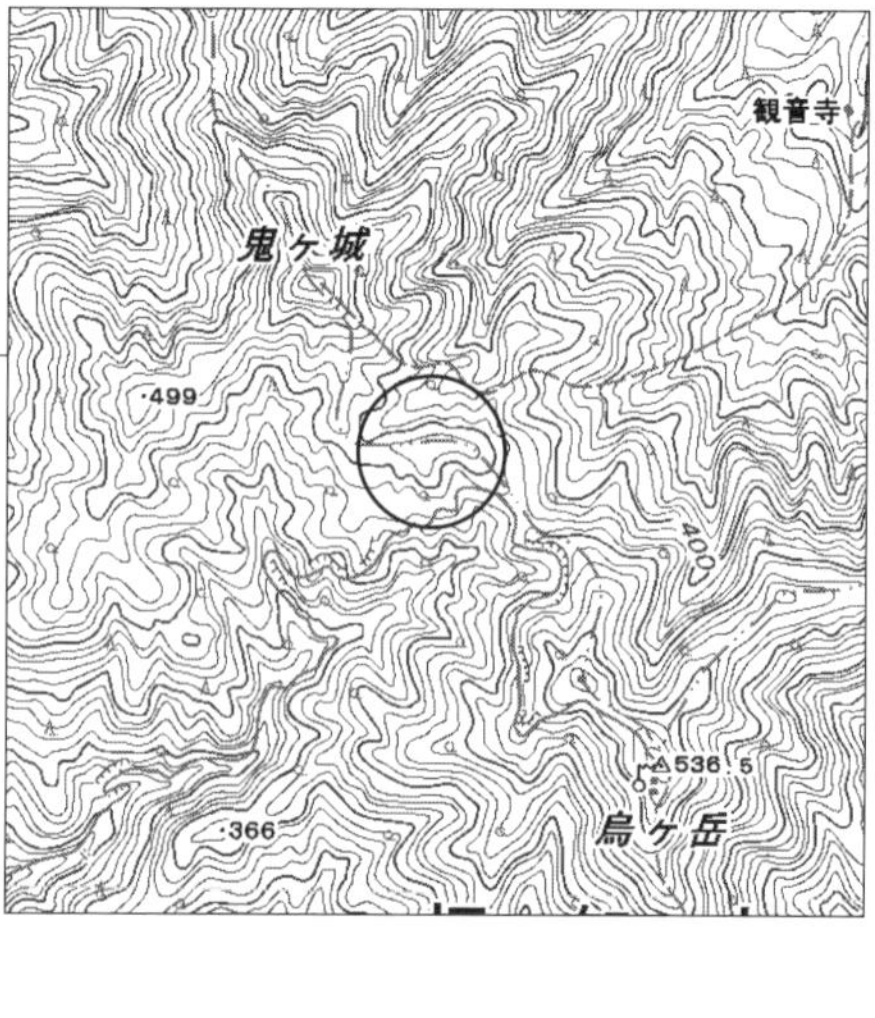

破壊された大規模陣城

63 烏《からす》ヶ《が》岳城《だけじょう》

所在地：京都府福知山市猪崎・大江町南山
城　主：不明
遺　構：曲輪
規　模：八五〇×五〇〇m
標高／比高：五三六・五m／五一〇m

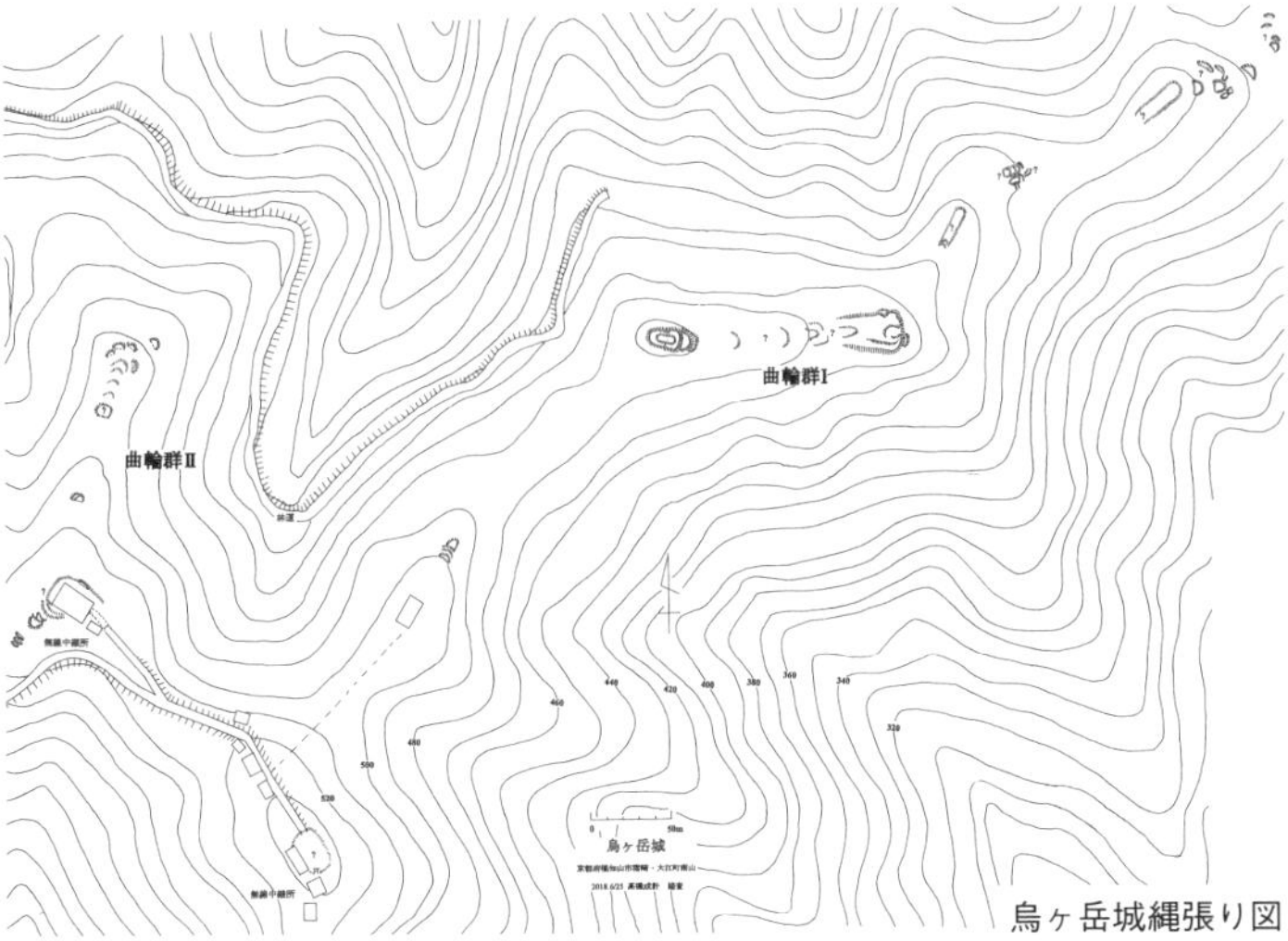

烏ヶ岳城縄張り図

【選地】鬼ヶ城の南東一㎞に位置する標高五三六・五mにあり、山頂から北東に延びる尾根上に曲輪群が造成されている。

【歴史】『信長公記』よると、明智方が天正七年七月に陣城を設けたとある。

【遺構】城域は東西八五〇m、南北五〇〇mほどあり広大だが、山頂から北西にかけて無線中継所の建設により破壊されてしまっているため、遺構の状態は不明である。明確な遺構は、北東に延びる尾根上の曲輪群Ⅰで、自然地形と混合した曲輪群が尾根上四〇〇mにわたって造成されている。また、西の標高五二〇mから北へ延びる尾根上二〇〇mに曲輪群Ⅱがあり、所々に小規模な曲輪の造成がある。

【評価】曲輪がある尾根はすべて山の北側方向にあり、鬼ヶ城に対する陣城と考える。

鬼ヶ城からの遠景

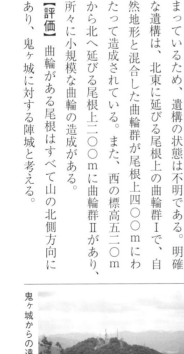

山岳に展開する曲輪群

64 高見城《たかみじょう》

所在地：兵庫県丹波市氷上町佐野高見城山
城　主：仁木氏・赤井氏
遺　構：曲輪・土塁・虎口・空堀
規　模：七〇〇×三〇〇m
標高／比高：四八五m／三八〇m

【選地】丹波市の旧氷上町と旧柏原《かいばら》町にまたがる、標高四〇〇m以上の山岳地帯に所在する。北の山麓は、北から加古川と柏原川が合流する地点で、北東方向は黒井川流域への展望も良好である。

【歴史】天正七年（一五七九）と思われる八月二十四日付けの明智光秀書状に、「高見之事執詰陣候」とある。*1

北東からの遠景（高見城）

【遺構】高見城は四〇〇m級の山岳地帯に所在するため、曲輪を造成する場所に難がある。曲輪群を四ヵ所に分類すると、中心となる標高四八五mの曲輪群Ⅰは、南北一五〇m、東西六〇mほどの規模で、曲輪には石積みや虎口も見られる。

南三〇〇mほどの位置には曲輪群Ⅱがあり、規模は南北一二〇m、東西七〇mほどで、平成十年から十一年にかけて七ヶ月間の発掘調査が実施された。北西方向に向けて六段の曲輪があるが、一段と二段の曲輪には焼土層が見つかり、一段目の曲輪では建物の焼け跡が出土するとともに、多くの遺物が出土した。出土物は硯、砥石、銅銭（唐銭・宋銭）、刀子《とうす》、

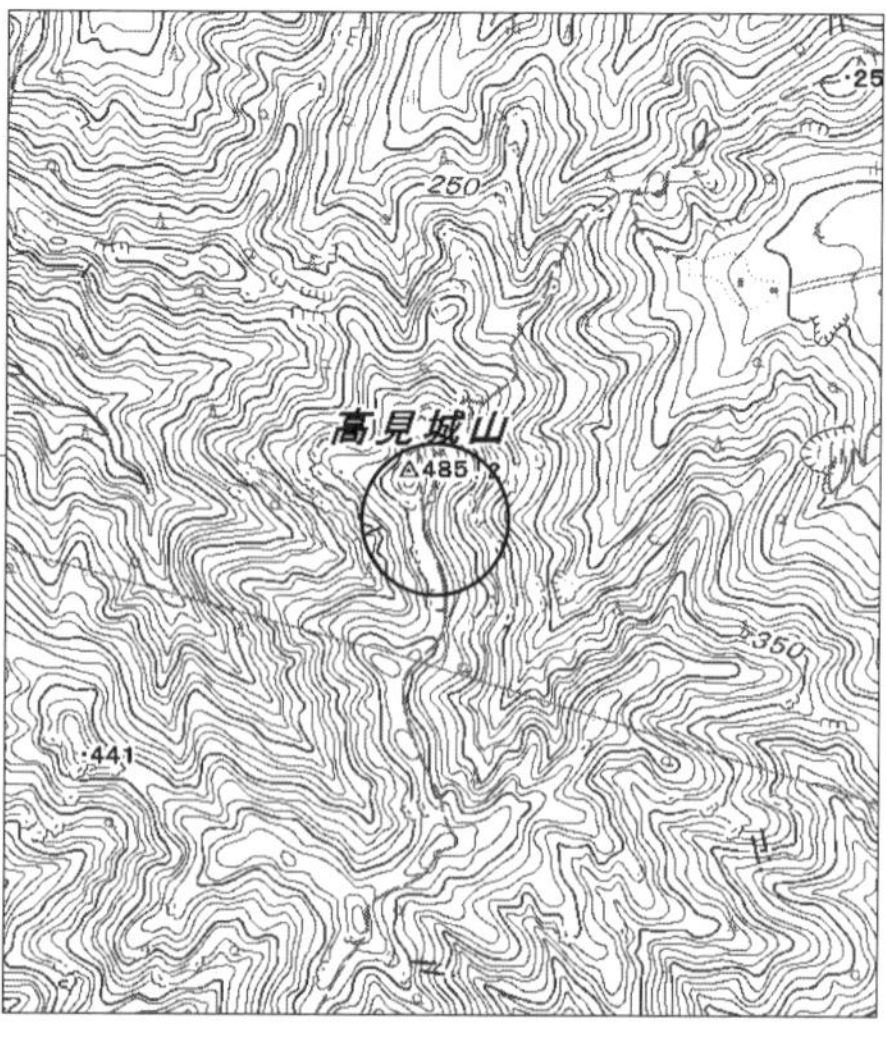

虎口（高見城）

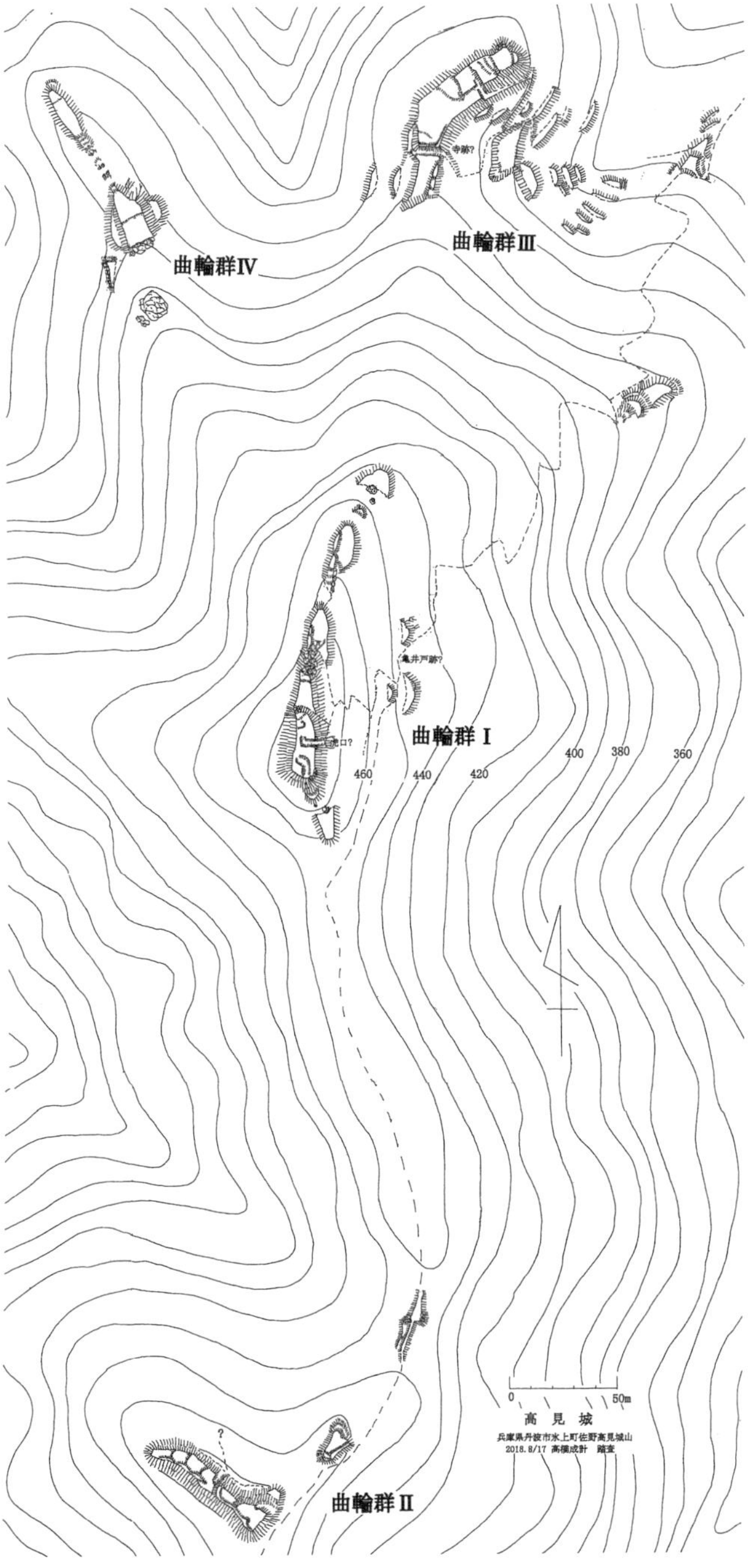

高見城縄張り図

鉄鏃《てつぞく》、鉄釘、土師器、染付、白磁、天目碗、火鉢、碁石（五八個）、銅製品等である。*2

北の大新屋《おおにや》に下る中腹にある曲輪群Ⅲは、南北一六〇m、東西一六〇mほどの規模で、尾根上には空堀をともなう面積の広い曲輪があり、谷筋には小規模な曲輪が多い。北西尾根には一部を石積みで形成した曲輪を含む南北八〇m、東西三五mほどの規模の曲輪群Ⅳがあり、曲輪への道

*1 明智光秀書状（『明智光秀』93）。
*2 『氷上郡埋蔵文化財調査概要報告書』四（兵庫県氷上郡教育委員会、二〇〇二年）。

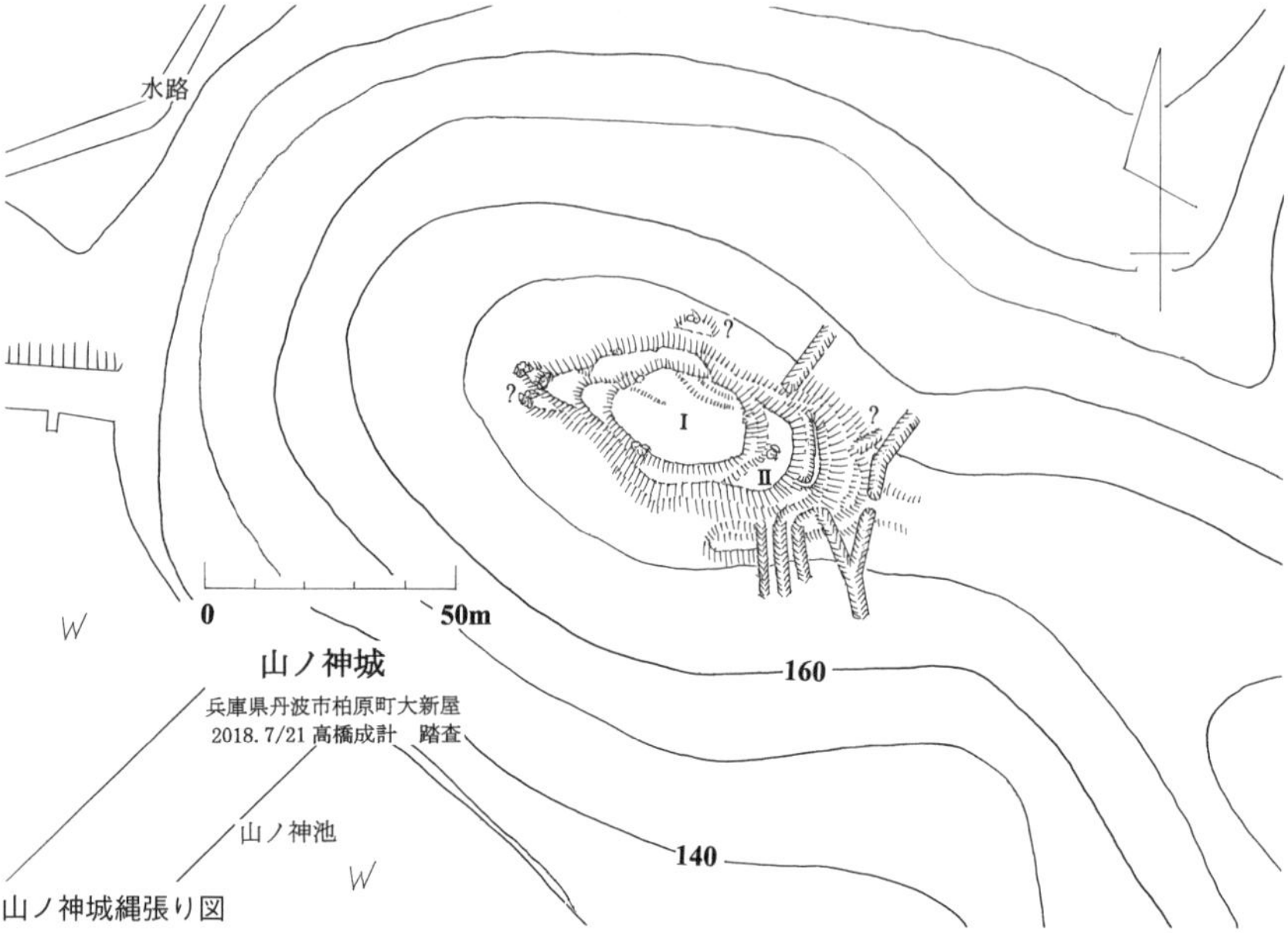

山ノ神城縄張り図

は東の佐野集落から通じている。

［山《やま》ノ《の》神《かみ》城］高見城の曲輪群Ⅰから東へ一kmほどにある、標高一八〇mの尾根先に位置する。規模は東西七五m、南北五〇mほどで、東の尾根続きを土橋付きの堀切で遮断し、一五mほど上部には塹壕を設け、南斜面には畝状空堀群が敷設されている。中心となる曲輪Ⅰの規模は東西三〇m、南北二〇mほどで、西に二段の腰曲輪、東には南北一五m、東西六mの曲輪Ⅱがある。当城の築城目的は、南東の石戸集落（柏原町）から峠を越えてくる敵に対処したものである。

［東《ひがし》鴨《かも》野《の》城（居館）］高見城の北東山麓の大新屋に所在する、標高一一〇～一二〇mの緩斜面を利用した居館である。南から東にある尾根上にも曲輪群Ⅰがある。このような緩斜面に造成する手法は丹波国には珍しく、播磨国北東部の一部に見られる縄張りである。曲輪Ⅰの背後

曲輪（山ノ神城）

西からの遠景（山ノ神城）

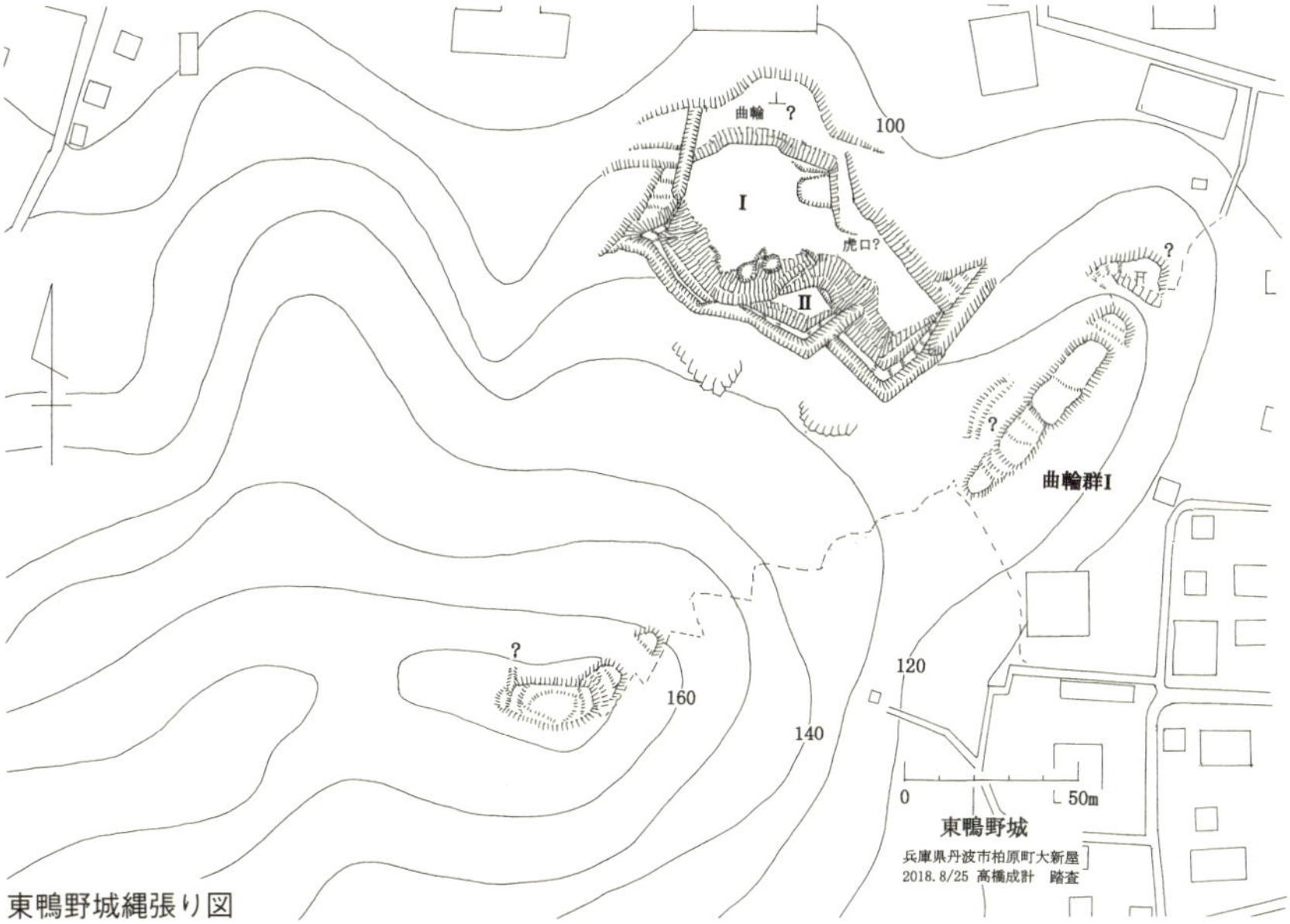

東鴨野城縄張り図

背後の空堀（東鴨野城）

や側面に空堀を巡らし、前面は切岸としている。規模は東西一〇〇m、南北七〇mほどで、背後には東西二〇m、南北一〇mほどの櫓台IIも見られる。

天正七年八月二十四日付けの明智光秀判物[*3]の宛所のひとつ「高見山下町人中」という記載からは、東鴨野城の周辺に町屋が形成されていたことが類推できる。

［仏生寺山《ぶっしょうじやま》砦］高見城の北東一kmの尾根先にある、標高二五九mに所在する。規

*3　明智光秀判物（『明智光秀』92）。

西の尾根先の曲輪（東鴨野城）

西からの遠景（東鴨野城）

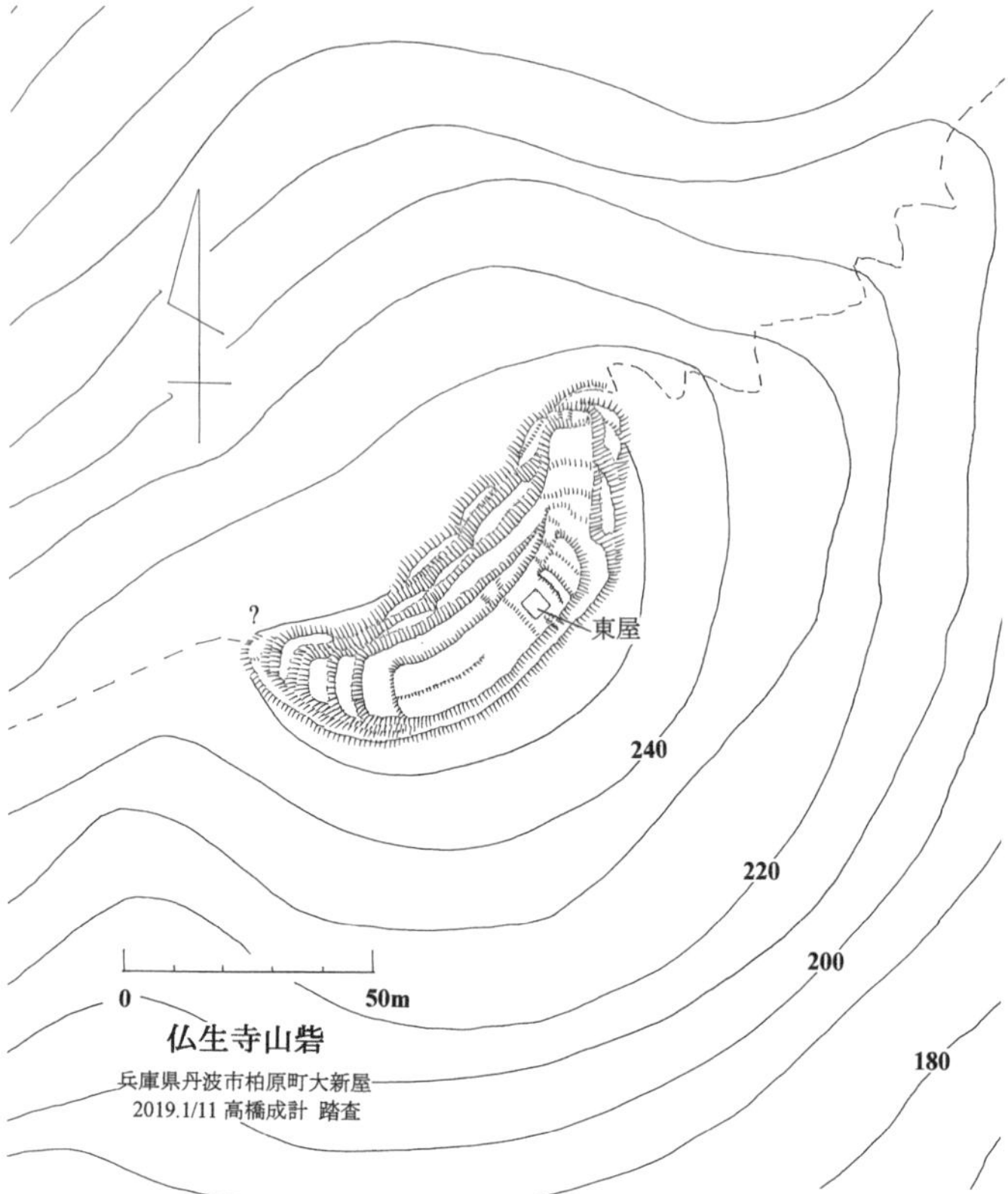

仏生寺山砦縄張り図

模は南北一〇〇m、東西三五mほどで、シダ類が群生しているため正確な縄張りはわからない。北西の斜面には帯状曲輪が三段ほど造成されている。

現在、曲輪の中心部分に東屋《あずまや》があり、展望所として利用されている。

【評価】山岳地帯にあり、曲輪群が散在している。曲輪群Ⅱの発掘調査により、曲輪を六段で構成し、その四段までに建物跡が確認され、火災により焼失していることが判明した。また、出土遺物のうち染付の多くが明代の景徳鎮《けいとくちん》産で、その他の遺物も戦国期の物であることが明らかにされた。曲輪群Ⅰの枡形状虎口も、天正期に使用された可能性がある。

南尾根からの遠景（仏生寺山砦）

北側の曲輪（仏生寺山砦）

光秀の伝承が残る陣城

65 茶臼山砦《ちゃうすやまとりで》

所在地：兵庫県丹波市柏原町誉田《あぐた》
城　主：不明
遺　構：曲輪
規　模：九五×七〇m
標高／比高：一三〇m／四〇m

【選地】東の高見城までの距離は二・二kmほどで、高見城を見上げる位置にある。

【歴史】『柏原町志』によると、明智軍が高見城を攻撃したときの陣城とされ、「光秀が巡察したとき兵が眠っていたので、旗を抜き去ってこれをいさめた」という。*1

【遺構】遺構は逆L字型をしている。削平状態が良好なのは北側の曲輪群Ⅰだが、堀切状の遺構から南は、曲輪の痕跡が残るのみである。南の曲輪群Ⅱは古墳を利用したもので、墳丘上を平らにして曲輪化している。

【評価】高見城攻めのときの陣城という伝承があり、伝承地に曲輪跡が残っているため、伝承が実証された。

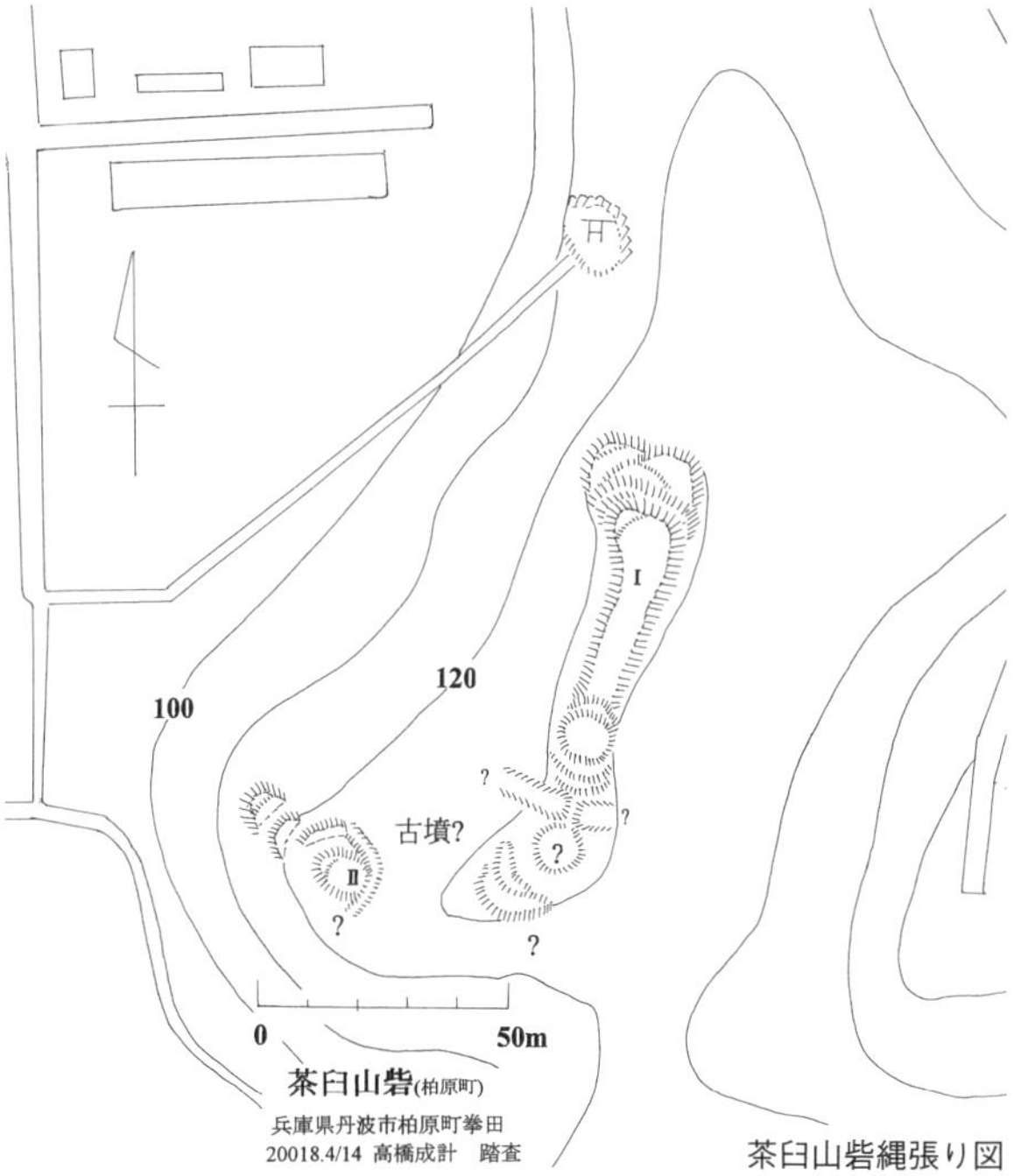

茶臼山砦縄張り図

高見城からの遠景

*1 『柏原町志』（兵庫県氷上郡柏原町、一九五五年）。

山の西側の遺構だけを使用か

66 小《こ》南《みなみ》山《やま》城《じょう》

所在地：兵庫県丹波市柏原町柏原小南山
城　主：不明
遺　構：曲輪・堀切・竪堀
規　模：六〇〇×三五〇m
標高／比高：二三六m／一三〇m

【選地】ＪＲ福知山線柏原駅の西八〇〇mにある標高二三六mの山である。東と西への展望が良好で、西にある高見城への展望も、山の西側から良好である。

【歴史】不明である。

東からの遠景

【遺構】規模は東西六〇〇m、南北三五〇mほどあるが、東側からは高見城が見えないため、遺構は西側の二ヵ所に限定される。

西の標高二三〇mの位置から南西に延びる尾根上の曲輪群Ⅰの規模は南北一〇〇m、東西二〇mほどあり、北の山頂部分は自然地形である。

北西尾根の曲輪群Ⅱの規模は南北一〇〇m、東西一三mほどで、この二ヵ所からは高見城への展望が良好である。

【評価】高見城と柏原八幡神社の直線上に小南山があり、八幡神社に陣取りした明智方への軍事情報は小南山を経

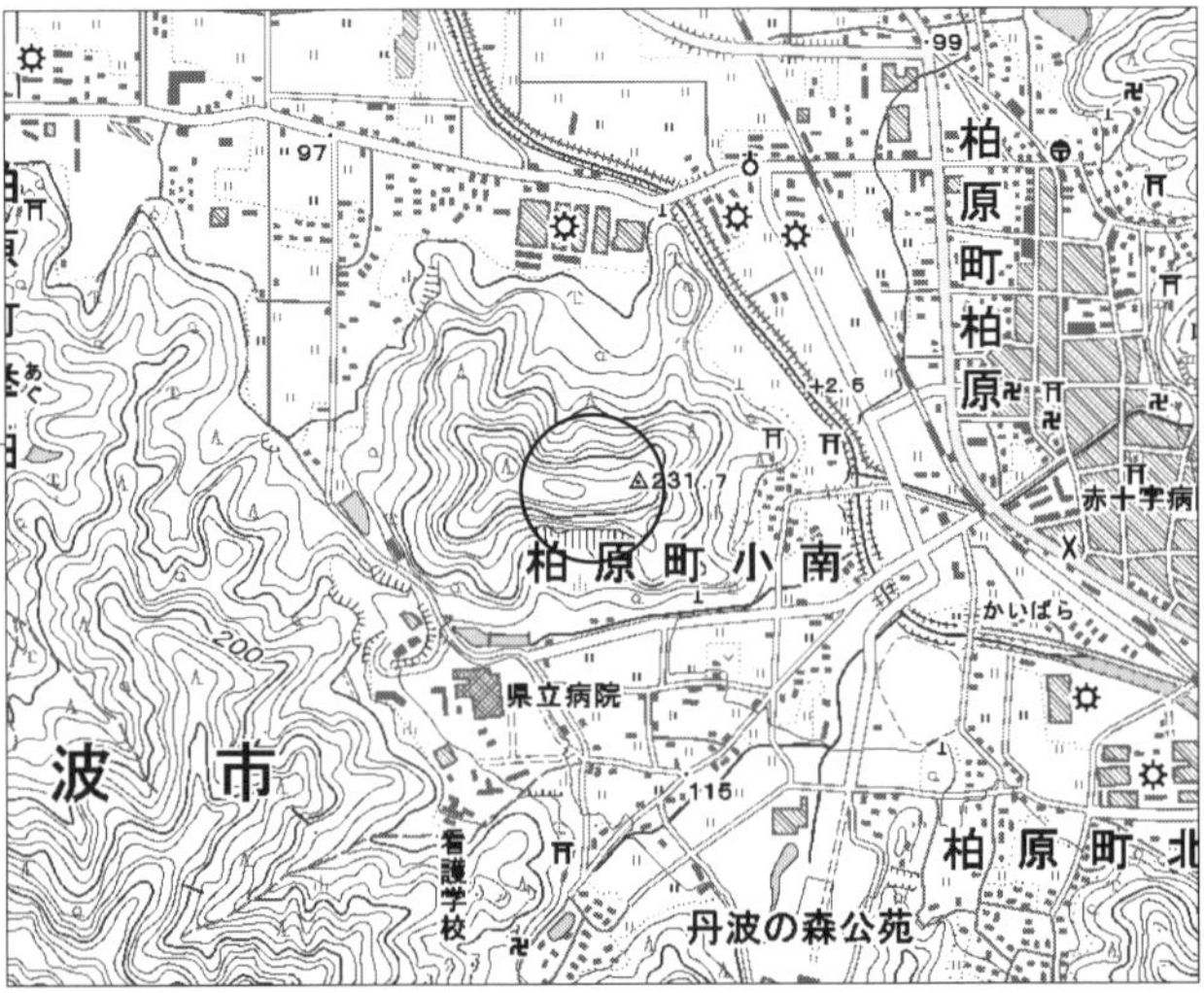

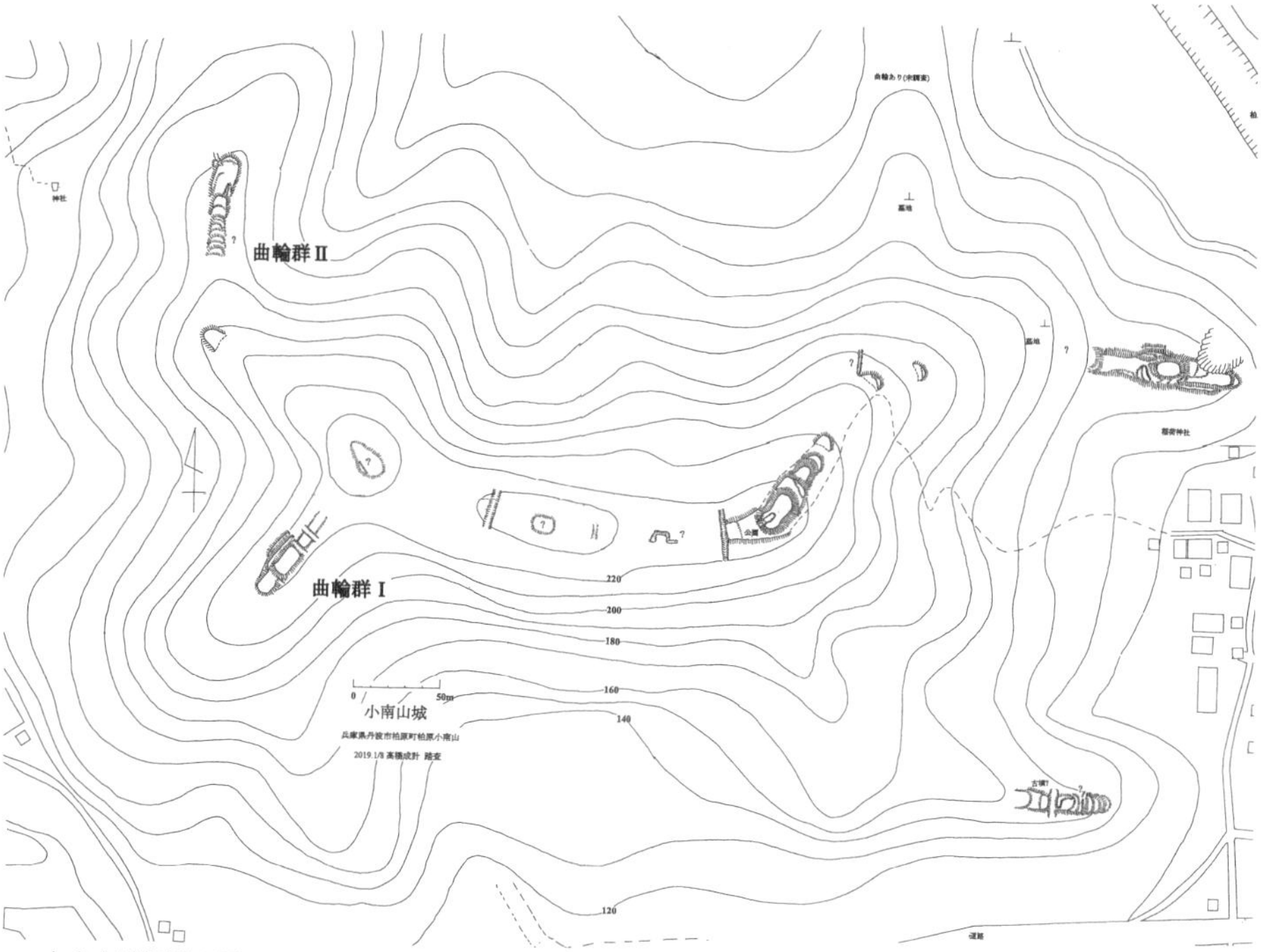

小南山城縄張り図

西側尾根の曲輪

由することが不可欠である。

小南山の曲輪群は五ヵ所の尾根先にあり、山頂部は東側を除いて自然地形なため、敵がいる方向により陣取りを変えたのだろう。

小南山から望む高見城

67 横《よこ》田《た》城《じょう》

高見城と黒井城へ備えた陣城

所在地：兵庫県丹波市氷上町石生新町・横田
城　主：不明
遺　構：曲輪・土壇
規　模：九〇×二五m
標高／比高：一九八m／一一〇m

【選地】柏原町から春日町方面に行く途中の水分《みわか》れ公園の西に延びた尾根先にあり、黒井川の上流への展望が良好である。

【歴史】伝承によると、明智光秀の家臣柴《しば》田《た》勝貞《かつさだ》の陣所という。

【遺構】北西にハート形の土壇Aがある。堀切や竪堀もなく要害性に乏しいが、削平状態は良好である。櫓台と考えられる土壇がある。

【評価】織豊系の陣城と考えられ、黒井城と高見城の両城へ備えるために築かれたのだろう。光秀を見舞う吉田兼見からの使者が訪れた「加伊原新城」は、当城をさす可能性も考えられる。

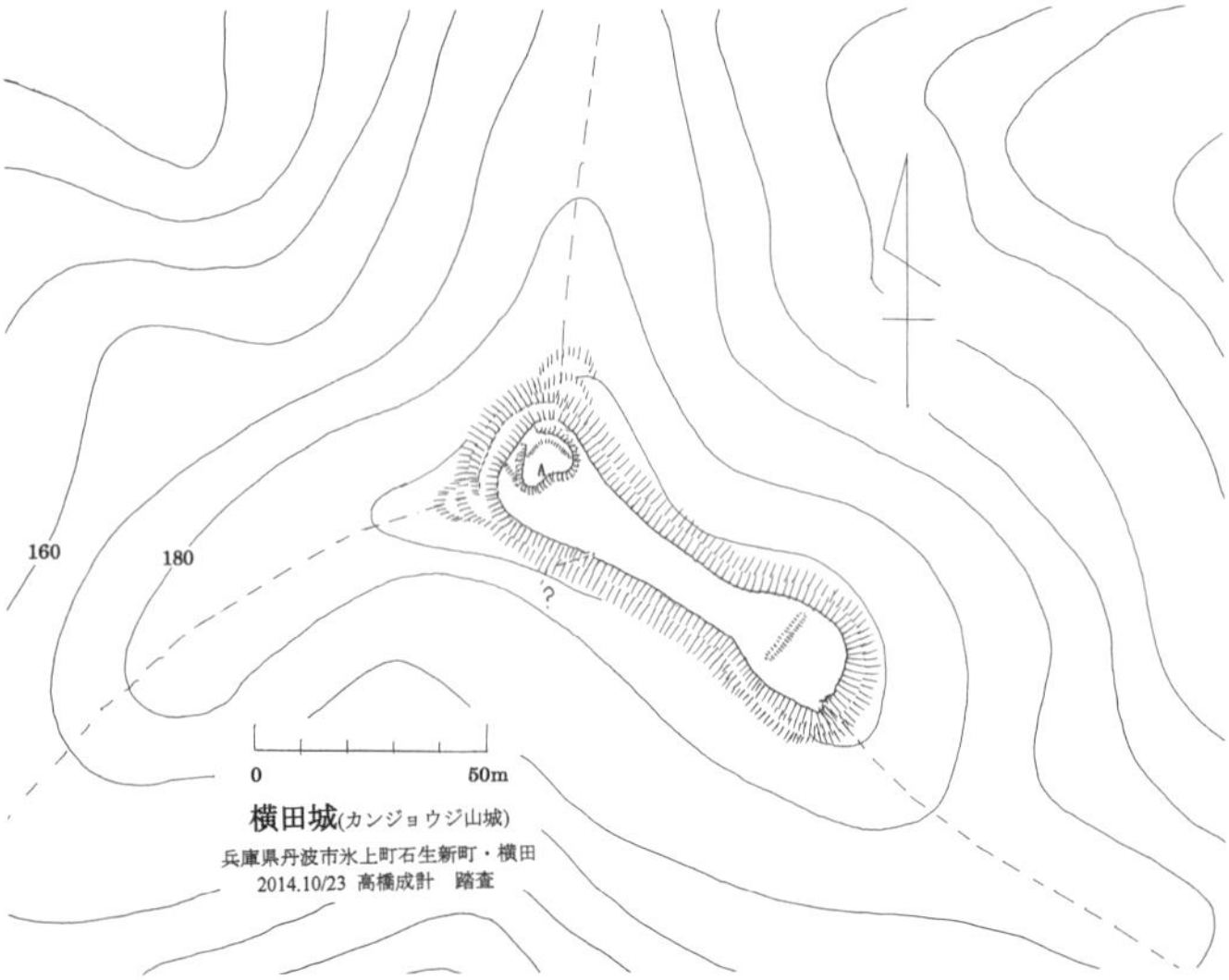

横田城（カンジョウジ山城）縄張り図

南東からの遠景

【第二部】

合戦で築かれた間接的な陣城

4、分断・つなぎを目的に築かれた陣城たち

黒井城と八上城の連携を分断する陣城

第一次黒井城合戦での敗戦が、明智光秀に黒井城（兵庫県丹波市）と八上城（兵庫県丹波篠山市）を分断する陣城群を構築させた。黒井城と八上城を分断することは、両城の勢力が協力して明智軍を攻めないように、両城の軍事連携を阻止させることである。

天正六年（一五七八）九月十三日付けの津田加賀守に宛てた光秀の書状[*1]によると、「（九月）十八日ニ八上ノ城後之山へをしあかり可陣取候」とあり、この時点で明智軍による八上城攻めが開始されている。また、同年十一月十九日付けで小畠永明に宛てた光秀書状[*2]によると、「錦山・国料（領）為見、廻被相越候処、何も堅固候由尤候」とあり、小畠永明が金山城と国領城の見廻りを実施している。両城は黒井城と八上城の間に位置し、黒井城と八上城を分断するために、両城に兵を入れ置いていたことがわかる。

なお、翌天正七年六月一日に八上城は落城し、八月九日には黒井城も落城した。この年のものと思われる八月二十四日付けの光秀書状[*3]によると、「高見之事執詰陣候、落居不可有幾程候」とあるので、明智氏と敵対する高見城も八月下旬には落城したと考えられる。さらに、九月二十三日付けの光秀書状[*4]では、「□□□□と中山へ取上、同廿一日ヨリ先年拙者在城申候国領之城之上へ、深山を一里余切抜、新道を付、同廿二未明より、国領へ取懸、申下刻ニ責破、悉打果、三ヶ年以来之鬱憤散候」とあり、国領城が赤井勢に奪われていること、「先年拙者在城申候国領之城之上へ」

＊1　明智光秀書状（『明智光秀』77）。

＊2　明智光秀書状（『明智光秀』82）。

＊3　明智光秀書状（『明智光秀』93）。

＊4　明智光秀書状（『亀岡』七一）。

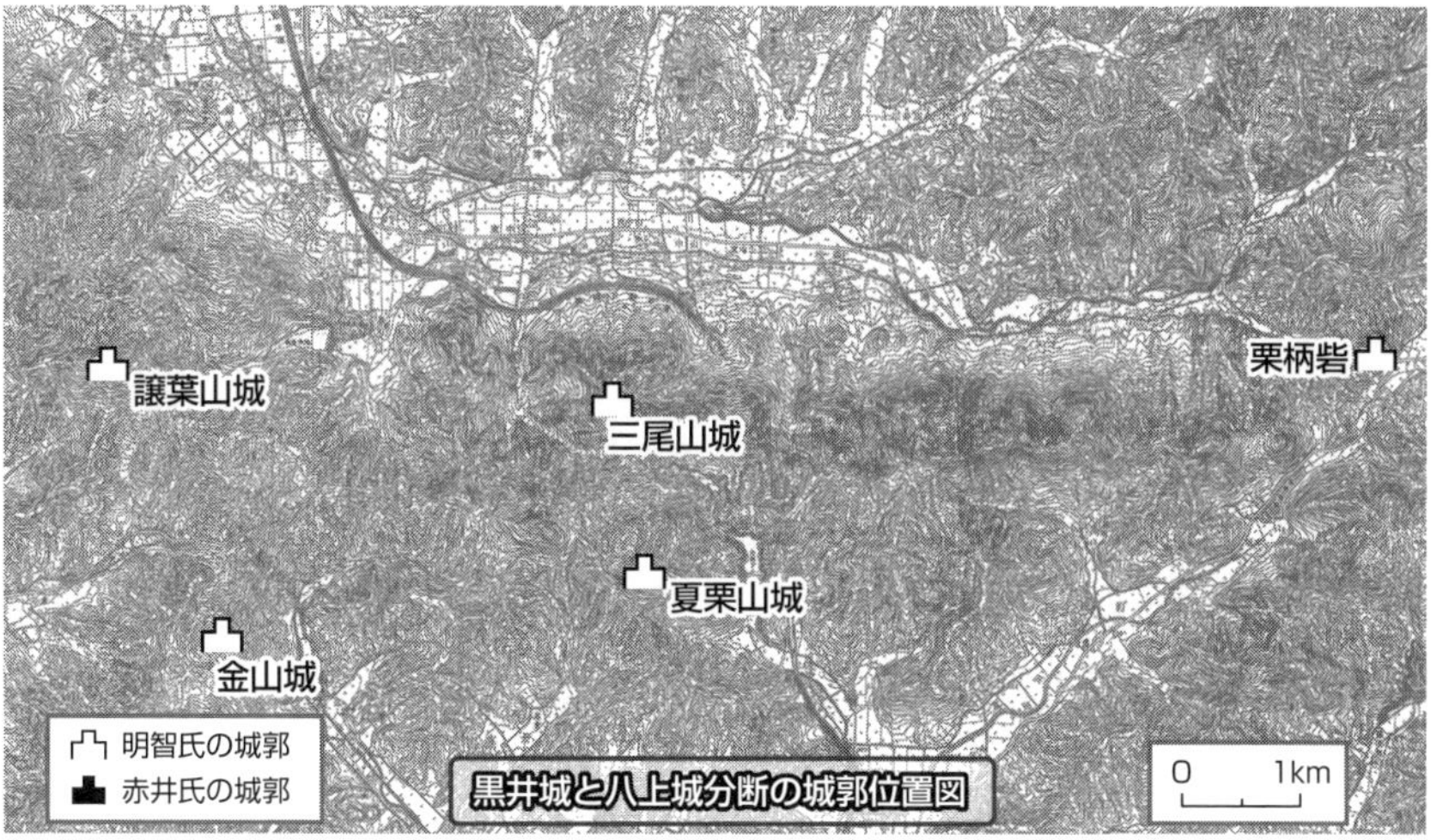

黒井城と八上城分断の城郭位置図

とあることから、同六年十一月頃に明智軍が国領城に在城していたことがわかる。

　では、国領城とはどこの城をさすのだろうか。実は、国領城とは従来指摘されてきた平地の国領にあった流泉寺跡ではなく、三尾山《みつおさん》城のことである。前掲史料には「先年拙者在城中候国領之城之上へ、深山を一里余切抜、新道を付、同廿二未明より、国領へ取懸、申下刻ニ責破、悉打果」とあり、国領地域の山城で、背後に「深山」のあることがポイントである。

　国領集落の南東にある東中集落から、佐仲《さなか》峠を越えて篠山につながる街道が通っている。この佐仲峠の北にある標高五八六mの山城が三尾山城である。佐仲峠の南には、標高六〇〇mの夏栗山《なつぐりやま》があり、食い違い虎口や枡形虎口をもつ、織豊系陣城がある。「深山」とはここのことであろう。国領城の上というが、比高では一四mほど夏栗山城が高い。また、「深山を一里余」というが、直線距離は一・五kmほどである。

　このように、八上城と黒井城を分断する陣城で合戦があったことがわかる。また、「国領へ取懸、申下刻ニ責破、悉打果、三ヶ年以来之鬱憤散候」という表現からは、国領城を攻略したことで、天正四年正月の黒井城合戦で赤井氏に敗北してから三年間に至る鬱憤をはらしたことがうかがえる。

　黒井城と八上城を分断する多紀・氷上連山は、兵庫県丹波篠山市北部から丹波市東部に連なる標高五〇〇m～六〇〇mの山々で、山中には北側の黒井城と南側の八上城を結ぶ峠道がある。具体的には、東の栗柄《くりから》峠から西へ鏡《かがみ》峠、佐仲峠、瓶割《かめわり》峠があり、西の柏原方面から鐘ヶ坂《かねがさか》峠が通じている。これらの峠道を封鎖するために陣城を構築したのだ。

　これらの陣城群の縄張りは織豊系陣城の特徴が出ており、明智軍（織田軍）の築城技術を見ることができる。そこで以下、具体的に城郭を取り上げて見ていくことにしよう。

　ところで、ここで光秀の丹波攻めに関わる伝承をひとつ紹介しておきたい。天正七年五月に柏原八幡山に陣取った明智光秀は、足立主人之介を擁して栗住野《くりすの》に拠った地侍三十六人に帰順を勧めたが、聞き入れなかったため、饗宴を装って誘い出し、柏原八幡山で毒酒を飲ませて殺害した。様子がおかしいと状況を確認にきた極楽寺《ごくらくじ》の和尚も殺害し、これらの首を竹槍に突き刺して栗住野川原に晒したのだった。その首を弔い、お堂を建立して供養したのが、現在、兵庫県丹波市栗住野にある祖父々々《そふそふ》堂である。＊5

八上城と三木城間のつなぎの城

「つなぎの城」とは、第一部でも述べたように、城と城の連絡を保つために、その中間地点に設けられた城で、連携を密にするためや、兵員の移動時の休憩や通信等を補助する性格を有するものも存在した。ここでは、丹波国八上城と播磨国三木城（兵庫県三木市）とをつなぐ中尾《なかお》城（同

祖父々堂首塚

＊5　『青垣町誌』（兵庫県氷上郡青垣町、一九七五年）。

三田市）を取り上げ、その性格や縄張りの特徴を考察してみたい。

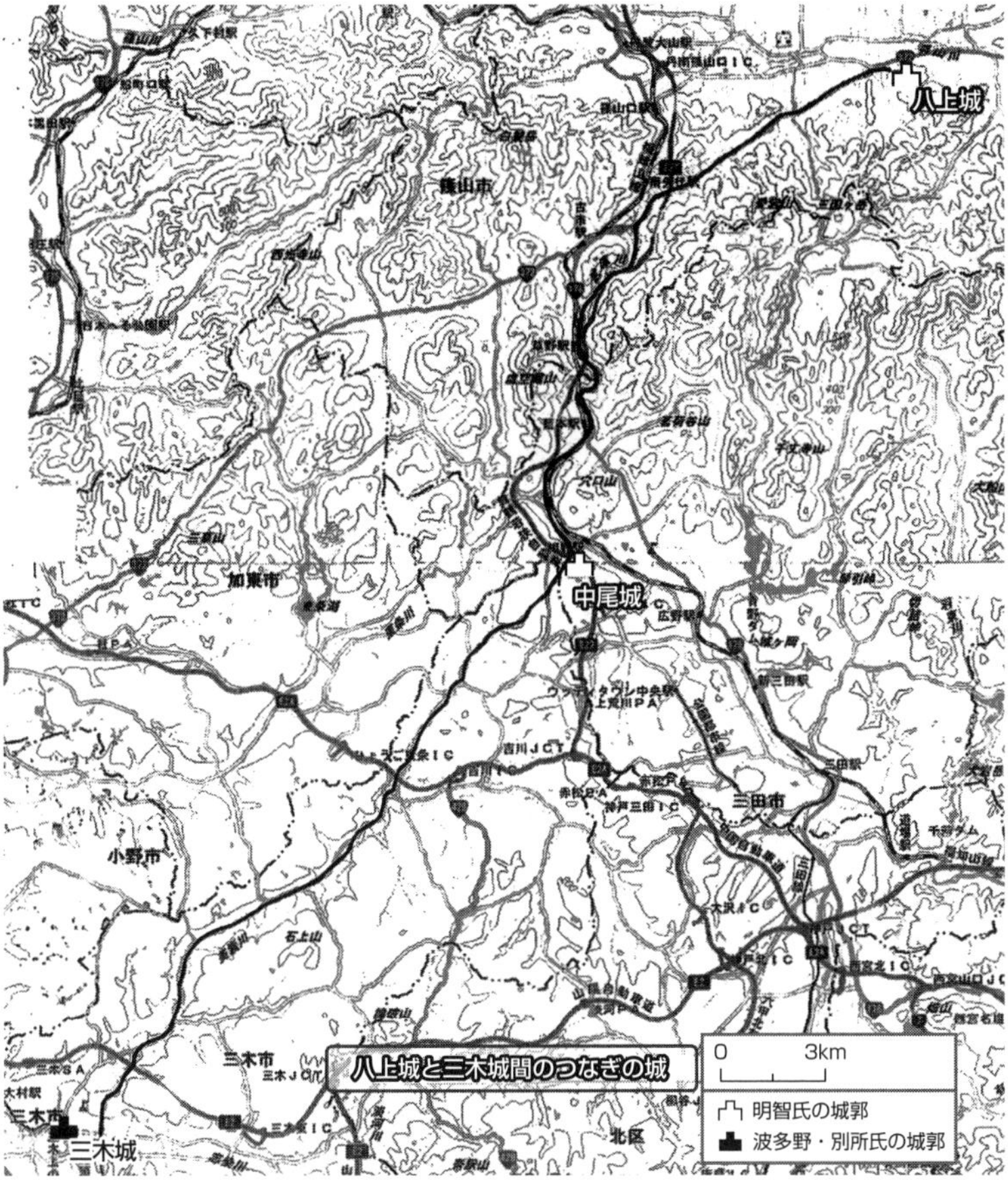

八上城と三木城間のつなぎの城位置図

明智・赤井の間で争奪戦

68 三尾山城《みつおさんじょう》

所在地：兵庫県丹波市春日町中山
城　主：赤井氏
遺　構：曲輪・竪土塁・土塁
規　模：三三〇×一六〇m
標高／比高：五八六m／四六〇m

【選地】黒井城から南東に六・六kmほどの標高五八六mに位置する。西には篠山へ越える街道が佐仲峠を通り、東から鏡峠を越えてくる街道が佐仲ダムで合流する。三つの峰で構成されているため、三尾山といわれる。とくに山頂からは、竹田川流域への展望が良好である。

【歴史】『丹波志』によると、城主は赤井幸家《よしいえ》という。天正六年（一五七八）三月に荻野直正が死亡した後、黒井城を監視するために明智氏が陣を置いた。しかしその後、赤井氏に奪還されてしまったため、翌七年九月に三尾山城から南へ一・五kmのところに夏栗山城を構築し、三尾山城を落城させている。

【遺構】城域は三つの峰で構成されており、曲輪群は三つに分類できる。南の曲輪群Ⅰは南北一一〇m、東西三五mほどで、中心部の曲輪の周囲には腰曲輪が巡り、北の尾根に六段の曲輪が続く。鞍部には曲輪群Ⅱがあり、規模は東西三五m、南北三五mほどで、曲輪の面積も広く、生活空間だったことを感じさせる曲輪群である。

東からの遠景

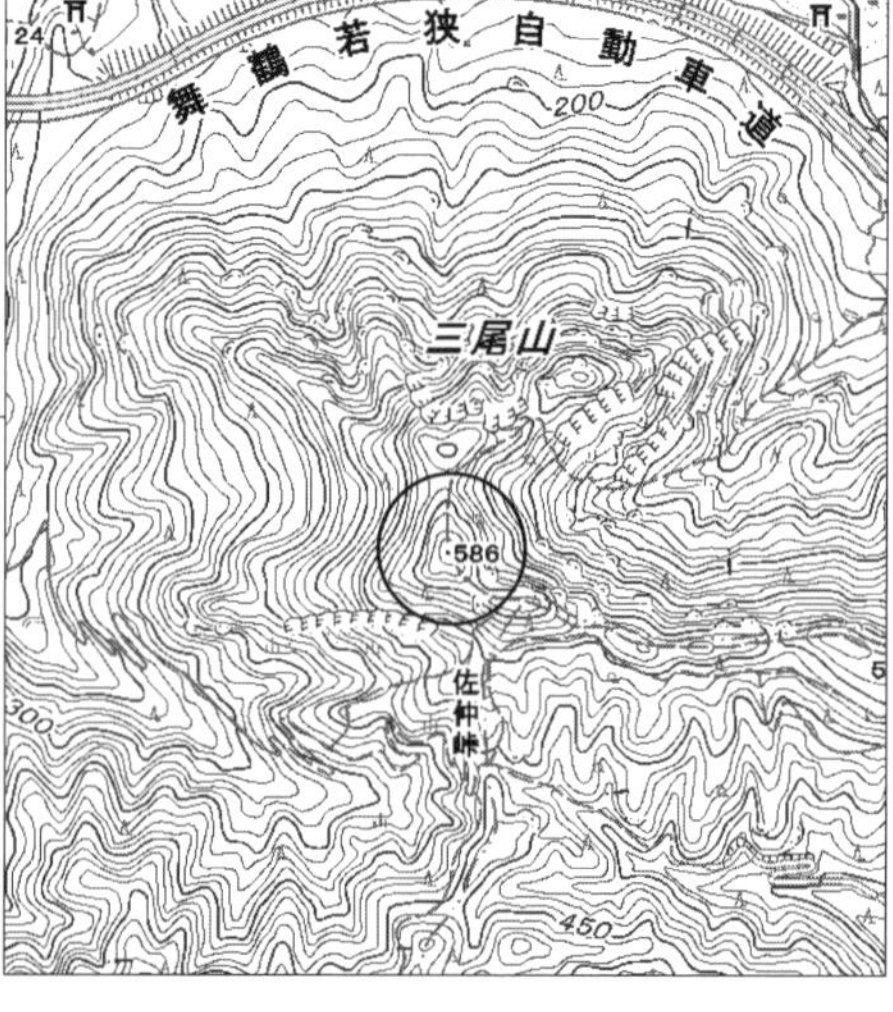

曲輪群Ⅰ（山頂）

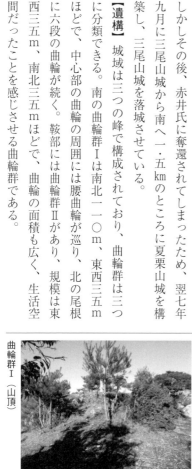

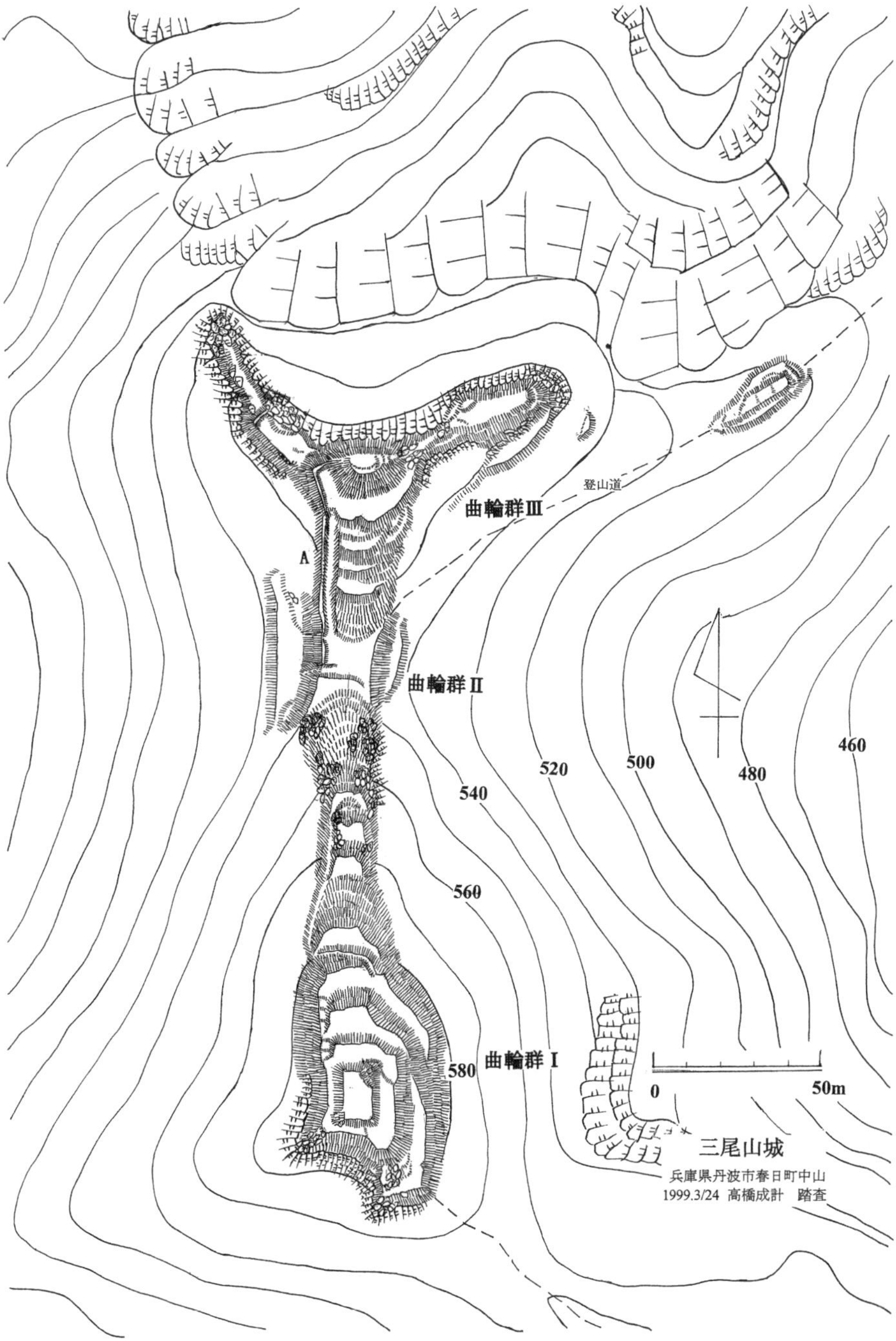
曲輪群Ⅲ
登山道
A
曲輪群Ⅱ
曲輪群Ⅰ
460
480
500
520
540
560
580
0
50m
三尾山城
兵庫県丹波市春日町中山
1999.3/24　高橋成計　踏査

三尾山城縄張り図

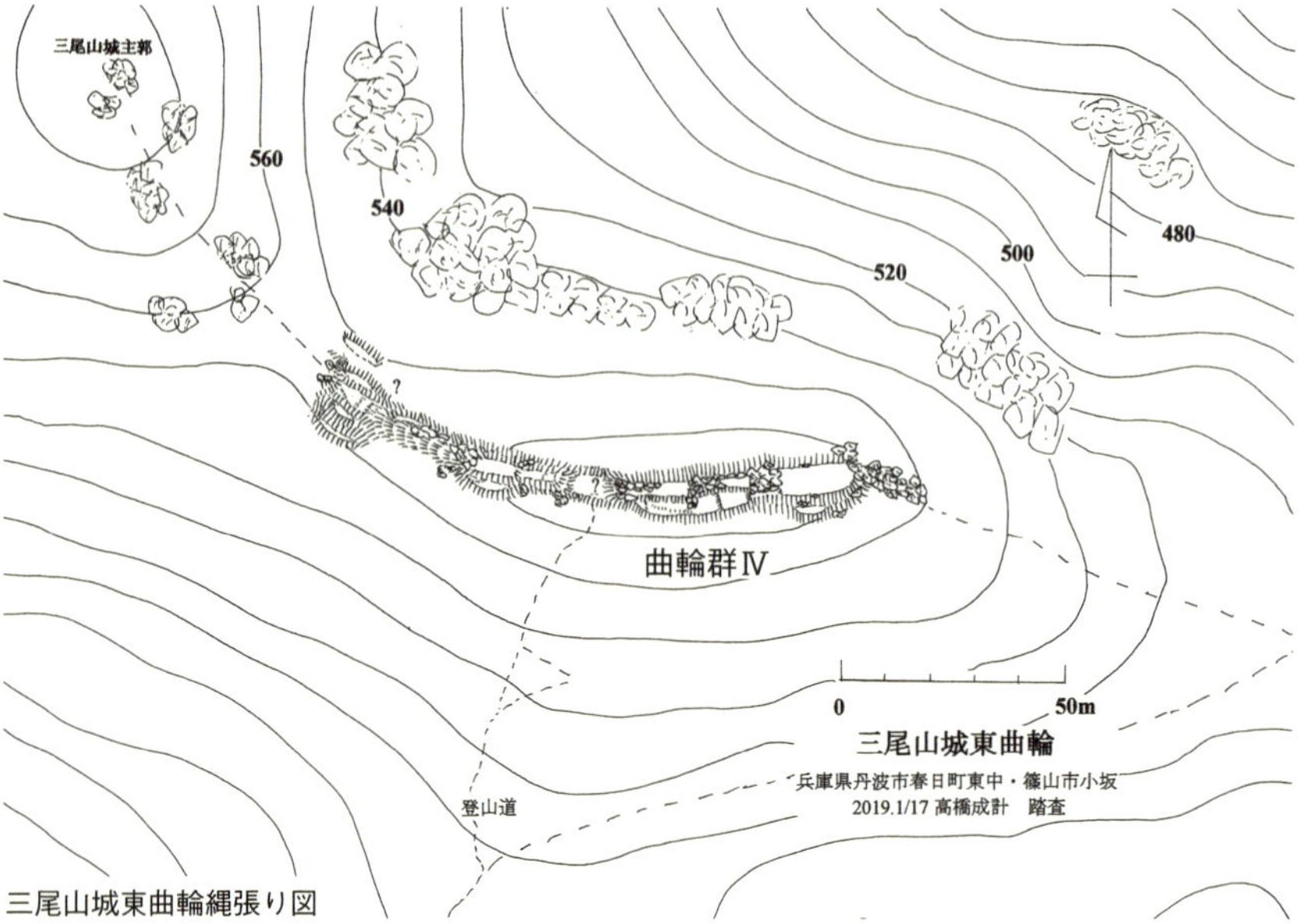

三尾山城東曲輪縄張り図

北の標高五五〇mの位置には東西一七〇m、南北七〇mの曲輪群Ⅲがあり、ここは岩盤中心の地形のため、無理をした曲輪構成となっている。南西側には竪土塁Aがあり、鞍部の曲輪群Ⅱにつながる。この竪土塁は、明智方が改修した可能性がある。曲輪群Ⅲの東方尾根にも小規模な曲輪がある。

　曲輪群Ⅳは東西一二〇m、南北一五mほどの規模で、狭い岩盤の上に構築されている。この場所は南の夏栗山城と対峙しており、佐仲峠を隔てた合戦を想定して拡張されたと考えられる。

【評価】山全体が岩盤で構成されており、曲輪を造成するには難があったと考える。黒井城と八上城を分断するには最も中心的な位置にあるため、明智氏と赤井氏との間で争奪戦が行われた。明智方が「国領城」と呼んで、金山城とともに重視していた城である。

北西からの遠景（曲輪群Ⅳ）

曲輪群Ⅳ

分断陣城群の中心

69 金《きん》山《ざん》城《じょう》

所在地：兵庫県丹波篠山市追入・丹波市柏原町上小倉
城　主：明智氏
遺　構：曲輪・土塁・竪堀・竪土塁・虎口・石垣
規　模：三一〇×二五〇m
標高／比高：五四〇m／三〇〇m

【選地】兵庫県丹波市と丹波篠山市の境界上に位置する。東の篠山から西の柏原へ通じる街道が鐘ヶ坂峠を越え、北には金山城の東山麓へと続く瓶割峠がある。

【歴史】『丹波志』によると、天正六年（一五七八）九月頃から明智氏が構築したという。同年十一月には光秀の指示で小畠氏が見廻りを実施しており、このときには完成していたと思われる。

城跡遠景

【遺構】山頂の曲輪Ⅰの規模は東西五〇m、南北二〇mほどで、北側に虎口aがあり、西側には石垣が見られる。東尾根の岩盤の露出した曲輪Ⅱは、東西八〇m、南北二〇mほどで、一〇mほど下った南東斜面には小規模の曲輪がある。通路は南尾根を下り、通称「馬場」といわれる曲輪Ⅲに到る。規模は南北八七m、東西一五mほどで、南に平入虎口bがある。

　虎口には石積みがあったといわれ、石は旧園林寺《おんりんじ》の本堂の石垣に移転したという。曲輪Ⅰの南西斜面には竪土塁Aが見られ、岩盤の間に帯状曲輪が敷設されている。

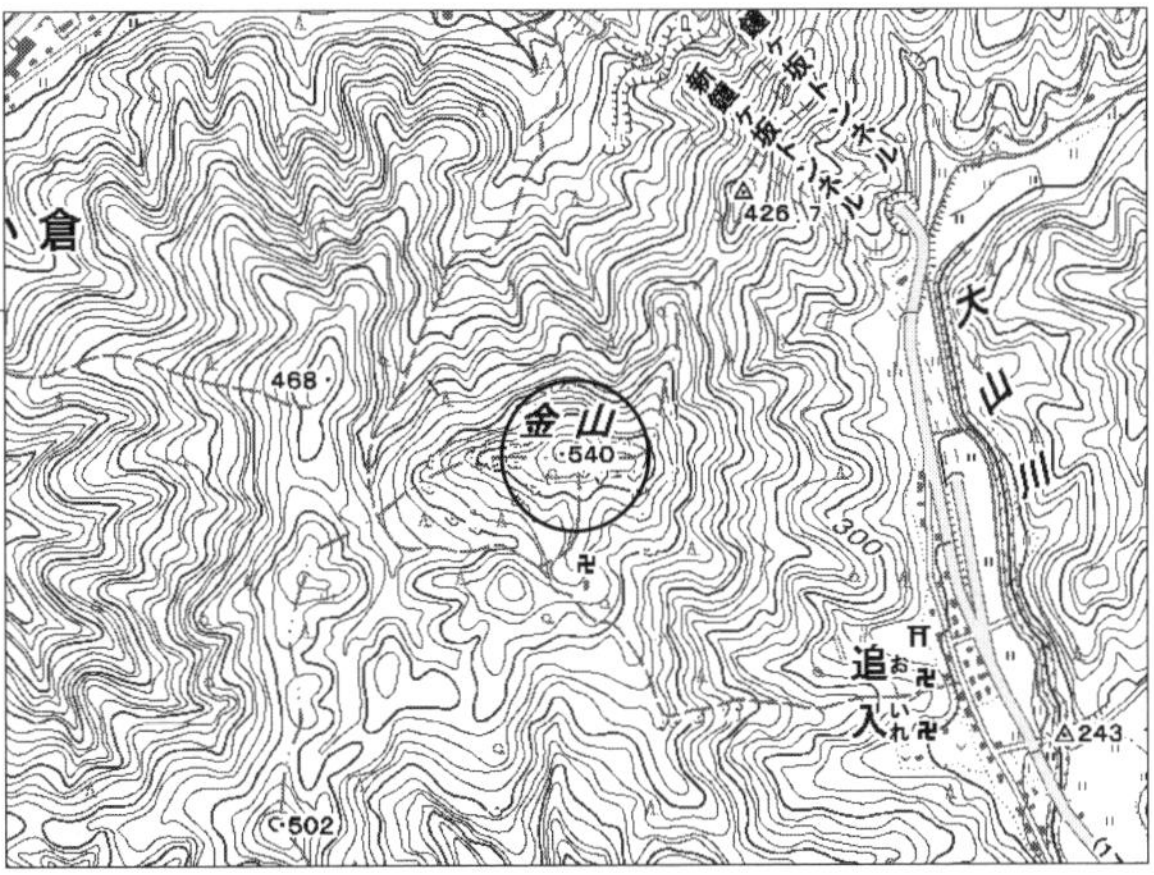

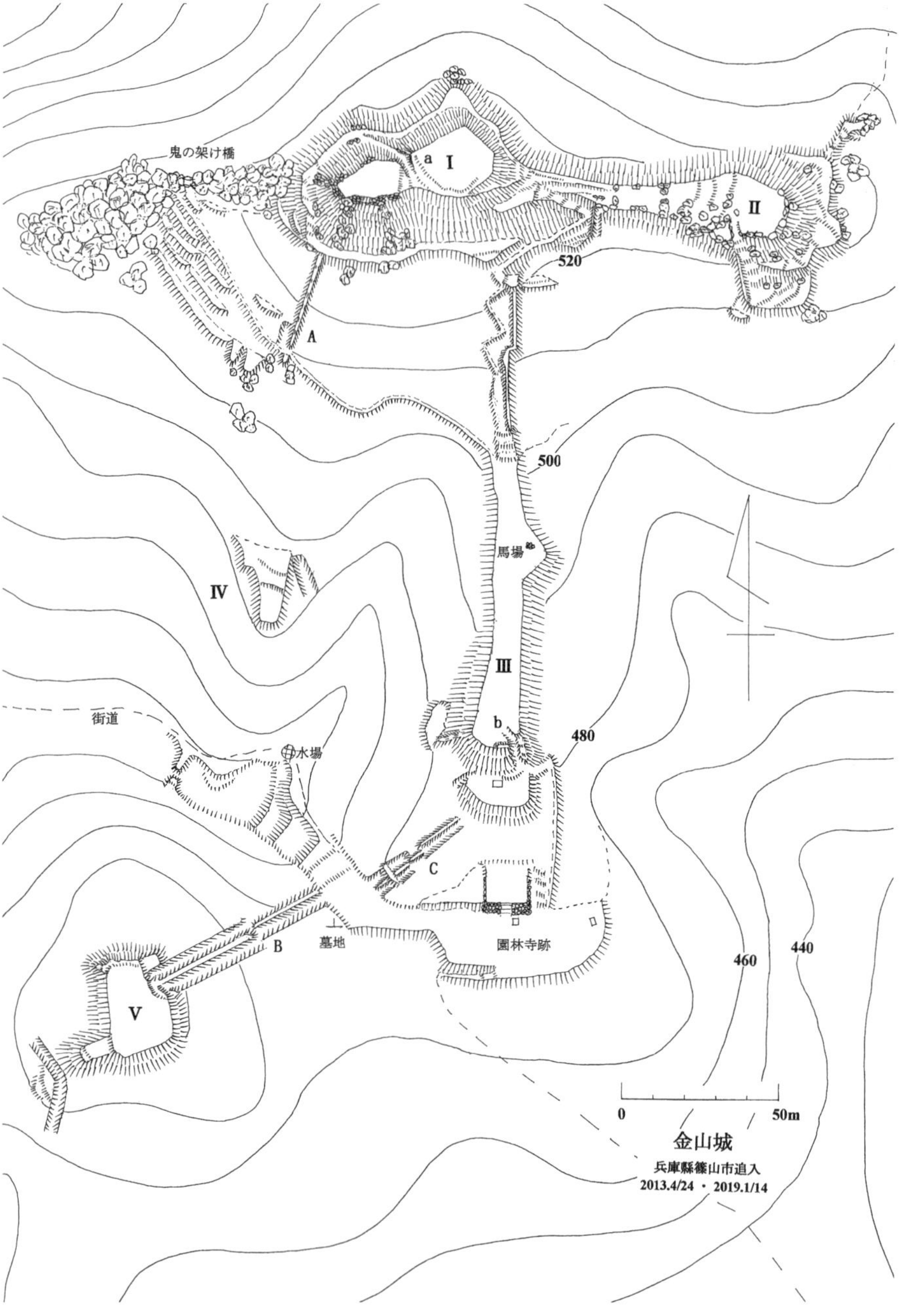
鬼の架け橋
a
I
II
520
A
500
馬場
IV
III
街道
b
480
水場
C
B
墓地
園林寺跡
460
440
V
0
50m
金山城
兵庫縣篠山市追入
2013.4/24 ・ 2019.1/14

金山城縄張り図

曲輪Ⅲから西に谷間を隔てて南北二二m、東西一七mほどの規模の曲輪Ⅳがあり、ここは六〇m下の水場に備えた曲輪である。旧園林寺の西の小山に曲輪Ⅴがあり、規模は東西三〇m、南北三〇mほどで、南西は堀切で遮断している。鞍部の両側斜面には竪堀と竪土塁Ｂ・Ｃが敷設され、西の柏原方面からの街道を引き込んで番所を設け、通行人の監視を行っていた可能性がある。

【評価】　標高五四〇mの山頂からは、黒井城・八上城・高見城が展望でき、西からの街道を城内に導入して監視していたのだろう。赤井氏と波多野氏の勢力を分断するために明智軍が築いた中心的な陣城である。

上：石垣　中：虎口　下：鬼の架け橋

水場

主郭

三尾山城攻撃の拠点

70 夏栗山城《なつぐりやまじょう》

所在地：兵庫県丹波篠山市小坂夏栗
城　主：明智氏
遺　構：曲輪・土塁・虎口
規　模：一七〇×六〇m
標高／比高：六〇〇m／三九〇m

【選地】佐仲峠を隔てて、三尾山から南へ一・五㎞ほどの標高六〇〇mに位置する。山頂は緩斜面となっており、北西の黒井城、南東の八上城への展望もある。

【歴史】天正七年（一五七九）九月二十三日付けの明智光秀書状*1によると、三尾山城を攻撃するために明智方が構築したという。

南東からの遠景

【遺構】中心部の曲輪Ⅰは東西三二m、南北二〇mほどの規模で、東・西・北の一部に低土塁を巡らし、西側には食い違い虎口aがある。

また、塁線に折れや張り出しがあり、指揮所的な空間である。西と東には自然地形の曲輪が広がる。南西には枡形虎口bがあり、南には二ヵ所の平入虎口c、dも見られる。

【評価】黒井城と八上城を分断する陣城のうち、三尾山城を攻めるために明智方が構築したことが明確な城で、縄張りも織豊系の陣城である。

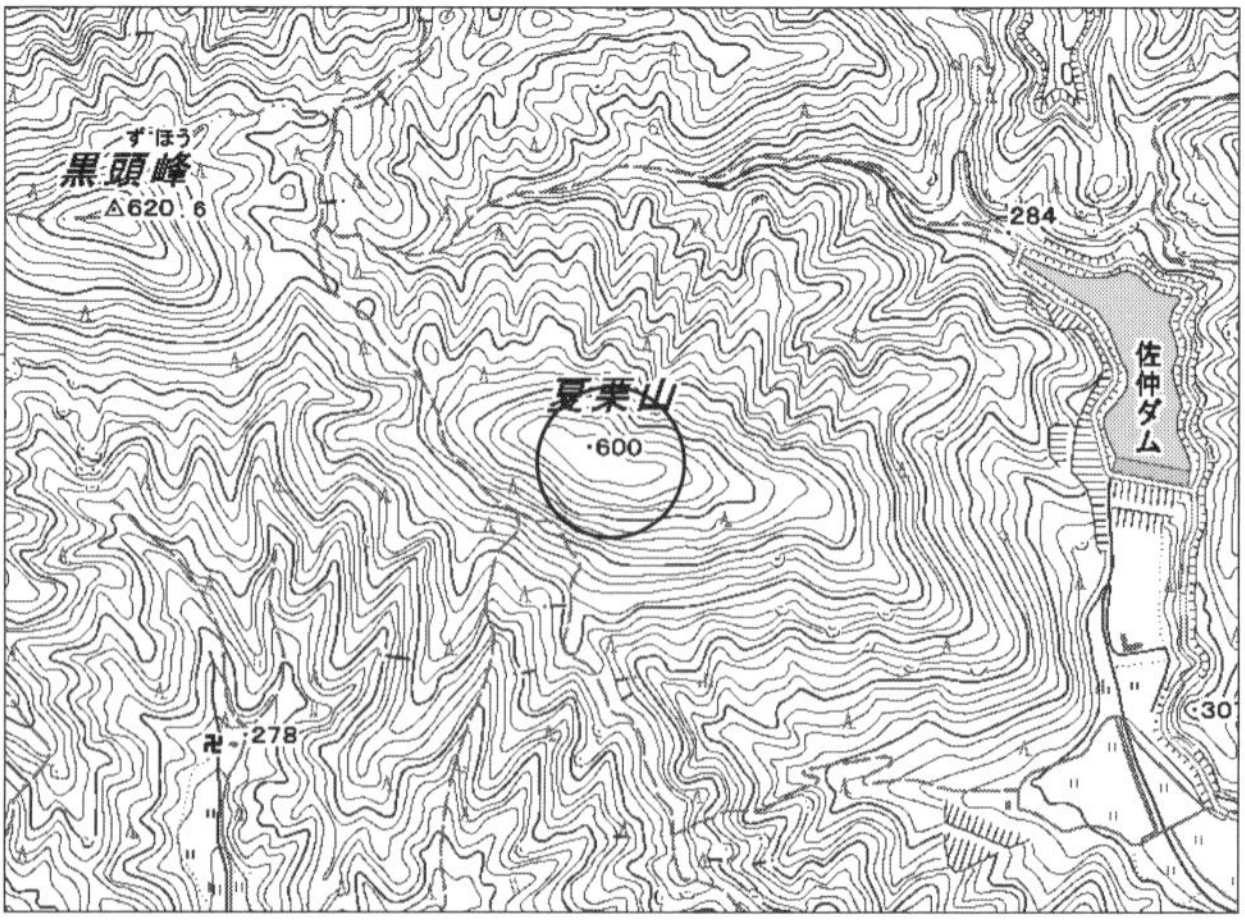

*1　明智光秀書状（『亀岡』七一）。

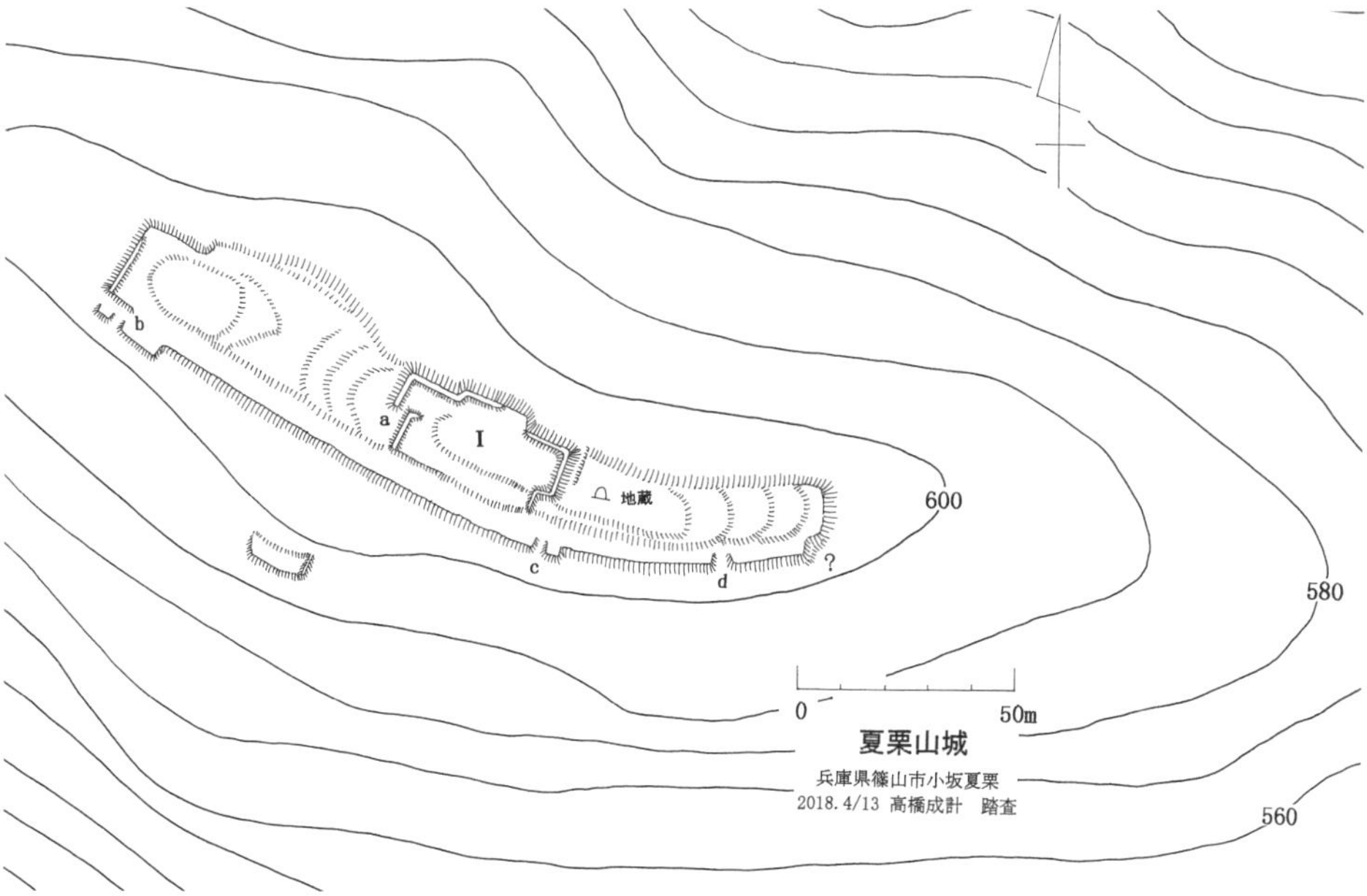

夏栗山城東曲輪縄張り図

虎口

土塁

氷上郡方面への備え

71 譲《ゆず》葉《は》山《やま》城《じょう》

所在地：兵庫県丹波市柏原町上小倉・春日町国領
城　主：不明
遺　構：曲輪・土塁・虎口
規　模：一六〇×四〇m
標高／比高：五九四m／四八〇m

【選地】丹波市柏原町の北東部、標高五九四mに位置する。黒井城や高見城への展望が良好である。山頂には譲葉権現があり、信仰の対象となった山でもある。

【歴史】不明である。

【遺構】曲輪群は東西で二つに分かれている。東の曲輪群Ⅰは東西五〇m、南北四〇mほどの規模で、中心部に一辺三〇mほどの低土塁を設けた曲輪があるが、南東部分には低土塁がない。なお、曲輪内部には譲葉権現が祀られている。

　曲輪群Ⅰから北西六〇mほどにある曲輪群Ⅱは、東西五五m、南北三〇mほどの規模で、南西を除く三方向に低土塁を設け、塁線に折れや張り出しのある曲輪があり、織豊系の陣城の縄張りを呈している。

【評価】譲葉山からは南東に金山城、北に黒井城、南西に高見城が望める。黒井城と八上城を分断する西側の陣城としての役割を担っていた。

北東からの遠景

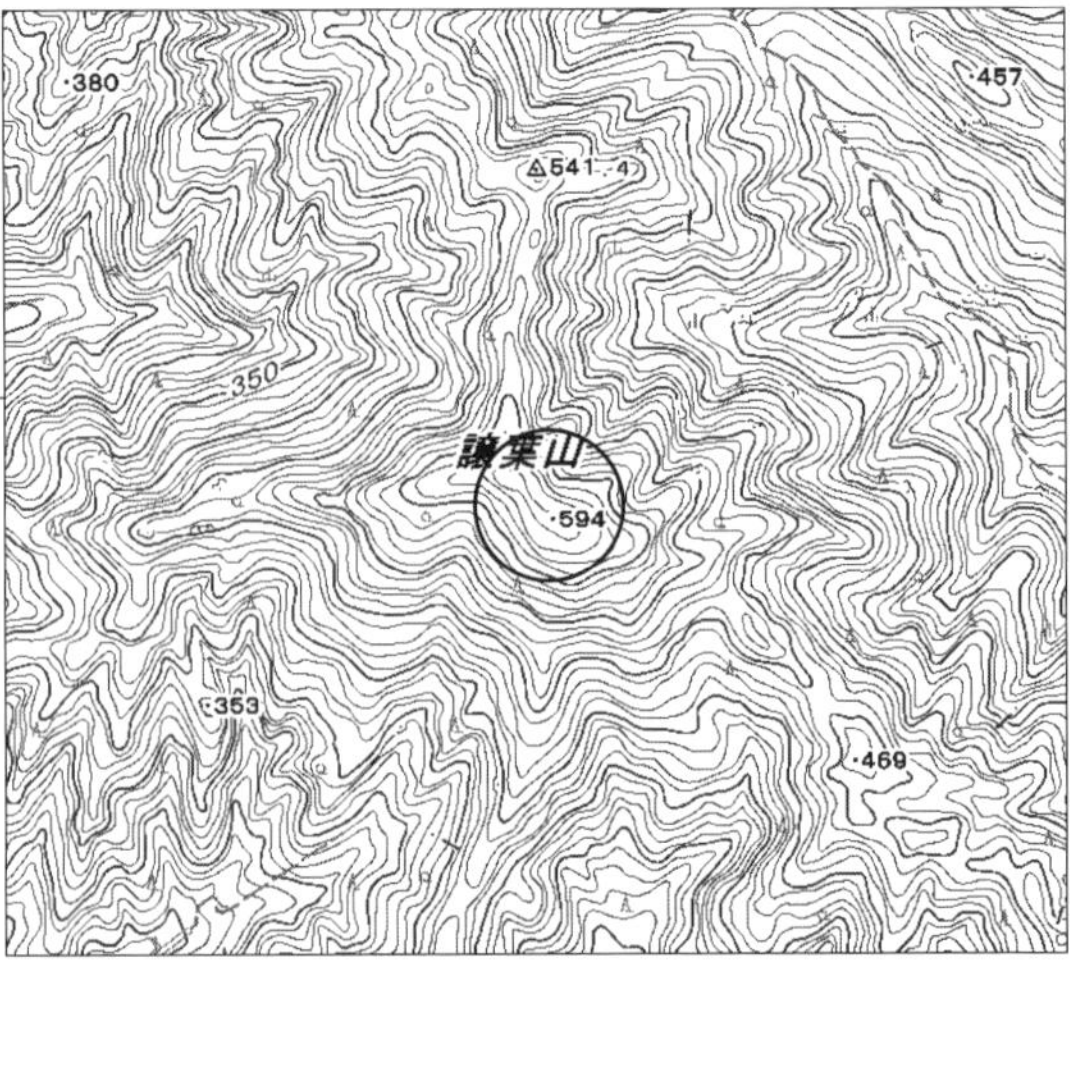

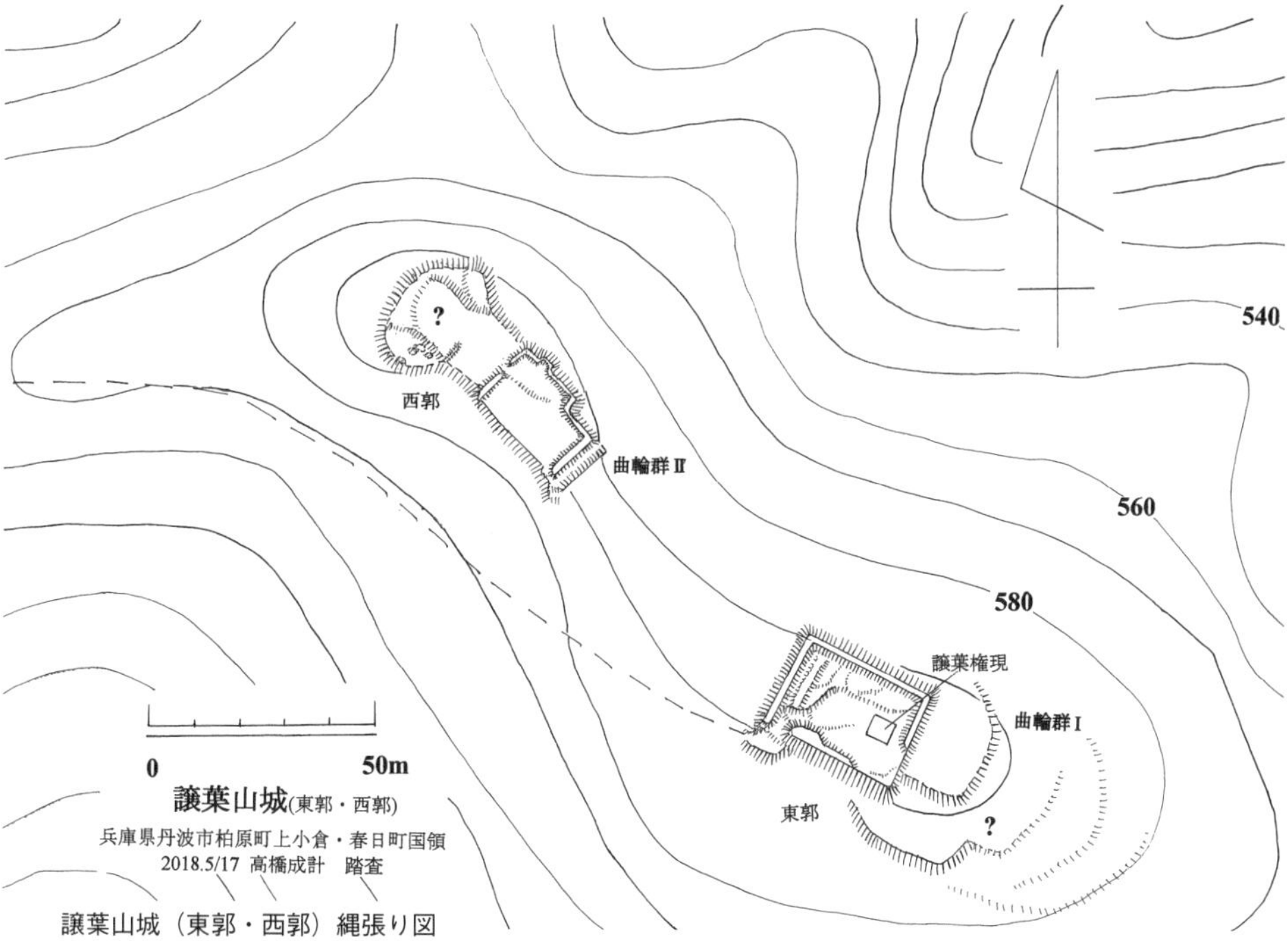

譲葉山城（東郭・西郭）縄張り図

土塁

黒井城攻めの起点

72 栗《くり》柄《から》砦《とりで》

所在地：兵庫県丹波篠山市栗柄
城　主：不明
遺　構：曲輪・土塁・虎口
規　模：二五×二〇m
標高／比高：三三〇m／七〇m

【選地】城跡が所在する栗柄地域は、東は京都府京丹波町や亀岡市、西は兵庫県丹波市春日町、南は同丹波篠山市街に通じる交通の要衝である。標高三三〇mの城跡からは、春日町方面への展望が良好で、北山麓を西に流れる竹田川が渓谷を形成し、川幅が狭くなっている。

【歴史】『丹波志』によると、城主は荻野直正というが、城郭の縄張りから判断すると、織豊系陣城であり合致しない。

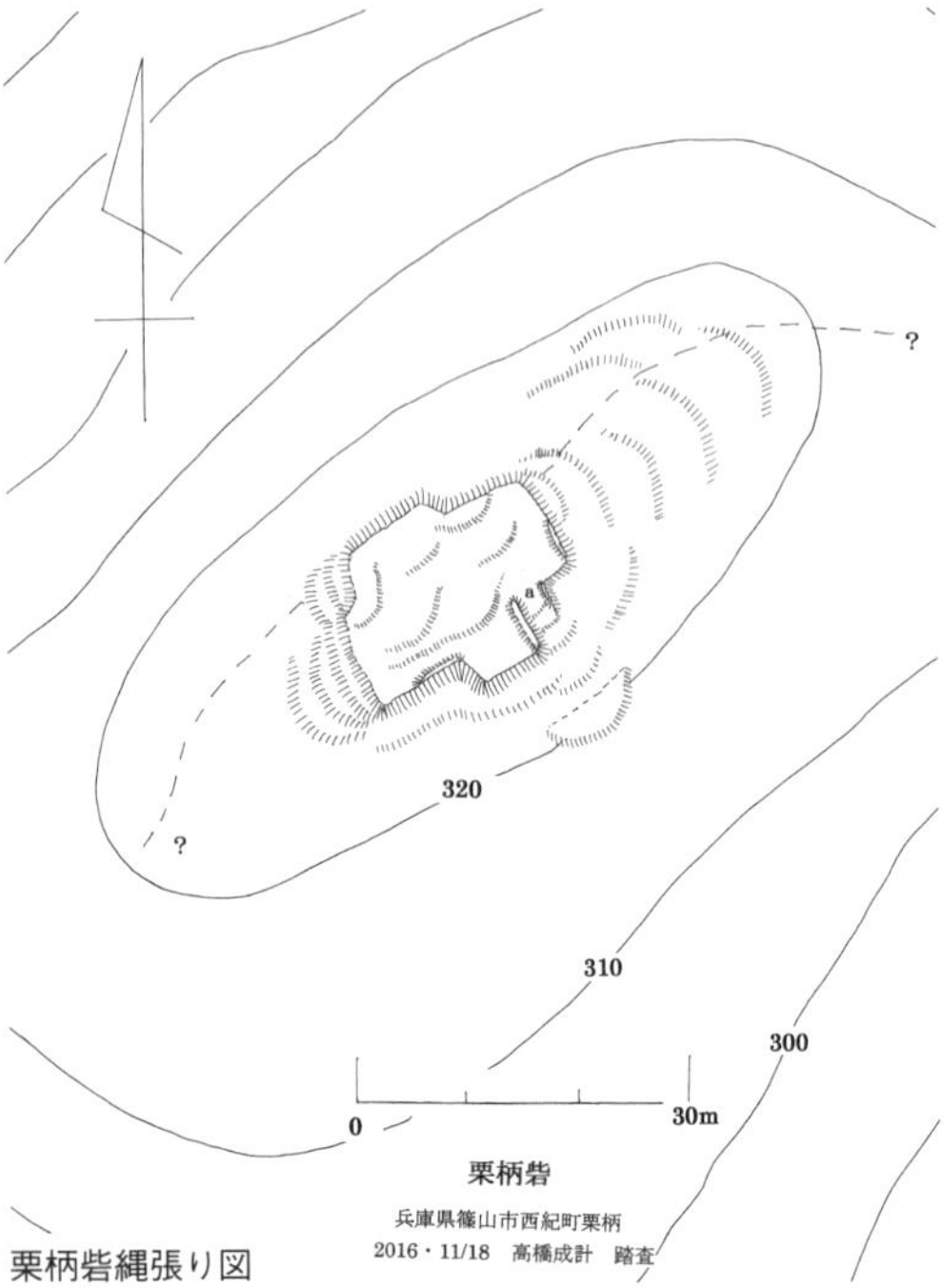

栗柄砦縄張り図

【遺構】東西二五m、南北二〇mほどと小規模である。南東に虎口aを設け、塁線に折れがあり、一部に低土塁を設けているため、側面攻撃が可能である。周辺には見られない縄張りである。

【評価】黒井城攻撃の玄関口にあたる重要な峠に所在するため、黒井城の赤井氏と八上城の波多野氏を分断するために、明智氏が構築したと考える。

虎口

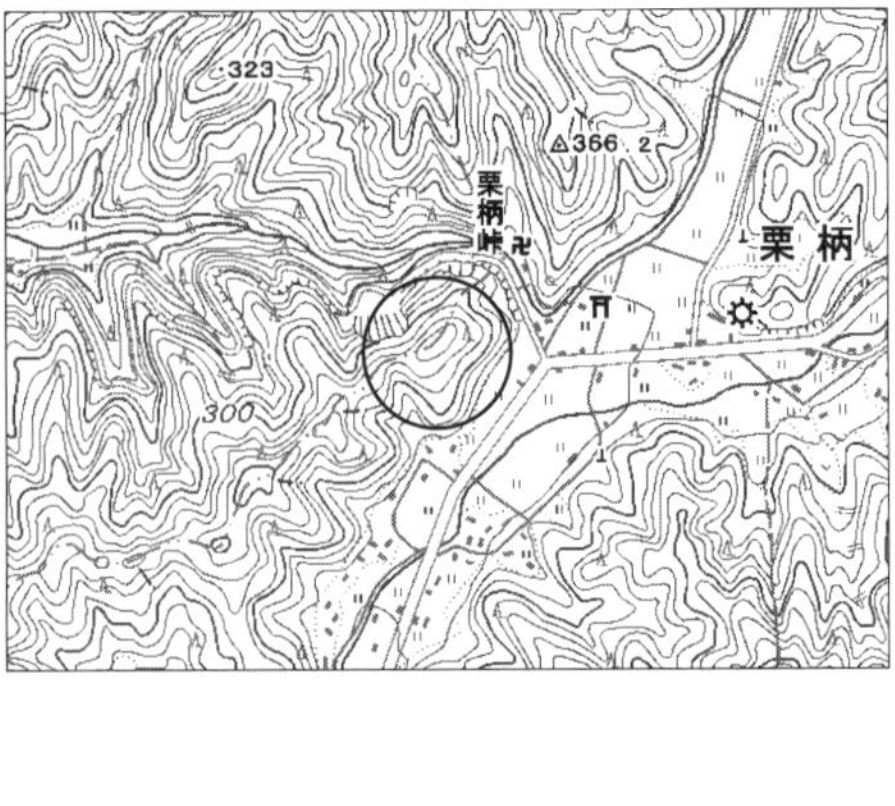

八上城と三木城のつなぎの城

73 中《なか》尾《お》城《じょう》

所在地：兵庫県三田市下相野字中尾
城　主：不明
遺　構：曲輪・土塁・堀切
規　模：四〇×三〇m
標高／比高：二一四・二m／六〇m

【選地】東の平地からは見えない谷筋の奥まった場所にあり、丘陵の頂上部から尾根を北側に下がった場所に立地する。城は谷間にせり出した小尾根先端に構えられ、北の谷入口と南西からの街道沿いに展望が可能な場所に立地している。東の丘陵の頂上からは、三田方面への展望が良好である。北に位置する八上城から三田北部経由で行く場合、吉川谷に入る近道である。なお、美嚢川《みのうがわ》を下ると三木城に到る。

【歴史】天正六年（一五七八）のものと推定される十二月二十日付けの明智光秀書状[*1]によると、「我等ハ為一人、油井口へ横川谷（吉川谷カ）由候、つなぎの城□□《普請》明日申付候、佐右、羽藤先至三木表被罷越候、其面諸事御忠節此節候」とあり、八上城と三木城間の「つなぎの城」として築かれた。

【遺構】近畿自動車道舞鶴線の建設により発見されたが、八割が消滅してしまった。現在、南西部に空堀と曲輪の一部が残っている。城域は南北四五m、東西三〇mほどの規模で、尾根上の両側を堀切で遮断し、五つの曲輪から構成されている。

土塁

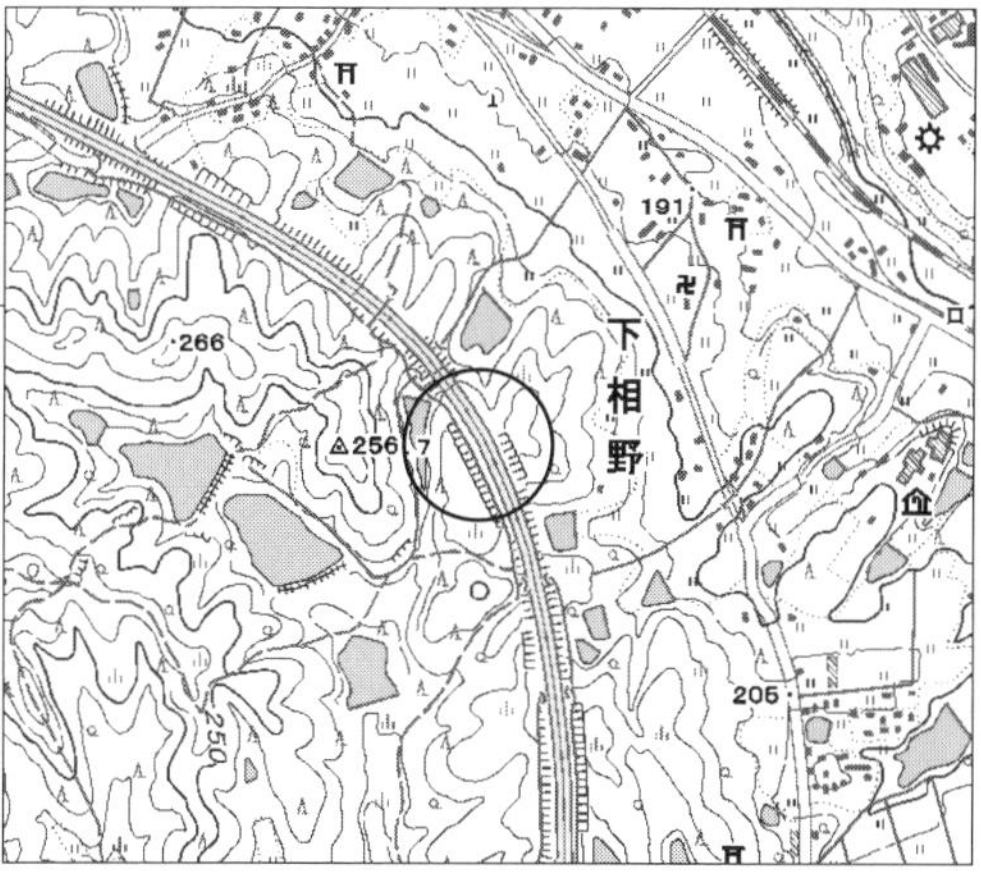

＊1　明智光秀書状（『明智光秀』83）。

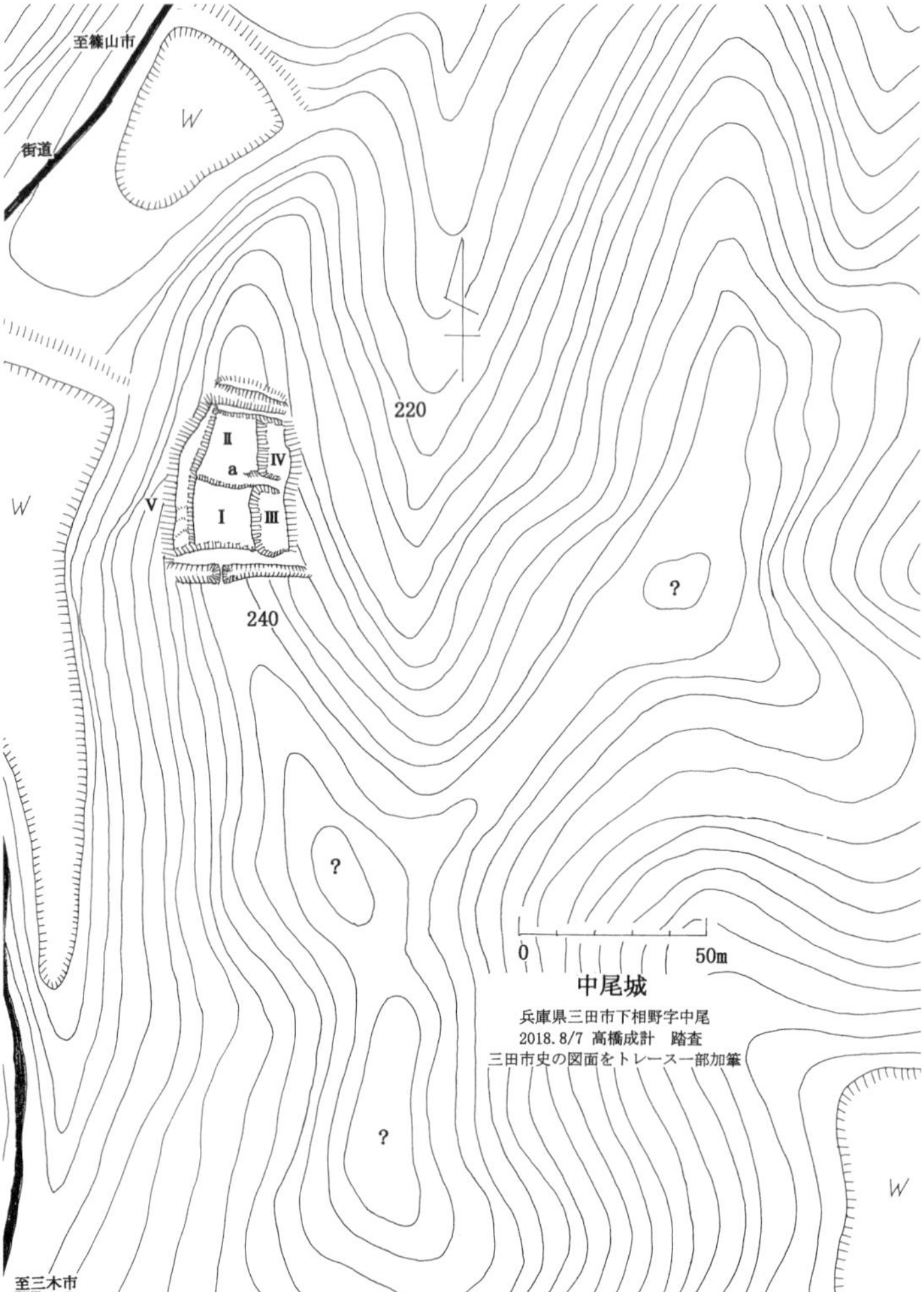

中尾城縄張り図

尾根上には南から曲輪Ⅰ・Ⅱがあり、虎口aは曲輪Ⅱの南東側に位置する。東側には曲輪Ⅲ・Ⅳの腰曲輪があり、西側には曲輪Ⅴがある。主郭は曲輪Ⅰと考えられ、内部の削平状態は良好であり、礎石を据え付けた痕跡や雨落溝などが検出された。曲輪Ⅱは緩やかに北に傾斜して、自然

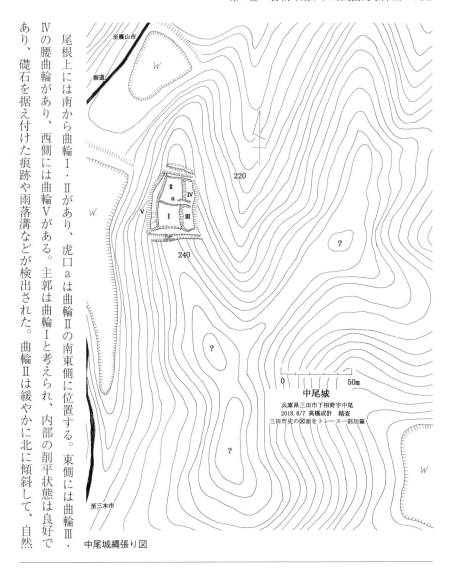

地形を残している。曲輪内部からは土坑や段状遺構が検出され、遺物や炭、焼土などの生活痕跡が多数確認できた。曲輪Ⅰよりも豊富な生活痕跡を残している。

曲輪Ⅲからは土坑が検出され、遺物や炭、焼土などの生活痕跡が多数確認できた。遺物の様相は曲輪Ⅱと共通する。曲輪Ⅳからは遺物等の出土がなく、曲輪Ⅴからは土坑が検出され、丹波焼の甕と多量の炭化穀物が出土したため、貯蔵機能を担った曲輪であったと考える。

発掘報告書には図示されていないが、現在残っている堀切Aには土橋があり、南や東の丘陵頂上につながっているため、頂上部が駐屯地として利用された可能性がある。

曲輪内の建物跡は礎石建物で構成されている。建物は曲輪Ⅰ・Ⅱ・Ⅲで計五棟が見つかり、曲輪Ⅰには規模の大きな本格的な建物があったと考える。また、『三田市史』によると、出土遺物の散乱状況から、当城は最終的に破却された可能性が指摘されている。[*2]

出土遺物としては土師器皿、堝（なべ）、丹波焼すり鉢、こね鉢、甕、壺、徳利、備前焼壺、徳利、瀬戸、美濃焼の天目茶碗、皿、中国産染付、白磁皿や鉄製品（鉄鍋・鏃・槍先）、銅銭、石臼、茶臼、砥石などがある。丹波焼の占有率が高く、銅銭はすべて曲輪Ⅰから出土している。

【評価】曲輪の構成は単純で、眺望も良くない。また、尾根の先端の傾斜地への選地など、城郭として目立ってはいけない立地となっている。曲輪Ⅰは公的な場所、曲輪Ⅱと Ⅲは駐屯地や煮炊きなどの場所、曲輪Ⅴは穀物貯蔵機能を有し、遺物の出土量が豊富で生活の痕跡もあり、恒常的な生活が営まれていた可能性があることから、「つなぎの城」として通信や兵員の交替時の休息所として機能し、三田城に対する陣城や三木城包囲の応援等の移動時に使用されたと考える。「つなぎの城」ということで、とくに南方の三田城の荒木方を意識してか、目立ちにくい場所に構築されている。

＊2　『三田市史』第三巻（兵庫県三田市、二〇〇〇年）。

5、丹波以外に構築された陣城群

本書ではここまで、丹波国内の城郭に絞って話を進めてきたが、もちろん光秀の活動は丹波のみにとどまるわけではなく、丹波以外に築かれた城もあった。そこで本節では、播磨国高倉山《たかくらやま》城（兵庫県佐用町）周辺に築かれた陣城、摂津国三田城（同三田市）周辺に築かれた陣城を取り上げ、丹波の城郭との比較をする意味でも、それぞれの特徴を見ていくことにしたい。

高倉山城からの撤退を救援する陣城

播磨国上月城（兵庫県佐用町）に籠城し、毛利氏と対立していた尼子氏への援軍として、天正六年（一五七八）五月四日に羽柴秀吉・荒木村重が高倉山に着陣した。[*1] だが、秀吉・村重方は劣勢で、三木城（同三木市）に拠り反織田方となった別所長治や、これに同調する神吉《かんき》城・志方《しかた》城（ともに兵庫県加古川市）・高砂《たかさご》城（同高砂市）などの勢力もあり、総じて播磨国では織田方が不利な状況になっていた。

そこで六月十六日、秀吉は上洛して信長の指示を仰ぐと、信長は上月から撤退して、三木城や神吉城、志方城への攻撃を指示した。これにより、秀吉や村重の軍勢は上月から撤退することとなり、滝川一益・明智光秀・丹羽長秀の三部将が救援に向かった。『信長公記』によると、「六月廿六日滝川・惟任・惟住人数三日月山へ請手に引上せ、羽柴筑前、荒木摂津守高倉山の人数引払ひ、書写迄諸勢打納」とある。明智光秀らは救援のため、三日月山から高倉山の間に陣城を構築

＊1　年未詳五月六日付け吉川元春書状（『上月合戦―織田と毛利の争奪戦―』兵庫県上月町、二〇〇五年）。

高倉山城からの撤退を救援する城郭位置図

していた可能性がある。

ポイントは、「三日月山」である。現在、織豊系陣城があるのは、ＪＲ姫新線三日月駅の南西にある広山《ひろやま》（兵庫県佐用町）の標高二〇七・二ｍである。ここをベースにして、西の高倉山城と三日月山の間に陣城を設けて撤退を実施した。だが、光秀がどの陣城を担当したかは不明である。

拠点の広山城から西には、長田山《おさだやま》城・双子山《ふたごやま》城・猿喰《さるばみ》ノ《の》城（いずれも兵庫県佐用町）がある。『信長公記』の記述によると、撤退は一日で終了したようになっているが、毛利軍に見つからないように数日かけて撤退した可能性もある。

前線から撤退するときの様子を記した史料はないが、撤退に関して、地形が関係する場合もあり、高倉山城から撤退する場合、上月城を包囲する毛利方からは志文川《しぶみがわ》沿いが見えないため、撤退には都合のよい地形である。数日前より陣城を構えて、ポイントとなる陣城からの合図により撤退したのだろう。

志文川沿いの陣城間の距離をみると、高倉山城から猿喰ノ城が一・七㎞、猿喰ノ城から双子山城間が一・七㎞、

明智光秀画像　大阪府岸和田市・本徳寺蔵
画像提供：岸和田市役所観光課

双子山城から長田山城の間が一㎞、長田山城から広山城が二・七㎞で、全長は七㎞ほどである。

高倉山城からの撤退を助ける陣城の役割を分析すると、前線となる猿喰ノ城は小規模で、曲輪の削平状態も悪く、尾根続きにある土塁だけが防御に対応できる遺構である。しかし、川筋に対する展望が良好な場所にある。

双子山城は中規模の陣城で、尾根続きは堀切で遮断し、出撃方向の堀切には土橋を設けた構造である。また、曲輪は自然地形であり、人為的な加工の少ない遺構である。陣城の用途として、撤退する兵員や追撃対応の兵員を収容する陣城の可能性がある。一時的に多数の兵員を収容するため生活空間が必要で、それに対応した水場が確保されている。

前線から三番目に位置する長田山城は、枡形虎口の規模が曲輪の面積の三分の一ほどで、直径三〇ｍほどの円形の曲輪は中心部分が高くなっている。機能としては、撤退する兵員の誘導が考えられる。広山城の曲輪には低土塁が囲繞しており、織豊系陣城である。『信長公記』が記す「三日月山」とは、広山城をさすのだろう。

このとき築かれた陣城の縄張りをみると、前衛の猿喰ノ城や双子山城は小規模であったり、人為的な加工が少ない自然地形を曲輪に使用したりしている。一方、後衛に位置する二城には、枡形虎口が築かれ曲輪に土塁が囲繞する曲輪など、前衛と後衛の縄張りに違いが見られる。

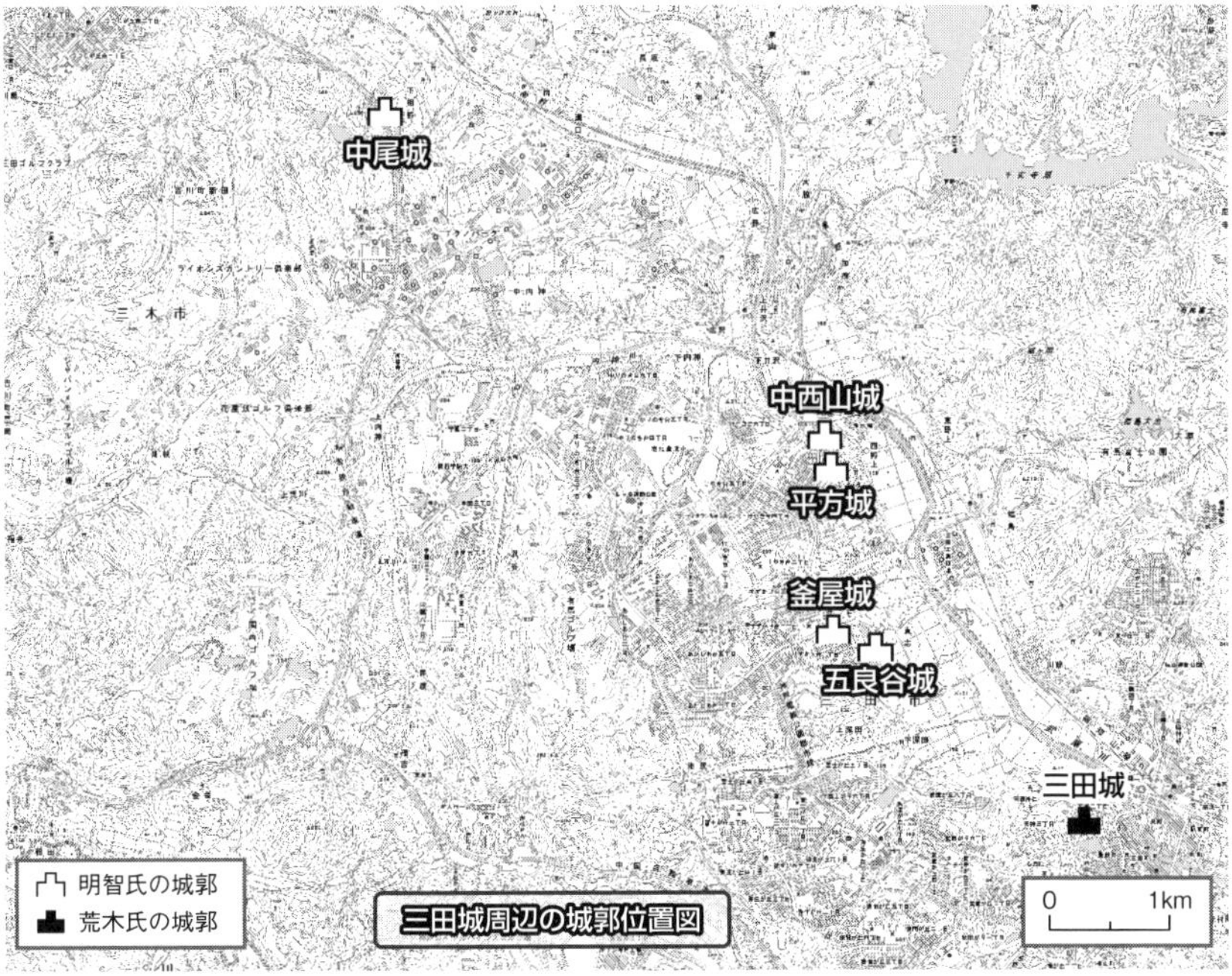

三田城周辺の城郭位置図

そこで本節では、これらのことを意識しながら、高倉山城からの撤退戦で築かれた各陣城について具体的に述べてみたい。

摂津国三田城への陣城構築

天正六年（一五七八）十月、荒木村重が突如として織田信長に反旗を翻した。『信長公記』によると、この年十二月、明智光秀は三田城（兵庫県三田市）主荒木重堅に対して周囲に付城（陣城）を構えるよう、織田信長から指示を受けている。また、この年のものと推定される十二月二十日付けで小寺高友《こでらたかとも》に宛てた光秀の書状[*2]によると、「付城四ヵ所申付候、今日普請首尾候」とあり、十二月二十日に完成したとしている。

＊2　明智光秀書状（『明智光秀』83）。

では、このときに構築された陣城は三田のどの場所だろうか。『三田市史』によると、三田市の北二・五kmほどに位置する「貴志」周辺の台地とされる。[*3] 光秀は、天正六年と推定される十一月朔日付けの書状で、「荒平太類山越ニ自然来候共」と、三田の荒木重堅が八上城に加勢することを警戒している。[*4]

陣城を構えた地形を見ると、青野川《あおの》が武庫川《むこ》に合流する地点の南、武庫川が狭くなった右岸に構築しており、三田城の陣城というよりは、八上城への川筋を警戒して陣城を構築している可能性もある。

よってここでは、三田地域に築かれた陣城を取り上げ、具体的な性格について考察することにする。

＊3　『三田市史』第三巻（兵庫県三田市、二〇〇〇年）。

＊4　明智光秀書状（『明智光秀』79）。

撤退戦前衛の小規模陣城

74 猿喰《さるばみ》ノ《の》城《じょう》

所在地：兵庫県佐用郡佐用町坂田
城　主：不明
遺　構：曲輪・土塁
規　模：四〇×三〇m
標高／比高：一九一m／一一〇m

【選地】城の北山麓で千種《ちくさ》川と志文川が合流し、南西の千種川流域への展望が良好である。また、上流の徳久《とくさ》方面にも展望があり、東には高倉山城からの下り道が見える環境にある。

【歴史】不明である。

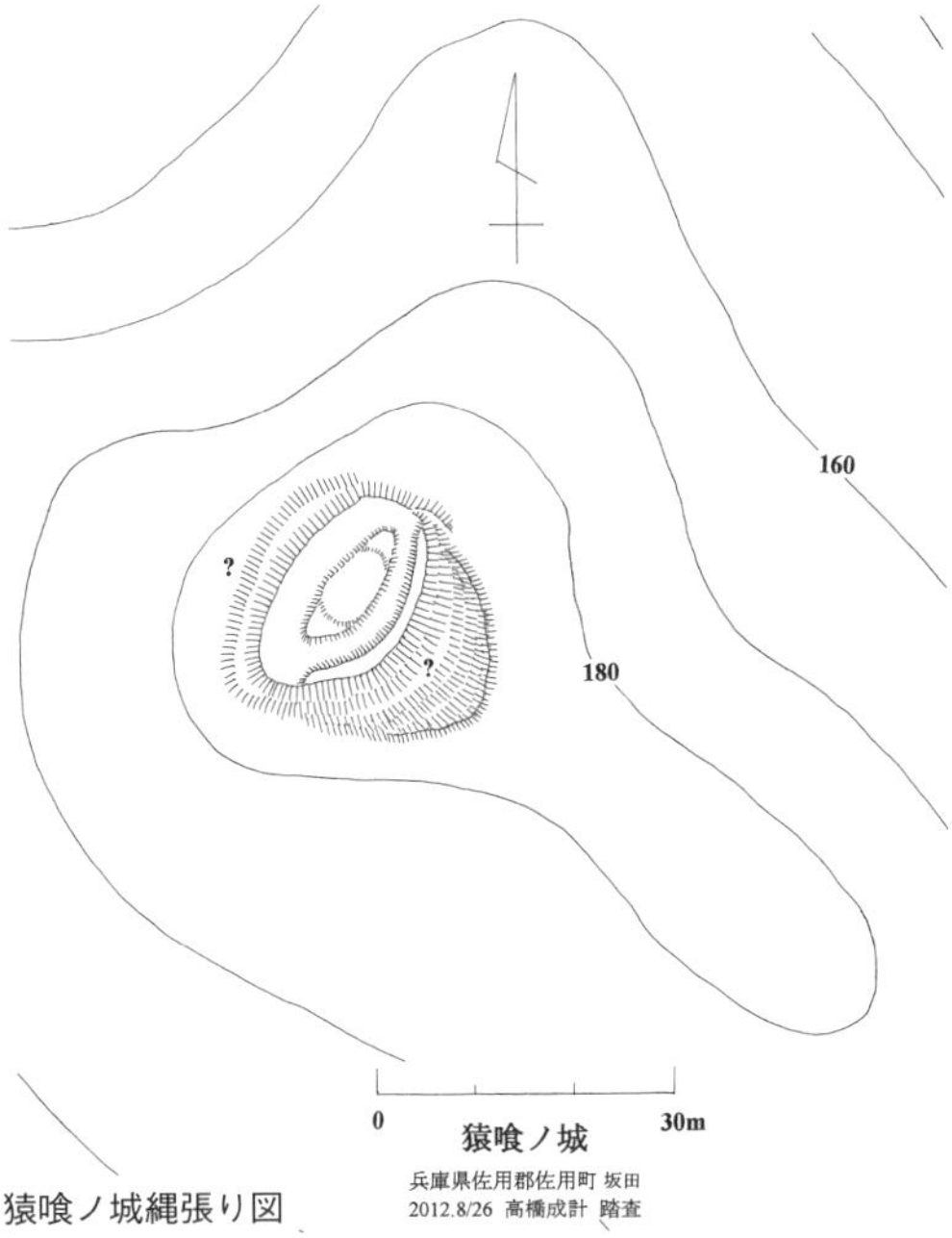

猿喰ノ城縄張り図

【遺構】南北二二m、東西一五mほどの小規模な遺構である。東の尾根続きに土塁が設けられ、曲輪の中央部には掘り残し部分がみられる。通路は北東隅にあり、東山麓の如来田《のらだ》集落につながる。曲輪の東は緩斜面となり、尾根続き側に下りやすい地形である。

【評価】遺構は尾根先端の小高くなった部分に構えられた、防御意識に乏しい縄張りであり、見張所としての機能があると考える。

城跡遠景

兵士を収容するための陣城

75 双子山城《ふたごやまじょう》

【選地】城の東と北側は志文川が流れ、西の山麓には安川集落がある。南は尾根が続く地形である。西の高倉山城への展望が良く、東の長田山城方面は志文川の幅が狭くなり、防御に適した地形であるが、撤退側にも難儀な場所である。

【歴史】不明である。

西からの遠景

所在地：兵庫県佐用郡佐用町安川
城　主：不明
遺　構：竪堀・堀切
規　模：（西曲輪）一〇〇×二〇m（東曲輪）九〇×一五m
標高／比高：二五〇m／一六〇m

【遺構】双子山の名が示すとおり、城跡は山の二ヵ所に所在する。西の曲輪Ⅰの規模は東西一〇〇m、南北二〇mほどで、人為的に加工された遺構はなく、自然地形がすべてである。南を幅六mほどの堀切で遮断し、北側の支尾根にも土橋付きの堀切が見られ、西側の支尾根は削り落として切岸を設けている。東の曲輪Ⅱの規模は南北九〇m、東西一五mほどで、南尾根に堀切と竪堀がある。二つの曲輪間の距離は一五〇mほどで、中間の小谷が水場として利用された可能性がある。

【評価】前線から退却する兵士を敵の攻撃から守るために、一時的に兵士を収容するような縄張りが考えられる。南の尾根続きを堀切で遮断し、出撃する北側には土橋付

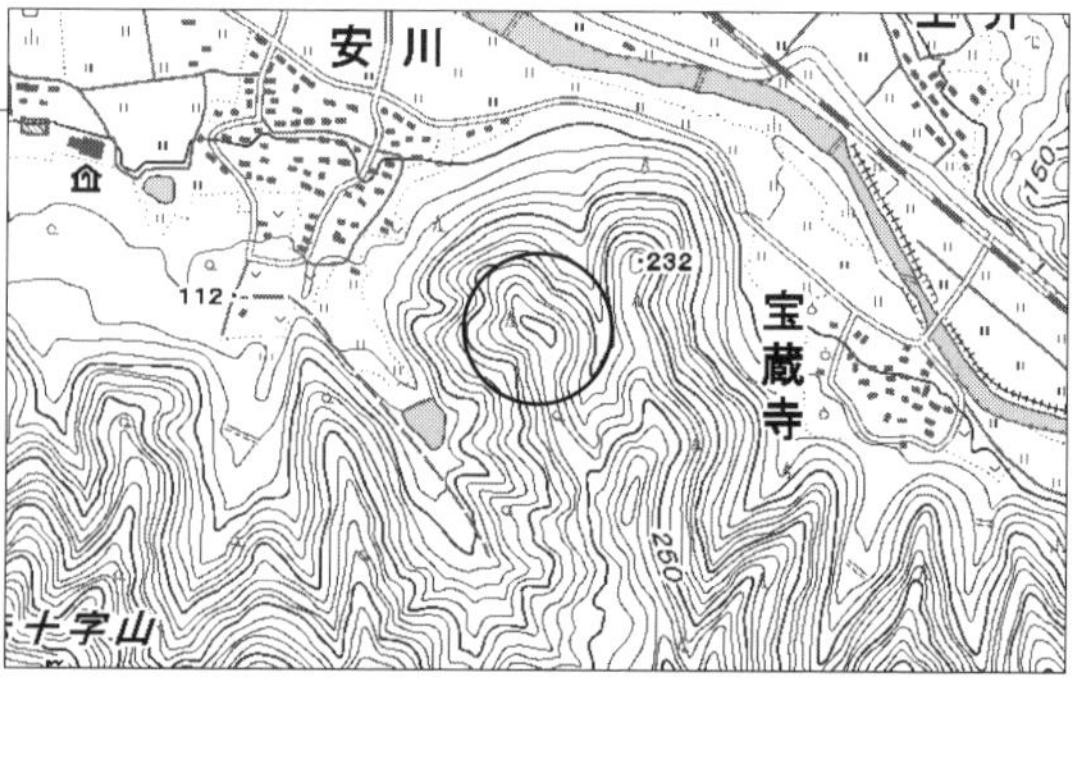

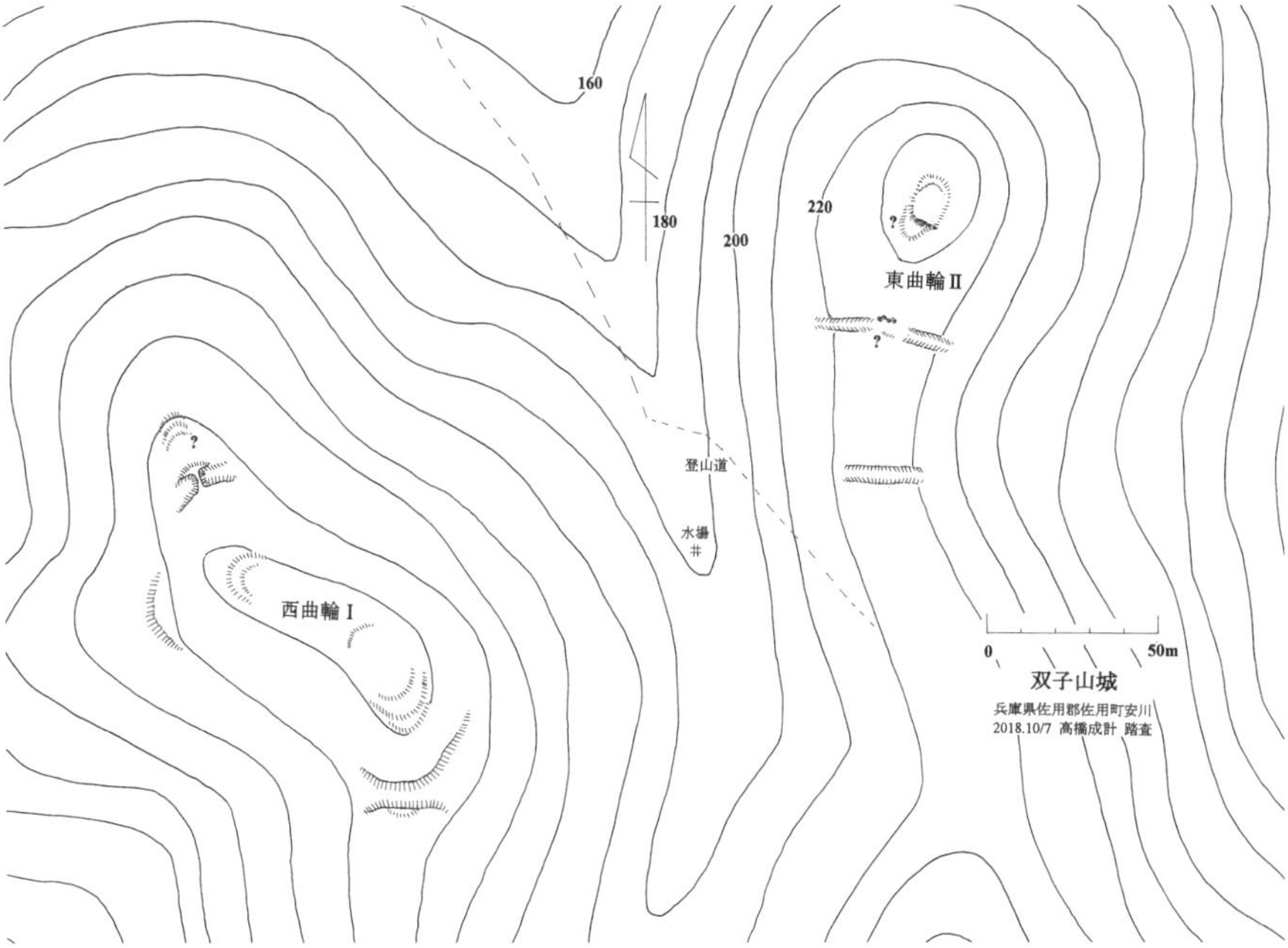

双子山城縄張り図

きの堀切を設けている。一時的に兵士を収容するための陣城なので曲輪の削平状態が悪いが、一時的な生活空間ともなるので、水場の確保に重点が置かれた地形である。『埋蔵文化財調査年報』によると、城跡とは断定しないとしており、人為的な加工の少ない遺構である。*1

堀切

曲輪（自然地形）

＊1　『平成一七年度埋蔵文化財調査年報』（兵庫県佐用町教育委員会、二〇〇七年）。

撤退戦の中間に位置する陣城

76 長田山城《おさだやまじょう》

所在地：兵庫県佐用郡佐用町土井・島脇
城　主：不明
遺　構：曲輪・土塁
規　模：四五×三〇m
標高／比高：二五〇m／一五〇m

【選地】高倉山から東へ四・三kmほどの、標高二四〇mに位置する。さらに東方二・七kmほどには広山城があり、高倉山城と広山城の中間に位置する。志文川流域への展望も良好である。

【歴史】『信長公記』によると、天正六年（一五七八）六月二十六日の記事に「滝川、惟任、惟住人数、三日月山へ請手に引上せ、羽柴筑前・荒木摂津守高倉山の人数引払ひ」とあり、このときに築かれた織田方の陣城である。

【遺構】志文川がクランク状に曲流する場所に所在する。北から延びた尾根の中央部に直径三〇mほどの円形状の曲輪があり、中心部が高くなっている。北東側に桝形虎口aが開口しているが、これは周辺には見られない縄張りで、カタツムリ型の遺構である。

【評価】志文川がクランク状に曲流する要害性の地形と、曲輪の大きさに比べて桝形虎口の規模が突出していることなどから、織豊系陣城の要素がある。なお、虎口は北東に開口しているので、敵がいる方向とは逆である。

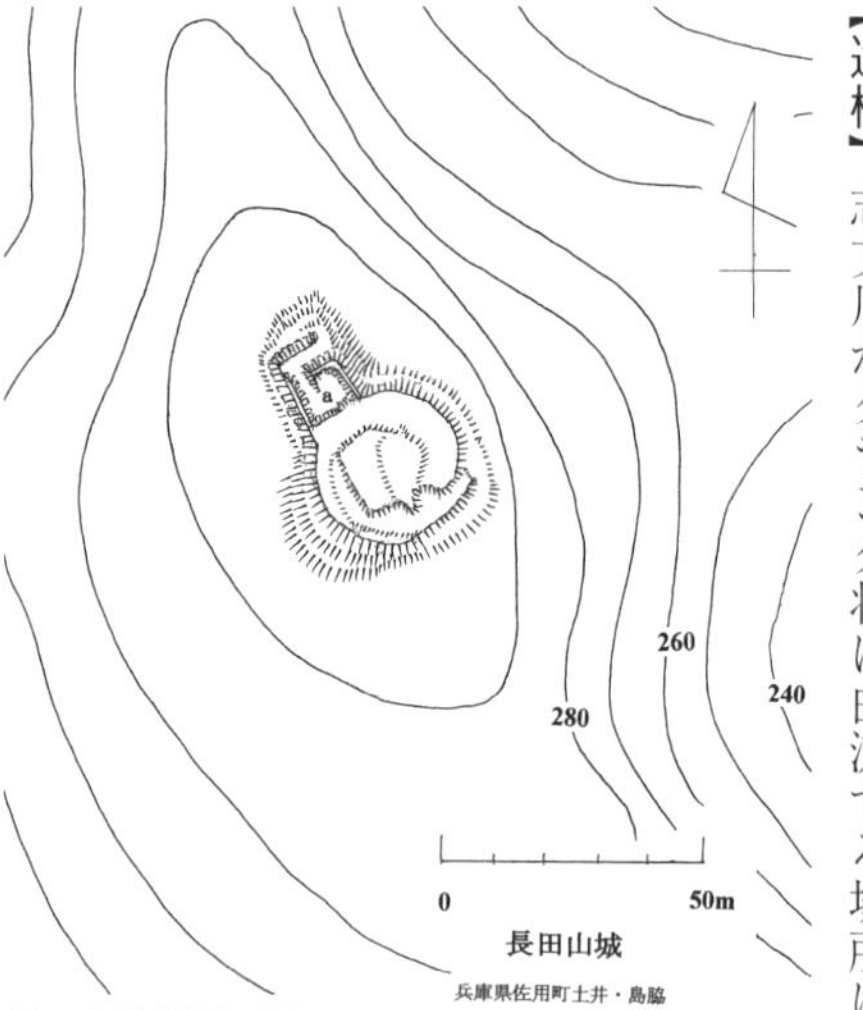

長田山城縄張り図

城跡遠景

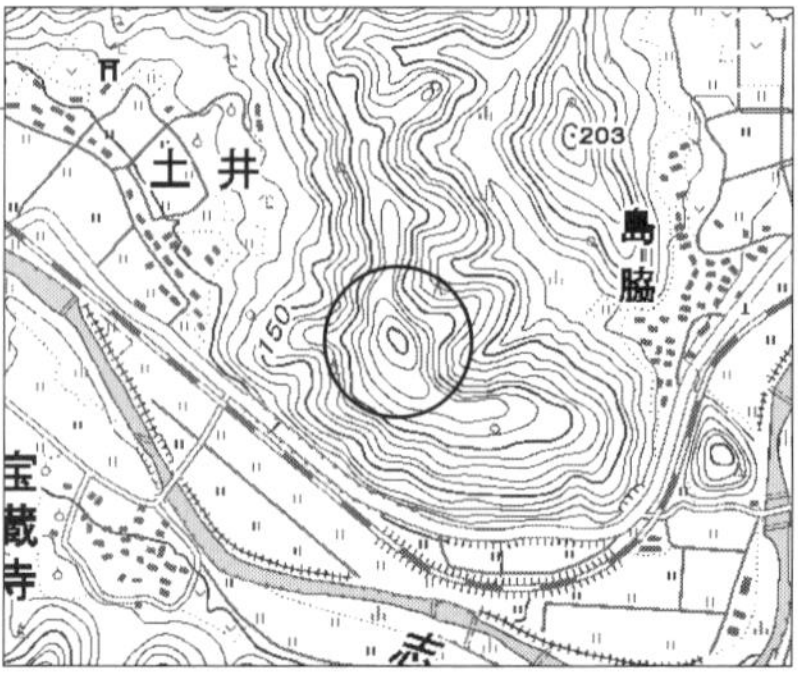

撤退戦の中心的な陣城

77 広《ひろ》山《やま》城《じょう》

所在地：兵庫県佐用郡佐用町広山
城　主：不明
遺　構：曲輪・土塁・虎口
規　模：三〇×二〇m
標高／比高：二〇七m／九〇m

【選地】姫路から龍野《たつの》を通り、佐用へ通じる街道にある相坂《あいさか》峠を越えて北西に進むと、JR姫新線三日月駅の南西方向二五〇mの尾根先に広山城がある。志文川下流にある高倉山方面への展望が良好である。

【歴史】『信長公記』によると、天正六年（一五七八）六月二十六日に「滝川、惟任、惟住人数、三日月山へ請手に引上せ、羽柴筑前・荒木摂津守高倉山の人数引払ひ」とあるので、このときの織田方の陣城と考えられる。

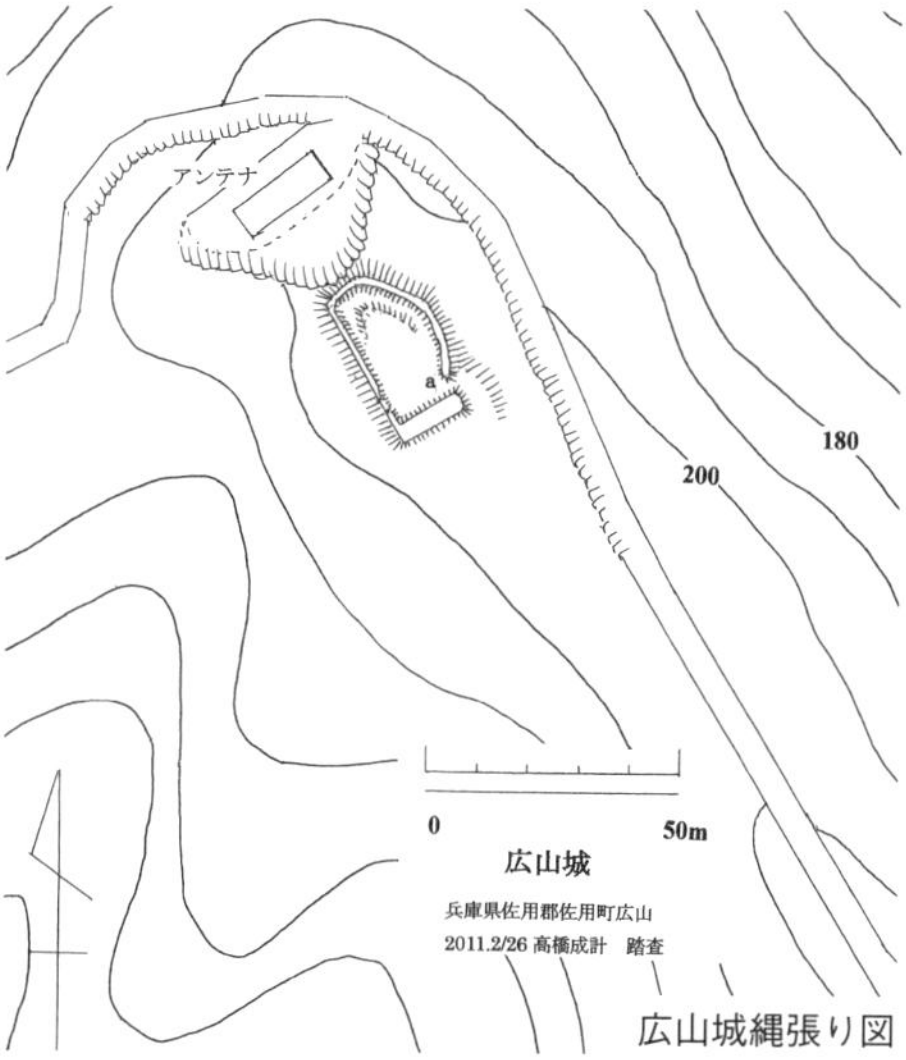

広山城縄張り図

【遺構】南東から延びる尾根先端に低土塁囲みの曲輪がある。尾根先の三方向は土塁幅が狭く、南東の部分は土塁が分厚くなり、虎口aが東隅に開口している。先端部分はアンテナの建設により破壊されており、遺構の状態は不明である。

【評価】志文川が南から西に曲流する所の尾根先に陣城を構築している。西の「市ノ上」から南の龍野方面に街道が分岐する交通の要衝のため、小規模な陣城であるが、構築された理由が理解できる。

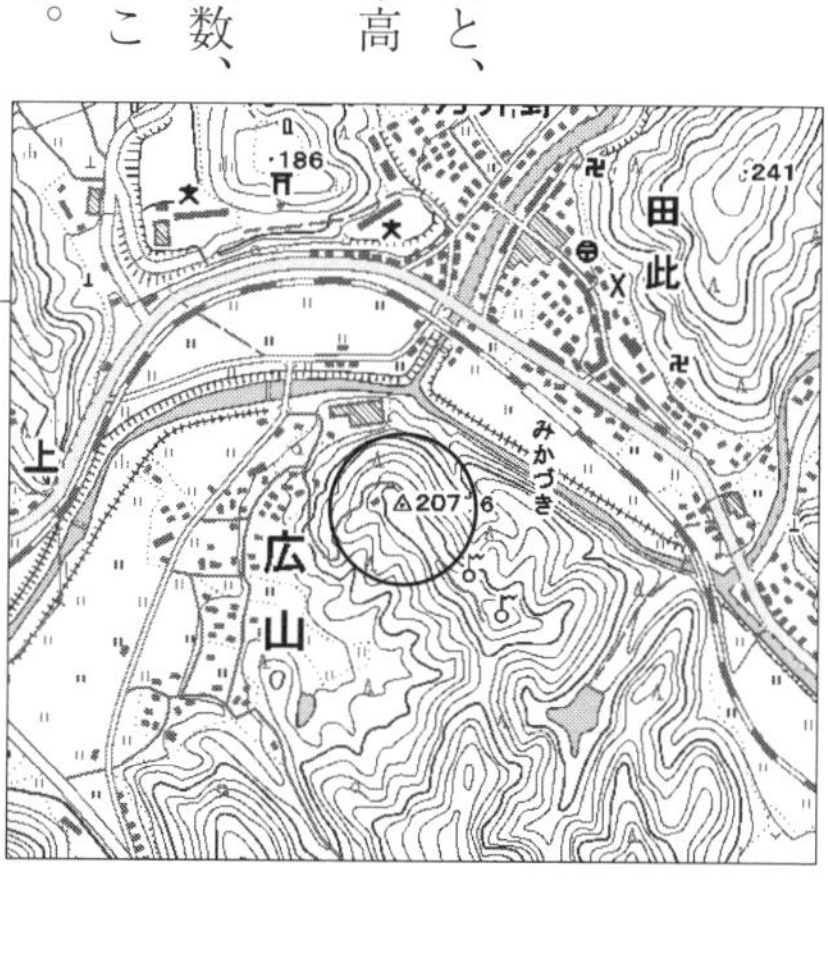

西からの遠景

荒木村重の支城

78 三田城《さんだじょう》

所在地：兵庫県三田市天神二丁目
城　主：荒木氏
遺　構：曲輪・空堀
規　模：三〇〇×三〇〇m
標高／比高：一六〇m／二〇m

【選地】三田市南東部の河岸段丘に位置する。北と東が崖となっており、東側には武庫川が北西から南東に流れる。北は丹波国や但馬国に通じ、西は播磨国、東は摂津国方面に通じる交通の要衝である。

【歴史】南北朝時代の城主は赤松円心《えんしん》の四男氏範《うじのり》で、その後、赤松氏一族の有馬《ありま》氏が城主となったといわれる。天正年間は荒木村重の家臣・荒木重堅が城主であった。

空堀

【遺構】『三田市史』に掲載されている縄張り図によると、規模は東西三〇〇m、南北三〇〇mほどで、中心となる曲輪Ⅰは現在、兵庫県立有馬高等学校の敷地となっている。

南の曲輪Ⅱには現在、三田市立三田小学校が建っており、西には曲輪Ⅲがある。東の曲輪Ⅳの面積は広く、三田城では最大の曲輪である。東側には南北に細長い曲輪

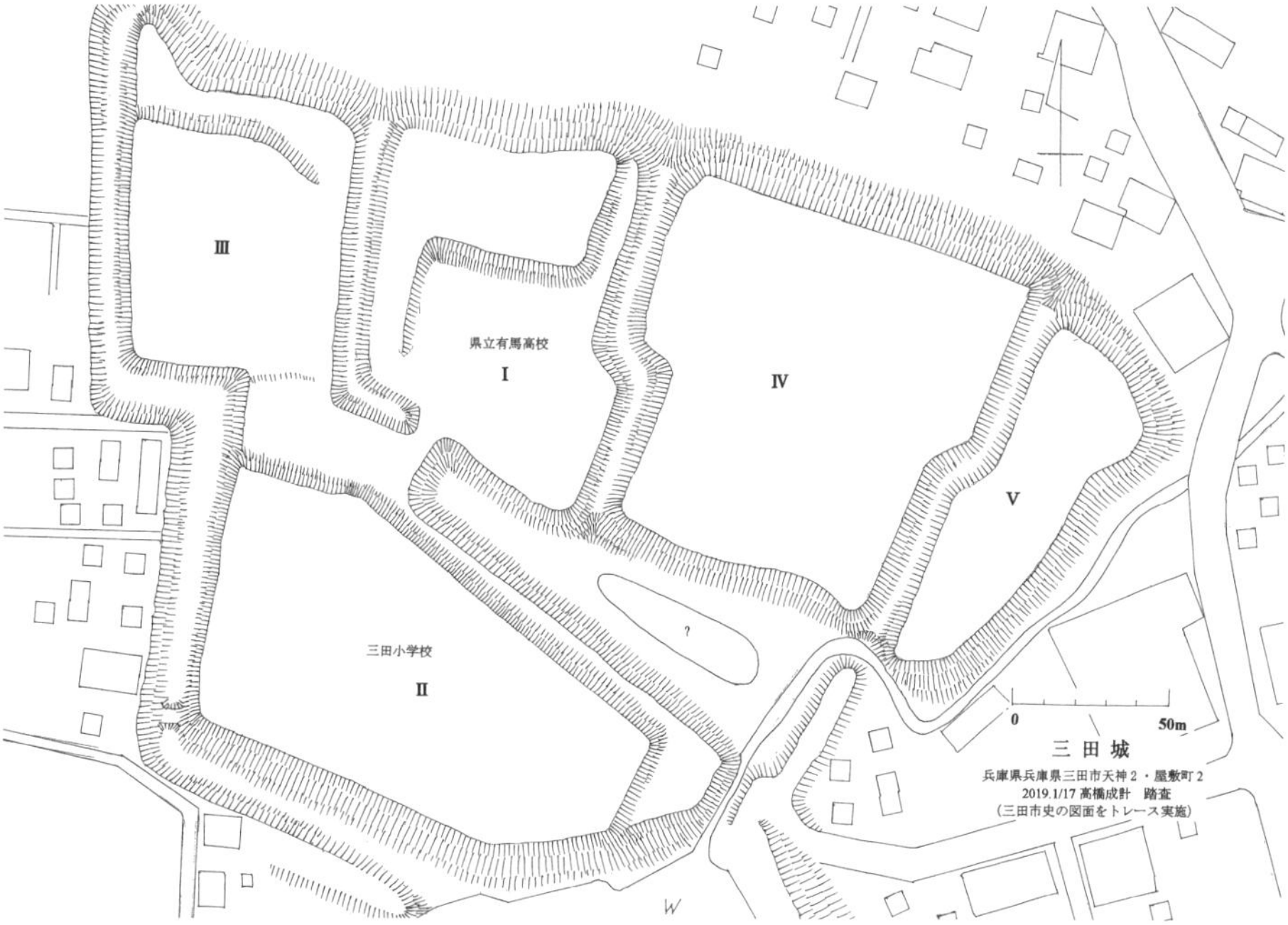

三田城縄張り図

三田城跡の碑

Ⅴがある。各曲輪は空堀で区切られており、塁線には折れも見られる。

【評価】本書に掲載した縄張り図は近世の三田城を描いたものであり、残念ながら中世の三田城については不明である。

三田城北西の陣城

79 釜《かま》屋《や》城《じょう》

所在地：兵庫県三田市すずかけ台二丁目
城　主：不明
遺　構：曲輪・土塁・虎口
規　模：六五×五〇m
標高／比高：二三二m／六〇m

【選地】武庫川中流域の右岸に所在し、東には丹波方面への街道が通過する。三田城から北西に二・五kmほどの距離にあり、この周辺では最も標高が高く、四方への展望も良好である。

【歴史】北摂三田ニュータウンの建設にともなう調査で確認された城跡で、歴史は不明である。

【遺構】北摂三田ニュータウン建設にともなって開発され、現在は遺構を残していないが、土塁が囲繞する単郭の陣城であった。東と南の尾根を小規模の空堀で遮断し、土塁の高さは曲輪内部で一mほどである。虎口は西側（a）と南東（b）の二ヶ所あり、直接尾根から入る構造を避けている。曲輪内部の削平状態は、自然地形をそのまま使用しているが、土塁側は搔揚土塁の溝が残っていたとされる。*1

発掘調査で見つかった遺物はコンテナ十箱分に相当し、備前焼擂鉢、徳利、丹波焼壺、擂鉢、瀬戸、美濃焼の灰釉小皿、中国産の白磁皿、染付皿、青磁香炉、碗などの土器や陶磁器、小札《こざね》などの鉄製品、銭貨、飾金具等の銅製品、鉄砲玉等の鉛製品、石臼など多種多様な物が出土している。

磁器の比率が高く、染付が多く出土している点や、土師器皿が手づくね製品のみで構成され

*1 『三田市史』第三巻（兵庫県三田市、二〇〇〇年）

ることなど、上層階層の人々の駐屯をうかがわせる。陶磁器も丹波、備前、瀬戸、美濃と幅広く、遠隔地の商品の売買をしていたことがわかる。さらに、鉄砲玉が出土したことから、当時鉄砲を使用していたことが判明し、重要な成果であった。*2 また、他の出土物から、以前に山城が存在していたことも明らかになった。

【評価】当城は、山頂部周囲の土を掻き揚げて土塁を形成する方式で、明確な遮断用の堀切を用いていない。また、曲輪内の造成を行わず、生活の痕跡も認められないため、臨時的な遺構である。だが、出土物からは一定期間の駐屯ないし生活痕が裏付けられ、一六世紀後半の遺物や鉄砲玉、小札等が出土しているため、一六世紀前後期の山城遺構が考えられる。縄張りや史料からすると、三田城の陣城と考える。

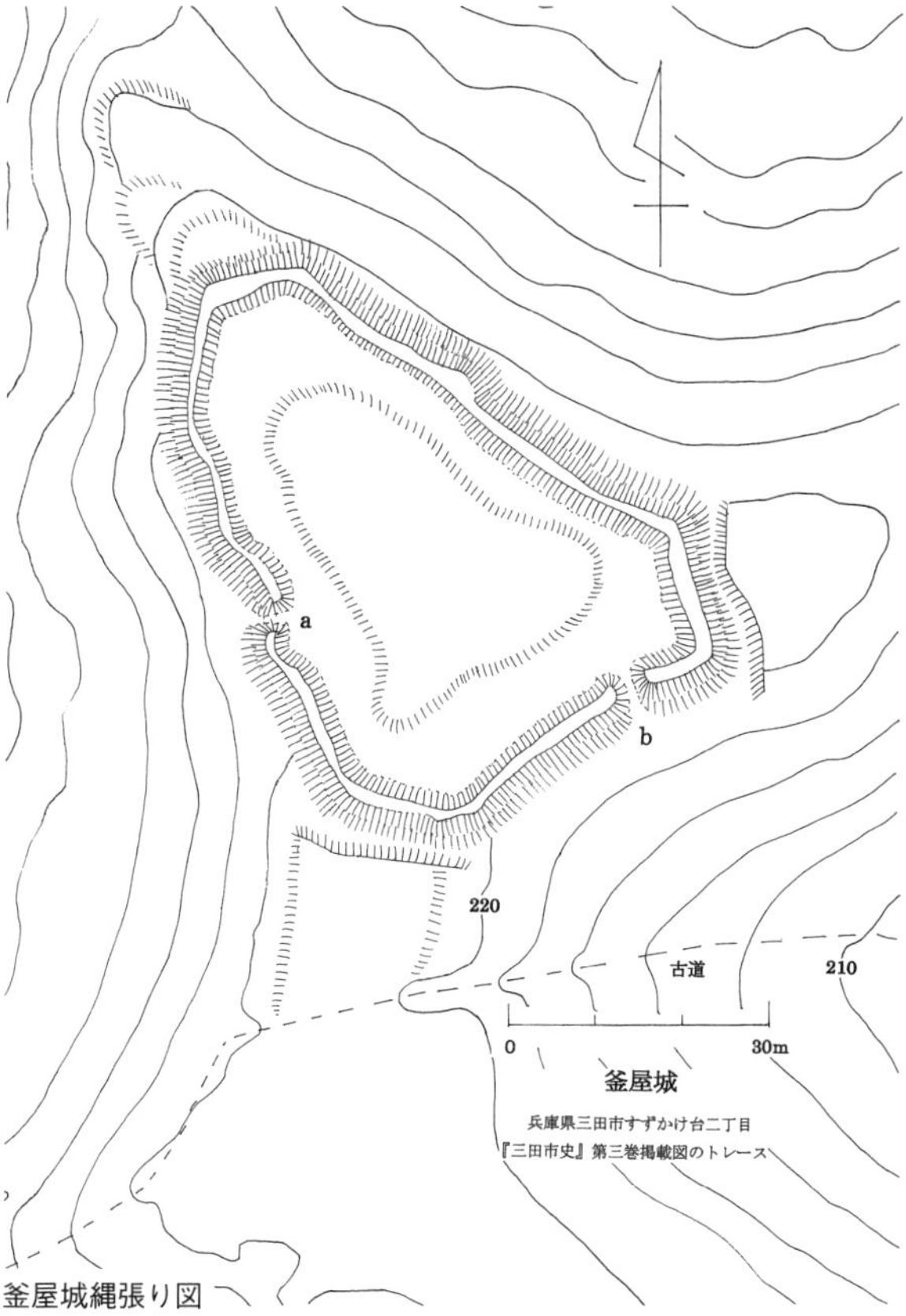

釜屋城縄張り図

＊2 『三田市史』第三巻（兵庫県三田市、二〇〇〇年）

地形の要害性を活かして築城

80 五《ご》良《ろ》谷《たに》城《じょう》

所在地：兵庫県三田市貴志字五良谷
城　主：不明
遺　構：曲輪・土塁・櫓台
規　模：一四〇×五〇m
標高／比高：一八〇m／二〇m

東からの遠景

【選地】城跡は武庫川の右岸、西へ突出する舌状丘陵に位置する。南東の三田城へは二・二kmほどの距離にあり、展望も良好である。西側には三田ニュータウンが迫っており、西側背後の尾根を登ると釜屋城に到る。

【歴史】北摂三田ニュータウンの建設にともなう調査で確認された城で、歴史は不明である。

【遺構】舌状丘陵にある古墳を崩して櫓台や土塁に使用する構造である。南西の丘陵続きに、高さ〇・五m～〇・七mほどの土塁と古墳によって遮断し、先端部の東西七〇m、南北三〇mほどの曲輪Ⅰを確保している。北西隅には、一辺一五mほどの三方土塁囲みの曲輪Ⅱもある。虎口は明確でないが、南東のaが考えられる。

【評価】天正六年（一五七八）のものと推定される十二月二十日付けの明智光秀の書状[*1]によると、陣城の完成までの日数が短く、簡易的な構造であったと考えられる。こ

＊1　明智光秀書状（『明智』83）。

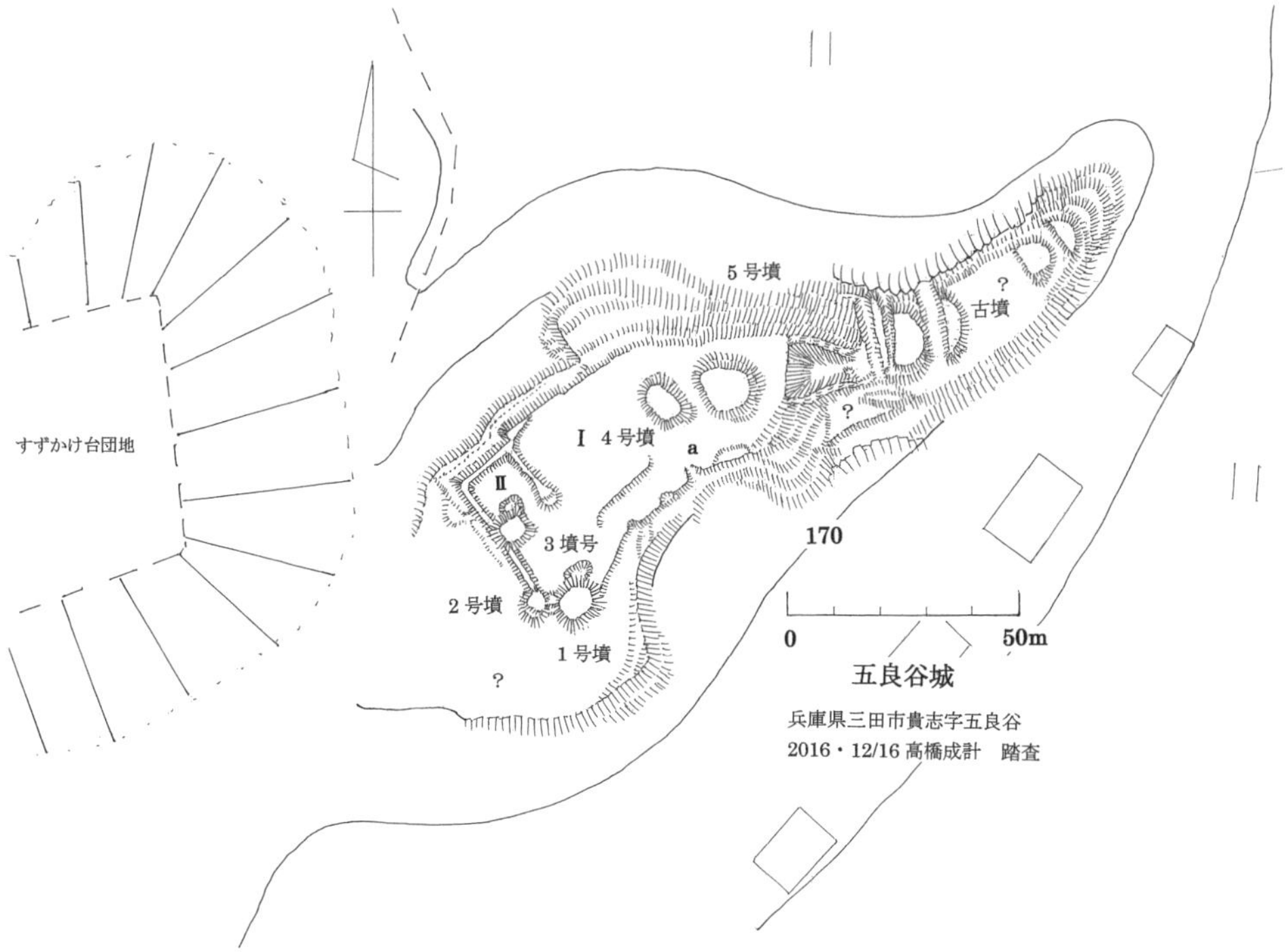

五良谷城縄張り図

土塁

のように地形の要害性を活かした陣城としては、西へ五〇〇mほどの距離の釜屋城があり、同城との関連性が考えられる。

交通の要衝に築かれた陣城

81 中西山城《なかにしやまじょう》

【選地】北側で青野川が武庫川に合流する地点で、西方向へ内神川《うちがみがわ》に沿って播磨国方面に街道が通じ、北は丹波に通じる街道が通る交通の要衝でもある。三田城から三・七kmほど離れているが、地形的に川底平地が狭まった西丘陵地に位置する。

【歴史】北摂三田ニュータウンの建設にともなう調査で確認された城で、歴史は不明である。

東からの遠景

所在地：兵庫県三田市けやき台三丁目
城　主：不明
遺　構：曲輪・土塁・堀切
規　模：五〇×四五m
標高／比高：二一三・七m／六〇m

【遺構】丘陵の突端を堀切Aで遮断した単郭の城で、規模は東西五〇m、南北四五mほどで、西の堀切側に土塁Bがあった。曲輪内部は東と西に傾斜がある。出土物は少量で、土師器小皿や堝、瀬戸・美濃焼の天目碗の三点が出土している。[*1]

【評価】地形的に判断しても川底平地が狭くなり、守備しやすい場所にある。曲輪内部や出土物から推測すると、陣城の可能性がある。なお、縄張り図については、「82 平方城」の項を参照されたい。

＊1 『北摂ニュータウン内遺跡調査報告書』Ⅲ（兵庫県教育委員会埋蔵文化財調査事務所、一九九三年）。

中西山城をサポートする城

82 平《へい》方《ほう》城《じょう》

所在地：兵庫県三田市けやき台三丁目
城　主：不明
遺　構：曲輪・土塁
規　模：四〇×三〇m
標高／比高：二一四・二m／六〇m

【選地】中西山城から南方一五〇mほどの台地の端に位置する。

【歴史】北摂三田ニュータウンの建設にともなう調査で確認された城で、歴史は不明である。

【遺構】丘陵地の端を堀切Aで遮断し、西と南に低土塁を巡らす。曲輪は東西四〇m、南北三〇mほどと小規模で、南東に虎口aが開口する。出土物は平安時代から鎌倉時代初頭のもののみである。*1

【評価】出土物から築城時期を推定するのは難しい。土塁の折れ等から判断すると、三田城に対する陣城として、中西山城をサポートする位置にある。中西山城は南の谷筋への展望ができないため、これを解消する位置にある。

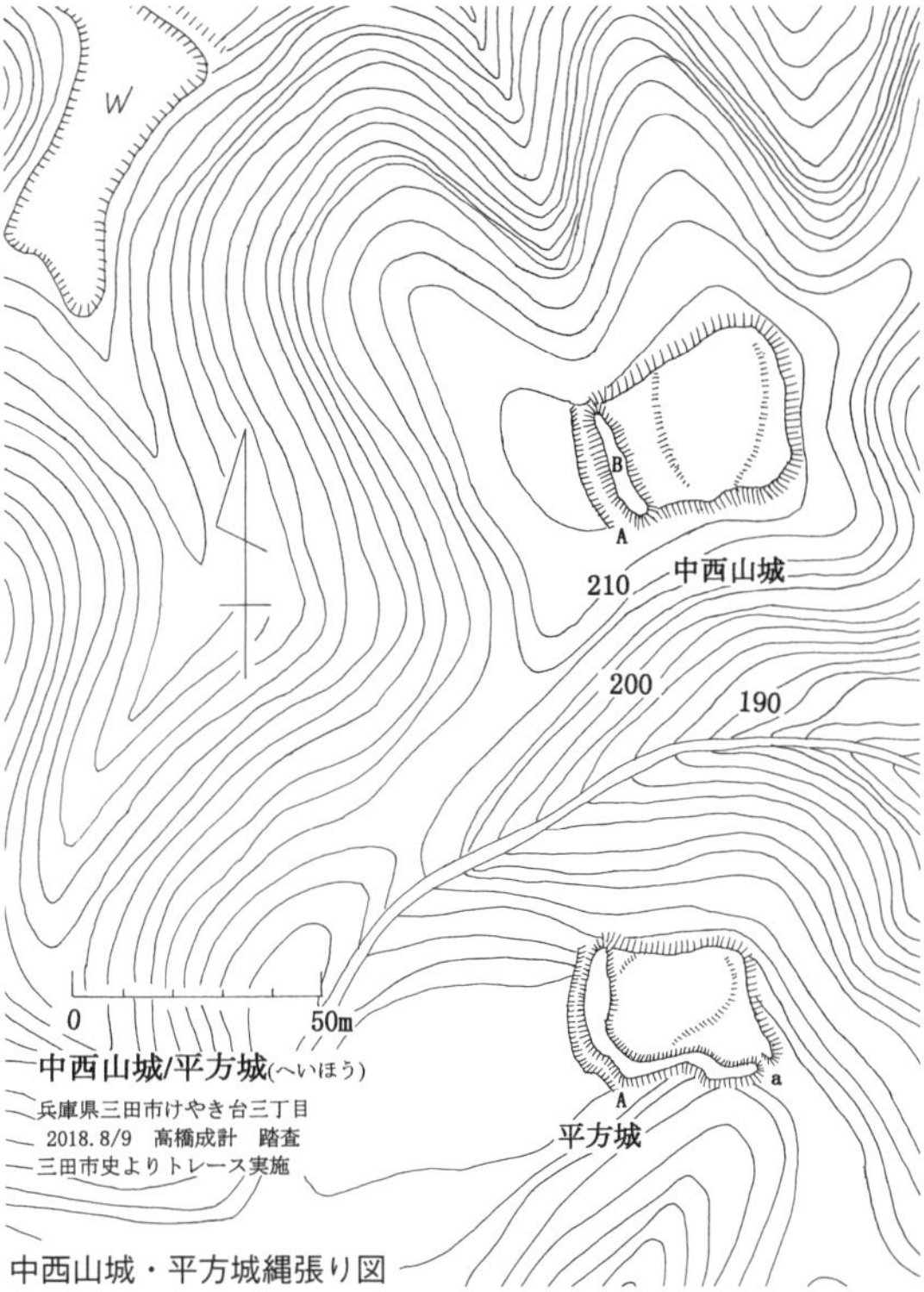

中西山城・平方城縄張り図

*1 『三田市史』第三巻（兵庫県三田市、二〇〇〇年）。

〈コラム〉

光秀に焼かれた摂津の寺院

　兵庫県三田市の北東部に位置する青野川・黒川・羽束川流域は、丹波国八上城（兵庫県丹波篠山市）の南にあり、波多野氏の支配地域の可能性がある。

　『摂陽群談』によると、兵庫県三田市下青野の青林寺（廃寺）の項に、「天正年中明智日向守高城（八上城）を責の時、当寺より山伝に密通して兵糧を送る。勝利なく落城、明智内通を知って、当院に放火す」とある。

感応寺の本堂　兵庫県三田市

　また、青野川の上流にある母子《もうし》を経由して八上城に兵糧を運搬したという。

　母子（同三田市）から曽地奥（同丹波篠山市）を経由して奥谷（殿町）につながる街道があり、この街道を利用したことが考えられる。また、下青野にあった千丈寺もこのときに放火されたという。青野川上流の三国岳山腹にあった感応寺も、八上城に兵糧を搬入していたため、光秀軍の夜襲にあったという。伝承ではあるが、八上城への兵糧運搬があった可能性は否定できない。

　八上城の南東四㎞位置する四十九院跡は、南の後川《しつかわ》につながる街道の北東の谷川奥にあり、天正七年六月二十日（八上城は六月一日に落城）に明智軍は、八上城を兵糧攻めにしようとしたが、城兵に飢えている状態がみられないため、その原因を探り始めた。南の寺々から兵糧を搬入しているとの情報を得て、四十九院からの搬入をつきとめ、放火隊をだして焼き払い、僧侶たちをすべて切り捨てたという。これにより、四十九院の福山寺や真如院・長福寺・池の坊・観音寺は焼失してしまったという。

　このように、八上城に近い摂津北部や八上城周辺の寺には、明智軍による焼き討ち伝承がたくさん残っている。これらは、光秀による丹波攻めの苛烈さを表していると言えるだろう。

【第三部】

支配拠点と在地への影響

6、丹波支配の拠点と織豊系城郭

本書の締めくくりとして、本節では光秀の支配拠点となった城郭や、光秀が丹波支配を行ったことで、在地の城郭にどのような影響を与えたのかを考察してみたい。なお、光秀の支配拠点となった城郭として、丹波に築いた亀山城《かめやま》（京都府亀岡市）や福知山城《ふくちやま》（同福知山市）等の他、比較検討のため近江国坂本城《さかもと》（大津市）も取り上げる。

光秀の支配拠点となった城郭

織田氏の根拠地である岐阜（岐阜市）と京の間に位置する坂本は、古来より北陸方面への交通の要衝として繁栄した。坂本から京への交通路としては、「白鳥越え」や「山中越え」がある。西の山岳に比叡山延暦寺（大津市）があり、元亀争乱では朝倉氏と浅井氏に加担したため、信長は苦戦した。地形としては、西の比叡山と東の琵琶湖に挟まれた守備しやすい土地であるため、信長はここに城郭を築いて、光秀を配置した。ここが光秀の初めの支配拠点である。

つづいて支配拠点となった亀山城は、丹波攻めにともなって築かれた。京における西の入り口にあたる場所で、西方には播磨国や中国地方への街道が延びている。丹波攻略の拠点として天正五年（一五七七）頃から築城が開始され、黒井城や八上城の攻略の拠点となった。また、光秀が石山本願寺《いしやまほんがんじ》や有岡城《ありおか》（兵庫県伊丹市）へ転戦する足場としても利用されている。

福知山は、京から丹後国や但馬国へ通じる街道の分岐点となる交通の要衝である。光秀は奥丹

福知山城北東の堤防である通称「明智藪」　京都府福知山市

波支配と、丹後攻略を担当した細川藤孝を支援するための拠点として、天正七年末頃から福知山城の構築を開始した。

周山城の築城に関する記録はないが、宇津氏を攻略した天正七年末から九年頃までに構築された可能性がある。周山城が築城された意義として、①北陸・若狭・丹後・丹波方面から京都へ侵入する勢力に対する備え。②禁裏御料所である山国荘に近い周山に城郭を構築することで、旧幕府勢力の封じ込めと、都の朝廷方に対する心理的なアピール。③流通や森林資源の支配拠点等が考えられる。

黒井城はもともと赤井氏の居城だったが、天正七年八月九日に落城させると、光秀は重臣の斎藤利三を入城させ、城代とした。旧氷上郡（兵庫県丹波市）の東側に位置する山間の地に所在し、南は播磨国や摂津国と境を接し、西は但馬国に通じる街道があり、織田氏が中国方面へ進出するうえでの軍事的拠点となった。なお、八上城にも城代を置いたというが、史料的に確認できない。

ここでは、以上の五城を取り上げる。

明智氏による城わり

城わりとは「城を破壊する」ということで、「城破り」「城割」「城破」ともいう。これは、単に城を破壊することだけでなく、旧体制を破壊して、新体制をアピールすることでもあった。

光秀は天正七年（一五七九）十月に丹波を平定すると、丹波国においても大和国と同様に城わりを実施した。同九年のものと思われる六月二十一日付けの光秀書状[*1]によると、「和久左衛門大夫城破却之儀、去年申付候処、号寺家を残置、任雅意之条、昨日加成敗候」とある。これによると、和知《わち》（京都府京丹波町）の出野氏と片山氏に対し、天正八年に山家《やまが》城（同綾部市）の破却を申

＊1　明智光秀書状（『亀岡』八五）。

周山城の石垣　京都市右京区

しつけたところ、北東の一部にある曲輪を寺と称して破却しなかったので、成敗を加えたという。

しかし、同じ書状には「近年逆意之催、不可有見隠候」とある。さらに、「和久左息並上介・肥前入道取逃候」とあり、出野氏と片山氏に対して、逃亡した彼らを探し出して成敗を加えよと命じている。そして「下々於隠置者、雖至後々年、聞付次第、当在所可成敗候」ともあり、逃亡者を匿えば同罪であった。

このように、城わりには困難がともなうことも多い。そこで、ここでは山家城を取り上げ、城わりの対象となった城郭を見てみることにしたい。

丹波平定が在地の城郭に与えた影響

ところで、明智光秀が天正七年（一五七九）に丹波を平定し、丹波の支配を始めたことは、在地の城郭にどのような影響を与えたのだろうか。具体的にわかるのは、石垣と虎口の二点である。福島克彦氏も指摘しているように、虎口部分に石垣を用いる手法は、それまでの丹波の城には見られない。[*2] たとえば須知《しゅうち》城（京都府京丹波町）は、光秀の丹波平定後に高石垣を築き、枡形虎口を導入している。

そこで、ここでは明智氏の丹波攻略をきっかけに城郭の縄張りが変化したと考えられる城郭、基本的には明智氏の家臣が城主となった城郭を取り上げ、具体的な変化を考察してみたい。取り上げる城郭は須知城・笑路《わろうじ》城・宍人《ししうど》館・埴生《はぶ》城の四城である。

＊2　福島克彦「織豊系城郭論と地域史研究―丹波国を中心に―」（『城館史科学』第三号、城館史料学会、二〇〇五年）。

近江北西部の支配拠点

83 坂本城《さかもとじょう》

所在地：滋賀県大津市下阪本三丁目
城　主：明智光秀
遺　構：曲輪・土塁・櫓台
規　模：五〇〇×六〇〇m
標高／比高：八七m／〇m

【選地】 西方は比叡山（八四八・一m）を中心とした山岳地形で、東には琵琶湖がある。坂本城のある平地の幅は一kmほどである。古来から交通の要衝として知られ、京へは「白鳥越え」と「山中越え」の両街道が通じる。

【歴史】『兼見卿記』によると、元亀三年（一五七二）正月六日に「明十於坂本而普請也」とあり、この頃から坂本築城が始められた。同十二月十一日には、光秀が手紙で「山王之敷地ニ令普請新城也、其以来不快也、今度別祈念之儀憑入之由申来也」と、吉田兼見に祈祷を依頼している。同年十二月二十四日に光秀が見廻りのため坂本に下向しているが、このとき兼見が坂本を訪れ、「城中天主作事以下悉被見也、驚目了」とある。

翌四年六月二十八日にも光秀が見廻りのため坂本に下向しており、このとき兼見は「天主之下立小座敷、移徙之折節、下向祝着之由機嫌也」と記しており、城が完成している。また、天正八年（一五八〇）三月十三日には「坂本之城普請云々」とあり、増築工事が行われている。

【遺構】『大津市史』の縄張り復元図によると、城の推定規模は東西六〇〇m、南北五〇〇mほどで、東の湖岸に「本丸」を置

坂本城跡の光秀石像

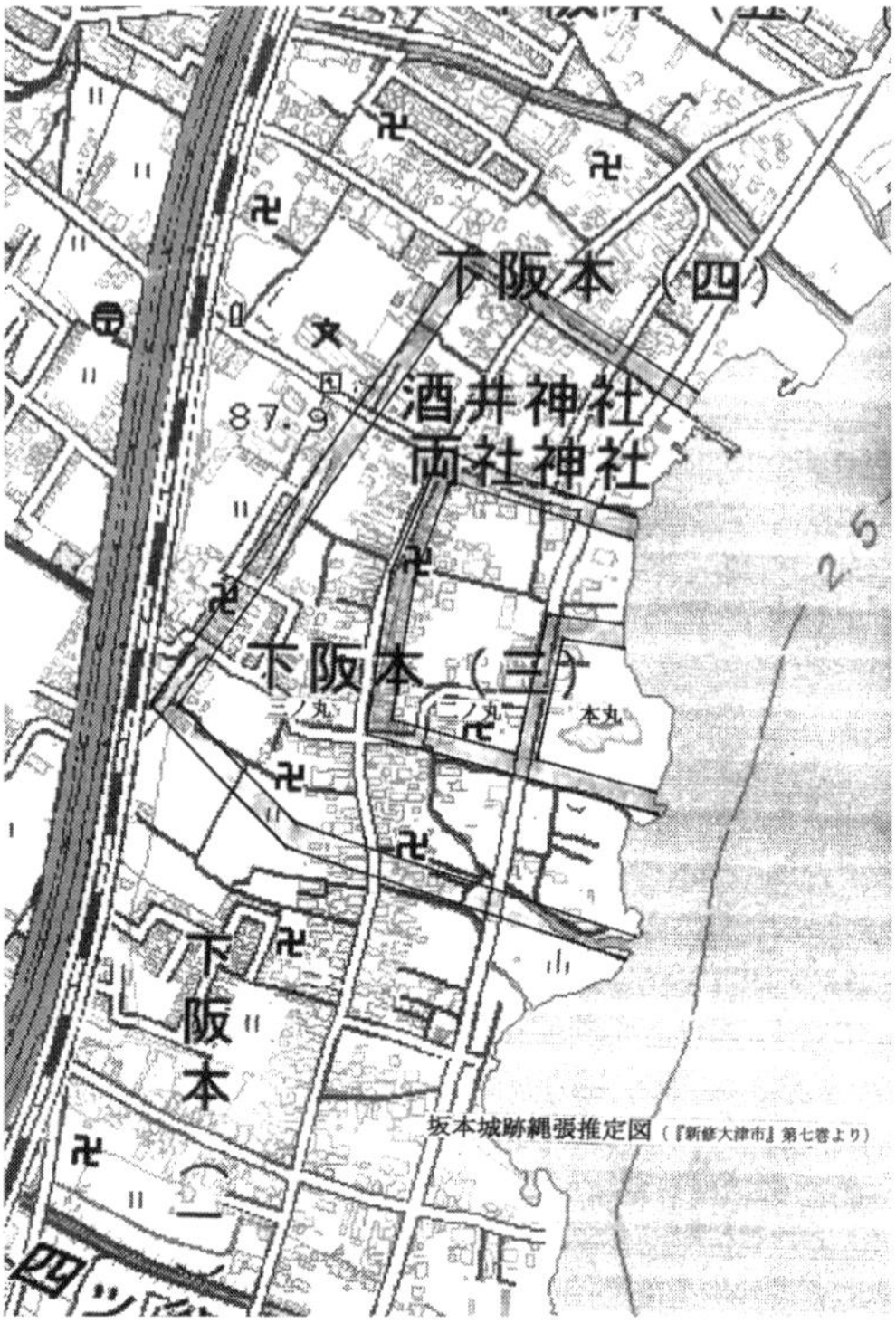

坂本城縄張り推定図

き、西に二ノ丸、その西が三ノ丸である。『兼見卿記』によると、元亀三年十二月に吉田兼見が訪れたときに「城中天主作事」をしているので、天守をもった城であったことがわかる。また、天正十年正月に訪れたときには、「於小天主対面」とあり、大天守と小天守で構成された構造であった。

大津市教育委員会によって、昭和五十四年（一九七九）から下阪本町三丁目字城畔《しろぐろ》で発掘調査が実施され、五期にわたる遺構が確認された。そのうち二期が明智光秀の坂本城の遺構（焼失）と考えられ、礎石建物四、柵一、井戸一、溝状遺構などが検出された。出土遺物は、漆器・瓦・信楽・備前・美濃・瀬戸・丹波焼等の陶器類、中国産の青磁・白磁・染付などの磁器類、古銭・装飾金具等である。

出土した石組みの井戸には、破損した丸瓦や平瓦、焼けた木材、焼土が充満していた。規模は径が〇・八ｍほどで、深さが二ｍを測り、井戸枠は花崗岩を使用し、巧みに組まれていた。石垣の基礎石は二列並行して出土しており、東側の列が六〇～一〇〇㎝の石材を使用し、南北の長さ

坂本城跡の碑

坂本の琵琶湖畔

は五・八m、西側の石列はコの字形の石組みで、幅四m×長さ八・七mの規模であった。東壁には長さ三〇～一〇〇cmの石材が斜めに据えられており、西壁は二〇cm前後の小型の石材を垂直に据えていた。[*1]

【評価】琵琶湖岸に築かれた「水城」で、琵琶湖の渇水時には石垣が出現することがある。発掘状況から、「調査の結果、安土桃山時代の多量の遺物と石組の溝、井戸、池、暗渠排水溝、石垣、礎石建物、掘立柱建物等を検出し、この遺構群は、出土遺物の年代、焼土層の広がり、焼土層の上、下層にみられる二時期の遺物の存在と、明治十四年十一月作成の古絵図にある小字名などから考えて、比叡山焼き討ち後の、明智光秀が構築した坂本城の遺構に間違いない」[*2]とまとめられている。

上：琵琶湖中に見える石垣
下：坂本城跡から出土した土器や陶器　画像提供：大津市教育委員会（上下とも）

＊1　「滋賀文化財だより」No.三三（財団法人滋賀県文化財保護協会、一九七九年）。

＊2　「滋賀文化財だより」No.三三（財団法人滋賀県文化財保護協会、一九七九年）。

坂本城跡から出土した焼けた瓦
画像提供：大津市教育委員会

丹波攻略の支配拠点

84 亀《かめ》山《やま》城《じょう》

所在地：京都府亀岡市荒塚町
城　主：明智光秀
遺　構：曲輪・石垣・水堀
規　模：九〇〇×五〇〇m
標高／比高：一一六m／二〇m

【選地】京都丹波口から西へ老ノ坂峠を越えたところに所在する山陰道の最初の城で、北方には桂川が西から東に流れる。現在のJR亀岡駅周辺は湿地帯であったといわれ、本丸のある地点は、周辺より二〇mほど高い地形である。西には犬飼川や曽我部川が南西から北東方向に流れ、東方では矢谷川と西川が桂川に合流する地形である。現在、城跡は大本教の聖地となっている。

本丸石垣

【歴史】軍記物によると、[*1] 荒塚山《あらつかやま》には砦があり、この砦跡に亀山城を築城したという。年未詳（天正五年カ）正月晦日付けの光秀書状[*2]に、「従来五日至十日、亀山惣堀普請申付候」、「鋤、鍬、もっこ以下、有御用意、至亀山御越尤候」等とあり、築城を担当した丹波の中沢・小畠・森氏等の土豪は、普請道具持参であったことがわかる。また、年未詳七月四日付けの光秀書状[*3]によると、「亀山少土普請可在之候」や「亀山普請奉行供可有御相談候」とあり、亀山普請奉行が中心となって、組織的な動員体制で築城していたようだ。

年未詳七月二十四日付けの光秀書状[*4]には「仍河原尻村、心

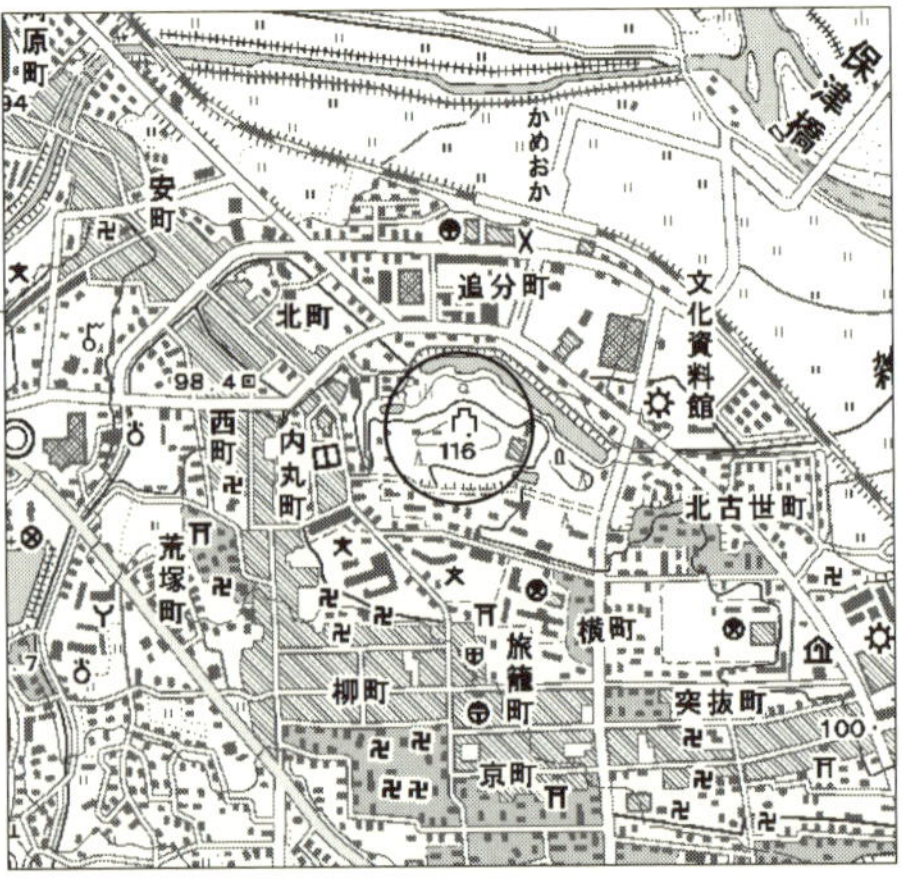

＊1　写本「丹陽軍記 全」（平田澄子翻刻、文教大学教育学部紀要委員会、一九八二年）。
＊2　明智光秀書状（『亀岡』三一）。
＊3　明智光秀書状（『亀岡』一一〇）。
＊4　明智光秀書状（『明智光秀』149）。

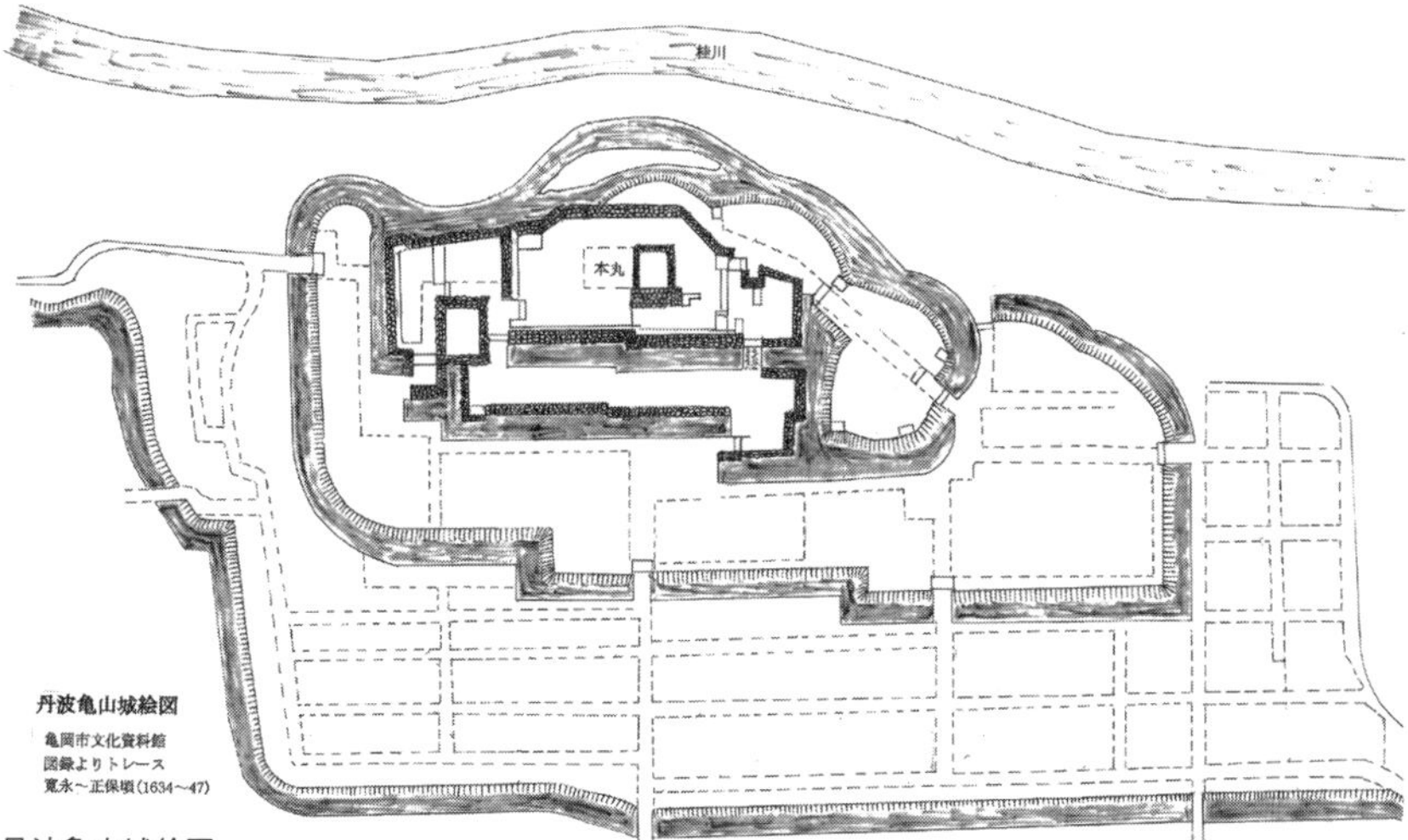

丹波亀山城絵図

柱五本、冠木一本、其外樟木以下、小道具共二、六拾本ハかり在之義候、然者乍無心、為各彼材木、従河原尻保津川端迄、被相届可然候」とあり、これらは亀山城普請の材料調達について記されている。なお、天正九年四月十八日付けの光秀判物写[*5]によると、船井郡和知町安栖村の百姓が亀山城普請に出役しており、天正五年頃から九年頃まで亀山城の普請が続いていたことがわかる。

【遺構】現在の亀山城の遺構は、近世段階で改修や破壊されており、光秀時代の遺構は不明である。文献に見える「惣堀普請」という言葉からは、城下の町場を囲む惣構《そうがまえ》の整備が実施されていたようであり、「亀山城絵図」（一六三四～三七）の縄張りに近い城郭が構築されていた可能性が考えられる。

【評価】光秀時代の縄張りが残っていないため、評価は不可能であるが、天正五年～九年頃までの長い工事期間から類推すると、丹波支配に適した規模を有していたと考える。

＊5 明智光秀判物写（『亀岡』八一）。

内堀

北側の堀

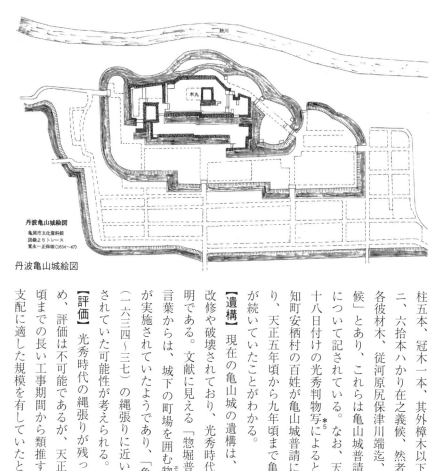

丹波北部の支配拠点

85 福知山城《ふくちやまじょう》

所在地：京都府福知山市内記
城　主：明智光秀
遺　構：曲輪・堀・石垣
規　模：一〇〇〇×六〇〇m（推定）
標高／比高：三〇m／二〇m

【選地】北東から流れる由良《ゆら》川が北西に曲流し、南東から土師《はじ》川が合流する地点の南西の丘陵に位置する。城を構築する以前の地形は、北東から流れる由良川が城の西側を流れ、現在のJR福知山駅付近で湾曲して北西に流れていたが、光秀は自然堤防の一部を利用して堤を築き、由良川の流れを北西に変更させた。城の北東の堤防は「明智藪」と呼ばれ、護岸に竹を植えて水の浸食を防いだ。なお、河川であった城の北西側に城下町を構えている。

東からの遠景

【歴史】戦国時代は横山《よこやま》城といわれ、城主は塩見信房《しおみのぶふさ》であったが、天正七年（一五七九）に光秀に攻められ、信房は切腹したという。光秀は城代に藤木権兵衛と明智秀満を置いている。天正九年四月、光秀が丹後の天橋立《あまのはしだて》見物へ行く途中、福知山城で秀満から七五三の膳を振る舞われたという。[*1]

【遺構】光秀の時代に城と城下町が一体で計画された可能性は、『新編　福知山城の歴史』[*2]にも述べられているが、光秀時代の城の構造は不明である。慶長五年（一六〇〇）の有馬

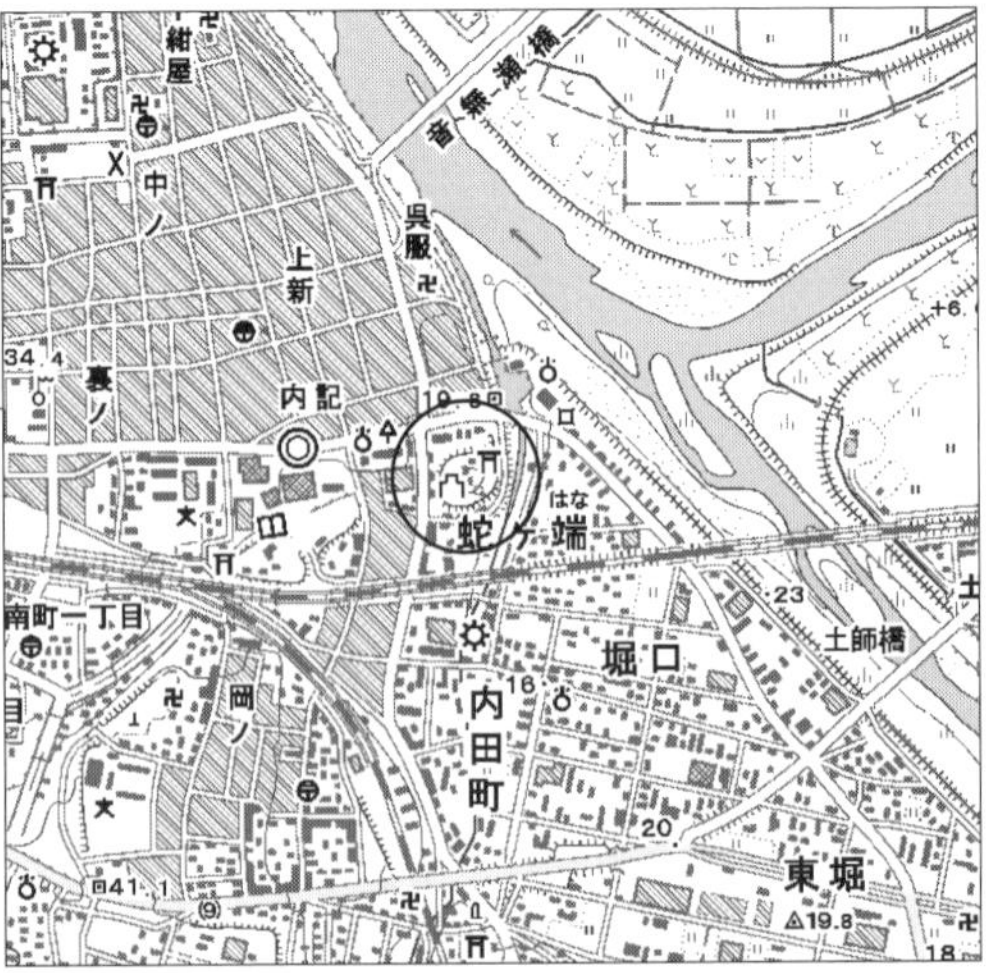

＊1　『津田宗及茶湯日記』評註、他会篇下（津田宗及茶湯日記刊行後援会、一九三六年）。
＊2　福知山市郷土資料館編『新編　福知山城の歴史』（福知山市、二〇〇九年）。
＊3　『福知山市史』史料編一（福知山市史編さん委員会、一九七八年）。

豊氏《とようじ》時代の絵図には、ほぼ完成した城と城下町が描かれている。威光寺《いこうじ》文書によると、*3「天正七年明智殿国中平均被成、福知山御城御普請近境寺院ヲ潰し取、石塔等を運セ御取被成候」とある。現在、天守台周辺の石垣には、五〇〇点ほどの中世の石造物（宝篋印塔《ほうきょういんとう》・五輪塔《ごりんとう》・一石五輪塔・石仏《せきぶつ》・笠塔婆《かさとうば》・石臼など）が、石材として転用されている。

【評価】伝承や寺の由緒書によると、光秀が墓地を破壊し、墓地にあった石造物を石材として使用したといわれているが、現在残る転用石からは、光秀時代かそれ以後に使用されたものかを確認することは不可能である。現状で言えることは、城の基礎は光秀が造ったことだけである。

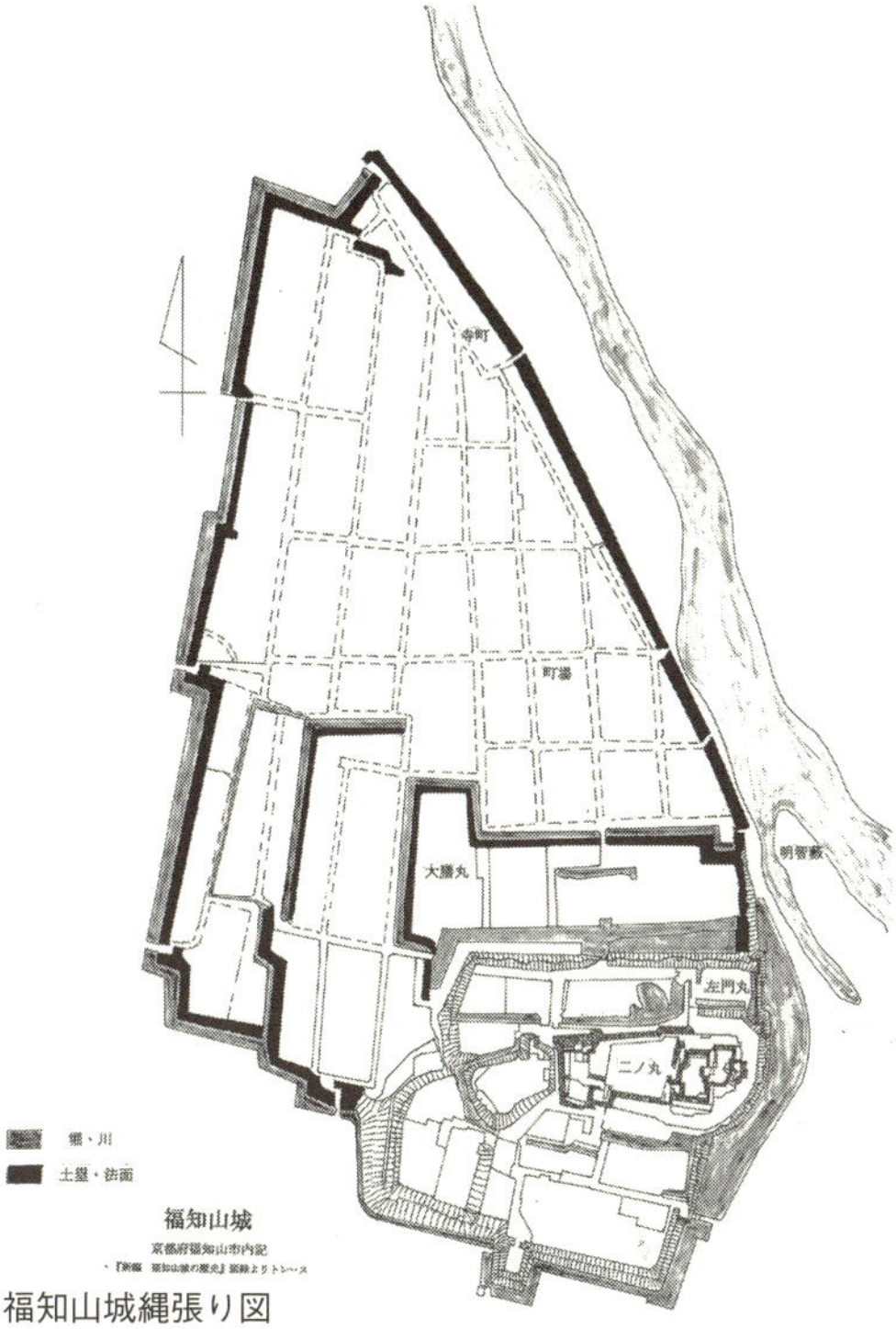

福知山城縄張り図

石垣

堀跡

石垣の転用石

光秀が築いた最大規模の城

86 周山城《しゅうざんじょう》

所在地：京都府京都市右京区京北周山町
城　主：明智氏
遺　構：曲輪・土塁・虎口・石垣・竪土塁・堀切
規　模：一三〇〇×六七〇m
標高／比高：四八〇m／二三〇m

【選地】標高五〇九・四mの黒尾《くろお》山から東に延びる尾根上の、標高四八〇mを中心とした支尾根上にある。通称「城山」と呼ばれ、地元でも広く遺構が認識されている。また、黒尾山と「城山」の間には、「西の城」あるいは「土の城」と呼ばれる城郭遺構がある。

【歴史】『信長公記』によると、光秀は天正七年（一五七九）七月十九日に宇津氏を攻略した。周山城築城についての記録はないが、同七年～九年頃までに構築された可能性がある。『兼見卿記』の同九年四月十七日の記録に、「自丹州宇津、惟任日向

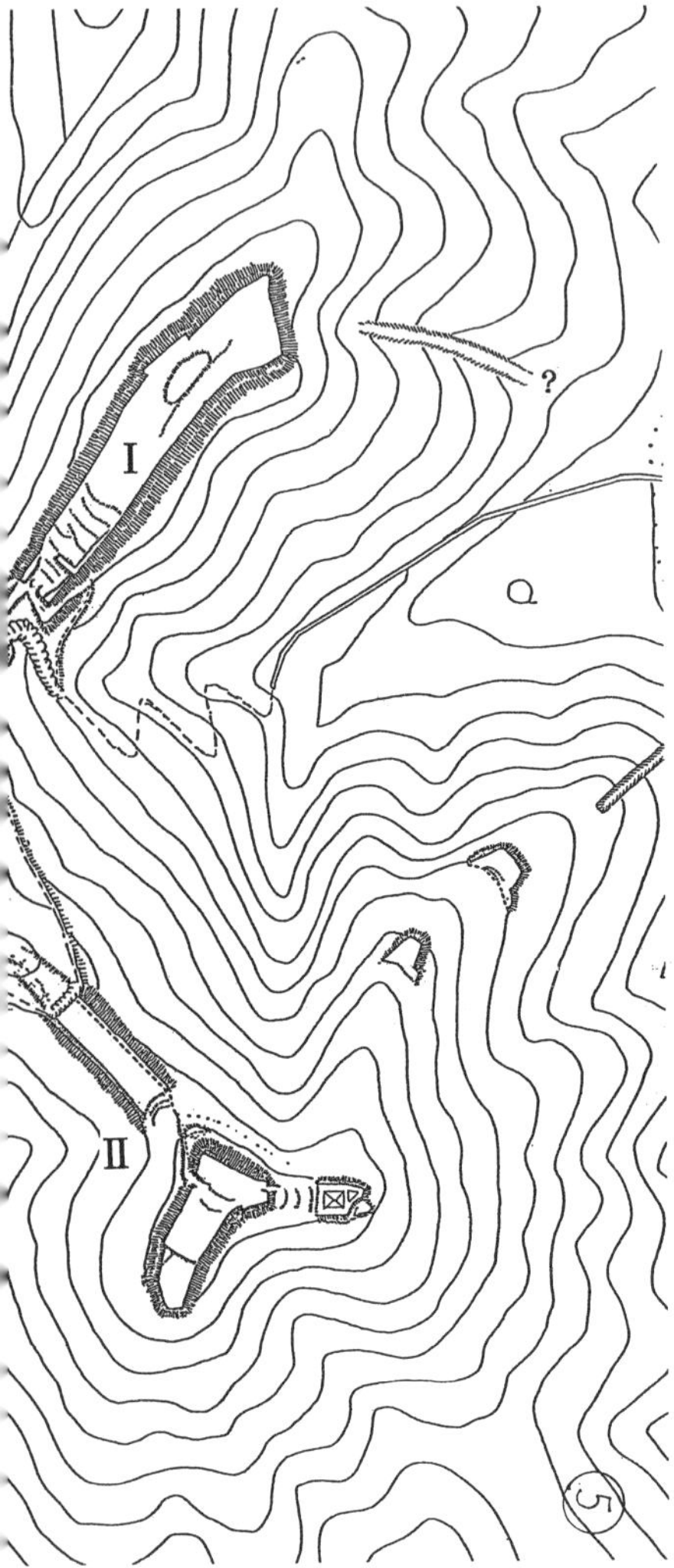

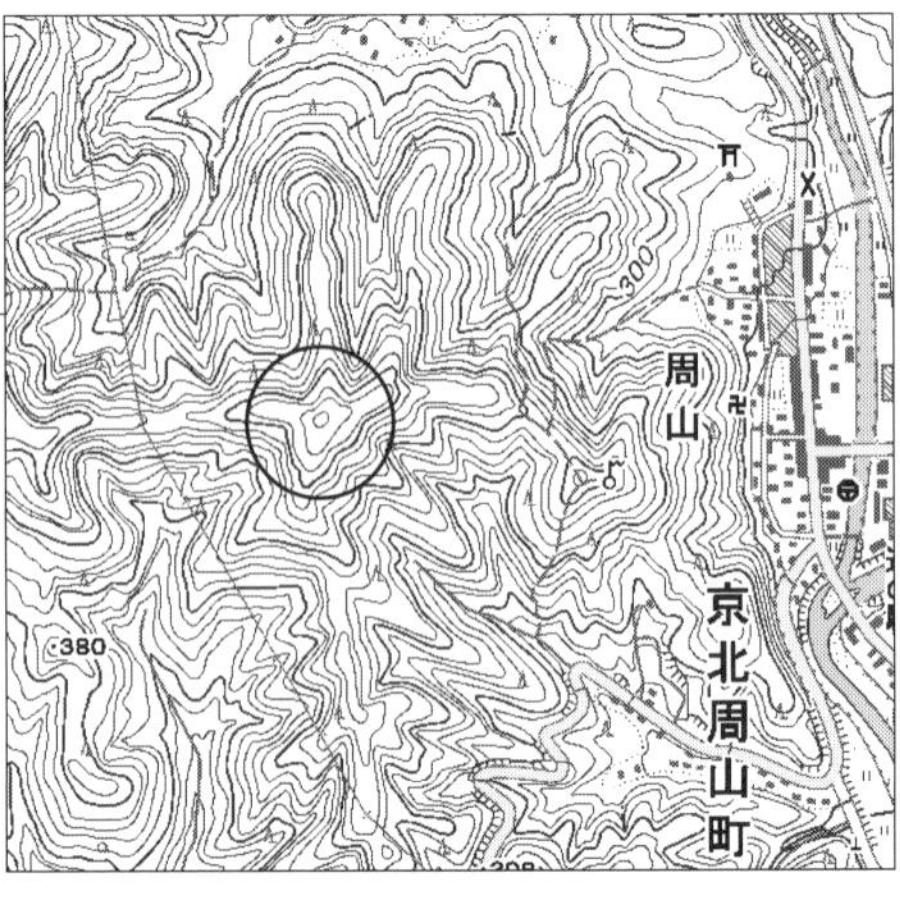

＊1　明智光秀年貢米請取状（『亀岡』八七）。
＊2　『津田宗及茶湯日記』下（松田米太郎評注、津田宗及茶湯日記刊行後援会、一九三七年）。

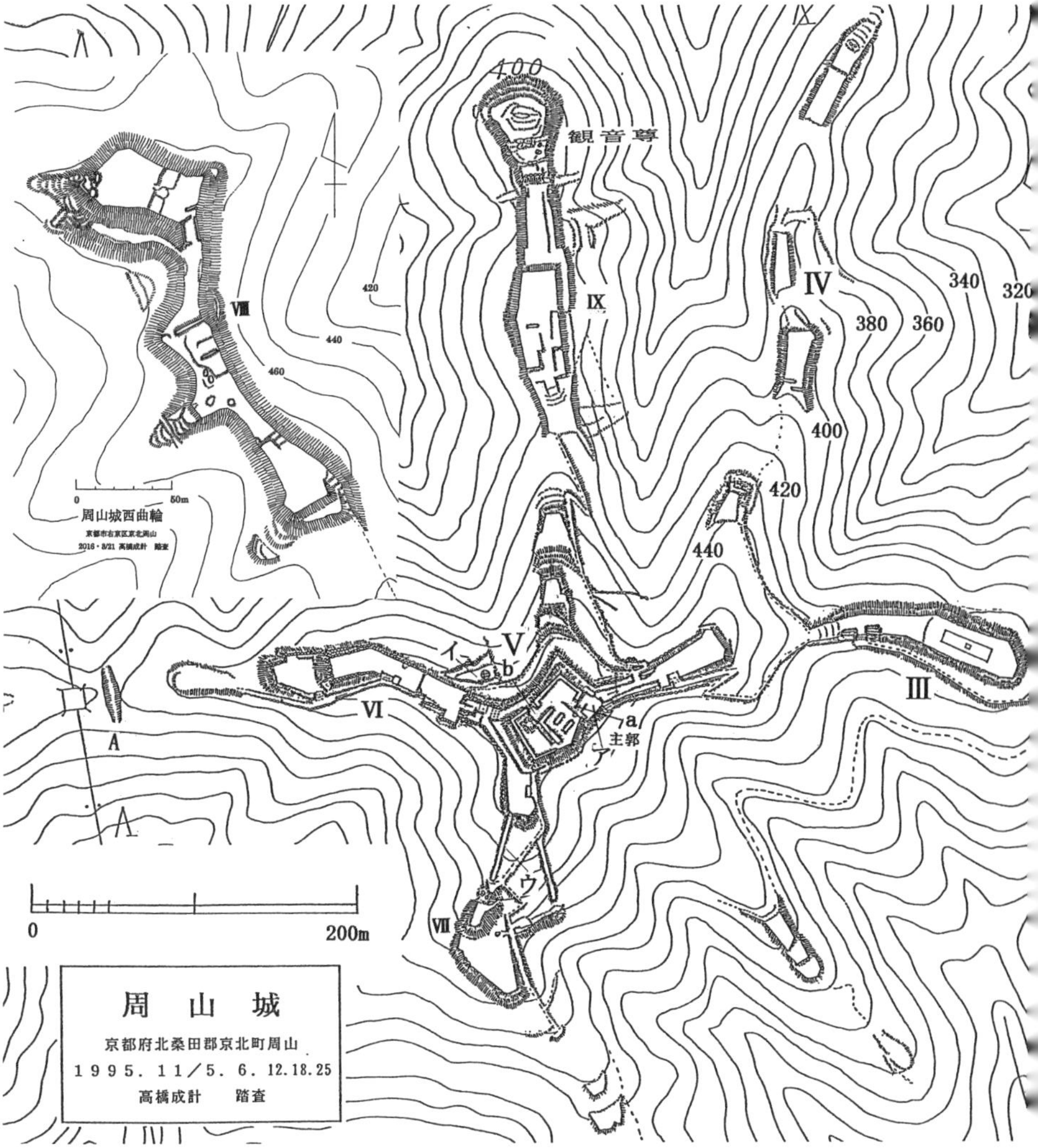

周山城縄張り図

西の曲輪の土塁

北東からの遠景

上：曲輪Ⅴの石垣　下：通路の土塁と虎口

守書状到来、当城堀（掘）井、河原者山、相添此者、急度可罷下之由申来」とある。兼見に出した光秀の書状には、「当城」の井戸を掘るので、河原者を送ってほしいという要望があった。

同九年十二月四日付けの光秀年貢米請取状によると、「宇津領内年貢米之事」として黒田・芹生が宇津領内と表現されており、[*1]「当城」とは、周山城の井戸掘りの可能性がある。同九年頃には宇津城の役割は終了していたと考えられ、宇津城に現在井戸らしきものが見当たらないのも理由の一つである。『津田宗及茶湯日記』同九年八月十四日条に「丹波国周山へ越候、惟任日向守殿被成御出候、十五夜之月見、彼山ニ而終夜遊覧」とあり、[*2]周山城で月見をしているため、これまでに周山城の構築は終了していたと考えられる。なお、加藤光泰の系図に「光秀滅亡のゝち、丹波国周山城をたまひ、一萬七千石を領す」とある。[*3]

【遺構】主郭は四方に延びる尾根の頂点に曲輪が造成され、大手道は東の谷間から北東尾根の曲輪群Ⅰに取り付き、南東の曲輪群Ⅱを経由して東尾根の曲輪群Ⅲを経て、主郭の曲輪群Ⅴの虎口aに到る。虎口aは二折れして入る枡形虎口で、虎口aの前面には虎口前曲輪アがある。

井戸

石段

＊3　新訂『寛政重修諸家譜』第十三（続群書類従完成会、一九六五年）。

主郭部の空間は狭いが、縄張りは方形を志向しており、近世城郭のように規格性を重視したプランである。主郭は南東の一部を除いて低土塁を巡らし、中心部分には穴蔵式の櫓が想定できる土壇が残る。北西には西尾根方面に通じる虎口ｂが開口し、通路を西に行くと、西の曲輪群Ⅵにつながる。曲輪群Ⅵに下る石段はクランク状になり、横矢での攻撃が可能な形式である。石段を下ると右斜面に井戸曲輪イがあり、東側には登り石垣があった可能性があるが、石垣は崩落しているため不明である。谷間には高さ四ｍほどの石垣が設けられている。曲輪群Ⅵは石垣造りで、塁線には折れや張り出しが見られ、主郭の曲輪群Ⅴと連続した防御構造である。堀切Ａを隔てて西の曲輪群Ⅷにつながる。

南の曲輪群Ⅶは、曲輪群Ⅴから通路がつながり、通路の両側を長さ四〇ｍほどの竪土塁ウで防御している。曲輪群Ⅶには南の谷間から上ってくる道があり、搦手口になると考える。主郭となる曲輪群Ⅴを中心として石垣造りであるが、石垣は崩落し、部分的に残っている箇所が多い。後世に破城された可能性もある。曲輪群Ⅴから北方向の尾根にも曲輪群Ⅵ・Ⅸがある。曲輪群Ⅷは周山城の西側を守備するための陣城で、北西の曲輪には食い違い虎口や枡形虎口があり、織豊系の陣城である。

【評価】周山城は明智光秀が築いた最大規模の城郭で、西方に「土の城」を持つ織豊系城郭である。尾根先の各曲輪には石積みが見られ、主郭部分は総石垣造りである。主郭からは各曲輪への通路と虎口が設けられている。主郭部分にはコビキＡの瓦片が散乱しており、主郭の建物は瓦葺きであったと考えられる。また、井戸曲輪があり、明智氏が主体となって構築されたことは間違いないだろう。後の時代の加藤光泰による改修については不明だが、短期間の在城だったと考えられ、光秀の時期の遺構が残っている可能性は高い。

堀切

コビキＡの瓦片

赤井氏の居城を明智氏が改修

87 黒《くろ》井《い》城《じょう》

所在地：兵庫県丹波市春日町黒井
城　主：赤井氏・斎藤氏
遺　構：曲輪・虎口・石垣・堀切
規　模：二〇〇×八〇m
標高／比高：三五六・八m／二六〇m

【選地】ＪＲ福知山線黒井駅の北一kmほどの、標高三五六・八mの「城山」に位置する。

【歴史】光秀は天正七年（一五七九）八月九日に黒井城を落城させると、重臣の斎藤利三を入城させ、城主とした。同八年七月二十三日付けの斎藤利三下知状によると、「白毫寺へ還住之衆僧、当陣人足之儀、令用捨候畢」とある。＊1 なお、それ以前の黒井城については、本書「1　黒井城」の項を参照のこと。また、明智氏滅亡後は堀《ほり》尾《お》吉晴《よしはる》らが城主となった。

【遺構】主郭部の規模は南北二〇〇m、東西八〇mほどで、大きく三つの曲輪に分類できる。北西の曲輪Ⅰの規模は南北五〇m、東西二〇mで、枡形虎口cが南に開口する。虎口cの両側の塁線と虎口前曲輪Ⅳは石垣造りである。その南東に位置する曲輪Ⅱは南北四五m、東西二〇mほどで、虎口bが南に開口する。曲輪ⅠとⅡの間は空堀で区画されている。

石垣　写真提供：増山政昭氏

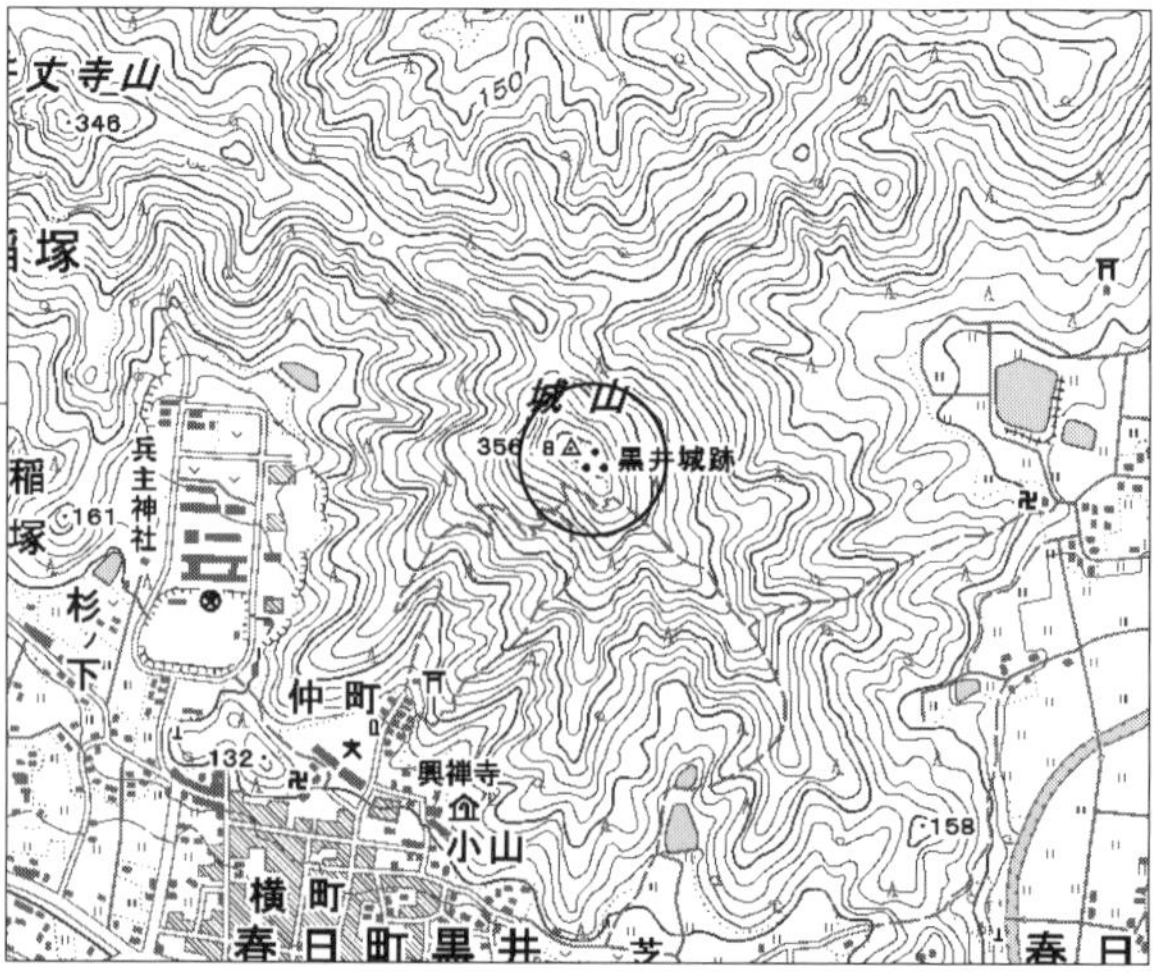

＊1　『史跡　黒井城跡』保存管理計画策定報告書、兵庫県春日町、一九九三年。

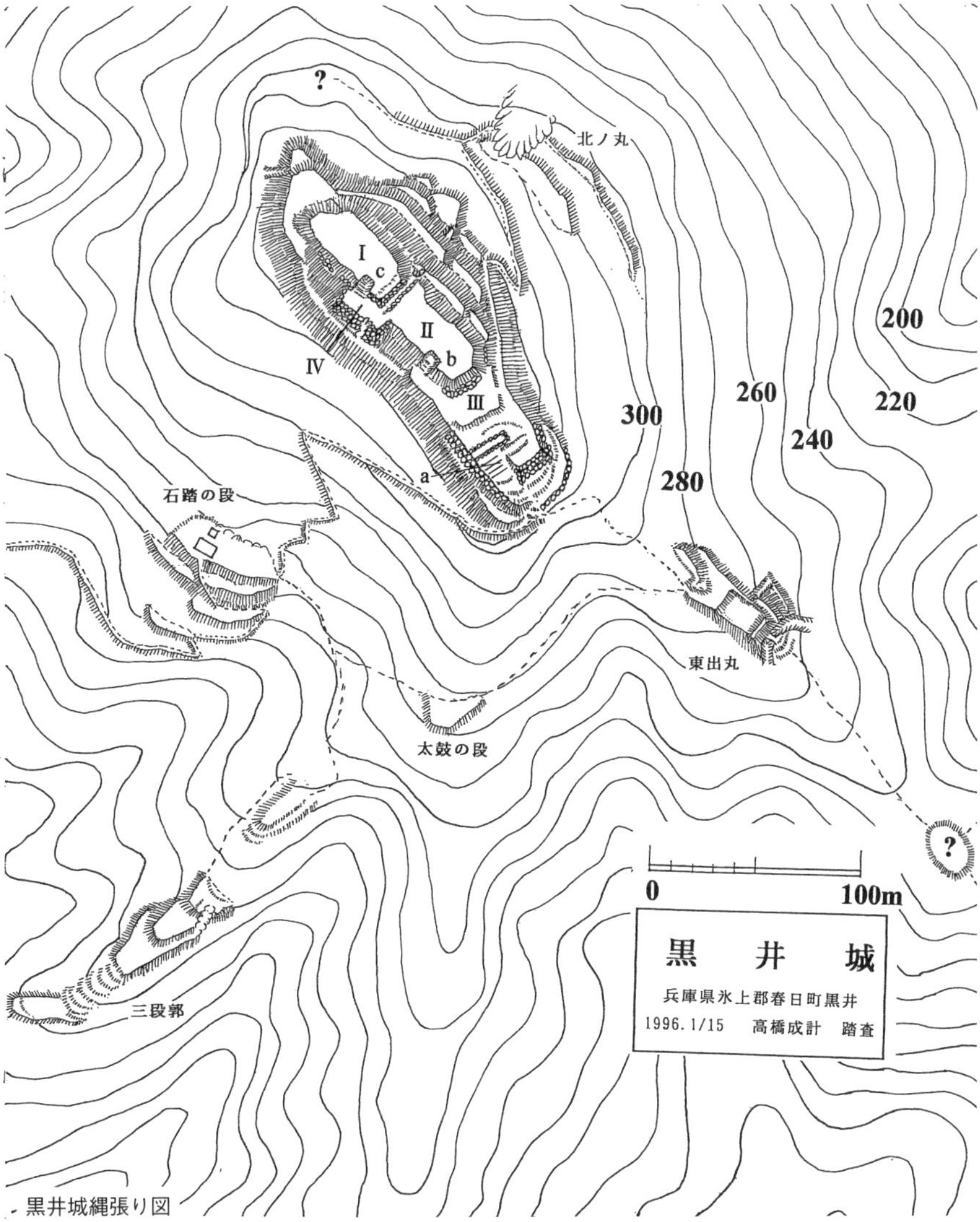

黒井城縄張り図

城跡南西面 写真提供：増山政昭氏

上：東曲輪石垣　写真提供：増山政昭氏
下：曲輪Ⅱの南西側

　福島克彦氏は、黒井城の縄張りを「山頂部の主郭である曲輪ⅠとⅡを中心に配置されているが、両曲輪の間には空堀があり、分離している。しかし、一方で南へ張出した虎口空間によってⅠとⅡを接続させている。この虎口プランは、千田氏編年案Ⅳ期に属し、織豊期の改修時期とほぼ一致する」と評価している。[*2]

　曲輪Ⅱの南に位置する曲輪Ⅲは、南北六〇m、東西三〇mほどの規模で、大手の食い違い虎口aが南に開口し、二折れして入るクランク状であり、虎口aの塁線は高石垣造りである。石垣は南と南西に構築されており、ここは南の城下町から見えるため、「見せる石垣」を意識しているようである。なお、隅角部には算木積みが見られる。

　では、この石垣の構築者は誰だろうか。在城期間は堀尾氏よりも斎藤氏のほうが長く、天正十二年（一五八四）四月にはすでに古城と呼ばれている。[*3] 在城期間から判断すると、斎藤氏による構築が有力である。石垣に使用された石は近場で採集されたようで、周山城や金山城も同様で

散乱する瓦片

虎口c

ある。

平成十一年・十二年に行われた曲輪IとⅡの間の堀切部分の発掘調査では、コビキAの瓦が出土している。なお、現地にも軒平・軒丸瓦の破片が散乱している。

【評価】 標高三五六・八mに位置する岩盤の山頂を加工して曲輪を造成し、南側の虎口周辺に高石垣を構築して「見せる石垣」を意識している。大手虎口aは食い違い虎口を採用し、その他の虎口は枡形虎口となっているなど、織豊系城郭の特徴が見て取れる。明智光秀が赤井氏を滅ぼした後に斎藤利三を入れて城を改修し、城下町を含めた城郭造りを実施したと評価できる。

上・中：発掘調査時の遺構の様子　写真提供：丹波市教育委員会　下：出土したコビキA　丹波市教育委員会蔵

＊2　福島克彦「織豊系城郭論と地域史研究―丹波国を中心に―」（『城館史科学』第三号、城館史料学会、二〇〇五年）。

＊3　（天正十二年）四月五日付け羽柴秀吉書状（『史跡　黒井城跡』保存管理計画策定報告書、兵庫県春日町、一九九三年）に「仍黒井古城へ牢人共取上候処ニ」とある。

城わり命令に逆らった城

88 山《やま》家《が》城《じょう》

所在地：京都府綾部市広瀬町山家
城　主：和久氏
遺　構：曲輪・虎口・堀切・土塁・竪堀
規　模：二三〇×一〇〇m
標高／比高：二三一m／一五〇m

【選地】東西に流れる由良川に、北から上林川が合流する地点から北東へ六〇〇mほど離れた標高二三一mに位置する。城跡からは北に上林川流域、南に由良川流域への展望があり、山岳地帯で耕地面積の乏しい地域である。別名甲《こう》ヶ《が》峰《みね》城ともいわれる。

【歴史】（天正九年）六月二十一日付けの光秀書状[*1]によると、「和久左衛門大夫城破却之儀」とあり、城主は和久氏である。破却を命じられたが寺であると主張して拒否し、成敗された。

【遺構】南北二三〇m、東西一〇〇mほどの中規模の城郭である。曲輪Ⅰは南北六〇m、東西二〇mほどで、二段となっている。南東斜面には長さ六〇mの帯状曲輪Ⅱがある。北東の堀切Aは幅七mほどあり、北東の尾根続きを遮断するが、八〇mほど北にある「寺跡」といわれる曲輪Ⅲに到る。曲輪Ⅰの南西と南には小規模な曲輪群があり、曲輪Ⅰの虎口aの西斜面には二条の竪堀が敷設されている。南西は八の字形の竪堀で遮断されている。

南西からの遠景

＊1　明智光秀書状（『亀岡』八五）。

北にある「寺跡」とされる曲輪Ⅲの規模は南北三五m、東西二〇mほどで、東に土塁があり、寺の敷地というよりは、北の尾根に対する曲輪のようでもある。

【評価】天正年間初期の在地の城郭としてよいサンプルになる。また、光秀の書状からは、寺院と主張しても、新しい領主からは存在を認められず、城わりの対象となった。

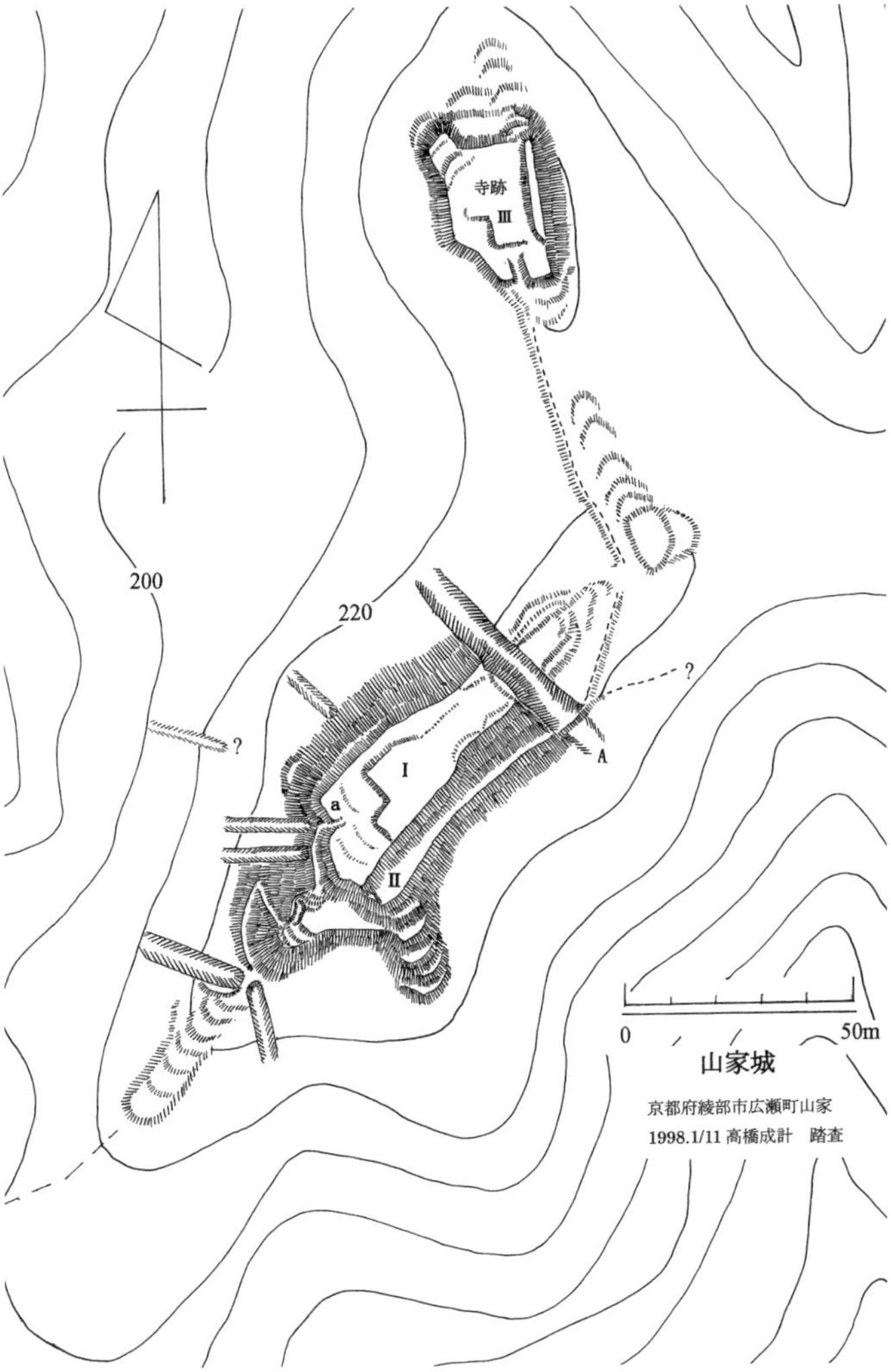

山家城縄張り図

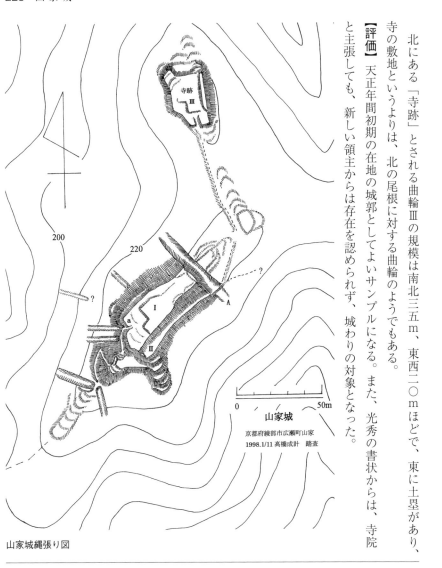

城の中心部分を織豊系に改修

89 須《しゅう》知《ち》城《じょう》

所在地：京都府京丹波町須知
城　主：須知氏
遺　構：曲輪・虎口・堀切・土塁・竪堀
規　模：三〇〇×三〇m
標高／比高：三八四m／一七〇m

【選地】城跡は山陰街道から東へ七〇〇mほど入った市森の山間部南東の標高三八四mに位置する。城下町は北の市森集落にあり、山頂の城跡から北西方向に山陰街道の一部が見える。

【歴史】城主の須知氏に関する史料は乏しいが、いくつか挙げてみよう。まず、天正元年（一五七三）十二月二十八日付けで須知成頼・忠長が発給した文書には、和知（京都府京丹波町）の粟野右兵衛尉と片山甚三郎に対して「任　公方様御下知、信長朱印旨、為守護不入之地、可有全御知行事肝要候」とあり、将軍足利義昭と織田信長に従い、権限を行使している。*1

「赤井伝記」によると、天正四年正月の黒井城攻めに失敗した光秀は「須知まで逃げ延びける」とあり、光秀と須知との関係が示唆されている。*2 また、『丹波志』によると、篠山の八ヶ尾城を構築時、「井尻信濃・須知出羽奉行し築かしむ」と見え、さらに天正十年五月二十日付けで三宅弥平次が須知九大夫の氷上郡攻めを賞した文書があり、*3 この頃には明智光

西からの遠景

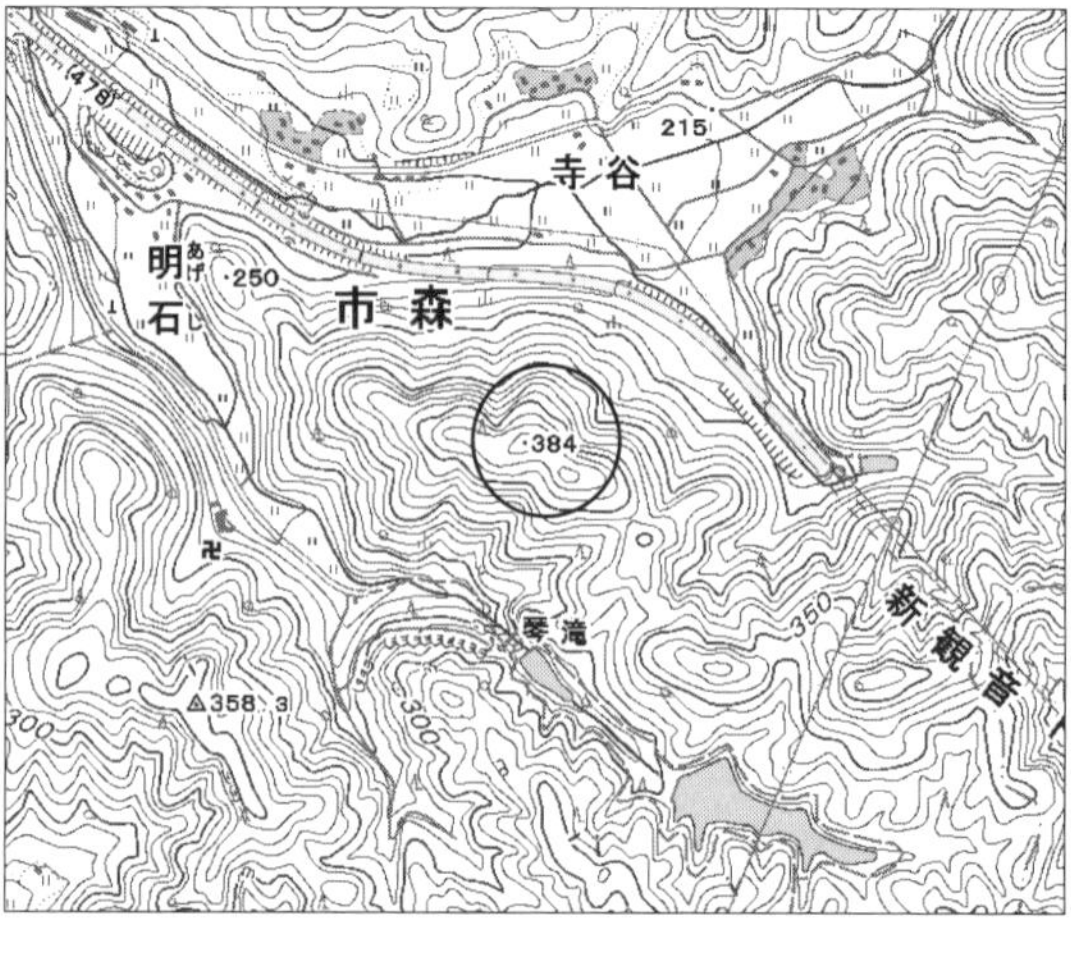

＊1　須知上野介成頼書状（『和知町誌　史料集（一）』六四、京都府和知町誌編さん委員会、一九八七年）、須知左馬允長隆書状（『和知町誌　史料集（一）』八〇）。
＊2　『史跡　黒井城跡』保存管理計画策定報告書（兵庫県春日町、一九九三年）。

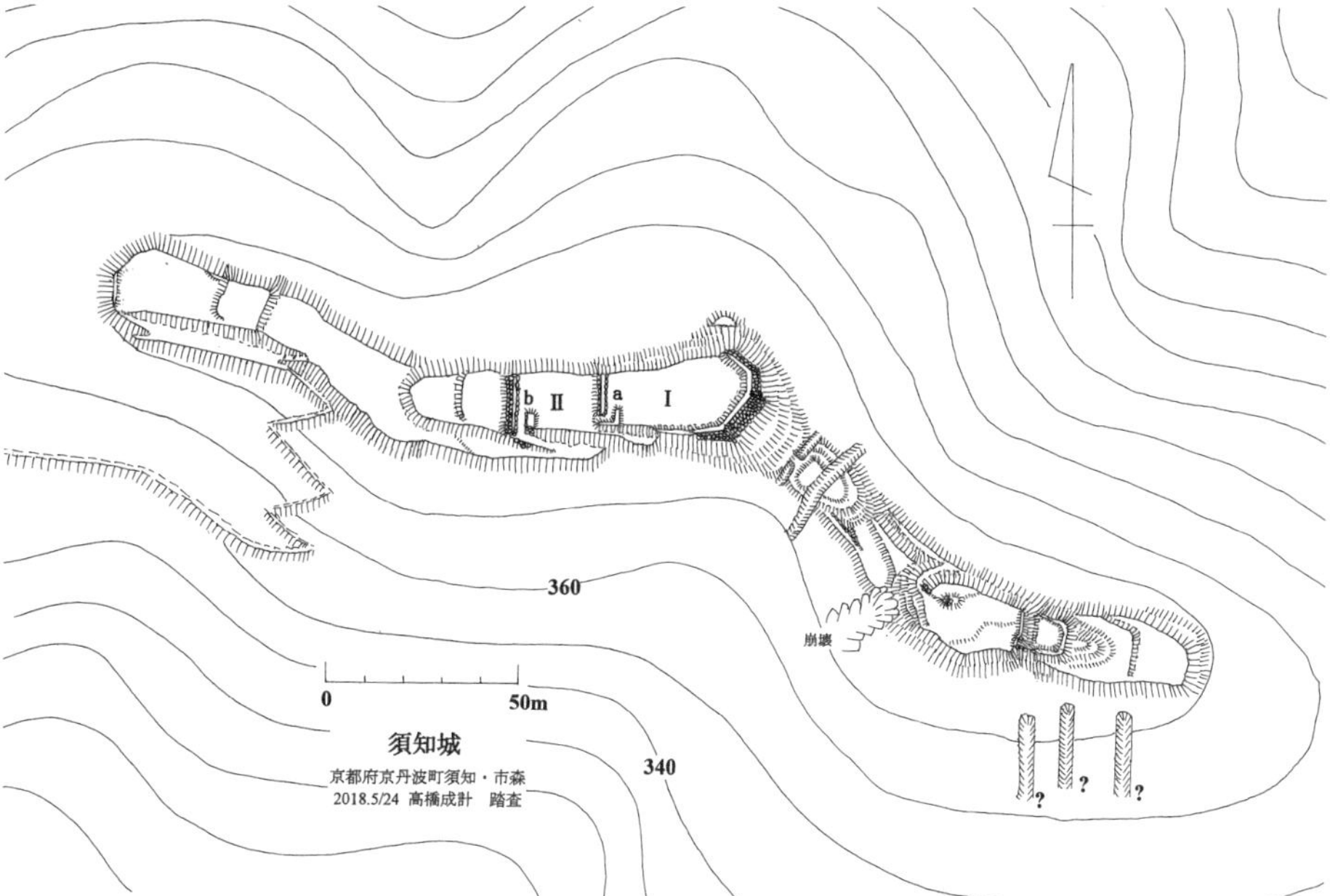

須知城縄張り図

秀の配下として活躍している。

【遺構】全体の規模は東西三〇〇m、南北三〇mほどであるが、織豊系の城郭として改修されたのは西側の東西一八〇m、南北三〇mほどの曲輪群で、東側の高石垣が旧城郭との区切りとなっている。

曲輪Iの東の高石垣上には土塁が

東側の高石垣

虎口A

＊3 福島克彦「織豊系城郭論と地域史研究—丹波国を中心に—」（『城館史科学』第三号、城館史料学会、二〇〇五年）。

あり、西側には枡形虎口aがある。西側の虎口をともなう石積みは、雑な積み方をしている。曲輪Ⅱは長方形をしており、南西隅に平入虎口bがある。西側が石積みで、東側に土塁があり、門の存在が考えられる。これら曲輪Ⅰ・Ⅱが織豊系城郭に改修された空間である。山上の高石垣は「見せる石垣」でなく、尾根を遮断する石垣である。

【評価】戦国期に築かれた須知城中心部分の二つの曲輪を石積みと石垣で固め、枡形虎口を配置して織豊系城郭に改修したものである。須知城の素晴しさは「高石垣」にあり、石垣隅のズレは、石垣の強度を意識したものであろう。城下は北側の「古市」周辺にあったと考えられ、山陰街道から枝道で谷奥に入る戦国期の城下タイプである。

上：虎口b　中：土塁　下：堀切

南東側の石垣のズレ

光秀に従った小畠氏が改修

90　宍《しし》人《うど》館《やかた》

所在地：京都府南丹市園部町宍人
城　主：小畠氏
遺　構：曲輪・虎口・堀切・土塁・竪堀・櫓台・空堀
規　模：二〇〇×一五〇m
標高／比高：一七〇m／三〇m

【選地】本梅《ほんめ》川の左岸、西の胎金寺山《たいこんじやま》（四二三・四m）から北東に延びた丘陵の先端に位置する。南北には本梅川に沿って通じる街道があり、東西に通じる街道は館から北へ三〇〇mほどの距離にある。館から宍人盆地一帯が展望できる。

【歴史】城主の小畠氏は、北野社領丹波国船井荘の代官職を務めるとともに、細川氏の被官として船井荘宍人を本拠として活動していた。明智光秀の丹波侵攻後は、その先鋒として宇津氏・波多野氏攻めで活躍するなど光秀から信頼されており、八上城攻めでは小畠永明が戦死している。＊1

【遺構】曲輪は、曲輪群Ⅰの館と西の曲輪群Ⅱの副郭、北東の丘陵先端にある曲輪群Ⅲの山城タイプの三つに分類できる。曲輪群ⅠとⅡを調査したところ、曲輪群Ⅰの縄張りが変化していることに気がつき、曲輪の土塁と空堀の間に犬走りがあることに疑問を感じた。また、曲輪内の堀幅が一定しない空堀であることも気になった。

　これらの疑問を解決するため、地元での聞き込みを実施した。曲輪群Ⅰの空堀の幅は往時には一〇mほどあったが、第

南からの遠景

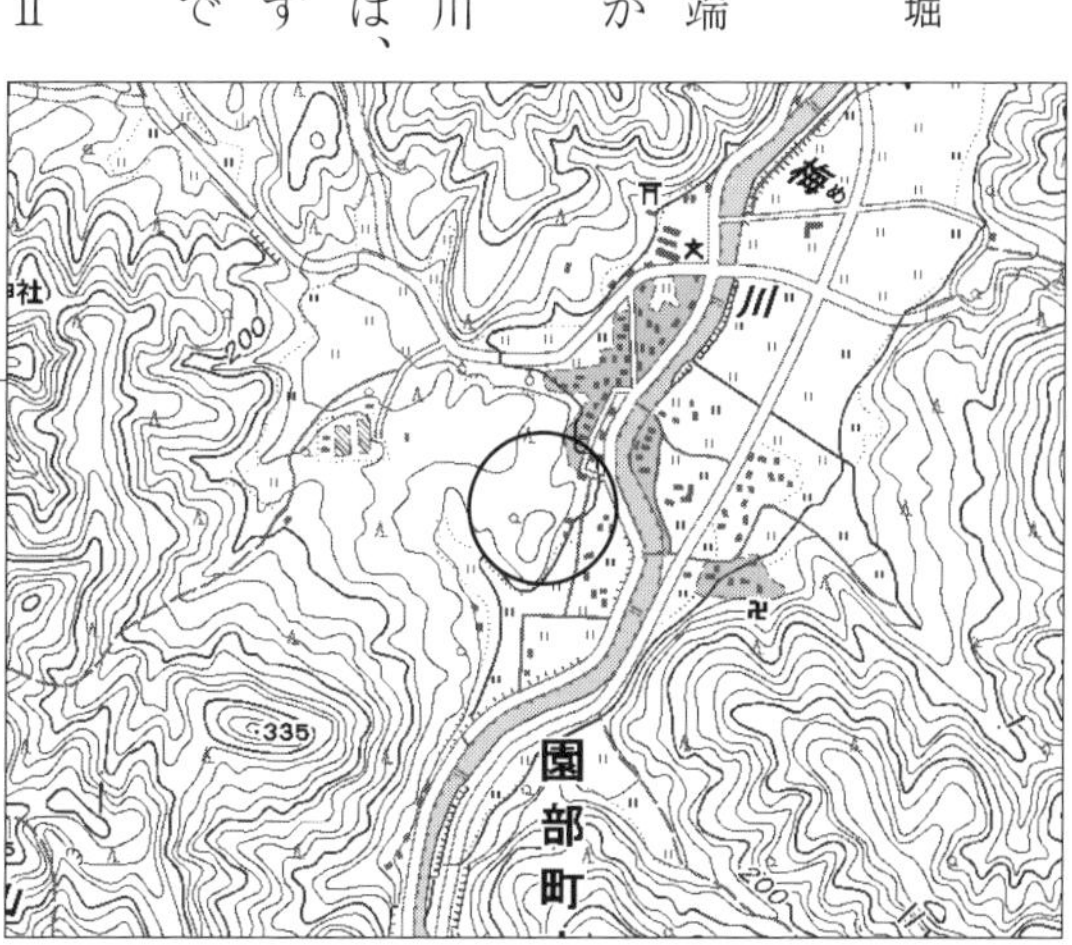

＊1　『摩気神社蔵小畠文書調査報告書』（京都府南丹市教育委員会社会教育課、二〇一〇年）。

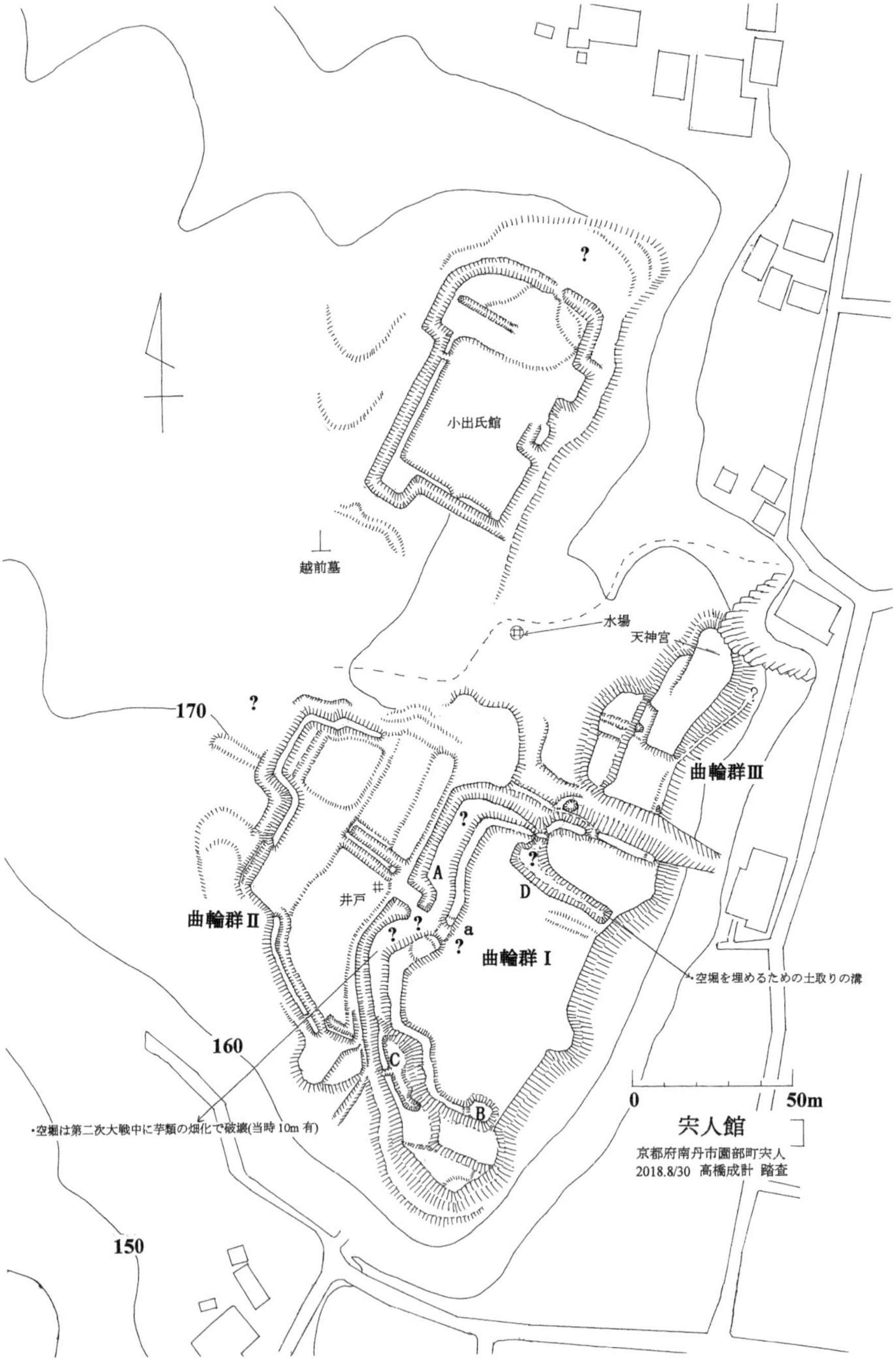
小出氏館
越前墓
水場
天神宮
170
160
150
曲輪群Ⅰ
曲輪群Ⅱ
曲輪群Ⅲ
井戸
A
B
C
D
a
・空堀を埋めるための土取りの溝
・空堀は第二次大戦中に芋類の畑化で破壊(当時 10m 有)
0
50m
宍人館
京都府南丹市園部町宍人
2018.8/30 高橋成計 踏査

宍人館縄張り図

堀切

二次世界大戦中に芋類栽培のための畑の造成により、曲輪内の空堀状Dから土を取り、レールを敷いてトロッコを利用し、空堀に土を入れて埋めたために幅が狭くなってしまったという。[*2]なお、工事は敗戦で中止となり、現在の遺構の状態が残ったとのことだ。また、曲輪内の空堀は、北にある堀切を付け変えて、東山麓にある家を水害から守る計画でもあったという。

館は台地の北と西を幅一〇mほどの空堀Aで遮断する。西側に虎口aが開口し、空堀Aに架かる土橋には三mの折れを設け、西の曲輪群Ⅱにつながる。土塁の高さは不明だが、現在、折れや張り出しが見られ、南には櫓台Bがある。西にある窪地Cは、塹壕か池かは不明である。西の曲輪群Ⅱは土塁のある部分とない部分があり、過去に耕作地化したことで変化した可能性も考えられる。北東の堀切を隔てた曲輪群Ⅲは、中世の山城の名残であろうか。

館の規模は南北一〇〇m、東西四五mほどあり、広い面積を有する館である。石垣や瓦片の出土はないが、虎口と土橋の折れに織豊系に関係した何かがあるのではなかろうか。埋められた部分の発掘調査を待ちたい。

【評価】小畠氏に対する光秀の信頼度の高さが史料から確認できるが、館の縄張りからは櫓台や土塁の折れや張り出し等が織豊系城郭を感じさせる程度である。また、石垣や瓦の使用は確認できない。

＊2　宍人の小林本一氏のご教授である。

埋められた土橋横の空堀

虎口と櫓台部分を改修

91 笑《わろ》路《うじ》城《じょう》

所在地：京都府亀岡市西別院町笑路
城　主：中沢氏
遺　構：曲輪・虎口・堀切・土塁
規　模：二四〇×九〇m
標高／比高：四一〇m／一一〇m

【選地】亀岡市の南西、摂丹《せったん》街道が法貴《ほうき》峠を越えて一・五kmほどの標高四一〇mに位置する。摂丹街道は西と東を通過しており、東の街道は東別院を通って現在の大阪府茨木市に通じ、西の街道は豊能町を通り、池田市に通じる交通の要衝である。

【歴史】城主の中沢氏は、丹波国大山荘の地頭であった中沢氏の分家であるといわれるが、不明な点が多い。天正五年（一五七七）のものと思われる正月晦日付けで中沢又五郎に宛てた光秀の書状[*1]には、「亀山惣堀普請申付候」とある。また、年未詳だが七月四日付けで中沢又五郎に宛てた光秀の書状[*2]では、材木を河原尻村から保津《ほづ》川端まで移送するように要請している。

西からの遠景

【遺構】曲輪Ⅰが主郭と考えられ、曲輪Ⅱとの間を一文字石塁で仕切っている。石塁上には柵か土塀が建設されていたと考えられる。南西の枡形虎口aには石垣が見られ、曲輪ⅠとⅡの間の南端には櫓台Aが設けられている。織豊系城郭として、曲輪ⅠとⅡの部分を改修したものと考える。

【評価】戦国期の縄張りをもった城域のうち、曲輪ⅠとⅡの

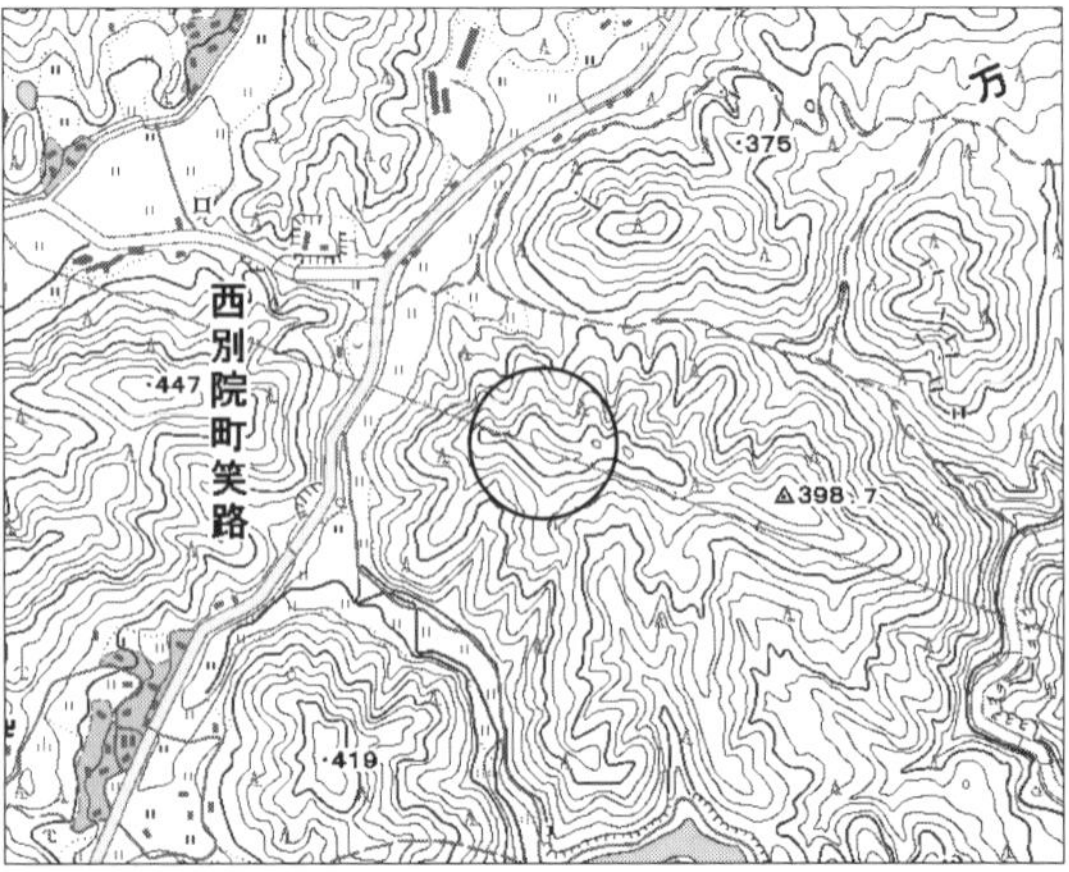

＊1　明智光秀書状（『亀岡』三一）。
＊2　明智光秀書状（『亀岡』一〇九）。
＊3　『丹波笑路城発掘調査報告書』（亀岡市教育委員会、一九七八年）。

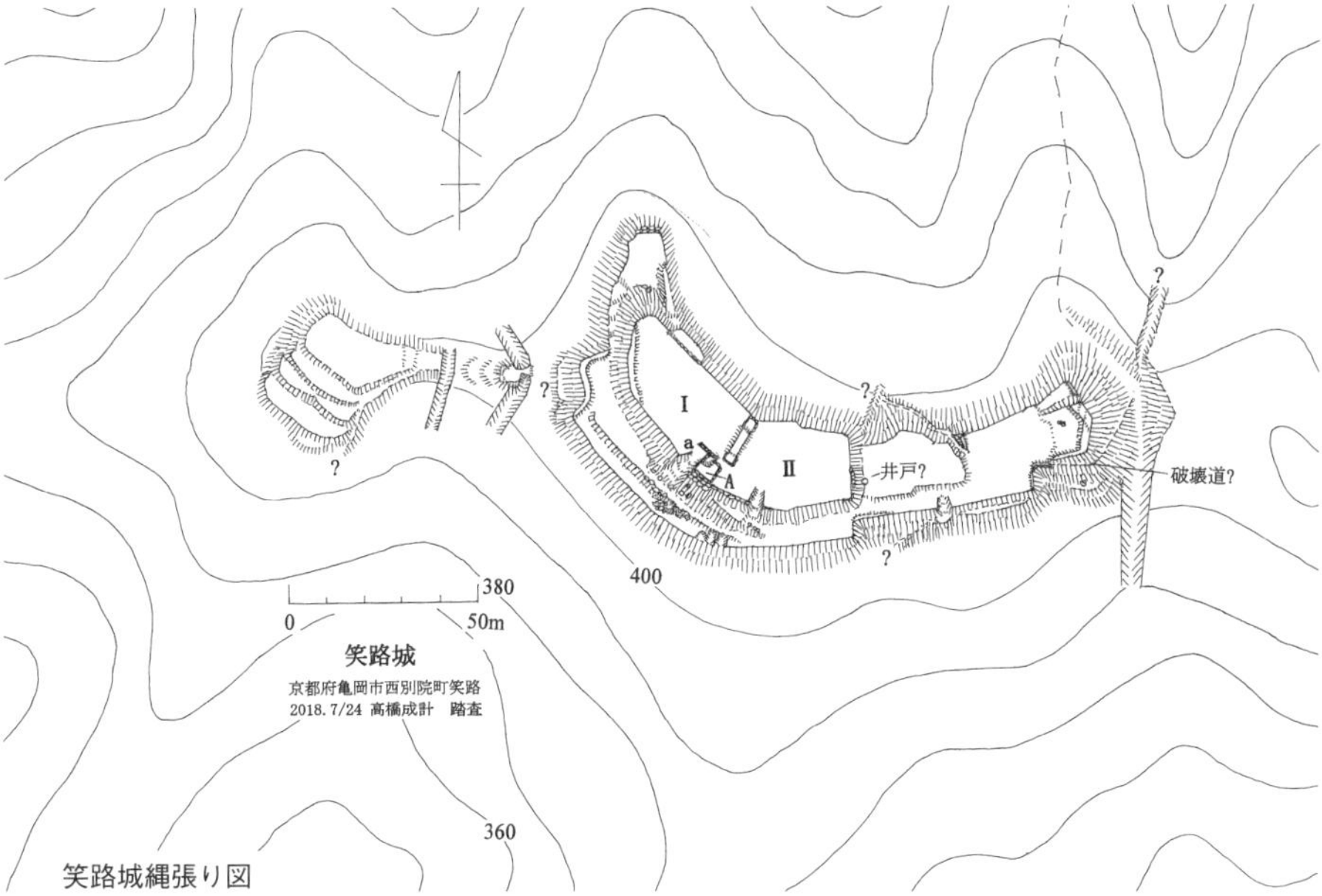

笑路城縄張り図

部分を織豊系城郭に改修したもので、石垣・石塁・枡形虎口等が見られる。横河ふみ家文書によると、「桑田郡笑地村松尾之砦（笑路城）者長沢因幡守ノ古居也、今光秀氏族之レヲ守ル」とあり、*3 亀山城の支城として、明智氏一族が入城していたという。

虎口

堀切

石積み

小規模城郭の織豊系化

92　埴《は》生《ぶ》城《じょう》

所在地：京都府南丹市園部町埴生
城　主：野々口氏
遺　構：曲輪・虎口・堀切・櫓台・石垣
規　模：八〇×三五m
標高／比高：二八〇m／一一〇m

【選地】東西を山陰街道が通過し、北方向には本梅川に沿って園部町に到る街道が分岐する。その分岐点の南にある標高二八〇mの尾根先に城跡は位置する。南方の標高五九二mには雨乞山《あまごいやま》城が、北の山麓には野々口《ののぐち》氏の居館跡がある。

【歴史】城主は野々口西蔵坊といわれ、楽音寺（京都府亀岡市）の薬師如来坐像の像底名に「右施主者野口西蔵坊豪淵　干時元亀四年癸酉年六月大吉祥天」とある。[*1]

北からの遠景（手前の小山）

また、年未詳七月四日付けの明智光秀書状の宛名は西蔵坊である。[*2] さらに、年未詳九月二日付けの村井《むらい》貞勝《さだかつ》書状によると、京都加茂川の四条橋を再興させたとき、「西蔵坊之山ニ橋柱在之事候」とあり、[*3] 西蔵坊が支配している山林から材木を調達している。天正六年（一五七八）のものと思われる十一月十五日付けの光秀書状には「西蔵坊可有演説候」とあり、[*4] 光秀の「使僧」として、前線の兵士との連絡係を務めている。光秀の滅亡後、西蔵坊は羽柴秀吉に従ったという。

【遺構】城の規模は南北八〇m、東西三五mほどで、北から南へ延びた尾根先を幅一五mほどの堀切Aで遮断し、高さ六

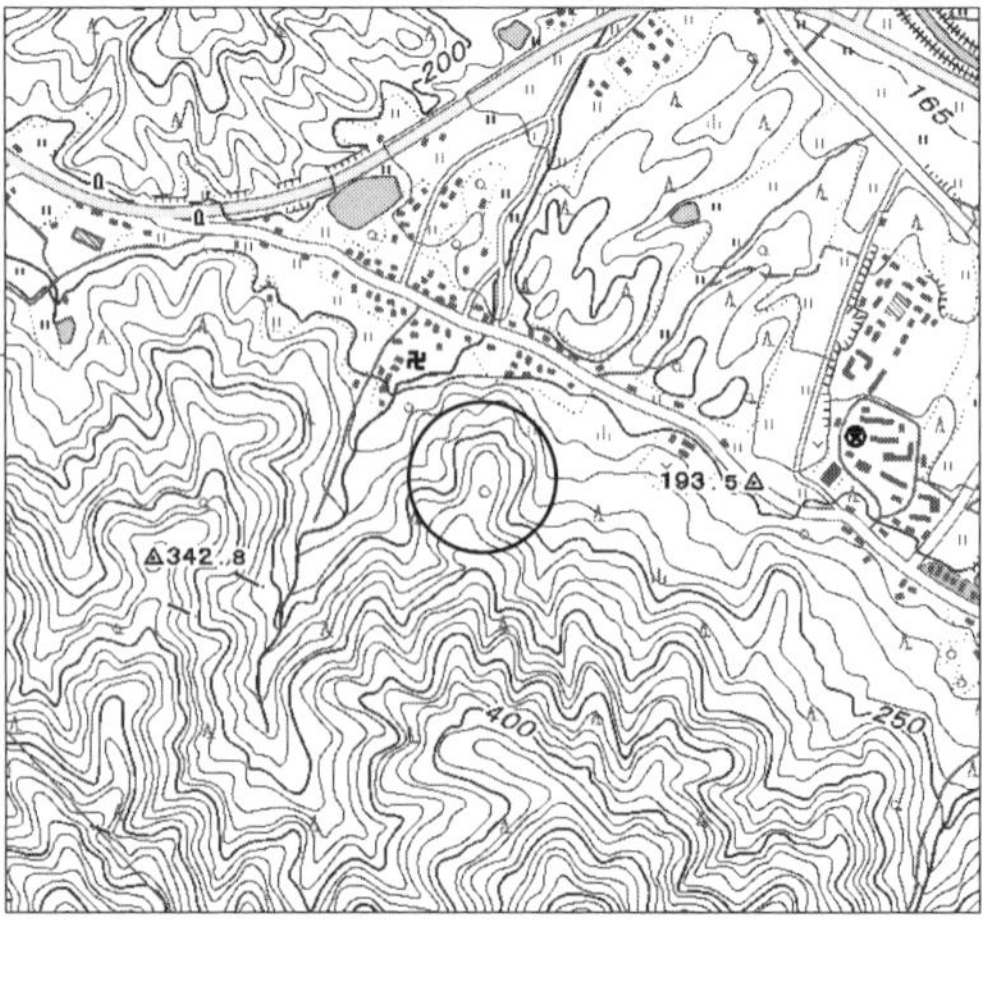

*1　福島克彦「明智光秀と丹波の土豪—野々口西蔵坊について—」（『丹波』第二号、丹波史談会、二〇〇〇年）。
*2　明智光秀書状（『亀岡』一〇九）。
*3　福島克彦「明智光秀と丹波の土豪—野々口西蔵坊について—」（『丹波』第二号、丹波史談会、二〇〇〇年）。

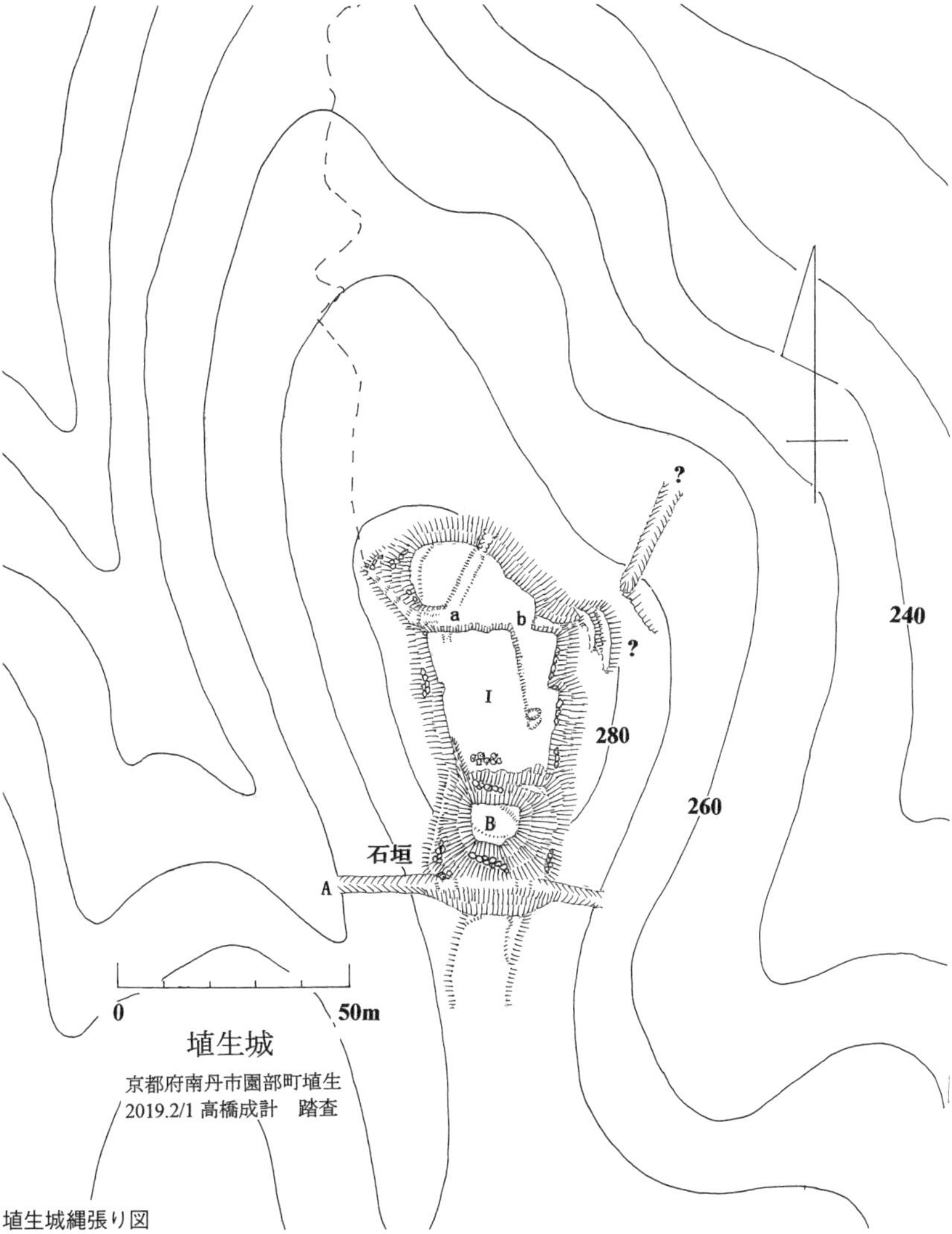

埴生城縄張り図

堀切A

＊4　明智光秀書状（『亀岡』四七）。

mほどの櫓台Bを設けている。この櫓台Bには部分的に石積みが見られるため、堅固な石垣造りであったと考える。曲輪内の櫓台Bの下には、石垣の石が散乱している。曲輪の北西には間口二間ほどの平入り虎口aが開口している。

曲輪内に入ると、一〇mほど東に進んで一折れして曲輪中心部に到る。虎口aの北側の塁線部分に傾斜があるため、石垣部分を破壊したものである。また、東側の塁線には折れがあり、北寄りには搦手口の虎口bがある。山麓に下る道は不明だが、尾根筋を下る可能性がある。

【評価】単郭の小規模城郭であるが、大規模な堀切と石垣造りの櫓台があり、虎口は二間以上の間口があり、虎口の左右には石垣が設けられている。平入虎口であるが、織豊系城郭を意識しており、石垣・虎口・櫓が充実した縄張りとなっている。

上：櫓台B　中：櫓台Bの石積み　下：虎口a

石積み

虎口下の石積み

明智光秀の城郭と合戦関連略年表

年号	西暦	月日	事項	史料名
永禄七年	一五六四	九月十五日	美濃常在寺の寺領を安堵し、境内における殺生等を禁ずる。	常在寺文書
永禄十二年	一五六九	二月二十九日	京都町人中に対し、足利義昭・織田信長の御座所近辺の寄宿の禁止と、その取り締まりを命じる。	陽明文庫所蔵文書
永禄十二年	一五六九	四月十四日	春日社領山城加茂荘に対して、年貢納入と軍役人夫の供出を命じる。	澤文書
永禄十二年	一五六九	四月十六日	信長が禁裏御料所山国荘における宇津長成の押領の停止を立入宗継に伝える。	立入文書
永禄十二年	一五六九	四月十八日	宇津長成に対し、禁裏御料所山国荘押領禁止を命じる。	立入文書
元亀元年	一五七〇	四月二十日	朝倉氏討伐のため参陣する。	信長公記
元亀元年	一五七〇	四月末日	朝倉氏討伐に出陣しなかった若狭西部の武藤友益を攻め、城郭を破壊させ、人質をとる。	信長公記
元亀元年	一五七〇	九月二十四日	京都将軍山城に在城し、比叡山の浅井・朝倉軍を牽制する。	兼見卿記
元亀二年	一五七一	九月二日	宇佐山城に入り、比叡山攻撃の準備をする。	和田家文書
元亀二年	一五七一	十二月	この頃、義昭のもとを離れて信長の家臣となる。	ＭＯＡ美術館所蔵文書
元亀三年	一五七二	正月	この頃、坂本城の築城が始められる。	兼見卿記
元亀四年	一五七三	二月二十日	今堅田城の磯谷久次を攻撃する。	兼見卿記
元亀四年	一五七三	五月二十四日	今堅田城合戦で戦死した家臣の霊供のため、坂本西教寺に寄進する。	西教寺文書
天正元年	一五七三	十月	京都静原城に籠城していた山本対馬守を自害させる。	信長公記
天正三年	一五七五	六月	信長、丹波の小畠氏・川勝氏に、内藤氏と宇津氏の攻略のため光秀を派遣するので協力を求める。	小畠文書等
天正三年	一五七五	七月三日	惟任の姓と日向守の官途を与えられる。	信長公記

天正三年	一五七五	七月二十六日	命令に従わない宇津長成を攻略するため、桐野河内に着陣する旨を小畠氏に伝える。	小畠文書
天正三年	一五七五	八月二十一日	丹波の馬路・余部城を守備する小畠氏に対し、傷の心配と養生に専念するように念押しする。	小畠文書
天正三年	一五七五	十月	黒井城を包囲し、十二・三ヵ所に陣城を構築する。	吉川家文書
天正三年	一五七五	十二月二日	丹波国の百姓たちに徳政令を発布する。	森守氏所蔵文書
天正四年	一五七六	正月十五日	波多野秀治の裏切りにより、黒井城から退却する。	兼見卿記
天正四年	一五七六	二月二十日	黒井城侵攻に協力した曾根村惣中に、諸役・万事公事の納入を免除する。	思文閣墨蹟資料目録六〇
天正五年	一五七七	正月晦日	亀山城の普請が開始される。	小畠文書
天正五年	一五七七	二月二十二日	紀州雑賀攻めに出陣する。	信長公記
天正五年	一五七七	十月十日	松永久秀が拠る信貴山城を落城させる。	信長公記
天正五年	一五七七	十月二十九日	丹波国多紀郡の籾井城と郡内十一ヵ城を落城させる。	兼見卿記・熊本三宅文書
天正五年	一五七七	十一月三日	三木城主別所長治が波多野氏に援軍を派遣し、多紀郡小野原・不来坂・高仙寺で戦う。	横河ふみ家文書
天正六年	一五七八	三月十日	黒井城主荻野直正が病死する。	兼見卿記
天正六年	一五七八	四月十日	多紀郡の荒木城を落城させる。	信長公記
天正六年	一五七八	六月二十六日	播州上月城救援のため出陣した荒木村重と羽柴秀吉の撤退を助けるため、三日月山に布陣する。	信長公記
天正六年	一五七八	九月十八日	八上城の背後の山へ上り、十日間ほど逗留する。	坂本箕山『明智光秀』より
天正六年	一五七八	九月朔日	八上城包囲の陣城を堅固に守備するように指示し、三田城の荒木重堅軍が八上城救援に来るのを心配する。	小畠文書
天正六年	一五七八	十一月十四日	八上城を包囲する明智軍に、波多野軍が攻撃を加える。	上越市所蔵文書

天正六年	一五七八	十一月十九日	小畠氏が金山城と三尾山城を視察したことを賞し、普請道具の用意を命じる。	小畠文書
天正六年	一五七八	十二月二十日	八上城と三木城間のつなぎの城の構築を名言する。	中島寛一郎氏所蔵文書
天正六年	一五七八	十二月二十二日	三田城に対する陣城四ヵ所の構築を述べる。	御霊神社文書
天正七年	一五七九	正月末日	波多野方の「籠山」への攻撃で、明智方の小畠永明が討ち死にする。	泉正寺文書
天正七年	一五七九	二月二十八日	光秀、関内蔵助に対し、八上城の周囲に隙間なく陣城を巡らし、通路を止めており、近々落城すると述べる。	楠匡央家文書
天正七年	一五七九	四月四日	八上城籠城衆が命乞いをして、退城を願う者が多く、四、五百人の餓死者が発生する。	下条文書
天正七年	一五七九	五月六日	小畠氏等に、八上城落城時の攻撃心得を指示する。	小畠文書
天正七年	一五七九	六月一日	八上城が落城する。	兼見卿記
天正七年	一五七九	七月十九日	宇津氏を攻め、数多の兵を討ち捕るも、一部が若狭方面へと逃亡。	信長公記
天正七年	一五七九	七月十九日	鬼ヶ城に陣城を構える。	信長公記
天正七年	一五七九	八月九日	黒井城が落城する。	信長公記
天正七年	一五七九	八月末日	光秀、高見城の落城が真近と述べる。	愛宕神社文書
天正七年	一五七九	九月二十二日	三尾山城が落城する。丹波平定完了。	東海大学付属中央図書館所蔵文書
天正七年	一五七九	十月二十四日	丹波攻略完了を信長に報告する。	信長公記
天正八年	一五八〇	七月	宮田市場の市日を定め、公正な取引を命じる。	丹波志
天正八年	一五八〇	九月九日	井尻氏に対し、船井郡の土地を給与する。	世界の古書展目録
天正八年	一五八〇	九月二十六日	大和国の寺社・本所・国人に対し、検地指出を命じる。	仲覚三氏所蔵文書
天正九年	一五八一	四月七日	周山城の井戸を掘るため、職人の派遣を吉田兼見に依頼する。	兼見卿記
天正九年	一五八一	四月十八日	亀山城築城に動員した百姓たちに、飯米の支給を命じる。	片山丁宣家文書
天正九年	一五八一	五月十七日	和知の侍たちが、知行高や在地人数を報告する（丹波の検地指出）。	御霊神社文書

天正九年	一五八一	六月二日・十二月四日	家中軍法や法度を制定する。	尊経閣文庫所蔵文書・萬代家文書
天正九年	一五八一	六月二十一日	和久氏が城の破却に逆らったため、成敗する。	御霊神社文書
天正九年	一五八一	九月二十七日	大和国の城わりを実施する。	称念寺文書
天正十年	一五八二	六月二日	京都本能寺で信長を討ち取る（本能寺の変）。	兼見卿記
天正十年	一五八二	六月十三日	羽柴秀吉との山崎合戦に敗れ、山科で討ち死する。	兼見卿記

【主要参考文献】

『摂陽群談』(『大日本地誌大系』第九冊、大日本地誌大系刊行会、一九一六年)。

『多聞院日記』第四巻(三教書院、一九三五年)。

『津田宗及茶湯日記』下(松田米太郎評注、津田宗及茶湯日記刊行後援会、一九三七年)。

『柏原町志』(兵庫県氷上郡柏原町、一九五五年)。

高柳光寿『明智光秀』(吉川弘文館、一九五八年)。

野田只夫『丹波国山国荘史料』(史籍刊行会、一九五八年)。

『新訂 寛政重修諸家譜』第十三(続群書類従完成会、一九六五年)。

『信長公記』(奥野高広・岩沢愿彦註、角川書店、一九六九年)。

『兼見卿記』第一(続群書類従完成会、一九七一年)。

『丹波志』上、永戸貞著(杉本清一、一九七三年)。

『青垣町誌』(兵庫県氷上郡青垣町、一九七五年)。

『丹波笑路城発掘調査報告書』(亀岡市教育委員会、一九七八年)。

『福知山市史』史料編一(福知山市史編さん委員会、一九七八年)。

「滋賀文化財だより」No.三三(財団法人滋賀県文化財保護協会、一九七九年)。

『日本城郭大系』第十一巻、京都・滋賀・福井(新人物往来社、一九八〇年)。

『兵庫県史』史料編、中世Ⅱ(兵庫県、一九八七年)。

『和知町誌　史料集(一)』(京都府和知町誌編さん委員会、一九八七年)。

『黒井城と春日局』(兵庫県春日町歴史民俗資料館、一九八九年)。

中野卓郎「中世の土豪、波々伯部氏とその菩提寺」(『歴史と神戸』一六二号、神戸史学会、一九九〇年)。

福島克彦「織田政権期の城館構成―丹波を例として―」(石井進・萩原三雄編『中世の城と考古学』新人物往来社、一九九一年)。

『北摂ニュータウン内遺跡調査報告書』Ⅲ(兵庫県教育委員会埋蔵文化財調査事務所、一九九三年)。

二木謙一編『明智光秀のすべて』(新人物往来社、一九九四年)。

『戦国の五十人』(大阪城天守閣特別事業委員会、一九九四年)。

福島克彦「織豊期における城郭・城下町の地域的展開―丹波国を中心に―」(『ヒストリア』一四二、大阪歴史学会、一九九四年)。

『史跡 岩尾城跡 調査報告書』(兵庫県氷上郡山南町、一九九八年)。

『新修亀岡市史』資料編、第一巻、(亀岡市史編さん委員会、二〇〇〇年)。

『戦国・織豊期城郭論―丹波国八上城遺跡群に関する総合研究―』(八上城研究会、二〇〇〇年)。

福島克彦「明智光秀と丹波の土豪―野々口西蔵坊について―」(『丹波』第二号、丹波史談会、二〇〇〇年)。

『三田市史』第三巻（兵庫県三田市、二〇〇〇年）

『新修亀岡市史』資料編、第二巻、（亀岡市史編さん委員会、二〇〇二年）。

『氷上郡埋蔵文化財調査概要報告書』（四）（兵庫県氷上郡教育委員会、二〇〇二年）。

『八上城・法光寺城跡調査報告書』篠山市文化財資料第六集（丹波篠山市教育委員会、二〇〇三年）。

『上月合戦―織田と毛利の争奪戦―』（兵庫県上月町、二〇〇五年）。

福島克彦「織豊系城郭論と地域史研究―丹波国を中心に―」（『城館史科学』第三号、城館史料学会、二〇〇五年）。

奥野高広『増訂　織田信長文書の研究』（吉川弘文館、二〇〇七年）。

『平成一七年度埋蔵文化財調査年報』（兵庫県佐用町教育委員会、二〇〇七年）。

『新編　福知山城の歴史』（福知山市郷土資料館、二〇〇九年）。

高橋成計「丹波黒井城攻略期の陣城考察―織田氏の丹波攻略期から―」（『中世城郭研究』二三、中世城郭研究会、二〇〇九年）。

『摩気神社蔵小畠文書調査報告書』（京都府南丹市教育委員会社会教育課、二〇一〇年）。

『光秀・亀山城・城下町』第二六回特別展図録（亀岡市文化資料館、二〇一〇年）。

榎原雅治・末柄豊・村井祐樹編『丹波大谷村佐々木文書』（東京大学史料編纂所、二〇一四年）

藤田達生・福島克彦編『明智光秀』（八木書店、二〇一五年）。

『籾井家系譜』（丹波篠山市中央図書館所蔵）。

あとがき

二〇二〇年のＮＨＫ大河ドラマは明智光秀を主人公として放映される。これにより、光秀に対する関心がいっそう高くなるだろう。そこで今回、光秀の生涯を辿るとともに、これまであまり取り上げられることのなかった光秀に関する城郭研究を紹介し、あわせて光秀が最も力を入れた丹波平定戦を中心とした合戦で戦地となった城郭や、それを補助する陣城、支配拠点となった城郭の特徴を考察してみた。

明智氏が築いた陣城の縄張りは、織田氏の配下だったこともあり織豊系城郭の特徴を有する縄張りであろうと考えるが、実際は、削平地のみだったり自然地形が混合しているような曲輪が多く、虎口のある陣城は少ない。そのため、陣城の縄張りだけでなく、攻城時の周辺の地形環境を読むことも重要である。陣城の縄張りが織豊系城郭ではなく在地の縄張りであるのは、丹波攻略を進めるなかで、在地の土豪や国人たちを自身の配下として直接支配したことにある。たとえば、小畠氏等を丹波攻略の重要な家臣として重用している。

なお、本編で確認したように、黒井城と八上城の勢力を分断するために築かれた陣城に織豊系城郭の縄張りがみられるのは、前線に在地の国人たちを配置し、間に位置する重要な城郭は織田家の家臣が守備したためと考えられる。

また、明智氏が丹波に入ったことで在地の城郭に及ぼした縄張りは、石垣と虎口である。須知城（京都府京丹波町）のように高石垣を築き、枡形虎口を導入している城もある。埴生城（同南丹市）は平入虎口であるが、石垣を使用した虎口で間口が広く、曲輪の各所に石垣の痕跡が残る。本能寺の変勃発により、光秀の丹波支配は長くは続かなかったが、このように丹波の城郭にも影響を及ぼしたのである。

さて、本書は『明智光秀の城郭と合戦』というタイトルであるが、合戦の大元の指導者は織田信長で、信長の指示や命令通りに活動したのが明智光秀である。そのため、どの城を明智軍の誰が守備したかを決定することは不可能である。しかし、織田軍の一員としての光秀の活動を探り、そのなかでどのような縄張りがなされたのかを考察すれば、抽象的ではあるが、光秀の活動した地域の状態が把握できると考えた。そこで本書では、伝承や二次史料も活用し、一歩踏み込んで城郭と合戦について調査し、執筆した。これにより、新しい明智光秀像が見えてくれば、著者として望外の喜びである。

二〇一九年六月

高橋成計

【著者略歴】

高橋成計（たかはし・しげかず）

1952年（昭和27）、徳島県三好市に生まれる。2011～2013年（平成23～25）、京都府の中世城館跡調査の調査員として調査する。近畿・中国・東海を中心に中世城館を調査中。現在、城郭談話会会員。著書に、『織豊系陣城事典』（戎光祥出版、2018年）、『今田町の中世城館』（兵庫県今田町教育委員会、1997年）。他に『戦国・織豊期城郭論』（和泉書院、2000年）、『舞鶴の山城』（舞鶴山城研究会、2009年）等の共著がある。

図説 日本の城郭シリーズ⑬

明智《あけち》光秀《みつひで》の城郭《じょうかく》と合戦《かっせん》

2019年8月8日　初版初刷発行
2020年2月1日　初版2刷発行

著　者　高橋成計
発行者　伊藤光祥
発行所　戎光祥出版株式会社
〒102-0083 東京都千代田区麹町1-7 相互半蔵門ビル8F
TEL:03-5275-3361(代表)　FAX:03-5275-3365
https://www.ebisukosyo.co.jp

編集協力　株式会社イズシエ・コーポレーション
印刷・製本　モリモト印刷株式会社
装　丁　山添創平

ISBN978-4-86403-329-9